2023 年交通运输职业资格考试辅导丛书

公路水运工程试验检测人员考试
习题精练与解析
道路工程

王 乾 耿九光 齐 琳 主编

人民交通出版社股份有限公司
北 京

内 容 提 要

本书根据2023年度《道路工程》科目考试大纲的相关要求，精心编写了大量练习题，并附有详细解析。全书包括习题及参考答案、典型易错题剖析、模拟试卷及参考答案三部分。第一部分共7章，分别为公路工程质量与技术评定，土工与土工合成材料，集料，路面基层与底基层材料，水泥、水泥混凝土及砂浆，沥青与沥青混合料，路基路面现场测试。第二部分为典型易错题剖析。第三部分包括试验检测师和助理试验检测师模拟试卷。

本书可作为公路水运工程试验检测人员考前复习参考资料。

图书在版编目(CIP)数据

公路水运工程试验检测人员考试习题精练与解析. 道路工程 / 王乾，耿九光，齐琳主编. — 北京：人民交通出版社股份有限公司，2023.2

ISBN 978-7-114-18551-9

Ⅰ.①公… Ⅱ.①王… ②耿… ③齐… Ⅲ.①道路工程—试验—资格考试—题解②道路工程—检测—资格考试—题解 Ⅳ.①U41-44②U61-44

中国国家版本馆CIP数据核字(2023)第009872号

书　　名：公路水运工程试验检测人员考试习题精练与解析　道路工程
著 作 者：王　乾　耿九光　齐　琳
责任编辑：石　遥　朱伟康
责任校对：赵媛媛　龙　雪
责任印制：张　凯
出版发行：人民交通出版社股份有限公司
地　　址：(100011)北京市朝阳区安定门外外馆斜街3号
网　　址：http://www.ccpcl.com.cn
销售电话：(010)59757973
总 经 销：人民交通出版社股份有限公司发行部
经　　销：各地新华书店
印　　刷：北京市密东印刷有限公司
开　　本：787×1092　1/16
印　　张：18.25
字　　数：438千
版　　次：2023年2月　第1版
印　　次：2023年2月　第1次印刷
书　　号：ISBN 978-7-114-18551-9
定　　价：70.00元

前　言

《公路水运工程试验检测人员考试习题精练与解析　道路工程》先后出版过2016、2018、2020、2021和2022年版，为满足广大考生复习备考需要发挥了重要作用，至今已成为有影响力和广受欢迎的考试辅导资料。

2023年版在总结近年来考试内容的基础上，结合《2023年度公路水运工程试验检测专业技术人员职业资格考试大纲》要求，以及公路工程质量与技术评定、土工与土工合成材料试验、集料试验、路面基层与底基层材料试验、水泥与水泥混凝土试验、沥青与沥青混合料试验、路基路面现场测试等最新标准规程，按照内容全面、重点突出的原则，对2022年版的部分内容进行了修订。

本次修订的主要内容有：

1. 完善部分试验测试方法的名称、适用范围、仪具与材料技术要求、内容与步骤；
2. 修改7章习题和2套模拟试卷中的部分题目，比例占20%～30%；
3. 删除各章超出考试大纲范围、废止停用及陈旧过时的习题；
4. 订正各章习题中的错误。

全书包括7章习题、典型易错题剖析和2套模拟试卷，由王乾主编并统稿。其中，第一、七章，两套模拟试卷及典型易错题剖析由王乾、徐璐璐编写；第二、三章由齐琳、何坤编写；第四章由孟屯良编写；第五章由金梅编写；第六章由耿九光、王雨编写。

本书难免有疏漏和不足之处，请各位考生提出宝贵意见和建议，以便修订时参考。

主　编

2023年2月

致考生

《道路工程》科目要求考生全面、系统地理解道路工程专业相关的基础知识；了解、熟悉、掌握相关的工程技术标准、工程质量检验评定标准、道路工程养护评定标准、相关试验检测标准和规程等；了解、熟悉、掌握道路工程原材料、混合料、现场检测相关的主要内容、试验原理和试验方法；要求考生具备编制工程试验检测方案、现场试验检测操作、试验数据分析、编制试验报告及结论判断的综合能力。

一、《道路工程》考试科目

根据《2022年度公路水运工程试验检测专业技术人员职业资格考试大纲》，《道路工程》考试科目包括：道路工程相关知识、土工与土工合成材料、集料、路面基层与底基层材料、水泥与水泥混凝土、沥青与沥青混合料、路基路面现场检测。

二、《道路工程》考试特点

因《道路工程》科目包含原《公路》和《材料》两门科目的考试内容，故《道路工程》科目涉及的知识点广、重点多、难点杂。其中，基本概念和原理、常用试验方法、测试参数（项目）、常用仪器和操作、对结果有影响的技术细节、评价指标、合格判定、重要注意事项等都是重点和难点，比如，承载板测定土基回弹模量试验方法的测定原理和适用条件、仪器设备、测点布置、操作方法和注意事项、土基回弹变形和总变形测定方法、数据处理方法、土基回弹模量计算等。

三、《道路工程》备考方法

1. 仔细梳理知识点

严格按照考试大纲要求，结合相关规范和规程，认真通读和理解考试用书，仔细梳理知识点和考核重点。

2. 抓住重点、有针对性地备考

本考试科目涉及知识点众多，因此，识别重点和高频考点、有针对性地进行重点和难点内容的复习准备是提高成绩的关键。

3. 重在理解、举一反三

经识别和梳理考试重点和高频考点后，在理解的基础上加以记忆，做到举一反三，这样才能应对变化多样的考题，取得好成绩。

4. 摸索和总结适合自身的合理的备考方法，做到事半功倍

考试大纲设置的四类题型，难度不一，应考准备也自然有差异。考生需要摸索和总结每一类题型的一般规律，用不同记忆方法复习，方可做到事半功倍。

5. 总结关键考点、凝练备考技巧

总结各考点的考查关键之处，如基本知识、方法步骤、数据计算分析、报告编制及结论判定等，提炼背记内容，归纳题目形式，凝练相关的备考技巧。

要特别强调的是，考生在备考复习过程中，一定要以考试大纲和考试用书作为主要复习资料，认真踏实复习，深入理解掌握各个知识点。本辅导书仅作为参考资料。

最后，预祝各位考生顺利通过考试！

目　录

第一部分
习题及参考答案

第一章　公路工程质量与技术评定

习　题

一、单项选择题

1. 根据《公路沥青路面设计规范》(JTG D50—2017)的规定,一级公路路面结构设计的目标可靠度应不低于(　　)。

A. 80%　　B. 85%　　C. 90%　　D. 95%

2. 路基施工段落较短时,分层压实度检测结果应全部符合要求,且样本数量不少于(　　)个。

A. 4　　B. 5　　C. 6　　D. 7

3. 路堤通常是分层铺筑、分层压实。每层压实厚度一般不超过(　　)。

A. 0.3m　　B. 0.4m　　C. 0.5m　　D. 0.6m

4. 水泥混凝土路面行驶质量指数 RQI 等级划分标准为"优",其值应大于或等于(　　)。

A. 85　　B. 88　　C. 90　　D. 92

5. 当面层集料的磨光值 PSV 大于(　　)时,水泥混凝土路面可采用露石抗滑构造。

A. 42　　B. 46　　C. 49　　D. 52

6. 水泥混凝土路面实测混凝土强度大于设计强度的(　　)后,可停止养护。

A. 75%　　B. 80%　　C. 85%　　D. 90%

7. 高速公路和一级公路的基层应在养护(　　)天内检测弯沉。

A. 3 ~ 5　　B. 5 ~ 7　　C. 7 ~ 10　　D. 10 ~ 14

8. 一般项目的合格率应不低于(　　),否则该检查项目为不合格。

A. 80%　　B. 85%　　C. 90%　　D. 95%

9. 根据《公路沥青路面设计规范》(JTG D50—2017)的规定,沥青路面设计应采用轴重(　　)kN 的单轴-双轮组轴载作为设计荷载。

A. 30　　B. 50　　C. 60　　D. 100

10.《公路工程质量检验评定标准　第一册　土建工程》(JTG F80/1—2017)适用于(　　)检测评定工作。

A. 普通公路　B. 高速公路　C. 国省干线公路　D. 各等级公路

11. 以下属于路面工程分项工程的是(　　)。

A. 盲沟　B. 路缘石　C. 桥面防水层　D. 墙背填土

12. 工程质量评定按(　　)顺序逐级进行。

A. 单位工程、分部工程、分项工程

B. 分部工程、分项工程、单位工程

C. 分项工程、分部工程、单位工程

D. 单位工程、分项工程、分部工程

13. 底基层可作为(　　)的一个分项工程进行检查评定。

A. 土方路基　B. 石方路基　C. 路面工程　D. 排水工程

14. 下列可作为墙背填土的是(　　)。

A. 膨胀土　B. 腐殖土　C. 砂性土　D. 盐渍土

15. 反压护道的高度和宽度应满足设计要求,压实度不低于(　　)。

A. 80%　B. 85%　C. 90%　D. 95%

16. 下列关于土工合成材料处置层的说法,错误的是(　　)。

A. 土工合成材料应无老化,外观应无破损、污染

B. 土工合成材料应紧贴下承层,按设计和施工的要求铺设、张拉、固定

C. 土工合成材料的接缝搭接、黏结强度和长度应符合设计要求

D. 上下层土工合成材料搭接缝应对齐

17. 公路土方路基压实度按(　　)设定。

A. 两档　B. 三档　C. 四档　D. 五档

18. 路基、路面压实度以(　　)长的路段为检验评定单元。

A. 1 ~2km　B. 1 ~3km　C. 1 ~4km　D. 1 ~5km

19. 下列为无结合料稳定类路面基层材料的是(　　)。

A. 沥青稳定碎石　B. 水泥稳定粒料　C. 填隙碎石　D. 水泥土

20. 二级公路土方路基路床压实度规定值为(　　)。

A. ≥96%　B. ≥95%　C. ≥94%　D. ≥93%

21. 评定为不合格的分项工程,经返工、加固、补强,且满足(　　)要求后,可重新进行检验评定。

A. 业主　B. 监理　C. 设计　D. 监督

22. 以下不属于《公路技术状况评定标准》(JTG 5210—2018)中路基损坏项目的是(　　)。

A. 边坡坍塌　B. 水毁冲沟　C. 涵洞淤塞阻水　D. 路肩损坏

23. 上路堤是指路床以下(　　)厚度范围的填方部分。

A. 0.6m　B. 0.7m　C. 0.8m　D. 1.2m

24. 以下不属于《沥青路面施工技术规范》规定的确定沥青混合料拌和及碾压温度的试验是(　　)。

A. 标准黏度试验　　B. 赛博特黏度试验
C. 布氏黏度试验　　D. 运动黏度试验

25. 下列说法中,不属于浆砌排水沟基本要求的是(　　)。
A. 砌体砂浆配合比准确,砌缝内砂浆均匀饱满,勾缝密实
B. 浆砌片石、混凝土预制块的质量和规格应符合国家和行业强制性标准
C. 基础中缩缝应与墙身缩缝对齐
D. 砌体抹面应平整、压光、直顺,不得有裂缝、空鼓现象

26. 无机结合料稳定粒料基层透层油透入深度宜不小于(　　)。
A. 3mm　　B. 4mm　　C. 5mm　　D. 6mm

27. 下列有关砌体挡土墙的基本要求的说法中,错误的是(　　)。
A. 勾缝砂浆强度不得小于砌筑砂浆强度
B. 地基承载力、基础埋置深度应满足设计要求
C. 砌筑不应分层错缝,浆砌时要坐浆挤紧
D. 沉降缝、伸缩缝、泄水孔的位置、尺寸和数量应满足设计要求

28. 下列不属于稳定土基层和底基层实测项目中关键项目的是(　　)。
A. 压实度　　B. 纵断高程　　C. 厚度　　D. 强度

29. 路肩工程可作为路面工程的一个(　　)进行检查评定。
A. 分项工程　　B. 分部工程　　C. 单位工程　　D. 附属工程

30. 石方路基和土方路基相比较,实测项目相同但检测方法和频率不同的是(　　)。
A. 压实度　　B. 平整度　　C. 中线偏位　　D. 横坡

31. 下列软土地基处置基本要求中,有关砂垫层说法错误的是(　　)。
A. 应分层碾压施工
B. 砂垫层宽度应宽出路基边脚 0.5 ~ 1.0m,两侧端以片石护砌
C. 砂垫层厚度及其上铺设的反滤层应满足设计要求
D. 应设置施工临时排水系统

32. 下列袋装砂井、塑料排水板实测项目中,属于关键项目的是(　　)。
A. 井(板)距　　B. 井(板)长　　C. 井径　　D. 灌砂率

33. 路基平整度检测时,应对(　　)进行检测。
A. 每层　　B. 路中间　　C. 上路床　　D. 车行道

34. 采用 3m 直尺方法检查水泥混凝土面层平整度的频率为每半幅车道每 200m 测(　　)。
A. 2 处 × 5 尺　　B. 3 处 × 5 尺　　C. 2 处 × 10 尺　　D. 3 处 × 10 尺

35. 碾压贫混凝土的集料应具有合适的级配,水泥剂量宜不大于(　　)。
A. 11%　　B. 13%　　C. 15%　　D. 17%

36. 下列不属于检查(雨水)井砌筑基本要求的有(　　)。
A. 砌筑材料及井基混凝土强度应满足设计要求
B. 井盖质量应满足设计要求
C. 井框、井盖安装不应松动,井口周围不得有积水

D. 砌筑砂浆配合比准确，井壁砂浆饱满，灰缝平整

37. 工程实体检测以《公路工程竣（交）工验收办法实施细则》及其附件规定的抽查项目及频率为基础，外观检查发现的缺陷，在分部工程实测得分的基础上采用扣分制，扣分累计不得超过（　　）。

A. 3 分　　B. 7 分　　C. 10 分　　D. 15 分

38. 高速公路、一级公路路面面层压实度代表值计算的保证率为（　　）。

A. 99%　　B. 98%　　C. 95%　　D. 90%

39.（　　）代表值不是算术平均值的下置信界限。

A. 压实度　　B. 厚度　　C. 弯沉　　D. SFC

40. 喷射混凝土抗压强度评定时，用标准试验方法测得的极限抗压强度，乘以（　　）的系数。

A. 0.80　　B. 0.85　　C. 0.90　　D. 0.95

41. 评定水泥砂浆的强度应以标准养护 28d、边长为（　　）的立方体试件为准。

A. 50mm　　B. 70.7mm　　C. 100mm　　D. 150mm

42. 当变异系数为 15% 时，无机结合料稳定材料强度评定试件数量应为（　　）个。

A. 6　　B. 9　　C. 12　　D. 13

43. 下列有关弯沉值评定的说法，错误的是（　　）。

A. 每一双车道评定路段自动弯沉仪或贝克曼梁测量检查点数为 80

B. 路基、沥青路面弯沉代表值计算公式相同

C. 高速公路、一级公路不得舍弃特异值

D. 弯沉代表值小于设计验收弯沉值时，相应分项工程不合格

44. 隐蔽工程在（　　）应检查合格。

A. 隐蔽前　　B. 质量评定前　　C. 工程验收前　　D. 下道工序施工后

45. 工程质量检验时，对外观质量应进行（　　）检查。

A. 抽样　　B. 全面　　C. 关键部位　　D. 指定部位

46. 锚杆、锚定板和加筋挡土墙墙背填土距面板 1m 范围以内的压实度规定值为（　　）。

A. ≥75%　　B. ≥85%　　C. ≥90%　　D. ≥95%

47. 边坡锚固防护预应力锚杆、锚索插入锚孔内的长度不得小于设计长度的（　　）。

A. 95%　　B. 96%　　C. 97%　　D. 98%

48. 土钉抗拔力检查项目检查频率为（　　）。

A. 土钉总数 1% 且不小于 3 根　　B. 土钉总数 2% 且不小于 5 根

C. 土钉总数 3% 且不小于 5 根　　D. 土钉总数 5% 且不小于 10 根

49. 所含单位工程合格，且工程质量鉴定得分 75 分，该合同段工程质量鉴定等级为（　　）。

A. 合格　　B. 不合格　　C. 优　　D. 良

50. 交工验收主要工作内容不包括（　　）。

A. 检查合同执行情况

B. 对合同是否全面执行、工程质量是否合格做出结论

C. 对工程质量进行评分,确定工程质量等级

D. 按合同段分别对设计、监理、施工等单位进行初步评价

51. (　　)外观检查存在缺陷,应在实测得分的基础上采用扣分制。

A. 分项工程　　B. 分部工程　　C. 单位工程　　D. 合同段工程

52. 下列选项中,属于沉淀池实测项目中关键项目的是(　　)。

A. 混凝土强度　　B. 轴线平面偏位　　C. 几何尺寸　　D. 底板高程

53. 下列选项中,属于混凝土排水管安装实测项目中关键项目的是(　　)。

A. 混凝土抗压强度或砂浆强度　　B. 管轴线偏位

C. 管内底高程　　D. 基础厚度

54. 某沥青混凝土路面,其中一个评定单元的路面损坏状况指数 PCI 为 91,路面行驶质量指数 RQI 为 95,路面车辙深度指数 RDI 为 93,路面跳车指数 PBI 为 75,路面抗滑性能指数 SRI 为 87,路面结构强度指数 PSSI 为 85,各指数权重 w_{PCI}、w_{RQI}、w_{RDI}、w_{PBI}、w_{SRI}、w_{PSSI} 分别为 0.35、0.30、0.15、0.10、0.10、0.0。根据检测数据,该评定单元的路面状况指数 PQI 为(　　)。

A. 87.67　　B. 90.0　　C. 90.50　　D. 90.5

55. 沥青路面重度块状裂缝为主要裂缝块度在 0.5 ~ 1.0m 之间,平均裂缝宽度大于(　　)。

A. 1mm　　B. 2mm　　C. 3mm　　D. 5mm

56. 高速公路施工现场沥青混凝土矿料级配进行检测时,实测结果应满足(　　)要求。

A. 目标配合比　　B. 生产配合比

C. 矿料级配范围　　D. 经验配合比

57. 沥青路面 11 类损坏中分轻度和重度 2 级的有(　　)类。

A. 7　　B. 8　　C. 9　　D. 10

58. 高速公路技术状况评定对路面抗滑性能的最低检测频率要求为(　　)。

A. 1 年 1 次　　B. 1 年 2 次　　C. 2 年 1 次　　D. 5 年 2 次

59. 属于锚杆、锚定板和加筋挡土墙墙背填土实测项目中,关键项目的是(　　)。

A. 锚杆间距　　B. 锚杆长度　　C. 压实度　　D. 混凝土强度

60. 路面损坏应纵向连续检测,横向检测宽度应不小于车道宽度的(　　)。

A. 60%　　B. 70%　　C. 80%　　D. 90%

61.《公路技术状况评定标准》(JTG 5210—2018)要求路面横向力系数 SFC 应每(　　)计算 1 个统计值。

A. 5m　　B. 10m　　C. 20m　　D. 100m

62. 水泥混凝土路面的坑洞病害是指板面上直径大于(　　)、深度大于(　　)的坑槽。

A. 25mm;10mm　　B. 25mm;25mm　　C. 30mm;10mm　　D. 30mm;25mm

63. 高速公路和一级公路土方路基下路床的压实度应不小于(　　)。

A. 92%　　B. 94%　　C. 96%　　D. 98%

64. 下列有关沥青表面处置面层基本要求的说法,错误的是(　　)。

A. 下承层表面应坚实、稳定、平整、清洁、干燥

B. 沥青浇洒应均匀,无露白,不得污染其他构筑物

C. 集料应趁热铺撒,扫布均匀,不得有重叠现象,并压实平整

D. 路面应无积水

65. 无压实度检查项目的是(　　)。

A. 稳定土基层和底基层　　B. 稳定粒料基层和底基层

C. 级配碎(砾)石基层和底基层　　D. 填隙碎石(矿渣)基层和底基层

66. 填隙碎石(矿渣)基层和底基层固体体积率的检查频率是(　　)。

A. 每100m测1点　　B. 每100m测2点

C. 每200m测1点　　D. 每200m测2点

67. 无表面连续离析不得超过10m,累计离析不得超过50m外观质量要求的是(　　)。

A. 稳定土基层和底基层　　B. 稳定粒料基层和底基层

C. 级配碎(砾)石基层和底基层　　D. 填隙碎石(矿渣)基层和底基层

68. 下列不属于沥青混凝土路面损坏的是(　　)。

A. 沉陷　　B. 松散　　C. 车辙　　D. 错台

69. 三组C20水泥混凝土试件抗压强度平均值分别为28.5MPa、28.7MPa和27.8MPa,则进行抗压强度合格评定时合格判定系数λ_4为(　　),评定结果为(　　)。

A. 0.95;合格　　B. 1.10;合格　　C. 1.15;合格　　D. 1.15;不合格

70. 高速公路沥青混凝土面层实测项目中,要求总厚度代表值的允许偏差为(　　)。

A. 设计值的 -5%　　B. 设计值的 -10%

C. 设计值的 -15%　　D. 设计值的 -20%

71. 下列四个选项中,属于水泥混凝土面层关键实测项目的是(　　)。

A. 弯拉强度　　B. 平整度　　C. 抗滑构造深度　　D. 相邻板高差

72. 浆砌挡土墙的浆砌缝开裂、勾缝不密实和脱落的累计换算面积不得超过该面面积的(　　)。

A. 0.5%　　B. 1.0%　　C. 1.5%　　D. 2.0%

73. 砌体和片石混凝土挡土墙与悬臂式和扶壁式挡土墙共同的关键实测项目为(　　)。

A. 砂浆强度　　B. 断面尺寸　　C. 混凝土强度　　D. 墙面坡度

74. 水泥稳定粒料基层厚度的检查频率为(　　)。

A. 每100m测1点　　B. 每100m测2点

C. 每200m测1点　　D. 每200m测2点

75. RQI表示(　　)。

A. 公路技术状况指数　　B. 路面使用性能指数

C. 路面行驶质量指数　　D. 路面车辙深度指数

76. 在浆砌砌体的实测项目中,断面尺寸的检查方法为(　　)。

A. 水准仪　　B. 铅锤法　　C. 尺量　　D. 2m直尺

77. 水泥混凝土面层、沥青混凝土面层、二灰稳定碎石基层实测项目中,都需检测的项目有(　　)。

A. 弯沉　　B. 压实度　　C. 平整度　　D. 构造深度

78. 一条高速公路的沥青路面损坏状况指数PCI为91.35,该工程沥青路面状况评价等级为(　　)。

A. 优　　B. 良　　C. 中　　D. 次

79. 公路网公路技术状况评定时,应采用公路网内所有路线 MQI 的(　　)作为该公路网的 MQI。

A. 单元算术平均值　　B. 单元加权平均值

C. 长度算术平均值　　D. 长度加权平均值

80. 下面有关路面结构强度系数 SSR 的计算,描述正确的是(　　)。

A. 路面实测代表弯沉与弯沉标准值之比

B. 路面实测代表弯沉与容许弯沉之比

C. 路面弯沉标准值与实测代表弯沉之比

D. 路面容许弯沉与实测代表弯沉之比

二、判断题

1. 低路堤是指填土高度大于路基工作区深度的路堤。(　　)
2. 路基高度是指路中线设计高程与原地面高程之差。(　　)
3. 边沟、截水沟、排水沟都要求沟底纵坡不小于 0.3%。(　　)
4. 水泥混凝土面层达到设计弯拉强度的 80% 后,方可开放交通。(　　)
5. 公路路面底基层按材料力学特性划分为半刚性类、柔性类和刚性类。(　　)
6. 为保证工程质量,气温低于 10℃时,不得进行高速公路热拌沥青混合料路面施工。(　　)
7. 路面工程的实测项目规定值或允许偏差是按照高速公路和普通公路两档确定的。(　　)
8. 聚合物改性沥青包括 SBS 类改性沥青、SBR 类改性沥青、EVA 和 PE 类改性沥青。(　　)
9. 粒料桩、加固土桩、水泥粉煤灰碎石桩、刚性桩都有两个关键实测项目。(　　)
10. 未筛分碎石、天然砂砾、填隙碎石基层或底基层的施工工序主要是拌和、摊铺、碾压。(　　)
11. 片石混凝土挡土墙实测项目只比干砌挡土墙实测项目多混凝土强度一项。(　　)
12. 纵面线形由直坡段、圆曲线和竖曲线等基本要素组成。(　　)
13. 公路技术状况评定中,路面结构强度为抽样检测指标,抽样比例不得低于公路网列养里程的 30%。(　　)
14. 分部工程得分大于或等于 75 分,则分部工程质量为合格,否则为不合格。(　　)
15. 分项工程检查应对所列基本要求逐项检查,不符合规定时,不得进行质量检验评定。(　　)
16. 关键项目是分部工程中对结构安全、耐久性和主要使用功能起决定性作用的检查项目。(　　)
17. 检查项目的规定极值是指任一单个检测值都不能突破的极限值,不符合要求时该检查项目为不合格。(　　)
18. 以路段长度规定的检查频率为双车道路段的最低检查频率,对多车道应按车道数与双

车道之比相应增加检查数量。 (　)

19. 在工程质量等级评定过程中,在进行分部工程和单位工程评分时,采用加权平均值计算法确定相应的评分值。 (　)

20. 水泥基浆体抗压强度是采用数理统计方法进行检验评定的检查项目。 (　)

21. 一般项目的合格率应不低于90%,否则该检查项目为不合格。 (　)

22. 分项工程中有10个检查项目都应按照数理统计方法评定。 (　)

23. 公路验收分为交工验收和竣工验收两个阶段。 (　)

24. 土质路肩工程可作为路基工程的一个分项工程进行检查评定。 (　)

25. 土工合成材料受到少量污染之后,仍可以正常使用。 (　)

26. 截水沟设置在挖方路基的路肩外侧或路堤坡脚护坡道外侧。 (　)

27. 砂垫层的压实度不是关键项目。 (　)

28. 检查(雨水)井砌筑外观质量应符合:井框、井盖安装不应松动,井口周围不得有积水。 (　)

29. 压实度为筑路材料压实后的干密度与标准最大干密度之比,以百分率表示。 (　)

30. 浆砌水沟外观质量应符合:砌体抹面不得有空鼓,沟内不应有杂物,无排水不畅。 (　)

31. 挡土墙是支撑路基填土或山坡土体、防止填土或土体变形失稳的墙体构造物。 (　)

32. 悬臂式和扶壁式挡土墙断面尺寸检查方法和频率为:尺量,长度不大于50m时,测10个断面及10个扶壁,每增加10m增加1个断面及1个扶壁。 (　)

33. 水泥砂浆强度的合格标准有:①同强度等级试件的平均强度不低于设计强度等级的1.1倍;②任意一组的强度不低于设计强度等级的85%。 (　)

34. 路基所有检查项目均可在路基顶面进行检查测定。 (　)

35. 二级及二级以下公路,当路基和粒料类基层、底基层的弯沉代表值不符合要求时,可将超出 $l \pm (2 \sim 3)S$ 的弯沉特异值舍弃,重新计算平均值和标准差。 (　)

36. 粒料类基层和底基层应按正态分布计算顶面弯沉代表值。 (　)

37. 水泥基浆体的抗压强度评定应以标准养护28d的试件为准,试件为40mm×40mm×160mm的棱柱体,每组3个试件。 (　)

38. 石方路基进行压实项目的检测方法是灌砂法。 (　)

39. 每一双车道评定路段(不超过1km)测量检查点数:落锤式弯沉仪(FWD)为40,自动弯沉仪或贝克曼梁为80。 (　)

40. 下承层平整度、拱度是过滤排水工程土工合成材料处置层的关键实测项目。 (　)

41. 土方路基外观质量要求:路基边坡、护坡道、碎落台不得有滑坡、塌方或深度超过100mm的冲沟。 (　)

42. 跌水、急流槽、水簸箕等其他排水工程应按浆砌水沟的要求进行检验。 (　)

43. 盲沟一般适用于地下水流量较大、渗流较长的地段。 (　)

44. 浆砌排水沟基本要求:基础缩缝应与墙身缩缝错缝。 (　)

45. 检查(雨水)井兼作渗井时,井壁应设置反滤层。 (　)

46. 排水泵站沉井的关键实测项目是砂浆强度。 (　)

47. 路面拦水带纳入路面工程的路缘石分项工程。（　　）

48. 盲沟的实测项目中没有关键项目。（　　）

49. 墙背填土的墙身强度达到设计强度的70%以上时便可开始填土。（　　）

50. 砌体坡面防护外观质量要求浆砌缝开裂、勾缝不密实等累计换算面积不得超过被检查面积的1%。（　　）

51. 悬臂式挡土墙的泄水孔应无反坡、堵塞。（　　）

52. 当锚杆拉拔力设计未要求时，拉拔力平均值≥设计值；80%锚杆的拉拔力≥设计值；最小拉拔力≥0.9倍设计值。（　　）

53. 厚度是干砌片石砌体的关键实测项目。（　　）

54. 土钉支护基本要求：土钉插入锚孔深度不得小于设计长度的90%。（　　）

55. 导流工程外观质量要求：表面不平整、边线不顺畅的累计长度不得超过总长度的5%。（　　）

56. 按现行《公路工程质量检验评定标准　第一册　土建工程》规定，某等级公路土基压实度标准为95%，当某测点的压实度为92.5%时，判定路段压实度为不合格。（　　）

57. 水泥混凝土上加铺沥青面层的复合式路面，两种结构均需进行检查评定。其中，水泥混凝土路面结构不检查平整度。（　　）

58. 弯沉代表值大于设计验收的弯沉值时，相应分项工程为不合格。（　　）

59. 石方路基实测项目中的关键项目是压实度和平整度。（　　）

60. 稳定粒料和级配碎（砾）石基层和底基层厚度允许偏差相同。（　　）

61. 沥青表面处置面层外观质量要求：表面应无拖痕，松散、推挤、油丁、泛油、离析的累计长度不得超过60m。（　　）

62. 路堤通常是分层填筑，应在最佳含水率下压实，压实度的要求与公路等级和路基层位无关。（　　）

63. 路面磨耗和路面跳车为二选一指标，在检测与调查中可二选一。（　　）

64. 在水泥混凝土路面的技术状况评定中，有刻槽的水泥混凝土路面不进行路面磨耗的评定。（　　）

65. 土方路基应分层填筑压实，每层表面平整，路拱合适，排水良好，不得有明显碾压轮迹，不得亏坡。（　　）

66. 竣工验收时，交工验收提出的工程质量缺陷等遗留问题必须全部处理完毕，项目法人视情况决定是否对处理结果验收。（　　）

67. 公路技术状况评定中，除高速公路、一级公路外，其他等级公路不需要单独测量路面车辙计算RDI。（　　）

68. 建设项目工程质量鉴定得分计算公式中的投资额原则使用招标合同价。（　　）

69. 砂浆强度和轴线偏位是浆砌排水沟实测项目中的关键项目。（　　）

70. 中度路基构造物损坏应为勾缝损坏、沉降缝损坏、表面破损、钢筋外露和锈蚀等，每10m计1处，不足10m按1处计算。（　　）

71. 路面纵向裂缝换算为损坏面积时，应采用裂缝长度乘以0.2m。（　　）

72. 悬臂式挡土墙实测项目中的关键项目有两个。（　　）

73. 水泥混凝土路面破碎板是指板块被裂缝分为4块以上。（　）

74. 填石路基应分层填筑压实，每层表面平整，路拱合适，排水良好，下路床不得有碾压轮迹，不得亏坡。（　）

75. 工程质量等级应分为优秀、合格与不合格。（　）

76. 水泥粉煤灰碎石桩施工前，应进行成桩工艺和成桩强度试验，混合料应拌和均匀，桩体施工应选择合理的施打顺序，成桩过程中应对已打桩的桩顶进行位移监测。（　）

77. 管节铺设应平顺、稳固，管底坡度不得出现反坡，管节接头处流水面高度差不得大于5mm。（　）

78. 混凝土排水管安装外观质量要求管口缝带圈不得开裂脱皮，管口内缝砂浆不得有空鼓。（　）

79. 路面平整度自动化检测超出设备有效检测速度或有效减速度范围的数据应为无效数据。（　）

80. 各类基层和底基层单点压实度不得小于规定代表值。（　）

81. 路面损坏采用人工调查时应包含所有的行车道。（　）

82. 路面检测与调查应包括路面损坏、路面平整度、路面车辙、路面抗滑性能和路面结构强度五项内容。（　）

83. 水泥混凝土上加铺沥青面层的复合式路面，沥青面层可不检测路表弯沉。（　）

84. 高速公路的沥青混凝土面层需检测抗滑和渗水系数，其他等级公路无须检测。（　）

85. 框格梁不得与坡面脱空属于边坡锚固防护外观质量要求。（　）

86. 水泥稳定碎石基层与级配碎石基层不同的检查项目只有强度。（　）

87. 水泥混凝土面层的关键实测项目只有弯拉强度。（　）

88. 路面平整度、车辙、跳车、磨耗自动化检测均应采用断面类检测设备。（　）

89. 公路技术状况评定应以1000m路段长度为基本评定单元。在路面类型、交通量、路面宽度和养管单位等变化处，评定单元的长度可不受此规定限制。（　）

90. 沥青面层一般按沥青铺筑层总厚度进行评定，无须检查沥青上面层的厚度。（　）

三、多项选择题

1. 以下方法可用于路基路面现场试验选点的有（　）。

A. 均匀法　B. 随机法　C. 连续法　D. 综合法

2. 公路按技术等级可以分为（　）。

A. 高速公路　B. 汽车专用公路　C. 二级公路　D. 四级公路

3.《公路工程质量检验评定标准　第一册　土建工程》（JTG F80/1—2017）适用于（　）施工质量的检验评定。

A. 新建工程　B. 改建工程　C. 扩建工程　D. 日常养护工程

4. 按《公路工程质量检验评定标准　第一册　土建工程》（JTG F80/1—2017）将建设项目划分为（　）。

A. 单位工程　B. 分部工程　C. 分项工程　D. 单项工程

5.(　　)属于沥青混凝土面层的关键实测项目。

A. 平整度　　B. 压实度　　C. 厚度　　D. 宽度

6. 下列关于分层铺筑的高速公路沥青面层的说法,正确的是(　　)。

A. 只需检查沥青设计总厚度

B. 沥青层厚度仅规定负允许偏差

C. 压实度和厚度是沥青混凝土面层实测项目中的关键项目

D. 弯沉值不是沥青混凝土面层实测项目中的关键项目

7. 下列有关工程质量评定的说法,正确的是(　　)。

A. 检验记录完整、实测项目合格、外观质量满足要求的分项工程质量评定为合格

B. 评定资料完整、所含分项工程及实测项目合格、外观质量满足要求的分部工程质量评定为合格

C. 评定资料完整、所含分部工程合格、外观质量满足要求的单位工程质量评定为合格

D. 评定为不合格的建设项目,经返工、加固、补强或调测,满足设计要求后,可以重新进行检验评定

8. 下列有关水泥混凝土面层厚度评定的说法,正确的是(　　)。

A. 评定路段内,水泥混凝土面层厚度应该按代表值和单个合格值的允许偏差进行评定

B. 厚度代表值为厚度的算术平均值的上置信界限

C. 厚度代表值小于设计厚度减去允许偏差时,检测结果为不合格

D. 厚度代表值大于或等于设计厚度减去代表值允许偏差时,则按单个检查值的偏差不超过单点合格值来计算合格率

9.(　　)的基本要求与沥青表面处置面层的基本要求相同。

A. 垫层　　B. 透层　　C. 黏层　　D. 封层

10. 上拌下贯式面层上拌沥青混合料每日应做(　　)试验。

A. 沥青含量　　B. 矿料级配　　C. 马歇尔稳定度　　D. 车辙

11. 下列有关沥青混凝土路面压实度的说法,正确的是(　　)。

A. 沥青混凝土路面压实度的检验评定单元为长 1 ~ 3km 的路段

B. 测定沥青面层压实度的方法有核子密度仪法、无核密度仪法、钻芯取样法

C. 使用核子密度仪进行压实度检测时,应经对比试验检验,确认其可靠性

D. 当 $K < K_0$ 时,评定路段的压实度为不合格

12. 公路中线的平面线形由(　　)组成。

A. 直线　　B. 圆曲线　　C. 缓和曲线　　D. 竖曲线

13. 以下关于分项工程压实度评定表述正确的有(　　)。

A. 当压实度平均值小于规定值时,相应分项工程评为不合格

B. 当压实度平均值大于规定值时,相应分项工程不一定合格

C. 当压实度代表值小于规定值时,相应分项工程评为不合格

D. 当压实度代表值大于规定值时,相应分项工程评为合格

14. 在单位工程中,按(　　)等划分的工程为分部工程。

A. 施工工艺　　B. 施工特点　　C. 结构部位　　D. 材料

15. 喷射混凝土抗压强度的合格标准有(　　)。

A. 当同批试件组数 $n \geq 10$ 时,试件抗压强度平均值不低于 1.1 倍的设计值

B. 当同批试件组数 $n \geq 10$ 时,任一组试件抗压强度不低于 0.85 倍的设计值

C. 当同批试件组数 $n < 10$ 时,试件抗压强度平均值不低于 1.05 倍的设计值

D. 当同批试件组数 $n < 10$ 时,任一组试件抗压强度不低于 0.9 倍的设计值

16. 下列有关路面横向力系数评定的说法,正确的是(　　)。

A. 路面横向力系数按 SFC 的设计或验收标准值进行评定

B. SFC 代表值为 SFC 算数平均值的上置信界限值

C. 当 SFC 代表值不大于设计或验收标准时,以所有单个 SFC 值统计合格率

D. 当 SFC 代表值小于设计或验收标准时,评定结果为不合格

17. 下列有关工程质量等级评定得分计算,正确的是(　　)。

A. 分部工程得分 = 分部工程实测得分 - 外观扣分

B. 单位工程得分 = 单位工程实测得分 - 外观扣分

C. 合同段工程质量鉴定得分 = 合同段工程质量得分 - 内业资料扣分

D. 建设项目工程质量鉴定得分 = 建设项目工程质量得分 - 内业资料扣分

18. 以下四个说法中,正确的是(　　)。

A. 固体体积率采用密度法作为检测方法

B. 水泥稳定粒料基层压实度检查频率为每 200m 测 2 点

C. 石灰稳定粒料基层和二灰稳定粒料基层的关键实测项目相同

D. 级配碎石基层和填隙碎石基层的关键实测项目均是压实度和厚度

19. 近年来,我国在柔性基层的研究和应用方面取得了较大发展,下列属于柔性基层材料的是(　　)。

A. 级配碎石　　B. 泡沫沥青冷再生混合料

C. 无机结合料冷再生混合料　　D. 密级配沥青碎石

20. 路面结构中的功能层包括(　　)。

A. 面层　　B. 基层和底基层

C. 黏层和透层　　D. 排水层和防冻层

21. 下列有关基层压实度的说法,正确的是(　　)。

A. 水泥稳定粒料基层的压实度检查频率为每 200m 测 2 点

B. 当压实度代表值小于压实度标准值,评定压实度为不合格

C. 当压实度代表值大于压实度标准值,且单点压实度全部大于或等于规定极值时,按测定值不低于规定值减 2 个百分点的测点数计算合格率

D. 当压实度代表值大于压实度标准值时,则评定路段的压实度合格率为 100%

22. 下列有关基层厚度检查方法的说法,正确的是(　　)。

A. 石灰稳定土基层厚度检查频率为每 200m 测 2 点

B. 按规定频率,采用挖验和钻取芯样测定厚度

C. 基层厚度的检测方法有挖坑法,往往与灌砂法测定压实度同步进行

D. 水泥稳定粒料基层厚度检查频率为每 200m 测 1 点

23. 依据现行《公路技术状况评定标准》,路基损坏包括(　　)。

A. 路肩边沟不洁　　B. 路肩损坏

C. 路基构造物损坏　　D. 排水不畅

24. 下列有关强度检查方法的选项中,正确的是(　　)。

A. 强度是水泥稳定粒料基层的关键实测项目

B. 强度、压实度、厚度是水泥土基层的关键实测项目

C. 测定半刚性材料 7d 无侧限抗压强度时,试件应饱水 1d

D. 水泥稳定粒料应检测的强度指的是 7d 无侧限抗压强度

25. 单位工程、合同段、建设项目工程质量等级分为(　　)。

A. 优　　B. 良　　C. 合格　　D. 不合格

26. 路基排水不畅损坏程度应按下列(　　)标准判断。

A. 轻度应为边沟、排水沟、截水沟等排水系统存在杂物、垃圾

B. 中度应为边沟、排水沟和截水沟等排水系统全截面堵塞

C. 重度应为路基排水系统与外部排水系统不连通

D. 重度应为边沟、排水沟和截水沟等排水系统全截面堵塞

27. 以下属于水泥稳定材料的有(　　)。

A. 水泥稳定级配碎石　　B. 水泥稳定土

C. 水泥稳定砂　　D. 水泥石灰稳定土

28.《公路技术状况评定标准》(JTG 5210—2018)规定评定单元中出现下列(　　)情况,MQI 直接评为 0 分。

A. 4 类隧道　　B. 5 类桥梁　　C. 危险涵洞　　D. 重度边坡坍塌

29. 一级公路技术状况评定时,(　　)的检测与调查频率为每年 1 次。

A. 路基 SCI　　B. 路面抗滑性能　　C. 路面损坏　　D. 路面跳车

30. 对长度小于或大于 1000m 的非整千米评定单元,(　　)指标的实际扣分应换算成基本评定单元的扣分。

A. PQI　　B. SCI　　C. BCI　　D. TCI

四、综合题

1. 结合有关工程质量鉴定内容、等级评定内容,回答下列有关问题。

(1)根据现行《公路工程质量检验评定标准　第一册　土建工程》的划分,(　　)为分部工程。

A. 基层　　B. 排水工程　　C. 大型挡土墙　　D. 土方路基

(2)下列工程中,可为单位工程的是(　　)。

A. 3km 路基工程　　B. 10km 路基工程

C. 3km 路面工程　　D. 10km 路面工程

(3)分项工程质量检测的内容有(　　)。

A. 基本要求　　B. 质量保证资料

C. 实测项目　　D. 外观质量

(4)在分部工程中,根据(　　)等划分的工程为分项工程。

A. 施工工序　　B. 施工特点　　C. 结构部位　　D. 材料

(5)以下属于工程项目质量保证资料的有(　　)。

A. 原材料试验报告　　B. 材料配合比报告

C. 施工日志　　D. 隧道监控资料

2. 结合有关数理统计方法评定项目及规定内容,回答下列有关问题。

(1)水泥混凝土弯拉强度试件组数小于 10 组时,试件平均强度不得小于(　　),任一组强度均不得小于(　　)。

A. $1.1f_r$;$0.80f_r$　　B. $1.15f_r$;$0.80f_r$

C. $1.1f_r$;$0.85f_r$　　D. $1.15f_r$;$0.85f_r$

(2)当混凝土强度等级小于 C60 时,水泥混凝土抗压强度评定中的合格判定系数 λ_3 取(　　)。

A. 0.95　　B. 1.05　　C. 1.1　　D. 1.15

(3)无机结合料稳定材料试件的平均强度应满足(　　)要求。

A. $\bar{k}-t_\alpha S/\sqrt{n}\geqslant K_0$　　B. $f_{cs}\geqslant f_r+K\sigma$

C. $m_{f_{cu}}\geqslant f_{cu,k}+\lambda_1 S_n$　　D. $\bar{R}\geqslant R_d/(1-Z_\alpha C_v)$

(4) 工程质量评定中,采用数理统计方法评定的项目有(　　)。

A. 压实度　　B. 厚度

C. 路面横向力系数　　D. 弯沉值

(5)水泥基浆体任意一组的强度不低于设计强度等级的(　　)。

A. 80%　　B. 85%　　C. 90%　　D. 95%

3. 关于路基工程质量检验评定,请回答以下问题。

(1)关于土方路基的基本要求,正确的有(　　)。

A. 在路基用地和取土坑范围内,应清除地表植被、杂物、积水、淤泥和表土,处理坑塘,并按施工技术规范和设计要求对基底进行压实

B. 填方路基应分层填筑压实,每层表面平整,路拱合适,排水良好,不得有明显碾压轮迹,不得亏坡

C. 应设置施工临时排水系统,避免冲刷边坡,路床顶面不得积水

D. 在设定取土区内合理取土,不得滥开滥挖;完工后应按要求对取土坑和弃土场进行修整

(2)土方路基的关键项目为(　　)。

A. 压实度　　B. 弯沉　　C. 宽度　　D. 平整度

(3)填石路基的基本要求包括(　　)。

A. 填石路基应分层填筑压实,每层表面平整,路拱合适,排水良好,上路床不得有明显碾压轮迹,不得亏坡

B. 修筑填石路基时应进行地表清理,填筑层厚度应符合规范规定并满足设计要求,填石空隙用石渣、石屑嵌压稳定

C. 填石路基应通过试验路确定沉降差控制标准

D. 上边坡不得有危石

(4)填石路基边线与边坡不应出现单向累计长度超过(　　)的弯折。

A. 10m　　B. 20m　　C. 50m　　D. 100m

(5)粒料桩、加固土桩、水泥粉煤灰碎石桩、刚性桩共同的关键项目为(　　)。

A. 桩距　　B. 桩径　　C. 桩长　　D. 强度

4. 某高速公路开展竣工验收工作,为了对工程质量进行鉴定,开展试验检测工作,请根据相关规定回答以下问题。

(1)竣工验收工作开展的时间为(　　)。

A. 与交工验收同年　　B. 交工验收后 12 个月

C. 通车试运行两年以上　　D. 通车试运行三年以上

(2)以下与竣工验收有关工程实体检测抽样频率的说法,正确的有(　　)。

A. 路基工程边坡每公里抽查不少于一处

B. 排水工程断面尺寸每公里抽查 2 ~ 3 处

C. 涵洞抽查不少于总数的 10%,且每种类型抽查不少于 1 道

D. 高速公路路面弯沉以每公里为评定单元进行评价

(3)以下属于特别严重问题的是(　　)。

A. 路基大面积高边坡失稳

B. 路面平整度指标 IRI 超过 3.0m/km

C. 路基重要支挡工程严重变形

D. 路面车辙深度大于 10mm 路段累计长度超过合同段车道总长度的 5%

(4)以下属于工程质量鉴定中路基工程抽查项目的有(　　)。

A. 小桥混凝土强度　　B. 沥青路面车辙

C. 排水工程铺砌厚度　　D. 涵洞工程涵底铺砌厚度

(5)沥青路面工程竣工验收需要复测的项目有(　　)。

A. 路基边坡　　B. 路面车辙

C. 路面弯沉　　D. 路面厚度

5. 结合有关挡土墙的实测项目内容,回答下列有关问题。

(1)对砌体挡土墙,当平均墙高达到或超过(　　)且墙身面积不小于(　　)时,为大型挡土墙,每处应作为分部工程进行评定。

A. 6m;1000m^2　　B. 8m;1000m^2

C. 6m;1200m^2　　D. 8m;1200m^2

(2)有关砌体挡土墙的基本要求描述,正确的有(　　)。

A. 勾缝砂浆强度不得小于砌筑砂浆强度

B. 地基承载力、基础埋置深度应满足设计要求

C. 砌筑应分层错缝,混凝土应分层浇筑

D. 砌块应相互错缝、咬扣紧密,嵌缝饱满密实

(3)悬臂式和扶壁式挡土墙实测项目中,关键项目有(　　)。

A. 断面尺寸　　B. 竖直度或坡度

C. 混凝土强度　　D. 表面平整度

(4)(　　)作为分部工程进行评定。

A. 锚杆挡土墙　　B. 砌体挡土墙

C. 桩板式挡土墙　　D. 锚定板挡土墙

(5)下列有关悬臂式和扶壁式挡土墙的外观鉴定,描述正确的有(　　)。

A. 混凝土表面不应存在结构混凝土外观质量限制缺陷

B. 锚头不得外露,封锚混凝土或砂浆应无裂缝、疏松

C. 墙体不得出现外鼓变形

D. 泄水孔应无反坡、堵塞

6. 某二级公路路段的填方路床土方工程压实度检测值(单位:%)为:96.3、92.4、96.4、97.5、99.6、98.5、96.6、94.4、95.7、95.2、97.8、98.9。已知:$Z_{0.99}=2.327$,$Z_{0.95}=1.645$,$Z_{0.90}=1.282$,$t_{0.99}/\sqrt{12}=0.785$,$t_{0.95}/\sqrt{12}=0.518$,$t_{0.90}/\sqrt{12}=0.393$,依照题意回答下列问题。

(1)土方路基压实度检测可采用的方法有(　　)。

A. 灌砂法　　B. 无核密度仪法

C. 环刀法　　D. 钻芯法

(2)本路段土方路基压实度规定值是(　　)。

A. 92%　　B. 94%　　C. 95%　　D. 96%

(3)本路段土方路基压实度极值是(　　)。

A. 92%　　B. 90%　　C. 91%　　D. 93%

(4)本路段土方路基压实度代表值为(　　)。

A. 93.3%　　B. 95.0%　　C. 95.5%　　D. 95.8%

(5)本路段土方路基压实度合格率为(　　)。

A. 0　　B. 83.3%　　C. 91.7%　　D. 100%

7. 某试验检测机构受地方公路管理部门委托对A公路进行技术状况评定工作。A公路基本情况:公路技术等级为一级,长度为10.211km,双向六车道,路面类型为沥青混凝土路面,K2+000~K3+000间有一座中桥,评定为5类桥。检测机构选择多功能路况快速检测系统检测路面指标,不检测路面横向力系数和路面弯沉。请依据上述条件回答下列有关问题。

(1)从经济高效角度考虑,为满足《公路技术状况评定标准》(JTG 5210—2018)检测频率的基本要求,路面检测时应选择(　　)。

A. 单方向靠近中央分隔带的行车道

B. 双方向靠近外侧路肩的行车道

C. 双方向中间行车道

D. 双方向所有车道

(2)路面技术状况的评定需要检测(　　)。

A. 路面破损　　B. 路面车辙深度

C. 路面平整度　　D. 路面构造深度

(3)路面损坏类型中,轻度车辙深度的标准是(　　)。

A. 小于5mm　　B. 小于10mm

C. 10～15mm　　D. 10～20mm

(4)《公路技术状况评定标准》(JTG 5210—2018)将沥青混凝土路面损坏分为(　　)大类,并根据损坏程度分为(　　)项。

A. 11;20　　B. 11;21　　C. 10;20　　D. 10;21

(5)根据检测结果,评定单元K2＋000～K3＋000的各参数计算结果为SCI＝90.11、PQI＝91.05、BCI＝0、TCI＝86.21。已知SCI、PQI、BCI、TCI的计算权重分别为0.08、0.70、0.12、0.10,该评定单元公路技术状况指数MQI的结果为(　　)。

A. 79.565　　B. 79.56　　C. 80　　D. 0

8. 结合有关基层的关键实测项目内容,回答下列有关问题。

(1)稳定粒料基层和底基层表面连续离析不得超过(　　)m,累计离析不得超过(　　)m。

A. 10;20　　B. 10;50　　C. 20;50　　D. 20;100

(2)水泥土基层和底基层的实测项目中,高速公路和一级公路底基层压实度的规定值或允许偏差的代表值与极值分别为(　　)。

A. 91%;89%　　B. 93%;91%　　C. 95%;91%　　D. 93%;89%

(3)对石灰稳定粒料基层,下列说法正确的是(　　)。

A. 路拌深度应达到层底

B. 碾压检查合格后立即覆盖或洒水养护,养护期应符合规范规定

C. 表面应无松散、无坑洼、无碾压轮迹

D. 所检测的强度是指无侧限抗压强度

(4)水泥稳定粒料(碎石、砂砾或矿渣等)基层和底基层实测项目中,关键项目有(　　)项。

A. 2　　B. 3　　C. 4　　D. 5

(5)石灰土基层和底基层的实测项目中,其他等级公路基层厚度的规定值或允许偏差的代表值与合格值分别为(　　)。

A. －10mm;－12mm　　B. －10mm;－20mm

C. －10mm;－25mm　　D. －12mm;－35mm

习题参考答案及解析

一、单项选择题

1. C

【解析】一级公路路面结构设计的目标可靠度应不低于90%。

2. C

【解析】路基施工段落较短时,分层压实度检测结果应全部符合要求,且样本数量不少于6个。

3. A

【解析】路堤通常是分层铺筑,分层压实。每层压实厚度一般不超过0.3m。

4. B

【解析】水泥混凝土路面行驶质量指数RQI等级划分标准为“优”,其值应大于或等于88。

5. A

【解析】当面层集料的磨光值PSV大于42时,水泥混凝土路面可采用露石抗滑构造。

6. B

【解析】水泥混凝土路面实测混凝土强度大于设计强度的80%后,可停止养护。

7. C

【解析】高速公路和一级公路的基层应在养护7~10天内检测弯沉。

8. A

【解析】一般项目的合格率应不低于80%,否则该检查项目为不合格。

9. D

【解析】沥青路面设计采用轴重100kN的单轴-双轮组轴载作为设计轴载。

10. D

【解析】《公路工程质量检验评定标准　第一册　土建工程》(JTG F80/1—2017)是各等级公路新建、改扩建工程施工质量的检验评定和验收的依据。

11. B

【解析】路面分部工程包括的分项工程有:垫层、底基层、基层、面层、路缘石、路肩等。

12. C

【解析】公路工程质量评定按分项工程、分部工程、单位工程、合同段和建设项目逐级计算评分值。

13. C

【解析】路面分部工程包括的分项工程有:垫层、底基层、基层、面层、路缘石、路肩等。

14. C

【解析】墙背填土应采用设计要求的填料,严禁采用膨胀土、高液限黏土、腐殖土、盐渍土、淤泥和冻土块等不良填料。

15. C

【解析】反压护道的压实度不低于90%。

16. D

【解析】土工合成材料的接缝搭接应符合设计要求,上、下层土工合成材料搭接缝应交替错开。

17. B

【解析】公路土方路基压实度按高速公路和一级公路,二级公路,三、四级公路三档设定。

18. B

【解析】路基、路面压实度以1~3km长的路段为检验评定单元。

19. C

【解析】无结合料一般指:级配碎(砾)石、填隙碎石(矿渣)等。

20. B

【解析】二级公路土方路基路床压实度规定值为≥95%。

21. C

【解析】评定为不合格的分项工程，经返工、加固、补强后，满足设计要求后，可重新进行检验评定。

22. C

【解析】路基损坏的排水不畅应为路基边沟、排水沟、截水沟等排水系统淤塞，没有涵洞淤塞阻水。

23. B

【解析】上路堤是指路床以下0.7m厚度范围的填方部分。

24. A

【解析】确定沥青混合料拌和及压实适宜温度的试验有赛博特黏度试验、布氏黏度(表观黏度)试验、运动黏度试验。

25. D

【解析】选项A、B、C属于浆砌水沟的基本要求。

26. A

【解析】粒料基层完工后应及时洒布透层油并铺筑下封层，透层油透入深度应不小于5mm。无机结合料稳定粒料基层透层油透入深度宜不小于3mm。

27. C

【解析】砌体挡土墙砌筑时，应分层错缝，浆砌时要坐浆挤紧。

28. B

【解析】压实度、厚度、强度属于稳定土基层和底基层实测项目中的关键项目。

29. A

【解析】路肩工程应作为路面工程的一个分项工程进行检查评定。

30. A

【解析】土方路基压实度按密度法检查，每200m每压实层测2处。填石路基压实度按密度法检查，每200m每压实层测1处。

31. D

【解析】应设置施工临时排水系统，避免冲刷边坡为土方路基的基本要求。

32. B

【解析】井(板)长为袋装砂井、塑料排水板实测项目中的关键项目。

33. C

【解析】路基工程除压实度外，其他检查项目应在上路床进行检查测定。

34. A

【解析】3m直尺方法检查水泥混凝土面层平整度的频率为：每半幅车道每200m测2处×5尺。

35. B

【解析】碾压贫混凝土的集料应具有合适的级配，水泥剂量宜不大于13%。

36. C

【解析】选项 C 为检查(雨水)井砌筑外观质量要求。

37. D

【解析】工程实体检测以《公路工程竣(交)工验收办法实施细则》及其附件规定的抽查项目及频率为基础,外观检查发现的缺陷,在分部工程实测得分的基础上采用扣分制,扣分累计不得超过 15 分。

38. C

【解析】高速公路、一级公路基层、底基层压实度代表值计算的保证率为 99%,路基、路面面层为 95%;其他公路基层、底基层压实度代表值计算的保证率为 95%,路基、路面面层为 90%。

39. C

【解析】路基、沥青路面弯沉代表值为弯沉测量值的上波动界限。

40. D

【解析】喷射混凝土抗压强度评定时,用标准试验方法测得的极限抗压强度,乘以 0.95 的系数(精确到 0.1MPa)。

41. B

【解析】评定水泥砂浆的强度应以标准养护 28d 的试件为准,试件为边长 70.7mm 的立方体,每组 3 个试件。

42. B

【解析】不论稳定细粒土、中粒土或粗粒土,当变异系数 $C_v < 10\%$ 时,可为 6 个试件,变异系数 $C_v = 10\% \sim 15\%$,可为 9 个试件,$C_v > 15\%$,应为 13 个试件。

43. D

【解析】D 选项应为:弯沉代表值大于设计验收弯沉值时,相应分项工程不合格。

44. A

【解析】隐蔽工程在隐蔽前应检查合格。

45. B

【解析】外观质量应进行全面检查,并满足规定要求,否则该检验项目为不合格。

46. C

【解析】锚杆、锚定板和加筋挡土墙墙背填土距面板 1m 范围以内的压实度规定值为≥90%。

47. C

【解析】边坡锚固防护插入锚孔内的预应力锚杆、锚索长度不得小于设计长度的 97%,其他不得小于 98%。

48. A

【解析】土钉抗拔力检查项目检查频率为土钉总数 1%且不小于 3 根。

49. A

【解析】所含单位工程合格,且得分大于或等于 75 分,小于 90 分,该合同段工程质量鉴定等级为合格。大于或等于 90 分,工程质量鉴定等级为优良。

50. C

【解析】C 选项为竣工验收而不是交工验收主要工作内容。

51. B

【解析】分部工程外观检查存在缺陷，应在实测得分的基础上采用扣分制，扣分累计不得超过 15 分。

52. A

【解析】沉淀池实测项目中的关键项目是混凝土强度，B、C、D 选项都不是关键项目。

53. A

【解析】混凝土抗压强度或砂浆强度是混凝土排水管安装实测项目中的关键项目。

54. C

【解析】$PQI = w_{PCI} \times PCI + w_{RQI} \times RQI + w_{RDI} \times RDI + w_{PBI} \times PBI + w_{SRI} \times SRI + w_{PSSI} \times PSSI = 0.35 \times 91 + 0.30 \times 95 + 0.15 \times 93 + 0.10 \times 75 + 0.10 \times 87 + 0.0 \times 85 = 90.50$（保留 2 位小数）。

55. B

【解析】沥青路面轻度块状裂缝为主要裂缝块度大于 1.0m，平均裂缝宽度在 1 ~ 2mm 之间。重度块状裂缝为主要裂缝块度在 0.5 ~ 1.0m 之间，平均裂缝宽度大于 2mm。

56. B

【解析】高速公路施工现场沥青混凝土矿料级配进行检测时，实测结果应满足生产配合比要求。

57. B

【解析】沥青路面 11 类损坏中，分轻度和重度 2 级的有：块状裂缝、纵向裂缝、横向裂缝、沉陷、车辙、波浪拥包、坑槽、松散，共 8 类。龟裂分轻、中、重度 3 级，泛油和修补不分级。

58. C

【解析】高速公路技术状况评定对路面抗滑性能的最低检测频率要求为 2 年 1 次。

59. C

【解析】墙背填土的实测项目的关键项目是距面板 1m 范围内压实度。

60. B

【解析】路面损坏应纵向连续检测，横向检测宽度应不小于车道宽度的 70%。

61. B

【解析】横向力系数 SFC 应每 10m 计算 1 个统计值。

62. C

【解析】水泥混凝土路面坑洞应为板面出现直径大于 30mm、深度大于 10mm 的坑槽。

63. C

【解析】高速公路和一级公路土方路基下路床的压实度应不小于 96%。

64. D

【解析】D 选项为沥青表面处置面层外观质量要求而不是基本要求。

65. D

【解析】填隙碎石（矿渣）基层和底基层检查项目为固体体积率的而不是压实度。

66. D

【**解析**】填隙碎石(矿渣)基层和底基层固体体积率的检查频率为每200m测2点。

67. A

【**解析**】稳定土基层和底基层无此外观质量要求。

68. D

【**解析**】错台为水泥混凝土路面损坏。

69. A

【**解析**】因试件组数小于10组,又是C20水泥混凝土,则合格判定系数λ_3为1.15,λ_4为0.95,而三组试件抗压强度平均值28.3MPa大于23MPa(=1.15×20),三组试件抗压强度最小值27.8MPa大于19MPa(=0.95×20),故三组试件抗压强度评定为合格。

70. A

【**解析**】高速公路沥青混凝土面层实测项目中,要求总厚度代表值的允许偏差为设计值的-5%。

71. A

【**解析**】水泥混凝土面层关键实测项目包括弯拉强度和板厚度。

72. C

【**解析**】浆砌挡土墙的浆砌缝开裂、勾缝不密实和脱落的累计换算面积不得超过该面面积的1.5%。

73. B

【**解析**】砌体和片石混凝土挡土墙与悬臂式和扶壁式挡土墙共同的关键实测项目为断面尺寸。

74. D

【**解析**】水泥稳定粒料基层厚度检查频率为每200m测2点。

75. C

【**解析**】RQI表示路面行驶质量指数。

76. C

【**解析**】在浆砌砌体的实测项目中,断面尺寸的检查方法为尺量。

77. C

【**解析**】弯沉和压实度不是水泥混凝土面层实测项目,构造深度不是二灰稳定碎石基层实测项目。

78. B

【**解析**】高速公路路面损坏状况指数PCI等级划分标准应为:“优”大于或等于92,“良”在80~92之间,其他保持不变。

79. D

【**解析**】公路网公路技术状况评定时,应采用公路网内所有路线MQI的长度加权平均值作为该公路网的MQI。

80. C

【**解析**】路面结构强度系数SSR等于路面弯沉标准值与实测代表弯沉之比。

二、判断题

1. ×

【解析】低路堤是指填土高度小于路基工作区深度的路堤。

2. ×

【解析】路基高度是指路堤的填筑高度或路堑的开挖深度，是路基设计高程与原地面高程之差。路基中心高度是指路中线设计高程与原地面高程之差。

3. √

4. ×

【解析】水泥混凝土面层达到设计弯拉强度后，方可开放交通。

5. √

6. √

7. ×

【解析】路面工程的实测项目规定值或允许偏差应按高速公路、一级公路和其他等级公路两档确定，路面结构层厚度检验标准均为允许偏差。

8. √

9. ×

【解析】粒料桩只有一个关键实测项目：桩长。

10. ×

【解析】未筛分碎石、天然砂砾、填隙碎石基层或底基层的施工工序主要是摊铺和碾压。

11. √

12. ×

【解析】纵面线形由直坡段和竖曲线等基本要素组成。

13. ×

【解析】公路技术状况评定中，路面结构强度为抽样检测指标，抽样比例不得低于公路网列养里程的 20%。

14. √

15. √

16. ×

【解析】关键项目是分项工程中对结构安全、耐久性和主要使用功能起决定性作用的检查项目。

17. √

18. √

19. √

20. √

21. ×

【解析】一般项目的合格率应不低于 80%，否则该检查项目为不合格。

22. √
23. √
24. ×

【解析】土质路肩工程可作为路面工程的一个分项工程进行检查评定。

25. ×

【解析】土工合成材料的质量应符合设计要求,无老化,外观无破损,无污染。

26. ×

【解析】截水沟一般设置在挖方路基坡顶以外、山坡路堤上方或边坡护坡道上。

27. √
28. √
29. √
30. √
31. √
32. √
33. √
34. ×

【解析】路基压实度应分层检测,其他检查项目应在上路床进行检查测定。

35. √
36. √
37. √
38. ×

【解析】石方路基进行压实项目的检测方法是密度法和精密水准仪法。

39. √
40. ×

【解析】过滤排水工程土工合成材料处置层实测项目没有关键项目。

41. √
42. √
43. ×

【解析】盲沟一般适用于地下水流量不大、渗流不长的地段。

44. ×

【解析】浆砌排水沟基本要求:基础缩缝应与墙身缩缝对齐。

45. √
46. ×

【解析】排水泵站沉井的关键实测项目是混凝土强度。

47. √
48. √
49. ×

【解析】墙背填土的基本要求规定,墙背填土的墙身强度达到设计强度的75%以上时方可开始填土。

50. ×

【解析】砌体坡面防护外观质量要求浆砌缝开裂、勾缝不密实和脱落的累计换算面积不得超过该面面积的1.5%，且单个最大换算面积不应大于$0.08m^2$。

51. √

52. √

53. ×

【解析】干砌片石砌体的实测项目有：顶面高程、断面尺寸（高度、厚度）、表面平整度，其中无关键项目。

54. ×

【解析】土钉支护基本要求：土钉插入锚孔深度不得小于设计长度的95%。

55. ×

【解析】导流工程外观质量要求：表面不平整、边线不顺畅的累计长度不得超过总长度的10%。

56. ×

【解析】该等级公路土基压实度标准为95%，则规定极限值应为90%，某测点92.5%的压实度小于规定值减2个百分点（93%）且大于规定极限值（90%），则该测点为不合格而非路段压实度不合格（应根据合格率判定，条件不足）。

57. ×

【解析】水泥混凝土上加铺沥青面层的复合式路面，两种结构均需进行检查评定。其中，水泥混凝土路面结构不检查抗滑构造深度。

58. √

59. ×

【解析】石方路基实测项目中的关键项目为压实和弯沉。

60. √

61. ×

【解析】沥青表面处置面层外观质量要求：表面应无拖痕，松散、推挤、油丁、泛油、离析的累计长度不得超过50m。

62. ×

【解析】公路等级越高，路基层位（路床、上路堤和下路堤）越高，对填料的压实度要求越高。

63. ×

【解析】路面磨耗和路面抗滑性能为二选一指标，在检测与调查中可二选一。

64. √

65. √

66. ×

【解析】公路工程竣工验收应具备条件之一：交工验收提出的工程质量缺陷等遗留问题已全部处理完毕，并经项目法人验收合格。

67. √

68. ×

【解析】建设项目工程质量鉴定得分计算公式中的投资额原则使用结算价,当结算价暂时无法确定时,可使用招标合同价。

69. ×

【解析】浆砌排水沟实测项目中的关键项目只有砂浆强度。

70. ×

【解析】轻度路基构造物损坏应为勾缝损坏、沉降缝损坏、表面破损、钢筋外露和锈蚀等,每10m计1处,不足10m按1处计算。

71. ×

【解析】沥青路面纵向裂缝换算为损坏面积时,应采用裂缝长度乘以影响宽度0.2m;水泥混凝土路面裂缝换算为损坏面积时,应采用裂缝长度乘以影响宽度1.0m。

72. √

73. ×

【解析】水泥混凝土路面破碎板是指板块被裂缝分为3块及以上。

74. ×

【解析】填石路基应分层填筑压实,每层表面平整,路拱合适,排水良好,上路床不得有碾压轮迹,不得亏坡。

75. ×

【解析】分项和分部工程质量等级只有合格与不合格两个等级,单位工程、合同段、建设项目工程质量等级分为优良、合格与不合格三个等级。

76. √

77. √

78. √

79. √

80. ×

【解析】各类基层和底基层压实度代表值不得小于规定代表值,单点不得小于规定极值。

81. √

82. ×

【解析】路面检测与调查应包括路面损坏、路面平整度、路面车辙、路面跳车、路面磨耗、路面抗滑性能和路面结构强度七项内容。

83. √

84. ×

【解析】高速公路和一级公路需检测沥青混凝土面层的抗滑和渗水系数。

85. √

86. ×

【解析】水泥稳定碎石基层与级配碎石基层不同的检查项目有强度和弯沉。

87. √
88. √
89. √
90. ×

【解析】沥青面层一般按沥青铺筑层总厚度进行评定,高速公路和一级公路分2～3层评定时,还应进行上面层厚度检查和评定。

三、多项选择题

1. ABCD

【解析】路基路面现场测试选点方法有均匀法、随机法、定向法、连续法和综合法。

2. ACD

【解析】公路按使用任务、功能和适用的交通量,分为高速公路、一级公路、二级公路、三级公路和四级公路五个技术等级。

3. ABC

【解析】《公路工程质量检验评定标准　第一册　土建工程》(JTG F80/1—2017)是各等级公路新建、改扩建工程施工质量的检验评定和验收的依据。

4. ABC

【解析】一个公路建设项目通常可以划分为合同段、单位工程、分部工程和分项工程。

5. BC

【解析】沥青混凝土面层的关键实测项目是压实度、厚度、矿料级配和沥青含量。

6. BCD

【解析】A选项应为:沥青面层一般按沥青铺筑层总厚度进行评定,高速公路和一级公路分2～3层铺筑时,还应进行上面层厚度检查和评定。

7. ABC

【解析】D选项应为:评定为不合格的分项工程和分部工程,经返工、加固、补强或调测并满足设计要求后,可以重新进行检验评定。

8. ACD

【解析】厚度代表值为厚度的算术平均值的下置信界限。

9. BCD

【解析】路面工程一般规定:垫层应按相同材料的底基层检验。透层、黏层和封层的基本要求与沥青表面处置面层的基本要求相同。

10. ABC

【解析】沥青贯入式面层(上拌下贯式面层)基本要求:上拌沥青混合料每日应做沥青含量、矿料级配和马歇尔稳定度试验。

11. ABCD

【解析】沥青混凝土路面压实度的检验评定单元为1～3km长的路段,使用核子密度仪检测压实度时,应经对比试验检验,确认其可靠性。当$K<K_0$时,评定路段的压实度为不合格。

12. ABC

【解析】公路中线的平面线形由直线、圆曲线、缓和曲线组成。

13. ABC

【解析】D 选项应为：当压实度代表值大于规定值时，相应分项工程不一定合格。

14. BC

【解析】在单位工程中，按路段长度、结构部位及施工特点等划分的工程为分部工程。

15. BCD

【解析】A 选项应为：当同批试件组数 $n \geqslant 10$ 时，试件抗压强度平均值不低于设计值。

16. AD

【解析】SFC 代表值为 SFC 算数平均值的下置信界限值。当 SFC 代表值不小于设计或验收标准时，以所有单个 SFC 值统计合格率。当 SFC 代表值小于设计或验收标准时，评定结果为不合格。

17. AC

【解析】单位工程得分和建设项目工程质量鉴定得分没有扣分。

18. ABC

【解析】填隙碎石基层的关键实测项目是固体体积率和厚度。级配碎石基层的关键实测项目是压实度和厚度。

19. ABD

【解析】C 选项无机结合料冷再生混合料属于半刚性基层。

20. CD

【解析】路面结构中的功能层包括封层、黏层、透层、排水层和防冻层。

21. ABC

【解析】D 选项应为：当压实度代表值大于压实度标准值，且单点压实度全部大于或等于规定值减 2 个百分点时，评定路段的压实度合格率为 100%，其余说法正确。

22. ABC

【解析】根据《公路工程质量检验评定标准　第一册　土建工程》(JTG F80/1—2017) 中的相关内容，水泥稳定粒料基层厚度检查频率为每 200m 测 2 点。

23. BCD

【解析】路基损坏包括路肩损坏、路基构造物损坏、排水不畅等 7 类。

24. ABCD

【解析】根据《公路工程质量检验评定标准　第一册　土建工程》(JTG F80/1—2017) 中的相关内容，4 个选项全部正确。

25. CD

【解析】单位工程、合同段、建设项目工程质量等级分为优良、合格、不合格三个等级。

26. ABC

【解析】D 选项为《公路技术状况评定标准》(JTG H20—2007) 规定，非《公路技术状况评定标准》(JTG 5210—2018) 规定。

27. ABC

【解析】水泥石灰稳定土属于综合稳定材料。

28. BC

【解析】存在5类桥梁、5类隧道、危险涵洞及影响交通安全的重度边坡坍塌的评定单元，MQI值应取0。

29. ACD

【解析】公路技术状况检测与调查频率，除了路面抗滑性能是2年1次和路面结构强度是抽样检测以外，其他指标都是1年1次。

30. BCD

【解析】除PQI外，SCI、BCI和TCI三项指标的实际扣分应换算成基本评定单元的扣分[实际扣分×基本评定单元长度(1000m)/实际评定单元长度]。

四、综合题

1.(1)BC　(2)BD　(3)ABCD　(4)AD　(5)ABD

【解析】(1)排水工程和大型挡土墙为分部工程。

(2)每10km或每标段路基和路面工程都是单位工程。

(3)分项工程质量检验内容包括基本要求、实测项目、外观质量和质量保证资料四部分。

(4)在分部工程中，根据施工工序、工艺或材料等划分的工程为分项工程。

(5)施工日志不属于工程项目质量保证资料。

2.(1)D　(2)D　(3)D　(4)ACD　(5)B

【解析】(1)水泥混凝土弯拉强度试件组数小于10组时，试件平均强度不得小于$1.15f_r$，任一组强度均不得小于$0.85f_r$。

(2)当混凝土强度等级小于C60，水泥混凝土抗压强度评定中的合格判定系数λ_3取1.15。

(3)A选项为压实度评定公式，B选项为水泥混凝土弯拉强度评定公式，C选项为水泥混凝土抗压强度评定公式。

(4)《公路工程质量检验评定标准　第一册　土建工程》(JTG F80/1—2017)规定，压实度、水泥混凝土弯拉强度、水泥混凝土抗压强度、喷射混凝土抗压强度、水泥砂浆强度、无机结合料稳定材料强度、路面结构层厚度、弯沉值、路面横向力系数、水泥基浆体抗压强度等检查项目采用数理统计评定方法。

(5)水泥基浆体任意一组的强度不低于设计强度等级的85%。

3.(1)ABCD　(2)AB　(3)ABC　(4)C　(5)C

【解析】(1)选项全部正确。

(2)土方路基的关键项目为压实度和弯沉。

(3)D选项为填石路基外观质量要求。

(4)填石路基边线与边坡不应出现单向累计长度超过50m的弯折。

(5)桩距和桩径不是关键项目，强度不是粒料桩的关键项目。

4.(1)C　(2)ABC　(3)AD　(4)AC　(5)BC

【解析】(1)公路工程竣工验收应在通车试运营两年以上。

(2)D选项应为：路面弯沉、平整度检测，高速公路、一级公路以每半幅每公里为评定单元,其他等级公路以每公里为评定单元。

(3)B、C 选项不属于特别严重问题。

(4)工程质量鉴定中路基工程抽查项目有路基土石方压实度、弯沉、边坡,排水工程断面尺寸、铺砌厚度,小桥混凝土强度、主要结构尺寸,涵洞混凝土强度、结构尺寸,支挡工程混凝土强度、断面尺寸。

(5)沥青路面工程竣工验收需要复测的项目有弯沉、车辙、平整度和抗滑。

5.(1)C　(2)ABC　(3)AC　(4)ACD　(5)ACD

【解析】(1)当平均墙高达到或超过 6m 且墙身面积不小于 $1200m^2$ 时,为大型挡土墙,每处应作为分部工程进行评定。

(2)D 选项为砌体坡面防护基本要求。

(3)悬臂式和扶壁式挡土墙实测项目有混凝土强度、平面位置、墙面坡度、断面尺寸、顶面高程和表面平整度。其中,混凝土强度和断面尺寸为关键项目。

(4)砌体、片石混凝土挡土墙,当平均墙高大于或等于 6m 且墙身面积大于或等于 $1200m^2$ 时,每处可作为分部工程进行检验。

(5)B 选项为锚杆、锚定板和加筋土挡土墙外观质量要求。

6.(1)AC　(2)C　(3)B　(4)D　(5)C

【解析】(1)B 和 D 选项适用于沥青混合料压实度检测。

(2)二级公路上路床、各交通荷载等级下的下路床压实度规定值都是 95%。

(3)二级公路上路床、各交通荷载等级下的下路床压实度极值为规定值(95%)减 5 个百分点(90%)。

(4)压实度代表值 K = 压实度平均值 $- t_{\alpha}/\sqrt{n} \times S$,压实度平均值 = 96.6%,标准差 S = 2.034%,二级公路路基保证率为 90%,应取 $t_{0.90}/\sqrt{12} = 0.393$,则压实度代表值 K = 95.8%。

(5)路基、基层和底基层:当 $K \geqslant K_0$,且单点压实度全部大于或等于规定极值时,按测定值不低于规定值减 2 个百分点的测点数计算合格率,本题所有压实度都大于规定极值(90%),只有 1 个点(92.4%)低于规定值(95%)减 2 个百分点(93%),合格率为 91.7%。

7.(1)C　(2)ABC　(3)C　(4)B　(5)D

【解析】(1)路面技术状况检测应采用自动化检测设备。每个检测方向应至少检测一个主要行车道,主要行车道对于双向六车道为双方向的中间行车道。

(2)路面技术状况自动化检测指标应包括路面破损率 DR、国际平整度指数 IRI、路面车辙深度 RD、路面跳车 PB、路面构造深度 MPD、横向力系数 SFC 和路面弯沉 l_0。其中,路面构造深度 MPD 和横向力系数 SFC 应为二选一指标。

(3)车辙应按长度(m)计算,检测结果应用影响宽度(0.4m)换算成损坏面积。损坏程度应按下列标准判断:①轻度应为车辙深度在 10~15mm 之间。②重度应为车辙深度大于或等于 15mm。

(4)《公路技术状况评定标准》(JTG 5210—2018)将沥青混凝土路面损坏分为 11 大类,并根据损坏程度分为 21 项。

(5)存在 5 类桥梁、5 类隧道、危险涵洞及影响交通安全的重度边坡坍塌的评定单元,MQI 值应取 0。

8.(1)B　(2)C　(3)ABCD　(4)B　(5)B

【解析】(1)稳定粒料基层和底基层表面连续离析不得超过10m,累计离析不得超过50cm。

(2)高速公路和一级公路底基层的压实度的规定值或允许偏差的代表值与极值分别为95%、91%。

(3)4个选项都正确。

(4)水泥稳定粒料(碎石、砂砾或矿渣等)基层和底基层实测项目中,关键项目有压实度、厚度和强度共3项。

(5)石灰土基层和底基层的实测项目中,其他等级公路基层的厚度的规定值或允许偏差的代表值与合格值分别为-10mm、-20mm。

第二章　土工与土工合成材料

习　题

一、单项选择题

1. 土中粗颗粒含量越多,则最大干密度(　　)。

A. 越小　B. 越大　C. 无规律　D. 两者无关

2. 一试验检测人员收到一份腐殖酸含量较高的有机质土样品,要求测其含水率,该试验检测人员在 105 ~110℃下将该土样经长时间烘干后测得的含水率比实际的含水率(　　)。

A. 偏大　B. 偏小　C. 不变　D. 无法判定

3. 土的饱和度是指(　　)之比。

A. 土中水的体积与固体颗粒体积

B. 土中水的体积与孔隙体积

C. 土中水的体积与总体积

D. 孔隙中水的体积与孔隙体积

4. 液限碟式仪法测定土的液限,查得曲线上击数(　　)次所对应的含水率为液限。

A. 13　B. 15　C. 25　D. 35

5. 土的毛细管水上升高度试验,取含水率等于(　　)对应点与水面的高差作为强烈毛细管水上升高度。

A. 液限　B. 塑限

C. 1/2(液限 + 塑限)　D. 缩限

6. 土的含水率平行试验中,当含水率为 25% 时,允许平行差值为(　　)。

A. 0.3%　B. ≤1%　C. ≤2%　D. <3%

7. 蜡封法测定土的密度试验,若浸入蜡封试件中的水分质量超过(　　),应重做试验。

A. 0.01g　B. 0.02g　C. 0.03g　D. 0.05g

8. 灌水法适用于现场测定(　　)的密度。

A. 细粒土　B. 粉质土　C. 石粒土　D. 黏质土

9. 扰动土样采用击实法制备试件时,同一组试件与制备标准之差值,密度不大于(　　)g/cm^3,含水率不大于(　　)%。

A. ±0.2,1　B. ±0.5,1　C. ±0.1,1　D. ±0.1,2

10. 为取得原状土样,当采用钻机取土时,土样直径不得小于(　　)cm。

A. 5　　B. 10　　C. 15　　D. 20

11. 土在 $C_u>5$ 且 $C_c=1\sim3$ 时,为级配良好。某土样从颗粒分析试验的级配曲线上求得 $d_{60}=8.3mm$, $d_{30}=2.4mm$, $d_{10}=0.55mm$,则判断该土样级配状况为(　　)。

A. 级配良好　　B. 级配不良

C. 无法判定　　D. 级配合格

12. 在土的粒组划分中,粗粒组和细粒组的区分界限为(　　)。

A. 200mm　　B. 60mm　　C. 2mm　　D. 0.075mm

13. 细粒土是试样中细粒组质量多于或等于总质量(　　)的土。

A. 15%　　B. 25%　　C. 30%　　D. 50%

14. 细粒土不包括(　　)。

A. 粉质土　　B. 黏质土　　C. 红黏土　　D. 有机质土

15. 某工地试验室采用液塑限联合测定法测定土的液限和塑限时,试验员操作步骤分解如下,正确顺序为(　　)。

①对代表性土样压碎并过筛。

②加入不同数量的蒸馏水,使土样的含水率分别控制在液限、略大于塑限和二者中间状态。

③取 200g 土样,分开放入三个盛土皿中。

④将土样充分搅拌均匀,分层装入盛土杯中,并刮成与杯边齐平。

⑤锥头上涂少许凡士林;转动升降旋钮,待锥尖刚好与土样表面接触,扭动锥下降旋钮,测定 5s 的锥入深度。

⑥测定土杯中土的含水率。

⑦对其他两个含水率土样进行测试。

A. ①③②⑤⑥④⑦　　B. ①②③④⑤⑥⑦

C. ①③②④⑤⑥⑦　　D. ①③②④⑥⑤⑦

16. 已知某土样的液限 w_L 为 41.7%,塑性指数 I_P 为 22.6%,稠度 w_C 为 0.17,则该土样的含水率 w 为(　　)。

A. 37.8%　　B. 31.4%　　C. 54.2%　　D. 36.5%

17. 重塑后的黏质土从饱和状态干燥收缩至体积不变时的界限含水率称为(　　)。

A. 液限　　B. 塑限　　C. 缩限　　D. 塑性指数

18. 土体由流动状态向可塑状态过渡的界限含水率称为(　　)。

A. 液限　　B. 塑限　　C. 缩限　　D. 液性指数

19. 液性指数的计算公式为(　　)。

A. $I_L=\dfrac{w-w_P}{w-w_L}$　　B. $I_L=\dfrac{w_P-w}{w_L-w}$

C. $I_L=\dfrac{w-w_P}{w_L-w_P}$　　D. $I_L=\dfrac{w-w_L}{w-w_P}$

20. 某土样的天然含水率为 27.0%,塑限为 16.0%,液限为 39.0%,则其塑性指数为(　　)。

A. 11.0%　　B. 12.0%　　C. 23.0%　　D. 48.0%

21. 当液性指数为 0 时,土处于(　　)。

A. 液限　　B. 塑限　　C. 缩限　　D. 固态

22. 在液塑限联合测定法中,对测定精度影响最大的试样是含水率靠近(　　)的那个试样。

A. 液限　　B. 塑限　　C. 缩限　　D. 中值

23. 在液塑限联合测定法中,土的性质对(　　)时入土深度有显著影响。

A. 液限　　B. 塑限

C. 缩限　　D. 天然含水率

24. 击实试验是为了获得路基土的(　　)。

A. 最小孔隙率和天然稠度　　B. 最大干密度和最佳含水率

C. 最大干密度和最小孔隙率　　D. 天然稠度和最佳含水率

25. 轻型击实和重型击实的本质区别是(　　)。

A. 击实次数不同　　B. 击实厚度不同

C. 击实高度不同　　D. 击实功不同

26. 击实法确定土的最大干密度试验时,至少要制备(　　)个不同含水率的试样。

A. 3　　B. 4　　C. 5　　D. 6

27. 干土法击实试验,当土粒最大粒径为 40mm 时,每个试样需试料(　　)kg。

A. 2.5　　B. 3.0　　C. 4.0　　D. 6.0

28. 轻型击实法的落锤高度为(　　)。

A. 15cm　　B. 30cm　　C. 45cm　　D. 60cm

29. 土的击实试验中,大试筒击实后,试样不应高出筒顶面(　　)mm。

A. 3　　B. 4　　C. 5　　D. 6

30. 土的击实试验中,大试筒适用于粒径不大于(　　)mm 的土。

A. 10　　B. 20　　C. 30　　D. 40

31. 对同一砂类土的大量试验结果表明,土的内摩擦角随干密度的增加而(　　)。

A. 减小　　B. 增大　　C. 不变　　D. 不定

32. 一般而言,湿土法的(　　)小于干土法。

A. 最大干密度　　B. 最佳含水率

C. 试筒内径　　D. 最大粒径

33. 现场测试土的密度试验,当土中含有较多粗颗粒时不宜采用(　　)。

A. 灌水法　　B. 灌砂法　　C. 环刀法　　D. 蜡封法

34. 选用筛分法进行颗粒分析试验时,粗筛有(　　)种。

A. 3　　B. 4　　C. 5　　D. 6

35. 用质量法测定土的易溶盐总量试验中,以下操作导致测定结果偏大的是(　　)。

A. 浸出液注入蒸发皿前,该蒸发皿在 105 ~ 110℃ 的烘箱中烘至恒量

B. 蒸干后残液呈现黄褐色时,未加入 15% H_2O_2 反复处理至黄褐色消失

C. 蒸干后残渣呈白色,将蒸发皿放入 105 ~ 110℃的烘箱中烘干 4 ~ 8h,取出后放入干燥器中冷却 0.5h,称量;再重复烘干 2 ~ 4h,冷却 0.5h,用天平称量,反复进行至前后两次质量差值不大于 0.0001g

D. 若残渣中 $CaSO_4 \cdot 2H_2O$ 含量较高,则在 180℃烘干

36. 土样烘干时,烘箱的温度一般为(　　)。

A. 100 ~ 105℃　　B. 105 ~ 110℃

C. 110 ~ 115℃　　D. 115 ~ 120℃

37. 当针对坚硬易碎、含有粗粒、形态不规则的土样时,可采用(　　)测定密度。

A. 环刀法　　B. 蜡封法　　C. 灌砂法　　D. 灌水法

38. 用比重瓶法测土的比重,下述设备不属于该试验用具的是(　　)。

A. 容量 100mL 或 50mL 的比重瓶　　B. 称量 200g,感量 0.01g 的天平

C. 真空抽气设备　　D. 分度值 0.5℃的温度计

39. 虹吸筒法适用于粒径大于或等于 5mm 的土,且其中粒径大于或等于 20mm 土的含量(　　)总土质量的 10%。

A. 小于　　B. 大于　　C. 不小于　　D. 不大于

40. 已知某土样的黏聚力为 20kPa,剪切滑动面上的法向应力为 45kPa,内摩擦角为 45°,则该土样的抗剪强度为(　　)。

A. 20kPa　　B. 25kPa　　C. 45kPa　　D. 65kPa

41. CBR 测试过程中,贯入量达 2.5mm 时对应的单位压力为 490kPa,则 CBR 值为(　　)。

A. 6.0%　　B. 7.0%　　C. 8.0%　　D. 9.0%

42. CBR 试验中,试样的最大粒径宜控制在(　　)以内。

A. 10mm　　B. 20mm　　C. 30mm　　D. 40mm

43. 固结试验过程中,将压缩容器置于加压框架正中,密合传压活塞和横梁后,应预加(　　)的压力。

A. 1kPa　　B. 2kPa　　C. 5kPa　　D. 10kPa

44. 固结试验适用于(　　)。

A. 饱和细粒土　　B. 非饱和黏质土　　C. 砂性土　　D. 粉土

45. 固结试验的固结稳定标准是最后 1h 变形量不超过(　　)。

A. 0.005mm　　B. 0.01mm　　C. 0.02mm　　D. 0.05mm

46. 固结试验过程中,如为饱和试样,则在施加第一级荷载后,应(　　)。

A. 记录试样高度变化值　　B. 立即向容器内注水至满

C. 用湿棉纱围住上下透水面四周　　D. 将百分表读数调整至零

47. 根据土的工程分类,以下属于特殊土的是(　　)。

A. 粉质土　　B. 砂类土　　C. 卵石土　　D. 黄土

48. 土的含水率试验,当烘干法与酒精燃烧法结果有差异时,(　　)。

A. 以烘干法为准　　B. 以酒精燃烧法为准

C. 重新试验　　D. 结果作废

49. 土的比重试验应进行两次平行测定，其平行差值不得大于(　　)。

A. 0.01　B. 0.02　C. 0.03　D. 0.05

50. 试验室内土的承载比(CBR)试验所用荷载板直径为(　　)mm。

A. 100　B. 150　C. 300　D. 800

51. 重铬酸钾容量法测定土的有机质含量试验中，配制好的邻菲咯啉指示剂的颜色为(　　)。

A. 红色　B. 黄色　C. 橙黄色　D. 红棕色

52. 当采用纯水进行土的渗透试验时，应对试验用水进行(　　)处理。

A. 净化　B. 脱气　C. 升温　D. 降温

53. 土体孔隙中水的体积与空隙体积之比称为(　　)。

A. 饱和度　B. 孔隙率　C. 孔隙比　D. 土的含水率

54. 环刀法测试细粒土密度试验，平行试验差值要求不大于(　　)g/cm^3。

A. 0.01　B. 0.03　C. 0.1　D. 0.2

55. 土工织物垂直渗透性能试验采用的恒水头渗透仪能设定的最大水头差应不小于(　　)，有溢流和水位调节装置，能够在试验期间保持试件两侧水头恒定，有达到250mm恒定水头的能力。

A. 40mm　B. 50mm　C. 60mm　D. 70mm

56. 土工合成材料直剪摩擦特性试验上下剪切盒相对位移达到剪切面长度的(　　)时结束试验。

A. 15%　B. 15.5%　C. 16%　D. 16.5%

57. 土工织物宽条拉伸试验的预负荷伸长是指在相当于最大负荷(　　)的外加负荷下，所测的夹持长度的增加值，以mm表示。

A. 8%　B. 5%　C. 2%　D. 1%

58. 土工织物条带拉伸试验测定拉伸性能中开动试验机连续加荷直至试样断裂，停机并恢复至初始标距位置。记录最大负荷，精确至满量程的(　　)；记录最大负荷下的伸长量 ΔL，精确到小数点后一位。

A. 1%　B. 0.5%　C. 0.3%　D. 0.2%

59. 土工织物垂直渗透性能试验中，将试样置于含湿润剂的水中，至少浸泡(　　)直至饱和并赶走气泡。

A. 6h　B. 12h　C. 24h　D. 48h

60.《公路工程土工合成材料试验规程》(JTG E50—2006)规定，在土工织物单位面积质量测定试验中，试样面积为(　　)mm^2。

A. 400　B. 900　C. 10000　D. 22500

61. 各种土工织物的渗透性能相差很大，当满足试样两侧达到(　　)的水头差时，可以考虑确定采用单层还是多层试样进行试验。

A. 30mm　B. 40mm　C. 50mm　D. 60mm

62. 对于土工格栅，横向节距大于或等于(　　)的产品，其宽度方向上应包含至少两个完整的抗拉单位。

A. 45mm　　B. 55mm　　C. 65mm　　D. 75mm

63. 土工织物测定拉伸性能，如试样在夹具中滑移，或者多于(　　)的试样在钳口附近5mm范围内断裂，可采取相应措施。

A. 1/2　　B. 1/3　　C. 1/4　　D. 1/5

64. 对于土工格栅条带拉伸试验，单筋试样应有足够长度。试样的夹持线在节点处，除被夹钳夹持住的节点或交叉组织外，还应包含至少(　　)排节点或交叉组织。

A. 1　　B. 2　　C. 3　　D. 4

65. 以下不可用于路基防护的土工合成材料是(　　)。

A. 土工格室　　B. 土工模袋

C. 平面土工网　　D. 泡沫聚苯乙烯板块

66. 依据《公路工程土工合成材料试验规程》(JTG E50—2006)，下列关于土工合成材料垂直渗透试验的说法不正确的是(　　)。

A. 主要用于反滤设计

B. 复合排水材料不适宜用恒水头法测定其垂直渗透性能

C. 用于确定土工织物的渗透性能

D. 只适用于土工织物及复合土工织物的渗透性能检测

67. 土工合成材料大多以(　　)来评价承受荷载的能力。

A. 抗拉强度　　B. 顶破强度

C. 撕破强度　　D. 刺破强度

68.《公路工程土工合成材料试验规程》(JTG E50—2006)规定，在CBR顶破强力试验时，顶压杆的下降速度为(　　)mm/min。

A. 20 ± 1　　B. 20 ± 2　　C. 60 ± 1　　D. 60 ± 5

69. 测定土工织物厚度时，压块等级分为(　　)。

A. 三级　　B. 四级　　C. 五级　　D. 六级

70. 下列与土工织物垂直渗透性能试验操作无关的内容是(　　)。

A. 试件必须浸泡处理

B. 防止试验过程中水的侧漏和内层渗漏

C. 如试样未渗水，以每0.1MPa的极差逐级加压，直至有水渗出

D. 保证50mm的水头差，采用单层或多层试样进行试验

二、判断题

1. 原状土试件的制备可采用击实法。(　　)

2. 土是由土颗粒、水和气体三种物质组成的集合体。(　　)

3. 含气体的土称为非饱和土，不含气体的土称为饱和土。(　　)

4. 沉降分析法适用于粒径小于0.075mm的土颗粒组成。(　　)

5. 样本土的不均匀系数 $C_u > 10$ 时，表示该土是级配良好的土。(　　)

6. 孔隙率是指土中孔隙体积与土体总体积之比。(　　)

7. 土的含水率是指土中水的质量与土颗粒质量之比。(　　)

8. 灌水法测定土的密度试验适用于现场测定细粒土密度。 (　　)

9. 土中的气体分为与大气相连通的自由气体和与大气隔绝的封闭气体。 (　　)

10. 酒精燃烧法适用于快速简易测定细粒土的含水率。 (　　)

11. 现行规范规定,粒径大于或等于5mm的土样中大于或等于20mm的颗粒含量小于10%时用浮称法测定比重。 (　　)

12. 由于粗颗粒的体积测试误差较大,所以虹吸筒法测得的土的比重结果不太稳定,测得的比重值一般偏大。 (　　)

13. 土的回弹模量测定方法只有杠杆压力仪法。 (　　)

14. 桥梁、涵洞、隧道、挡土墙、房层建筑物的天然地基等,应采取搅动土样。 (　　)

15. 在土的工程分类中,最常用的指标是粒度成分和反映塑性的指标。 (　　)

16. 试样中巨粒组土粒质量小于或等于总质量的30%,且巨粒组土粒与粗粒组土粒质量之和大于总土质量50%的土称粗粒土。 (　　)

17. 在土的含水率平行试验中,当含水率在40%以上时,允许平行试验差值为4%。 (　　)

18. 采用密度计法进行土颗粒分析测试时,对于一般易分散的土,用25%的氨水作为分散剂。 (　　)

19. 移液管法制取悬液的方法和密度计法不同。 (　　)

20. 土的液限与含水率之差和塑性指数之比,称为土的稠度。 (　　)

21. 一般而言,采用烘干法测定土的含水率时,越是均质的土样(如充分拌和均匀的土样)所需烘干试样可越多,反之亦然。 (　　)

22. 含水率相同的土样,其所处的状态相同。 (　　)

23. 相对密度是表征砂紧密程度的指标。 (　　)

24. 土粒在温度100~105℃,烘至恒重时的质量与同体积25℃时蒸馏水质量的比值称为土的比重。 (　　)

25. 对于同样密实的砂土,颗粒级配良好的土样比颗粒均匀的土样孔隙比大。 (　　)

26. 在塑限滚搓法中,当土条搓至直径为5mm时,其产生裂缝并开始断裂,则这时土条的含水率即为土的塑限含水率。 (　　)

27. 密度计分析土样应采用风干土,土样风干可在烘箱内以不超过50℃鼓风干燥。 (　　)

28. 土的击实试验原理与压缩试验原理相同,都是土体受到压密。 (　　)

29. 击实是指采用人工或机械对土施加夯压能量(如打夯、碾压、振动碾压等方式),使土颗粒重新排列紧密。 (　　)

30. 粗粒土和细粒土的击实原理基本一样。 (　　)

31. 在击实试验过程中,对于高含水率土宜选用干土法。 (　　)

32. 在单位体积击实功相同的情况下,同类土用轻型和重型击实试验的结果相同。 (　　)

33. 一般而言,采用烘干法测定土的含水率时,细粒土较粗粒土烘干时间长,土的数量越多,所需烘干时间越长。 (　　)

34. 土的承载比(CBR)试验用大试筒击实后，试样不宜高出筒高6mm。　(　　)

35. 土的变形和强度只随有效应力而变化。　(　　)

36. 在砂的相对密度试验中，砂的最小干密度与最大干密度均须进行两次平行测定，取其算术平均值，其平行差值不得超过$0.03g/cm^3$，否则应重新试验。　(　　)

37. 对于粒径大于60mm的土不适合用筛分法测定土的颗粒组成。　(　　)

38. 杠杆压力仪法适用于不同湿度、密度的细粒土及其加固土。　(　　)

39. 用杠杆压力仪法测试土的回弹模量时，对于较软的土，如果$p-l$曲线不通过原点，允许用初始直线段与纵坐标的交点当作原点。　(　　)

40. 测定土的比重时，对含有一定量的可溶盐、不亲性胶体或有机质的土，用酸性液体测定，并用真空抽气法排出土内气体。　(　　)

41. 含水率、击实功、压实机具和土粒级配都是影响压实的内在因素。　(　　)

42. 土体对外荷载产生剪应力的极限抵抗能力称为抗剪强度。　(　　)

43. CBR是用于评定路基土和路面材料的强度指标。　(　　)

44. CBR是指试料贯入量达1.5mm时，单位压力对标准碎石压入相同贯入量时标准强度的比值。　(　　)

45. 在固结试验过程中，如需确定原状土的先期固结压力，最后一级荷载应大于500kPa。
(　　)

46. 在固结试验过程中，当试样渗透系数大于$10^{-4}cm/s$时，允许以主固结完成作为相对稳定标准。　(　　)

47. 标准固结试验用于非饱和土。　(　　)

48. 土的无侧限抗压强度试验以轴向应变1%/min～3%/min的速度转动手轮，使试验在8～10min内完成。　(　　)

49. 土的无侧限抗压强度试验测力计百分表如读数无稳定值，则轴向应变达20%的即可停止试验。　(　　)

50. CBR试验根据3个平行试验结果计算得的承载比变异系数小于12%时，取3个结果的平均值。　(　　)

51. 土工合成材料试验的试样应在同一样品中截取。　(　　)

52. 土工织物可用于路堤和路基的隔离和加筋。　(　　)

53. 土工织物厚度指在2kPa法向压力下，其顶面与底面之间的距离，单位为mm。(　　)

54. 卷装土工合成材料的第一层不应取样做样品，其他层均可取样。　(　　)

55. 土工织物试样需要在标准大气条件下调湿4h后再进行试验。　(　　)

56. 土工织物有效孔径是指能有效通过土工织物的近似最小颗粒直径。　(　　)

57. 土工合成材料CBR顶破强力和刺破强力试验的原理方法类似，顶压速率相同，但顶杆直径、试样面积不同。　(　　)

58. 土工织物有效孔径试验(干筛法)中Q_{90}表示90%的标准颗粒材料留在土工织物上，其过筛率$B=1-90\%=10\%$，曲线上纵坐标为90%点所对应的横坐标即定义为有效孔径Q_{90}，单位为mm。　(　　)

59. 土工织物梯形撕破强力试验的拉伸速度为60mm/min±5mm/min。　(　　)

60. 土工织物宽条拉伸试验的伸长率：试验中试样实际夹持长度的增加与实际夹持长度的比值，以百分数（%）表示。（　）

61. 土工织物宽条拉伸试验的实际夹持长度：名义夹持长度减去预负荷伸长（预加张力夹持时）。（　）

62. 土工织物宽条拉伸试验的隔距长度：试验机上下两夹持器之间的距离，当用夹具的位移测量时，隔距长度即为名义夹持长度。（　）

63.《公路工程土工合成材料试验规程》（JTG E50—2006）中，土工格栅的网孔尺寸测定适合用当量孔径来表示，复合土工织物适合用有效孔径来表示。（　）

64. 土工织物测定接头/接缝拉伸强度时，开启拉伸试验机，直至接头/接缝或材料本身断裂，记录最大负荷，精确至满量程的1%，观察和记录断裂原因。（　）

65. 土工织物水力性能指标主要为等效孔径和渗透系数，是土工织物两个很重要的特性指标。（　）

66. 土工合成材料物理性能试验包括厚度试验、单位面积质量测定、幅宽测定、宽条拉伸试验等。（　）

67. 含水率小于最佳含水率时，土的干密度随含水率增加而减小；含水率大于最佳含水率时，土的干密度随含水率增加而增大。（　）

68. 土样含水率偏干时，含水率的变化对干密度的影响要更明显一些，因此含水率与干密度关系曲线的左侧较右侧陡一些。（　）

69. 黏性土抗剪强度主要取决于土的内摩擦角 φ。（　）

70. 塑料土工合成材料进行状态调节的环境温度是23℃ ±2℃，时长不小于4h。（　）

三、多项选择题

1. 土样制备时，根据土的性质，下列说法正确的有（　）。
   A. 砂类土采用浸水饱和
   B. 较易透水的黏性土采用毛细管饱和法
   C. 较易透水的黏性土采用浸水饱和法
   D. 不易透水的黏性土采用真空饱和法

2. 以下可用于土的简易鉴别的方法有（　）。
   A. 干强度试验　B. 搓条试验
   C. 韧性试验　D. 摇振反应试验

3. 下列土质不宜采用酒精燃烧法测定含水率的有（　）。
   A. 含有机质土　B. 细粒土　C. 粗粒土　D. 盐渍土

4. 下列属于反映土的物理性能指标的有（　）。
   A. 含水率　B. 干密度　C. 孔隙率　D. 饱和度

5. 土的贯入试验中，常会出现5mm 的 CBR 值较 2.5mm 的 CBR 值大的现象，分析其原因（　）。
   A. 仪器本身的加工精度误差，减少了贯入面积
   B. 开始试验前施加的荷载偏小，贯入杆不能与土样紧密接触

C. 有些土表层的土样相对中心强度要小一些

D. 单位压强与贯入量关系曲线出现反弯现象

6. 烘干法测定各种土类的含水率,取代表性试样要求(　　)。

A. 细粒土为 15 ~ 30g　　B. 细粒土不少于 50g

C. 砂类土、有机质土为 50g　　D. 砂类土、有机质土不少于 100g

7. 采用烘干法测定含有石膏土样的含水率时,烘箱的温度可采用(　　)。

A. 70℃　　B. 80℃　　C. 100℃　　D. 105℃

8. 土体受外力所引起的压缩包括(　　)。

A. 土粒固体部分的压缩

B. 土体内孔隙中水的压缩

C. 水和空气从孔隙中被挤出以及封闭气体被压缩

D. 以上都不对

9. 烘干法测土含水率适用于下列(　　)土质试样。

A. 砂类土　　B. 高有机质含量土

C. 冻土　　D. 砂砾土

10. 砂的相对密度测定过程中,首先通过测定下面主要参数(　　),然后通过计算得到砂的相对密度。

A. 最大孔隙比　　B. 含水率

C. 天然孔隙比　　D. 最小孔隙比

11. 液限和塑限联合测定法测定土的液限和塑限,目的是用于(　　)。

A. 土类划分　　B. 计算天然稠度

C. 确定最佳含水率　　D. 计算塑性指数

12. 土的塑性指标包括(　　)。

A. 液限　　B. 塑限

C. 液性指数　　D. 塑性指数

13. 土的承载比(CBR)试验泡水测膨胀率,以下说法正确的有(　　)。

A. 在泡水期间,槽内水面应保持在试筒顶面以上约 25mm

B. 试件泡水时间 2 昼夜

C. 试件泡水时间 4 昼夜

D. 泡水后试件高度的变化量即为膨胀率

14. 砂的相对密度试验测定最大孔隙比时,用到的仪器设备有(　　)。

A. 量筒　　B. 长颈漏斗

C. 振动仪　　D. 金属容器

15. 土的比重试验方法有(　　)。

A. 比重瓶法　　B. 浮力法

C. 浮称法　　D. 虹吸筒法

16. 土的颗粒分析试验(密度计法)中土样分散处理,(　　)。

A. 酸性土加氢氧化钠　　B. 中性土加草酸钠

C. 碱性土加六偏磷酸钠　　D. pH 值大于 8 的土加焦磷酸钠

17. 比重瓶法测定(　　)的比重,必须用中性液体测定。

A. 含有不亲性胶体的土　　B. 有机质土

C. 含盐量大于 0.5% 的土　　D. 砂土

18. 酒精燃烧法测定土的含水率试验需要称取(　　)。

A. 空盒的质量　　B. 湿土质量

C. 盒与湿土的总质量　　D. 干土质量

19. 在滚搓土条的过程中,应注意的是(　　)。

A. 将土条在玻璃板上进行无压力的滚动

B. 若土条搓成 3mm 时仍未产生裂缝及断裂,应将其重新捏成一团,重新搓滚

C. 如土条直径大于 3mm 时即断裂,应弃去,重新取土加适量水调匀后再搓

D. 若土条在任何含水率下始终搓不到 3mm 即开始断裂,应适当增大土样质量

20. 在液塑限联合测定法中,液限的确定方法有(　　)。

A. 若采用 76g 锥做液限试验,则在 h-w 图上,查得纵坐标入土深度 $h = 17$mm 所对应的横坐标的含水率 w,即为该土样的液限

B. 通过 76g 锥入土深度 h 与含水率 w 的关系曲线,查得锥入土深度为 2mm 所对应的含水率,即为该土样的液限

C. 若采用 100g 锥做液限试验,则在 h-w 图上,查得纵坐标入土深度 $h = 20$mm 所对应的横坐标的含水率 w,即为该土样的液限

D. 通过塑限与塑限入土深度的关系,查图或由公式计算得到液限

21. 有关烘干法测土的含水率试验,说法正确的是(　　)。

A. 本法是测定含水率的通用标准方法

B. 试验时,取具有代表性试样,放入称量盒内,立即盖好盒盖,称质量

C. 烘干后称取质量,细粒土、砂类土和有机质土准确至 0.01g,砾类土准确至 1g

D. 本试验须进行二次平行测定,取其算术平均值

22. 以下能够提高土的最大干密度的措施有(　　)。

A. 降低含水率　　B. 减少土中粗颗粒含量

C. 增大击实功　　D. 增加土中粗颗粒含量

23. 关于土的类别对最佳含水率和最大干密度的影响,说法正确的是(　　)。

A. 黏粒含量增多,最佳含水率增大

B. 黏粒含量增多,最大干密度增大

C. 粉粒含量增多,最佳含水率减小

D. 粉粒含量增多,最大干密度减小

24. 以下关于土的烧失量试验,描述正确的有(　　)。

A. 待测试样需预先在 100 ~ 105℃ 烘干 8h

B. 装好试样的坩埚放入未升温的高温炉内,慢慢升温至 950℃

C. 装好试样的坩埚放入已升温至 950℃ 的高温炉内

D. 重复烧灼达到恒重,即前后两次质量相差小于 0.5mg

25. 密度计法分析土的颗粒组成,需要测记(　　)的密度计读数。

A. 0.5min　　B. 1min

C. 720min　　D. 1440min

26. 土工试验中,土样制备时需要闷料的试验有(　　)。

A. 界限含水率试验　　B. 击实试验

C. 颗粒分析试验　　D. 密度试验

27. 采用表面振动压实仪法测定材料的最大干密度,其适用条件包括(　　)。

A. 粒径小于 0.075mm 的干土质量百分比不大于 15%

B. 堆石料

C. 无黏性自由排水粗粒土

D. 无黏性自由排水巨粒土

28. 土工合成材料耐静水压试验适用于(　　)。

A. 土工膜　　B. 土工格栅

C. 复合土工膜　　D. 土工网

29. 土工合成材料拉拔摩擦试验适用于(　　)。

A. 土工膜　　B. 土工格栅

C. 复合土工膜　　D. 土工网

30. 与土工合成材料 CBR 顶破强力试验有关的计算数值有(　　)。

A. 顶破强力　　B. 顶破位移

C. 变形率　　D. 剪切力

31. 路基土压实度与最大干密度有关,以下描述正确的有(　　)。

A. 最大干密度可由重型击实试验获得

B. 击实试验曲线具有与饱和曲线相交叉的特点

C. 现场检测压实度值有可能超出 100%

D. 现场检测压实度值绝不可能超出 100%

32. 不能同时测定土的液限和塑限的试验方法有(　　)。

A. 液限和塑限联合测定法　　B. 液限碟式仪法

C. 塑限滚搓法　　D. 缩限试验

33. 下列关于土中毛细管水上升高度试验的说法,错误的有(　　)。

A. 试验目的是估计地下水对路基的影响程度

B. 取代表性土样 3kg 分装到有机玻璃管中并摇动密实

C. 控制盛水桶水面与有机玻璃管零点齐平

D. 从小孔有水排出时计起,经 30min、60min,以后每隔数小时记录毛细管水上升高度

34. CBR 试验制件时,需制备 3 组不同的干密度试件,这 3 组试件每层击实次数分别为(　　)。

A. 30 次　　B. 50 次　　C. 59 次　　D. 98 次

35. 土工合成材料刺破强力试验适用于(　　)。

A. 土工膜　　B. 土工格栅

C. 土工织物　　D. 土工网

36. 土的酸碱度试验用到(　　)标准缓冲溶液。

A. pH 值 =4.01　　B. pH 值 =6.87

C. pH 值 =7.50　　D. pH 值 =9.18

37. 石灰性土的烧失量包括(　　)。

A. 吸湿水　　B. 有机质

C. 结合水　　D. 二氧化碳

38. 重铬酸钾容量法——油浴加热法适用于测定有机质含量(　　)的土。

A. 5%　　B. 10%　　C. 15%　　D. 25%

39. 关于土的最大干密度试验方法,以下说法正确的有(　　)。

A. 当粒径大于 40mm 的颗粒含量大于 5% 且不大于 30% 时,应对试验结果进行校正

B. 当粒径小于 40mm 时,以干密度为纵坐标,含水率为横坐标,绘制干密度与含水率的关系曲线,曲线上峰值点的纵、横坐标分别为最大干密度和最佳含水率;如曲线不能绘出明显的峰值点,应进行补点或重做

C. 当粒径大于 40mm 的颗粒含量大于 30% 时,采用表面振动压实仪法确定土的最大干密度

D. 表面振动压实仪法测定无黏聚性自由排水的粗粒土和巨粒土最大干密度,但是当粒径小于 0.075mm 的干土质量百分数大于 15% 时,该方法不适用

40. 土中易溶盐包括(　　)。

A. 氯化物盐类　　B. 硫酸盐类

C. 碳酸盐类　　D. 水溶性有机质

41. 我国现行《公路土工试验规程》中,土的膨胀性试验有(　　)试验。

A. 自由膨胀率　　B. 无荷载膨胀率

C. 有荷载膨胀率　　D. 膨胀力

42. 土的颗粒分析试验(筛分法)细筛孔径有(　　)mm。

A. 2.0　　B. 1.0　　C. 0.25　　D. 0.075

43. 以下关于《公路工程土工合成材料试验规程》(JTG E50—2006)中 CBR 顶破强力试验的说法,正确的有(　　)。

A. 顶破强力是指顶压杆顶压试样直至破裂过程中测得的最大顶压力

B. 顶破位移是指从顶压杆顶端开始与试样表面接触时起,直至达到顶破强力,顶压杆顶进的距离

C. 变形率是指环形夹具内侧至顶压杆边缘之间试样的长度变化百分率

D. CBR 顶破强力试验不适用土工膜复合产品

44. 常水头渗透试验适用于测定(　　)渗透性。

A. 砂类土　　B. 黏质土

C. 含少量砾石的无黏聚性土　　D. 细粒土

45. 下列有关土工膜厚度测量方法,说法正确的有(　　)。

A. 当土工膜宽度大于 2000mm 时,每 200mm 测量一点

B. 当土工膜宽度在 300～2000mm 时，以大致相等间距测量 10 点

C. 当土工膜宽度在 100～300mm 时，每 100mm 测量一点

D. 当土工膜宽度小于 100mm 时，至少测量 3 点

46. 土工织物进行拉伸强度试验时，试样在钳口附近 5mm 范围内断裂，可采取(　　)。

A. 夹具内加衬垫　　B. 对夹在钳口内的试样加以涂层

C. 改进夹具钳口表面　　D. 夹具外加衬垫

47. 下列有关土工格栅、土工网网孔尺寸测试方法，说法正确的有(　　)。

A. 当网孔为矩形或偶数多边形时，测量相互平行的两边间的距离

B. 当网孔为三角形或奇数多边形时，测量顶点与对边的垂直距离

C. 同一测点平行测定两次，两次测定误差应小于 10%

D. 每个网孔至少测 3 个测点，读数精确到 0.1mm，取均值

48. 如果土工合成材料接头/接缝宽条拉伸试验出现(　　)，则应剔除该试验结果并另取一试样进行测试。

A. 缝线断裂　　B. 试样与接头/接缝滑脱

C. 试样从非接头/接缝处断裂　　D. 试样在夹具中打滑

49. 土工合成材料直剪摩擦特性试验对试样施加(　　)法向应力。

A. 50kPa　　B. 100kPa　　C. 150kPa　　D. 200kPa

50. 土工织物垂直渗透性能试验试样两侧水头差可取(　　)mm。

A. 40　　B. 50　　C. 60　　D. 70

四、综合题

1. 关于土的密度试验请回答以下问题。

(1)密度是土的基本物理性指标之一，用它可以换算土的(　　)。

A. 干密度　　B. 孔隙比　　C. 孔隙率　　D. 饱和度

(2)下列属于土的密度试验的有(　　)。

A. 环刀法　　B. 蜡封法　　C. 灌砂法　　D. 灌水法

(3)有关环刀法测土的密度试验，说法正确的有(　　)。

A. 环刀高度与直径之比，对试验结果有影响

B. 本试验须进行二次平行测定，取算术平均值

C. 擦净环刀外壁，称取环刀与土的合质量 m_1，准确到 0.1g

D. 按工程需要取原状土或制备所需状态的扰动土样，整平两端，环刀内壁涂一薄层凡士林，刀口向下放在土样上

(4)蜡封法试验步骤正确的是(　　)。

①用细线将蜡封试件置于天平一端，使其浸浮在盛有纯水的烧杯中，注意试件不要接触烧杯壁，称蜡封试件的水下质量 m_2，准确至 0.01g，并测量纯水的温度。

②将石蜡加热至刚过熔点，用细线系住试件浸入石蜡中，使试件表面覆盖一薄层严密的石蜡，若试件蜡膜上有气泡，需用热针刺破气泡，再用石蜡填充针孔，涂平孔口。

③待冷却后,在天平上称量蜡封试件质量 m_1,准确至0.01g。

④用削土刀切取体积大于 $30cm^3$ 试件,削除试件表面的松、浮土以及尖锐棱角,在天平上称量 m,准确至0.01g。取代表性土样进行含水率测定。

⑤将蜡封试件从水中取出,擦干石蜡表面水分,在空气中称其质量,将其与 m_1 中所称质量相比,若质量增加,表示水分进入试件中;若浸入水分质量超过0.03g,应重做。

A. ④②①③⑤　　B. ④②③①⑤

C. ④③②①⑤　　D. ④①②③⑤

(5)有关灌砂法测土的密度试验,说法正确的有(　　)。

A. 试样最大粒径不得超过60mm,测定密度层的厚度为150~200mm

B. 储砂筒中砂面的高度对砂的密度没有影响

C. 进行试验之前,首先要标定筒下部圆锥体内砂的质量以及量砂的密度

D. 标定罐的深度对砂的密度有影响

2. 关于土的比重试验请回答以下问题。

(1)目前测量土的比重试验方法有(　　)。

A. 比重瓶法　　B. 浮力法　　C. 浮称法　　D. 虹吸筒法

(2)已知土颗粒的质量为25g,体积为 $10cm^3$,则土的比重为(　　)。

A. 2.5　　B. 1.5　　C. 1.0　　D. 0.5

(3)有关比重瓶法,说法正确的有(　　)。

A. 适用于粒径小于5mm的土

B. 比重瓶校正一般有称量校正法和计算校正法两种方法

C. 排气方法,试验中仍选用煮沸法为主。如需用中性液体时,则采用真空抽气法

D. 粗、细粒土混合料比重的测定,本方法规定分别测定粗、细粒土比重,然后取加权平均值

(4)有关浮力法,说法正确的有(　　)。

A. 适用于粒径大于或等于5mm的土,且其中粒径大于或等于20mm的土质量应小于总土质量的10%

B. 试验中采用干比重,这样比较方便,因为一般指的孔隙,实际上是指被水充填的孔隙

C. 浮力法所测结果较为稳定

D. 将试样浸在水中一昼夜取出,立即放入金属网篮,缓缓浸没于水中,并在水中摇晃,至无气泡逸出时为止

(5)浮称法试验步骤正确的是(　　)。

①取出试样烘干,称量 m_s。

②称取金属网篮和试样在水中的总质量 m_2'。

③取代表性试样500~1000g。彻底冲洗试样,直至颗粒表面无尘土和其他污物。

④称取金属网篮在水中质量 m_1',并立即测量容器内水的温度,准确至0.5℃。

⑤将试样浸在水中一昼夜取出,立即放入金属网篮,缓缓浸没于水中,并在水中摇晃,至无气泡逸出时为止。

A. ③⑤①②④　　B. ③⑤②①④

C. ③②①④⑤　　D. ③②⑤④①

3. 某工程采用筛分法测得土样的颗粒组成数据如下，请结合表中数据回答下列问题。

粗筛分析			细筛分析		
孔径（mm）	累积留筛土质量（g）	小于该孔径的质量（g）	孔径（mm）	累积留筛土质量（g）	小于该孔径的质量（g）
40	0	2700	2.0	2095	605
20	360	2340	1.0	2415	285
10	910	1790	0.5	2584	116
5	1575	1125	0.25	2627	73
2	2095	605	0.075	2685	15
筛前土的总质量为2700g，孔径小于2mm土的质量为605g					

(1) 对于该种土样，其代表性土样的质量可取为(　　)。

A. 1500g　　B. 2000g　　C. 2500g　　D. 3500g

(2) 筛后各级筛上和筛底土总质量与筛前试样总质量之差，不应大于筛前试样总质量的(　　)。

A. 0.1%　　B. 0.5%　　C. 1%　　D. 3%

(3) 若此土样为有黏土粒的粗粒土，则以下试验步骤正确的有(　　)。

A. 将土样充分碾散、拌匀、烘干、称量；将土样浸泡，使粗细颗粒分散

B. 浸润后的混合液过2mm的筛，将筛上洗净的土样烘干称量，进行粗筛分析

C. 将大于0.075mm的土样烘干称量并进行细筛分析

D. 将大于0.075mm颗粒及2～0.075mm的颗粒质量从原称量的总质量中减去，即为小于0.075mm颗粒质量

(4) 小于10mm孔径土质量百分比为(　　)。

A. 41.7%　　B. 60.5%　　C. 66.3%　　D. 86.7%

(5) 该土样粗粒组质量约占总质量的(　　)。

A. 89.4%　　B. 95.7%　　C. 97.3%　　D. 99.4%

4. 某工程对土样进行缩限测试，所得数据如下，请结合表中数据回答下列问题。

室内编号	Ⅰ		Ⅱ		Ⅲ	
液限(%)	45		51		62	
湿土质量(g)	56.8	56.5	59.8	59.2	65.6	65.2
干土质量(g)	37.6	37.2	39.5	39.3	40.2	40.3
皿的容积(cm^3)	37.1	37.2	38.2	37.1	38.5	38.1
干土体积(cm^3)	21.2	21.6	23.5	22.8	22.3	22.4

(1) 土的缩限试验适用于(　　)的土。

A. 粒径小于0.5mm　　B. 粒径小于0.25mm

C. 有机质含量不超过15%　　D. 有机质含量不超过5%

(2)缩限试验所用收缩皿,其直径最好(　　)高度。

A. 大于　　B. 小于　　C. 等于　　D. 不小于

(3)测试过程中应注意的事项是(　　)。

A. 分层装填试样时,要注意不断挤压拍击

B. 用刀或直尺刮去多余土样,立即称取收缩皿加湿土质量

C. 收缩皿底和皿壁要保持粗糙状态

D. 采用排水法测定试样体积

(4)表中的三个试样中,(　　)的测试精度满足规范要求。

A. Ⅰ号　　B. Ⅱ号　　C. Ⅲ号　　D. 都不满足

(5)假定Ⅰ号土样的缩限计算结果为8.5%,则其收缩指数为(　　)。

A. 81.1%　　B. 43.4%　　C. 36.5%　　D. 42.5%

5. 围绕土的击实试验原理和方法回答下列问题。

(1)击实试验结果处理时所用的含水率是(　　)。

A. 最佳含水率　　B. 天然含水率

C. 预配含水率　　D. 试件实测含水率

(2)在黏性土中加入砂后,其击实特性的变化是(　　)。

A. 最大干密度减小,最佳含水率增大

B. 最大干密度增大,最佳含水率减小

C. 最大干密度增大,最佳含水率不变

D. 最大干密度和最佳含水率都基本不变

(3)击实试验可分别采用干法制样和湿法制样,下列说法不正确的是(　　)。

A. 干法制样的土可以重复使用

B. 干法制样和湿法制样的土都不能重复使用

C. 湿法制样的土可以重复使用

D. 干法制样和湿法制样的土都可以重复使用

(4)从击实试验的结果可以得到土的含水率与干密度关系曲线,下列有关该曲线的描述不正确的有(　　)。

A. 击实曲线一般有个峰点,这说明在一定击实功作用下,只有当土的含水率为某一定值(最佳含水率)时,土才能击实至最大干密度;若土的含水率小于或大于最佳含水率时,则所得到的干密度都小于最大值

B. 当土的含水率偏干时,含水率的变化对干密度的影响要比含水率偏湿时的影响更为明显,一般曲线左段较右段陡

C.《公路土工试验规程》(JTG 3430—2020)中,含水率与干密度曲线右侧的一根曲线称为饱和曲线,它表示当土在饱和状态时的含水率与干密度之间的关系,饱和曲线与击实曲线永远不相交

D. 增加击实功就能将土中气体全部排出,击实曲线就能与饱和曲线相交

(5)土的击实试验分重型击实和轻型击实,下列说法正确的有(　　)。

A. 重型击实Ⅱ-1 和Ⅱ-2 击实功不完全相等,所用的击实筒尺寸也不一样

B. 重型击实和轻型击实试验所用的击实筒尺寸一样,锤的质量一样,仅锤的落高不一样

C. 重型击实后,试样不应高出筒顶面 6mm;轻型击实后,试样不应高出筒顶面 5mm

D. 重型击实试验击实功约为轻型击实试验击实功的 4.5 倍

6. 某路基工程中对土样进行液塑限试验,请回答以下问题。

(1)以下对塑性指数 I_P 描述正确的是(　　)。

A. 塑性指数 I_P 为天然含水率与塑限之差

B. 塑性指数 I_P 越大,土的可塑性越差

C. 塑性指数 I_P 越大,土的可塑性越好

D. 塑性指数 I_P 为液限与塑限之差

(2)采用液塑限联合测定法试验时用到的主要仪器有(　　)。

A. 液塑限联合测定仪,圆锥质量为 100g 或 76g,锥角为 30°

B. 天平,感量 0.01g

C. 筛,孔径 0.5mm

D. 游标卡尺,准确度 0.02mm

(3)当试验采用质量为 100g 的锥时,液限 w_L 对应锥入深度 h 为(　　)。

A. 5mm　　B. 17mm　　C. 20mm　　D. 25mm

(4)以下关于试验过程的说法,正确的有(　　)。

A. 锥头上涂少许凡士林

B. 扭动锥下降旋钮后 10s 读取锥入深度

C. 锥尖两次锥入位置距离不少于 1cm

D. 两次锥入深度允许平行误差为 1mm

(5)液塑限试验须进行两次平行试验,取其算术平均值,对于高液限土,允许差值要求不大于(　　)。

A. 0.5%　　B. 1.0%　　C. 1.5%　　D. 2.0%

7. 某工程采用标准固结试验测定土样的固结系数,测试数据如下,请根据表中数据回答下列问题。

试样原始高度 h_0 = 20mm,试验前孔隙比 e_0 = 1.12,t_{90} = 400s											
加荷时间(h)	压力(kPa)	总变形量(mm)	压缩后试样高度(mm)	单位沉降量(mm/m)	孔隙比	平均试样高度(mm)	单位沉降量差(mm/m)	压缩模量(MPa)	压缩系数(MPa^{-1})	排水距离(cm)	固结系数($10^{-3}cm^2/s$)
	0	0	20	0	1.12						
24	50	0.938	19.062	46.9	1.02	19.531	46.9	1.07	1.99	0.9766	2.53
24	100	1.408	18.592	70.4	0.97	18.827	23.5	2.13	1.00	0.941	1.88
24	200	1.986	18.014	99.3	0.91	18.303	28.9	3.46	0.61	0.915	1.78
24	400	2.652	17.348	132.6	0.84	17.681	33.3	6.01	0.35	0.884	1.36
24	800	3.435	16.565	171.75	0.76	16.957	39.15	10.22	0.21	0.848	1.22

(1)每级荷载作用下测记试样高度的时间一般有(　　)。

A. 1h　　B. 2h　　C. 12h　　D. 24h

(2)有关单轴固结仪法试验的主要步骤,正确的试验顺序为(　　)。

①底板上放入下透水石,将护环与试样一起放入容器内,土样上面覆滤纸、上透水石,然后放下加压导环和传压活塞,使各部密切接触,保持平稳。

②将准备好试样的环刀外壁擦净,将刀口向下放入护环内。

③去掉预压荷载,立即加第一级荷载,在加上砝码的同时,立即开动秒表。

④将压缩容器置于加压框架正中,密合传压活塞和横梁,预加压力,装好百分表。

⑤拆除仪器,小心取出完整土样,称取其质量,并测定其终结含水率。

A. ⑤①③②④　　B. ②①④③⑤

C. ③①⑤④②　　D. ③①②④⑤

(3)在计算初始孔隙比 e_0 时,必须已知土的(　　)指标。

A. 土粒密度　　B. 初始含水率

C. 饱和度　　D. 初始密度

(4)若试样的初始孔隙比 e_0 为1.02,则50kPa和100kPa压力等级对应的压缩系数应分别为(　　)。

A. $1.89MPa^{-1}$　　B. $1.75MPa^{-1}$

C. $1.05MPa^{-1}$　　D. $0.95MPa^{-1}$

(5)对应下列选项中(　　)荷载作用下的固结系数计算有误。

A. 50kPa　　B. 100kPa　　C. 400kPa　　D. 800kPa

8. 关于土工合成材料试验,请回答以下问题。

(1)土工合成材料单位面积质量试验中,需要试样(　　)块。

A. 3　　B. 5　　C. 8　　D. 10

(2)土工膜厚度试验需要使用最小分度值为(　　)的千分表。

A. 0.001mm　　B. 0.002mm　　C. 0.01mm　　D. 0.02mm

(3)以下关于土工织物梯形撕破强力试验,描述正确的有(　　)。

A. 调整拉伸试验机具,设定满量程范围,使试样最大撕破负荷在满量程负荷的30% ~90%范围内

B. 将试样放入卡具内,使夹持线与夹钳钳口线相平齐,然后旋紧上、下夹钳螺栓,注意试样在上、下夹钳中间的对称位置

C. 开动拉伸试验机,直至试样完全撕破断开,记录最大撕破强力值作为试验结果

D. 如试样从夹钳中滑出或不在切口延长线处撕破断裂,则应剔除此次试验数值,取其余样品试验结果的算数平均值作为土工织物的撕破强力

(4)土工织物刺破强力试验时,试验机的加载速率要求为(　　)。

A. 100mm/min ±10mm/min　　B. 200mm/min ±10mm/min

C. 300mm/min ±10mm/min　　D. 400mm/min ±10mm/min

(5)用于路面防裂的土工织物类土工合成材料必须做(　　)试验。

A. 单位面积质量　　B. 有效孔径

C. 几何尺寸　　D. 拉伸强度

9. 关于土的颗粒分析试验请回答以下问题。

(1) 常用的颗粒分析试验方法有(　　)。

A. 筛分法　　B. 密度计法　　C. 移液管法　　D. 浮力法

(2) 有关筛分法,说法正确的是(　　)。

A. 适用分析粒径大于2.36mm的土颗粒组成

B. 筛后各级筛上和筛底土总质量与筛前试样总质量之差,不应大于筛前试样总质量的1%

C. 在选用分析筛的孔径时,可根据试样颗粒的粗、细情况选用

D. 用风干土样进行筛分试验,按四分法取代表性试样,数量随粒径大小而异,粒径越大,数量越多

(3) 有关密度计法,说法正确的是(　　)。

A. 本试验方法适用于分析粒径小于0.075mm的细粒土

B. 密度计分析土样应采用风干土

C. 甲种密度计刻度以20℃时悬液的比重表示,刻度为0.995～1.020,最小分度值为0.0002

D. 本试验规定对易溶盐含量超过总量0.5%的土样须进行洗盐,采用过滤法

(4) 移液管法的正确试验步骤为(　　)。

①取代表性试样,黏质土为10～15g,砂类土为20g,按密度计法制取悬液。

②将盛土样悬液的量筒放入恒温水槽,使悬液恒温至适当温度。

③准备好50mL小烧杯,称量,准确至0.001g。

④准备好移液管,活塞应放在关闭位置上,旋转活塞应放在与移液管及吸球相通的位置上。

⑤用搅拌器将悬液上下搅拌各约30次,时间为1min,使悬液分布均匀。停止搅拌,立即开动秒表。

⑥根据各粒径的静置时间提前约10s,将移液管放入悬液中,浸入深度为10cm,靠连接自来水管所产生的负压或用吸球来吸取悬液。

⑦吸入悬液,至略多于25mL,旋转活塞180°,使与放液管相通,再将多余悬液从放液口放出。

⑧将移液管下口放入已称量的小烧杯中,再旋转活塞180°,使与移液管相通,同时用吸球将悬液(25mL)全部注入小烧杯内,在移液管上口预先倒入蒸馏水,此时开活塞,使水流入移液管中,再将这部分水连同管内剩余颗粒冲入小烧杯内。

⑨将烧杯内悬液浓缩至半干,放入烘箱内在105～110℃温度下烘至恒重。称量小烧杯连同于土的质量,准确至0.001g。

A. ①②③④⑤⑥⑦⑧⑨　　B. ①②④③⑥⑧⑦⑤⑨

C. ②③④①⑤⑧⑦⑥⑨　　D. ①②③④⑥⑦⑤⑧⑨

(5) 采用筛分法试验时,某试样粒径小于2mm的颗粒质量百分数为30%,从通过2.0mm筛的土样中取试样10g再次筛分,通过1.0mm筛的颗粒质量6.5g,则该试样小于1.0mm筛的质量百分数为(　　)。

A. 19.5%　　B. 30.0%　　C. 35.0%　　D. 65.0%

10. 某试验室开展一条公路路基土的 CBR 试验,试料最大粒径为 40mm,请结合试验内容完成下面题目。

(1)CBR 试验需要的器具有(　　)。

A. 内径为 152mm 的试筒　　B. 端面直径为 100mm 的贯入杆

C. 百分表　　D. 荷载板 4 块,每块质量为 1.25kg

(2)试件浸润时间:黏性土不得小于 12h,粉性土可缩短到 12h,砂土可缩短到(　　),天然砂砾可缩短到 2h 左右。

A. 1h　　B. 4h　　C. 6h　　D. 8h

(3)重型击实法成型 CBR 试件时,以下关于试筒尺寸和装料层数说法正确的有(　　)。

A. 试筒内径 10cm,高 12.7cm　　B. 试筒内径 15.2cm,高 17cm

C. 层数为 5 层　　D. 层数为 3 层

(4)以下贯入试验步骤中,描述正确的有(　　)。

A. 从水槽中取出试件,静置 25min 后称量试件泡水后的质量

B. 将试件放置在路面材料强度仪的升降台上,调整偏球座,对准整平并使贯入杆与试件顶面接触,在贯入杆周围放置 4 块荷载板

C. 在贯入杆上施加少许荷载,将测力和测变形百分表指针调整至整数,记读初始读数

D. 加荷使贯入杆以 1 ~ 1.25mm/min 的速度压入试件,同时测记 3 个百分表的读数

(5)当 3 个平行试验的承载比变异系数大于 12%,以下描述正确的是(　　)。

A. 取 3 个结果的平均值

B. 取中值作为试验结果

C. 去掉一个偏离大的值,取其余 2 个结果的平均值

D. 试验失败

习题参考答案及解析

一、单项选择题

1. B

【解析】一般粉粒和黏粒含量多,土的塑性指数越大,土的最佳含水率也越大,同时其最大干密度越小。因此,一般砂性土的最佳含水率小于黏性土,而砂性土的最大干密度也大于黏性土。

2. A

【解析】有机质土在 105 ~ 110℃ 温度下经长时间烘干后,有机质特别是腐殖酸会在烘干过程中逐渐分解而不断损失,使测得的含水率比实际的含水率大,土中有机质含量越高,误差越大。

3. D

【解析】土的饱和度是指孔隙中水的体积与孔隙体积之比。

4. C

【解析】液限碟式仪法测定土的液限,查得曲线上击数25次所对应的含水率为液限。

5. B

【解析】土的毛细管水上升高度试验,取含水率等于塑限对应点与水面的高差作为强烈毛细管水上升高度。

6. B

【解析】土的含水率平行试验中,当含水率在5%～40%时,允许平行差值为≤1%。

7. C

【解析】蜡封法测定土的密度试验,若浸入蜡封试件中的水分质量超过0.03g,应重做试验。

8. C

【解析】灌水法适用于现场测定粗粒土和巨粒土的密度,A、B、D选项都是细粒土。

9. D

【解析】扰动土样采用击实法制备试件时,同一组试件与制备标准之差值,密度不大于±0.1g/cm³,含水率不大于2%。

10. B

【解析】为取得原状土样,当采用钻机取土时,土样直径不得小于10cm。

11. A

【解析】该土样不均匀系数 $C_u = d_{60}/d_{10} = 15.1$,曲率系数 $C_c = d_{30}^2/(d_{10} \times d_{60}) = 1.3$。

12. D

【解析】粗粒组和细粒组的区分界限为0.075mm。

13. D

【解析】细粒土是试样中细粒组质量多于或等于总质量50%的土。

14. C

【解析】细粒土分类包括:粉质土、黏质土和有机质土,红黏土是特殊土。

15. C

【解析】③在②之前,④在⑤之前,⑤在⑥之前。

16. A

【解析】稠度的计算公式为 $w_C = (w_L - w)/I_P$,则计算结果为37.8%。

17. C

【解析】缩限指的是重塑后的黏质土从饱和状态干燥收缩至体积不变时的界限含水率。

18. A

【解析】土体由流动状态向可塑状态过渡的界限含水率称为液限。

19. C

【解析】液性指数的定义:$I_L = (w - w_P)/(w_L - w_P)$。

20. C

【解析】塑性指数的定义:$I_P = w_L - w_P$,则可计算得到塑性指数为23%。

21. B

【解析】液性指数的定义：$I_L=(w-w_P)/(w_L-w_P)$，则可计算当 I_L 为 0 时，含水率等于 w_P，所以土处于塑限。

22. B

【解析】对联合测定精度最有影响的是靠近塑限的那个试样。

23. B

【解析】在液塑限联合测定法中，土的性质对塑限时入土深度有显著影响。

24. B

【解析】击实试验是为了获得路基土压实的最大干密度和相应的最佳含水率。

25. D

【解析】击实试验分轻型击实和重型击实。两者的本质区别是击实功不同。

26. C

【解析】击实法确定土的最大干密度试验时，至少要制备 5 个不同含水率的试样。

27. D

【解析】当土中最大颗粒粒径大于或等于 40mm，并且大于或等于 40mm 颗粒粒径的质量含量大于 5% 时，则应使用大尺寸试筒进行击实试验，对于大试筒，先将垫块放入筒内底板上；按五层法时，每层需试样约 900g（细粒土）~1100g（粗粒土）；按三层法时，每层需试样 1700g 左右。

28. B

【解析】轻型击实法的落锤高度为 30cm。

29. D

【解析】土的击实试验中，大试筒击实后，试样不应高出筒顶面 6mm。

30. D

【解析】大试筒适用于粒径不大于 40mm 的土。

31. B

【解析】同一砂类土的内摩擦角随干密度的增加而增大。

32. A

【解析】一般而言，湿土法的最大干密度小于干土法。

33. C

【解析】环刀法适用于细粒土。

34. D

【解析】粗筛（圆孔）孔径（mm）为 60、40、20、10、5、2，共 6 种。

35. B

【解析】A、C、D 选项都是正确操作；B 选项未加入 15% H_2O_2 反复处理至黄褐色消失，则蒸干后残液中含有有机质，被算入易溶盐总量，导致测定结果偏大。

36. B

【解析】土样烘干时，烘箱的温度一般为 105 ~ 110℃。

37. B

【解析】当针对坚硬易碎、含有粗粒、形态不规则的土样时，可采用蜡封法测定密度。

38. B

【解析】比重瓶法测土的比重所用天平的称量要求为200g，感量要求为0.001g。

39. C

【解析】虹吸筒法适用于粒径大于或等于5mm的土，且其中粒径大于或等于20mm土的含量大于等于总土质量的10%。

40. D

【解析】抗剪强度表达式为：$\tau_f = c + \sigma\tan\varphi$，其中$c$为黏聚力，$\varphi$为土的内摩擦角，$\sigma$为剪切滑动面上的法向应力，则可计算得到抗剪强度为65kPa。

41. B

【解析】$CBR = (p/7000) \times 100$，其中$p$为2.5mm贯入量对应的单位压力。

42. B

【解析】试样的最大粒径宜控制在20mm以内，最大不得超40mm且含量不超过5%。

43. A

【解析】将压缩容器置于加压框架正中，密合传压活塞和横梁后，应预加1kPa的压力。

44. A

【解析】固结试验适用于饱和细粒土。

45. B

【解析】固结稳定标准是最后1h变形量不超过0.01mm。

46. B

【解析】如为饱和试样，则在施加第一级荷载后，应立即向容器内注水至满。

47. D

【解析】特殊土包括：黄土、膨胀土、红黏土、盐渍土、冻土、软土等。

48. A

【解析】《公路土工试验规程》(JTG 3430—2020)规定，土的含水率试验，当烘干法与酒精燃烧法结果有差异时，以烘干法为准。

49. B

【解析】土的比重试验应进行两次平行测定，其平行差值不得大于0.02。

50. B

【解析】试验室内土的承载比(CBR)试验所用荷载板直径为150mm。

51. D

【解析】配制好的邻菲咯啉指示剂的颜色为红棕色。

52. B

【解析】土的渗透试验用水应采用实际作用于土的天然水，如用纯水试验前必须用抽气法或煮沸法脱气。

53. A

【解析】饱和度S_r是指孔隙中水的体积与空隙体积之比。

54. B

【解析】环刀法测试细粒土密度试验，平行试验差值要求不大于 $0.03g/cm^3$。

55. D

【解析】恒水头渗透仪能设定的最大水头差应不小于 70mm，有溢流和水位调节装置，能够在试验期间保持试件两侧水头恒定，有达到 250mm 恒定水头的能力。

56. D

【解析】土工合成材料直剪摩擦特性试验上下剪切盒相对位移达到剪切面长度的 16.5% 时结束试验。

57. D

【解析】预负荷伸长是指在相当于最大负荷 1% 的外加负荷下，所测夹持长度的增加值。

58. D

【解析】测定拉伸性能中开动试验机连续加荷直至试样断裂，停机并恢复至初始标距位置。记录最大负荷，精确至满量程的 0.2%；记录最大负荷下的伸长量 ΔL，精确到小数点后一位。

59. B

【解析】垂直渗透性能试验中，将试样置于含湿润剂的水中，至少浸泡 12h 直至饱和并赶走气泡。

60. C

【解析】土工织物单位面积质量测定试验中，试样面积为 $10000mm^2$。

61. C

【解析】各种土工织物渗透性能相差很大，当满足试样两侧达到 50mm 的水头差时，可以考虑确定采用单层还是多层试样进行试验。

62. D

【解析】对于土工格栅，横向节距大于或等于 75mm 的产品，其宽度方向上应包含至少两个完整的抗拉单位。

63. C

【解析】测定拉伸性能，如试样在夹具中滑移，或者多于 1/4 的试样在钳口附近 5mm 范围内断裂，可采取相应措施。

64. A

【解析】对于土工格栅，单筋试样应有足够长度。试样的夹持线在节点处，除被夹钳夹持住的节点或交叉组织外，还应包含至少 1 排节点或交叉组织。

65. D

【解析】土工格室可用于路基加筋、防沙固沙、路基防护等场合。土工网和植生袋可用于边坡生态防护。土工模袋可用于路基冲刷防护等场合。泡沫聚苯乙烯板块(EPS)可用于桥头或软基路段以及需要减载场合。

66. B

【解析】复合排水材料适宜用恒水头法测定其垂直渗透性能，国内所有有关土工织物垂直渗透性能的标准均采用恒水头法。

67. A

【解析】土工合成材料大多以抗拉强度来评价承受荷载的能力。

68. D

【解析】CBR 顶破强力试验时，顶压杆的下降速度为 60mm/min ±5mm/min。

69. A

【解析】测定土工织物厚度时，压块重分为 5N、50N、500N 三级。

70. C

【解析】C 选项属于土工合成材料耐静水压试验操作。

二、判断题

1. ×

【解析】扰动土样试件制备可根据工程需要采用击实法或压样法，原装土样试件制备采用环刀切取。

2. √

3. √

4. √

5. ×

【解析】当同时满足 $C_u > 5$、$C_c = 1 \sim 3$，为级配良好的土。

6. √

7. √

8. ×

【解析】本试验方法适用于现场测定粗粒土和巨粒土，特别是后者的密度。

9. √

10. ×

【解析】酒精燃烧法适用于快速简易测定土（含有机质的土和盐渍土除外）的含水率。

11. √

12. ×

【解析】由于粗颗粒的体积测试误差较大，所以虹吸筒法测得的土的比重结果不太稳定，测得的比重值一般偏小。

13. ×

【解析】土的回弹模量测定方法有杠杆压力仪法和强度仪法。

14. ×

【解析】桥梁、涵洞、隧道、挡土墙、房层建筑物的天然地基等，应采取原状土样。

15. √

16. ×

【解析】试样中巨粒组土粒质量小于或等于总质量的 15%，且巨粒组土粒与粗粒组土粒质量之和大于总土质量 50% 的土称粗粒土。

17. ×

【解析】在土的含水率平行试验中，当含水率在40%以上时，允许平行试验差值为2%。

18. √

19. ×

【解析】密度计法和移液管法制取悬液的方法相同。

20. √

21. ×

【解析】一般而言，采用烘干法测定土的含水率时，越是均质的土样（如充分拌和均匀的土样）所需烘干试样可越少，反之亦然。

22. ×

【解析】根据黏性土界限含水率的相关规定，几个含水率相同的土样，它们的液限、塑限不同，那么这些土样所处的状态可能不一样。

23. √

24. ×

【解析】土的比重定义为土粒在温度105～110℃，烘至恒重时的质量与同体积4℃时纯水质量的比值。

25. ×

【解析】对于同样密实的砂土，在颗粒均匀时孔隙比较大；当颗粒大小混杂（级配良好）时，孔隙比较小。

26. ×

【解析】当土条搓至直径为3mm时，其产生裂缝并开始断裂，则这时土条的含水率即为土的塑限含水率。

27. √

28. ×

【解析】击实是指采用人工或机械对土施加夯压能量使土颗粒重新排列紧密。土体的压缩变形主要是由于孔隙的减小所引起的。

29. √

30. ×

【解析】在击实过程中，对于粗粒土，因颗粒的紧密排列，增强了颗粒表面摩擦力和颗粒之间嵌挤形成的咬合力；对于细粒土，则因为颗粒间的靠紧而增强粒间的分子引力，从而使土在短时间内得到新的结构强度。所以两者的击实原理不一样。

31. ×

【解析】对于高含水率土，宜选用湿土法。

32. √

33. √

34. ×

【解析】土的承载比（CBR）试验用大试筒击实后，试样不宜高出筒高10mm。

35. √

36. √

37. √

38. ×

【解析】杠杆压力仪法适用于粒径不大于5mm的土。

39. √

40. ×

【解析】对含有一定量的可溶盐、不亲性胶体或有机质的土,必须用中性液体(煤油)测定,并采用真空抽气法排出土内气体。

41. ×

【解析】影响压实的内在因素包括含水率、土粒级配。

42. √

43. √

44. ×

【解析】CBR是指试件贯入量达规定值时,单位压力对标准碎石压入相同贯入量时标准强度的比值。

45. ×

【解析】如需确定原状土的先期固结压力,最后一级荷载应大于1000kPa。

46. ×

【解析】当试样渗透系数大于10^{-5}cm/s时,允许以主固结完成作为相对稳定标准。

47. ×

【解析】标准固结试验适用于饱和的细粒土,当只进行压缩试验时,可用于非饱和土。

48. √

49. √

50. √

51. √

52. √

53. √

54. ×

【解析】卷装材料的头两层不应取作样品。

55. ×

【解析】土工织物:试样应在标准大气压的条件下调湿24h,温度为20℃ ±2℃,相对湿度为65% ±5%。塑料土工合成材料:试样应置于温度为23℃ ±2℃环境下,进行状态调节,时间不少于4h。

56. ×

【解析】土工织物有效孔径是指能有效通过土工织物的近似最大颗粒直径。

57. ×

【解析】土工合成材料CBR顶破强力和刺破强力试验的顶压速率(60mm/min ±5mm/min和300mm/min ±10mm/min)、顶杆直径(50mm和8mm ±0.01mm)、试样面积(直径300mm

和直径 100mm)均不同。

58. ×

【解析】Q_{90}表示 90% 的标准颗粒材料留在土工织物上,其过筛率 $B=1-90\%=10\%$,曲线上纵坐标为 10% 点所对应的横坐标即定义为有效孔径 Q_{90},单位为 mm。

59. ×

【解析】土工织物梯形撕破强力试验的拉伸速度为 100mm/min ±5mm/min。

60. √

61. ×

【解析】实际夹持长度:名义夹持长度加上预负荷伸长(预加张力夹持时)。

62. √

63. √

64. ×

【解析】土工织物测定接头/接缝拉伸强度时,开启拉伸试验机,直至接头/接缝或材料本身断裂,记录最大负荷,精确至满量程的 2%,观察和记录断裂原因。

65. √

66. ×

【解析】宽条拉伸试验属于土工合成材料力学性能试验。

67. ×

【解析】当含水率小于最佳含水率时,土的干密度随含水率增加而变大;当含水率大于最佳含水率时,土的干密度随含水率增加而变小。

68. √

69. ×

【解析】黏性土的抗剪强度主要取决于黏聚力 c。

70. √

三、多项选择题

1. ABCD

【解析】土样制备时,根据土的性质,砂类土采用浸水饱和,较易透水的黏性土采用毛细管饱和法或浸水饱和法,不易透水的黏性土采用真空饱和法。

2. ABCD

【解析】土的简易鉴别的方法有干强度试验、手捻试验、搓条试验、韧性试验和摇振反应试验。

3. AD

【解析】酒精燃烧法适用于快速简易测定土(含有机质的土和盐渍土除外)的含水率。

4. ABCD

【解析】反映土的物理性能指标有密度、比重、含水率、干密度、饱和密度、浮密度、孔隙比、孔隙率、饱和度等。

5. ABC

【解析】D 选项不是原因。

6. BD

【解析】烘干法测定各种土类的含水率，取代表性试样要求细粒土不少于 50g，砂类土、有机质土不少于 100g，砾类土不少于 1kg。

7. AB

【解析】如果土中有石膏，则试样应该在不超过 80℃ 的温度下烘干，并可能要烘更长的时间。

8. ABC

【解析】土是三相体，土体受外力引起的压缩，包括三部分：①土粒固体部分的压缩；②土体内孔隙中水的压缩；③水和空气从孔隙中被挤出以及封闭气体被压缩。

9. ABCD

【解析】烘干法适用于测定黏质土、粉质土、砂类土、砂砾土、有机质土和冻土类的含水率。

10. ACD

【解析】砂的相对密度计算需要用到最大孔隙比、最小孔隙比和天然孔隙比或填土的相应孔隙比。

11. ABD

【解析】液塑限联合测定法测定土的液限和塑限目的是用于划分土类，计算天然稠度、塑性指数，供公路工程设计和施工使用。

12. ABD

【解析】土的塑性指标包括液限、塑限和塑性指数。

13. AC

【解析】C 选项正确，则 B 选项错误。D 选项应为：试件泡水后的膨胀率 =（试件泡水终了的高度 − 试件初始高度）/试件初始高度 ×100%。

14. AB

【解析】砂的相对密度试验测定最大孔隙比时，用到的仪器设备有量筒、长颈漏斗、锥形塞、砂面拂平器等；测定最小孔隙比时，用到的仪器设备有电动最小孔隙比仪或金属容器、振动仪、击锤等。

15. ABCD

【解析】土的比重试验方法有比重瓶法、浮力法、浮称法、虹吸筒法。

16. ABCD

【解析】选项全部正确。

17. ABC

【解析】比重瓶法测定含盐量大于 0.5% 的土、含有不亲性胶体的土或有机质土的比重，必须用中性液体测定，并用真空抽气法排除土中气体。

18. AC

【解析】酒精燃烧法测定土的含水率试验需要称取空盒的质量、盒与湿土的总质量、干土和盒的质量。

19. BC

【解析】搓滚时须以手掌均匀施加压力于土条上，不得将土条在玻璃板上进行无压力的滚动；若土条搓成3mm时仍未产生裂缝及断裂，表示这时试样的含水率高于塑限，则将其重新捏成一团，重新搓滚；如土条直径大于3mm时即断裂，表示试样含水率小于塑限，应弃去，重新取土加适量水调匀后再搓；若土条在任何含水率下始终搓不到3mm即开始断裂，则认为该土无塑性。

20. AC

【解析】液限的确定方法有：若采用76g锥做液限试验，则在h-w图上，查得纵坐标入土深度$h=17$mm所对应的横坐标的含水率w，即为该土样的液限含水率；若采用100g锥做液限试验，则在h-w图上，查得纵坐标入土深度$h=20$mm所对应的横坐标的含水率w，即为该土样的液限含水率。

21. ABCD

【解析】本题考点为烘干法测土的含水率试验要点，选项全部正确。

22. CD

【解析】A选项应为：土的含水率应向最佳含水率变化，才能提高土的最大干密度。增大击实功和增加土中粗颗粒含量都能提高土的最大干密度。

23. AD

【解析】一般粉粒和黏粒含量多，土的塑性指数越大，土的最佳含水率也越大，同时其最大干密度越小。因此，一般砂性土的最佳含水率小于黏性土，而砂性土的最大干密度也大于黏性土。

24. ABD

【解析】B选项和C选项矛盾，B选项正确则C选项错误。

25. ABD

【解析】密度计法分析土的颗粒组成，需要测记0.5min、1min、5min、15min、30min、60min、120min、240min及1440min的密度计读数。

26. AB

【解析】颗粒分析试验（筛分法、密度计法、移液管法）和密度试验（环刀法、蜡封法、灌砂法、灌水法）都不需要加水闷料。

27. ABCD

【解析】表面振动压实仪法适用于无黏性自由排水粗粒土和巨粒土（包括堆石料，粒径小于0.075mm的干土质量百分比不大于15%）的最大干密度。

28. AC

【解析】土工合成材料耐静水压试验适用于土工膜、复合土工膜。

29. ABCD

【解析】土工合成材料拉拔摩擦试验适用于所有的土工合成材料。

30. ABC

【解析】与土工合成材料CBR顶破强力试验有关的计算数值有顶破强力、顶破位移、变形率。

31. AC

【解析】B选项应为：击实土不可能达到完全饱和的状态，因此击实曲线必然位于饱和曲线左下侧;D 选项应为:因施工过压等原因,当现场检测压实土的干密度大于室内击实试验得到的最大干密度时,压实度值会超出 100%。

32. BCD

【解析】A 选项液限和塑限联合测定法可以同时测定土的液限和塑限。

33. BC

【解析】B 选项应为:取具有代表性的风干土样 5kg 左右(每个管需土 2.0 ~2.5kg),借漏斗分数次装入有机玻璃管中,并用捣棒不断振捣,使其密实度均匀;C 选项应为:用水平尺控制盛水筒水面比有机玻璃管零点高出 0.5 ~1.0cm,然后固定挂绳于挂钩上,这时筒内水面高度将始终保持不变。

34. ABD

【解析】需要时,可制备 3 种干密度试件。如每种干密度试件制 3 个,则共制 9 个试件。每层击数分别为 30 次、50 次和 98 次,使试件的干密度从 95% 到等于 100% 的最大干密度。

35. AC

【解析】土工合成材料刺破强力试验适用于土工膜、土工织物及其复合产品。

36. ABD

【解析】土的酸碱度试验用到 pH 值 =4.01、6.87 和 9.18 的标准缓冲溶液。

37. BCD

【解析】烧失量不包括吸湿水,仅包括有机质和结合水,石灰性土中还包括二氧化碳(由碳酸盐所产生的)。

38. ABC

【解析】重铬酸钾容量法——油浴加热法适用于测定有机质含量不超过 15% 的土。

39. ABCD

【解析】本题考点为土的最大干密度试验方法适用范围,选项全部正确。

40. ABC

【解析】土中易溶盐包括所有氯化物盐类、易溶的硫酸盐类和碳酸盐类,还包括水溶性有机质等。在采用质量法测定水溶性盐总量时,应用 H_2O_2 除去烘干残渣中的有机质后,即为水溶性盐总量。

41. ABCD

【解析】我国现行《公路土工试验规程》中,土的膨胀性试验有自由膨胀率试验、无荷载膨胀率试验、有荷载膨胀率试验和膨胀力试验。

42. ABCD

【解析】土的颗粒分析试验(筛分法)细筛孔径有 2.0mm、1.0mm、0.5mm、0.25mm、0.075mm。

43. ABC

【解析】D 选项应为:CBR 顶破强力试验适用土工织物、土工膜及其复合产品。

44. AC

【解析】常水头渗透试验适用于测定砂类土和含少量砾石的无黏聚性土的渗透性,变水头渗透试验适用于测定细粒土，即黏质土的渗透性。

45. ABD

【解析】C 选项应为：当土工膜宽度为 100～300mm 时，每 50mm 测量一点。

46. ABC

【解析】可采取夹具内加衬垫、对夹在钳口内的试样加以涂层、改进夹具钳口表面方法。

47. ABD

【解析】C 选项应为：同一测点平行测定两次，两次测定误差应小于 5%。

48. CD

【解析】如果土工合成材料接头/接缝宽条拉伸试验出现从非接头/接缝处开始断裂或试样在夹具中打滑现象，则应剔除该试验结果并另取一试样进行测试。

49. ABCD

【解析】土工合成材料直剪摩擦特性试验对试样分别施加 50kPa、100kPa、150kPa、200kPa 的法向应力。

50. BD

【解析】土工织物垂直渗透性能试验试样两侧水头差可取 50mm 和 70mm、56mm、42mm、28mm、14mm。

四、综合题

1.(1)ABCD　(2)ABCD　(3)ABD　(4)B　(5)ACD

【解析】(1)密度是土的基本物理性指标之一，用它可以换算土的干密度、孔隙比、孔隙率、饱和度等指标。

(2)选项均正确。

(3)C 选项：擦净环刀外壁，称取环刀与土的合质量 m_1，准确到 0.01g。其他选项均正确。

(4)步骤②应在步骤③之前，步骤③应在步骤①之前。

(5)B 选项：储砂筒中砂面的高度对砂的密度有影响。其他选项均正确。

2.(1)ABCD　(2)A　(3)ABCD　(4)ACD　(5)B

【解析】(1)土的比重试验方法有比重瓶法、浮力法、浮称法、虹吸筒法。

(2)计算公式为 $G_s=(m_s/V_s)/(m_w/V_{w4c})$，计算得土的比重为 2.5。

(3)选项均正确。

(4)B 选项：试验中采用视比重，这样比较方便，因为一般指的孔隙，实际上是指被水充填的孔隙。其他选项均正确。

(5)步骤⑤应在步骤②之前，步骤②应在步骤①之前。

3.(1)CD　(2)C　(3)ABCD　(4)C　(5)D

【解析】(1)按照下列规定取出具有代表性的试样：小于 2mm 颗粒的土 100～300g；最大粒径小于 10mm 的土 300～900g；最大粒径小于 20mm 的土 1000～2000g；最大粒径小于 40mm 的土 2000～4000g；最大粒径大于 40mm 的土 4000g 以上。

(2)精密度和允许差:筛后各级筛上和筛底土总质量与筛前试样总质量之差,不应大于筛前试样总质量的1%。

(3)选项均正确。

(4)小于某粒径颗粒质量百分比的计算公式为:$X = A/B \times 100$。其中,A 为小于某粒径的颗粒质量;B 为试样的总质量。由此可以计算得到小于10mm孔径土质量百分比为66.3%。

(5)粗粒组的粒径范围为0.075~60mm,所以该土样粗粒组质量约占总质量的99.4%。

4.(1)AD　(2)A　(3)AB　(4)BC　(5)C

【解析】(1)缩限试验适用于粒径小于0.5mm和有机质含量不超过5%的土。

(2)缩限试验所用收缩皿,其直径最好大于高度,以便于蒸发干透,可用液限试验杯代替。

(3)分层装填试样时,要注意不断挤压拍击,以充分排气,否则不符合体积收缩等于水分减少的基本假定,而使计算结果失真;土样装满后,用刀或直尺刮去多余土样,立即称取收缩皿加湿土质量;要求收缩皿底和皿壁要平滑弯曲,目的是易于装土排气;用蜡封法代替水银排开法测定体积,目的是防止污染。

(4)缩限试验需进行二次平行测定,取其算术平均值,平行差值,高液限不得大于2%,低液限土不得大于1%。缩限的计算公式为:$w_s = w - [(V_1 - V_2)/m_s] \times \rho_w \times 100$。其中,$w$ 为试验前试样含水率(%);V_1 为湿试件体积(即收缩皿容积)(cm^3);V_2 为干试件体积(cm^3);m_s 为干试件质量(g);ρ_w 为水的密度,等于$1g/cm^3$。则可以计算得到三个土样的缩限计算结果分别为:8.8%和9.9%,14.2%和14.2%,22.9%和22.8%。所以Ⅱ号和Ⅲ号土样的测试精度满足规范要求。

(5)收缩指数计算公式为:$I_s = w_L - w_s$。其中,w_L 为土的液限(%),则可计算得到Ⅰ号土样的收缩指数为36.5%。

5.(1)D　(2)B　(3)ACD　(4)D　(5)AD

【解析】(1)击实试验结果处理时所用的含水率是击实后土(试件)的实测含水率。

(2)一般砂性土的最佳含水率小于黏性土,而砂性土的最大干密度大于黏性土。

(3)干土法和湿土法,土样都不重复使用。

(4)D选项应为:击实土不可能达到完全饱和的状态,因此击实曲线必然位于饱和曲线左下侧。

(5)B选项应为:所用击实筒尺寸一样,锤的质量和落高不一样;C选项应为:小筒要求击实完后试样不应高出筒顶面5mm(轻型击实Ⅰ-1,重型击实Ⅱ-1),大筒要求击实完后试样不应高出筒顶面6mm(轻型击实Ⅰ-2,重型击实Ⅱ-2)。

6.(1)CD　(2)ABC　(3)C　(4)AC　(5)D

【解析】(1)塑性指数越大,表示土的可塑性越大。塑性指数 I_P 为液限与塑限之差。

(2)采用液塑限联合测定法试验时用到的主要仪器有:①液塑限联合测定仪,圆锥质量为100g或76g锥角为30°;②盛土杯;③天平,感量0.01g;④筛0.5mm,无游标卡尺。

(3)100g的锥时,液限 w_L 对应锥入深度 h 为20mm;76g的锥时,液限 w_L 对应锥入深度 h 为17mm。

(4)B选项应为:扭动锥下降旋钮后5s读取锥入深度;D选项应为:两次锥入深度允许平行误差为0.5mm。

(5)本试验应进行两次平行测定,其允许差值为:高液限土不大于2%,低液限土不大于1%,若不满足要求,则应重新试验。

7.(1)ABD　(2)B　(3)ABD　(4)AD　(5)ACD

【解析】(1)每级荷载作用下测记试样高度的时间一般有0s、15s、1min、2min、…、1h、2h、4h、10h、23h、24h

(2)步骤②最先。

(3)e_0 的计算公式为:$e_0=[\rho_s(1+0.01w_0)]/\rho_0-1$。其中,$\rho_s$ 为土粒密度;w_0 为初始含水率;ρ_0 为初始密度。

(4)压缩系数的计算公式为:$a_v=(S_{i+1}-S_i)(1+e_0)/1000/(p_{i+1}-p_i)$。其中,$S_i$为某一级荷载 p_i下的沉降量。可以计算得到50kPa和100kPa压力等级对应的压缩系数分别为1.89MPa^{-1}和0.95MPa^{-1}。

(5)固结系数的计算公式为:$C_v=0.848\ \overline{h}^2/t_{90}$。其中,$\overline{h}$为某一级荷载下试样初始与终了的高度平均值之半;$t_{90}$ 为某一压力下固结度为90%的时间。可以计算得到50kPa、100kPa、400kPa和800kPa压力等级对应的固结系数分别为$2.02\times10^{-3}cm^2/s$、$1.88\times10^{-3}cm^2/s$、$1.66\times10^{-3}cm^2/s$和$1.52\times10^{-3}cm^2/s$。

8.(1)D　(2)A　(3)ABC　(4)C　(5)ACD

【解析】(1)土工合成材料单位面积质量试验中,需要试样10块。

(2)土工膜厚度试验需要使用最小分度值为0.001mm的千分表。

(3)D选项应为:如试样从夹钳中滑出或不在切口延长线处撕破断裂,则应剔除此次试验数值,并在原样品上再裁取试样,补足试验次数。

(4)土工织物刺破强力试验时,试验机的加载速率要求为300mm/min±10mm/min。

(5)用于路面防裂的土工织物类土工合成材料必须做单位面积质量、几何尺寸、拉伸强度、CBR顶破、刺破试验,选做厚度试验。

9.(1)ABC　(2)BCD　(3)ABD　(4)A　(5)A

【解析】(1)常用的颗粒分析试验分两大类:一是机械分析法,如筛分法;二是物理分析方法,如密度计法、移液管法。

(2)A选项:适用分析土粒粒径范围0.075~60mm的土粒粒组含量和级配组成。其他选项均正确。

(3)C选项:甲种密度计刻度以20℃时每1000mL悬液内所含土质量的克数表示,刻度为-5~50,最小分度值为0.5。其他选项均正确。

(4)步骤①应在步骤②之前,步骤⑤应在步骤⑥之前。

(5)计算公式为 $X=a/b\times p\times100\%$。其中,a 为通过2mm筛的试样中小于1.0mm筛的颗粒质量(g);b 为通过2mm筛的土样中所取试样的质量(g);p 为粒径小于2mm的颗粒质量百分数(%)。

10.(1)ACD　(2)C　(3)BD　(4)BCD　(5)C

【解析】(1)B选项应为:端面直径为50mm、长度为100mm的贯入杆。

(2)砂土可缩短到6h。

(3)试筒内径15.2cm,高17cm,分3层装料,每层击数98次。

(4)A 选项应为:从水槽中取出试件,倒出试件顶面的水,静置15min,让其排水,然后卸去附加荷载和多孔板、底板和滤纸,并称质量。

(5)当3个平行试验的承载比变异系数小于12%,则取3个结果的平均值;如果变异系数大于12%,则去掉一个偏离大的值,取其余2个结果的平均值。

第三章　集　　料

习　题

一、单项选择题

1. 以下关于酒精燃烧法测定粗集料含水率试验的描述,正确的是(　　)。

A. 一份试样的质量需要按照集料公称最大粒径确定,集料公称最大粒径越大,试样质量越大

B. 向容器中加入酒精至完全浸没试样,拌和均匀后点火燃烧,并不断翻拌试样

C. 第二次加酒精时,为了减少酒精损失,宜将大桶中酒精直接加入容器中

D. 试样经两次燃烧后,若表面未呈现干燥色,须再加酒精燃烧

2. 试验人员拟采用网篮法测定 2.36 ~ 4.75mm 集料的毛体积相对密度,用于 SMA-13 沥青混合料目标配合比设计,以下表述正确的是(　　)。

A. 该档集料不宜采用网篮法测定毛体积相对密度

B. 试验过程中应特别小心,不得丢失集料

C. 试验前,室温保持浸水不少于 48h

D. 在确定饱和面干状态时,宜采用湿毛巾逐颗擦干

3. 我国《公路工程集料试验规程》(JTG E42—2005)规定,沥青混合料用粗集料针片状颗粒含量采用(　　)测定。

A. 规准仪法　　　　B. CBR 法

C. 游标卡尺法　　　　D. 加州承载比法

4. 游标卡尺法测定的针片状颗粒,是指粗集料颗粒的最大长度(或宽度)方向与最小厚度(或直径)方向的尺寸之比大于(　　)倍的颗粒。

A. 1　　B. 2　　C. 3　　D. 4

5. 10 ~ 20mm 单档粗集料的公称最大粒径、最大粒径分别为(　　)。

A. 10mm,20mm　　　　B. 19mm,26.5mm

C. 9.5mm,19mm　　　　D. 16mm,19mm

6. 集料颗粒的各种密度存在(　　)关系。

A. 真实密度 > 表干密度 > 表观密度(视密度) > 毛体积密度 > 堆积密度

B. 真实密度 > 表观密度(视密度) > 毛体积密度 > 表干密度 > 堆积密度

C. 真实密度 > 表观密度(视密度) > 表干密度 > 毛体积密度 > 堆积密度

D. 真实密度 > 毛体积密度 > 表干密度 > 表观密度(视密度) > 堆积密度

7. 以下关于天然砂细度模数的说法,正确的是(　　)。

A. 主要取决于累计筛余率

B. 主要取决于小于 0.15mm 颗粒含量的多少

C. 检测两组砂的细度模数数值相同,则其级配一定相同

D. 在一定程度上能反映砂的粗细概念,同时能全面反映砂的粒径分布情况

8. 材料的质量为 m,材料的实体体积为 V_0,材料的闭口孔隙体积为 V_1,材料的开口孔隙体积为 V_2,则该材料的毛体积密度为(　　)。

A. m/V_0　　B. $m/(V_0+V_1)$　　C. $m/(V_1+V_2)$　　D. $m/(V_0+V_1+V_2)$

9. 粗集料磨光值试验是利用加速磨光机磨光集料,用摆式摩擦系数测定仪测定的集料经磨光后的摩擦系数值,以(　　)表示。

A. PSV　　B. VV　　C. AAV　　D. VCA

10. 集料吸水率试验中集料吸水率的大小与(　　)无关。

A. 试样数量　　B. 集料密度　　C. 集料空隙率大小　　D. 集料孔隙构造特征

11. 细集料表观密度试验用容量瓶法测定,本方法适用于含有少量大于(　　)部分的细集料。

A. 1.18mm　　B. 2.36mm　　C. 4.75mm　　D. 9.5mm

12. 水泥混凝土用粗集料针片状颗粒含量试验的规准仪法适用于测定水泥混凝土使用的(　　)以上的粗集料的针状及片状颗粒含量,以百分率计。

A. 0.075mm　　B. 2.36mm　　C. 1.18mm　　D. 4.75mm

13. 取每组总质量为 3000g 的粗集料采用干筛法进行筛分试验,进行两次平行试验,第一组筛分后的总量为 2991.5g,第二组筛分后的总量为 2996.7g,则(　　)。

A. 第一组需重新试验　　B. 两组都需要重新试验

C. 两组都不需要重新试验　　D. 无法判断是否需要重新试验

14. 粗集料洛杉矶磨耗试验对水泥混凝土集料设定回转次数为(　　)转。

A. 250　　B. 400　　C. 500　　D. 1000

15. 以下关于矿粉热安定性试验的描述,不正确的是(　　)。

A. 称取矿粉 100g,装入蒸发皿或坩埚中,摊开

B. 将盛有矿粉的蒸发皿或坩埚置于煤气炉或电炉火源上加热,将温度计插入矿粉中,一边搅拌,一边测量温度,加热到 200℃,关闭火源

C. 将矿粉在室温中放置冷却,观察其颜色的变化

D. 若矿粉加热后颜色发生变化,判断该矿粉热安定性检验合格

16. 细集料筛分试验中用摇筛机摇筛后,还应手工逐个手筛,直到每分钟筛出量不超过筛上剩余量的(　　)时为止。

A. 0.1%　　B. 0.2%　　C. 0.3%　　D. 0.4%

17. 对于流动时间法测定细集料棱角性试验,以下说法正确的是(　　)。

A. 样品经筛分得到 0 ~ 2.36mm 或 0 ~ 4.75mm 试样进行试验

B. 0 ~ 2.36mm 试样应采用流出孔径 16mm 的漏斗

C. 0 ~ 4.75mm 试样质量要大于 0 ~ 2.36mm，因为前者粒径大

D. 一种试样需平行试验 5 次，以流动时间平均值作为试验结果

18. 粗集料的堆积密度是单位体积物质颗粒的质量，其中单位体积包括(　　)。

A. 物质颗粒固体、开口及闭口孔隙、颗粒间空隙体积

B. 物质颗粒固体、开口孔隙、颗粒间空隙体积

C. 颗粒间空隙、开口及闭口孔隙

D. 材料实体、开口及闭口孔隙

19. 试验室进行沥青混合科目标配合比设计，取 0 ~ 5mm 细集料进行水洗法筛分试验，水洗过程中可选择以下(　　)的试验筛组成套筛。

A. 上部 0.075mm，底部 1.18mm

B. 上部 1.18mm，底部 0.075mm

C. 上部 0.075mm，底部 2.36mm

D. 上部 4.75mm，底部 0.075mm

20. 粗集料坚固性试验所需要的粒级为 9.5 ~ 19mm 的试样中，应含有 9.9 ~ 16mm 粒级颗粒(　　)，16 ~ 19mm 粒级颗粒(　　)。

A. 40%；60%　　B. 60%；40%　　C. 30%；70%　　D. 70%；30%

21. 下列说法正确的是(　　)。

A. 压碎值越小，集料抗压碎能力越差

B. 磨光值越低，抗滑性越好

C. 冲击值越小，表示集料的抗冲击性能越好

D. 磨耗值越大，表示抗磨耗性越好

22. 在进行集料试验时，取样方法直接影响试验结果。下列做法不正确的是(　　)。

A. 在采石场生产线的皮带运输机上取样时，可在皮带骤停状态下取其中一截的全部材料

B. 在材料场料堆上取样时，可直接从顶部、中部和底部取样

C. 从汽车上取样，需从不同位置和深度处抽取大致相等试样若干份

D. 从沥青拌和楼的热料仓取样时，应在放料口的全断面上取样

23. 当筛分试验各级过筛不彻底时，计算出的砂的细度模数将会(　　)。

A. 偏小

B. 偏大

C. 因各级均不彻底，最终不影响细度模数的大小

D. 变化无法确定

24. 容量瓶法测定细集料密度时，容量瓶中多次注水应尽量保持温度不变，试验方法要求水温差应控制在(　　)以内。

A. 1℃　　B. 2℃　　C. 3℃　　D. 4℃

25. 细集料泥块含量试验，两次试验结果的差值应不超过(　　)。

A. 0.1%　　B. 0.2%　　C. 0.3%　　D. 0.4%

26. 关于砂当量试验,下列说法正确的是(　　)。

A. 砂当量可以测定天然砂、人工砂所含黏性土及杂质的含量,但不适宜于石屑

B. 砂当量冲洗液由氧化钙、甘油按一定的比例配制的

C. 砂当量越大,说明黏性土或杂质的含量越低,细集料洁净度越高

D. 筛析法、砂当量和亚甲蓝试验都能对砂的洁净程度评价,但砂当量能更加准确地评价

27. 已知某粗集料两次平行试验 4 块试件磨光值的算数平均值 PSV_{ra} 为 44.2,两次平行试验 4 块标准试件磨光值的算数平均值 PSV_{bra} 为 48.0,则该粗集料磨光值 PSV 为(　　)。

A. 3.8　　B. 45　　C. 45.2　　D. 52.8

28. 细集料砂当量试验中,配制冲洗液过程中 3 种分析纯的先后顺序是(　　)。

A. 甘油、无水氯化钙、甲醛　　B. 甲醛、甘油、无水氯化钙

C. 甲醛、无水氯化钙、甘油　　D. 无水氯化钙、甘油、甲醛

29. 细度模数在 3.0 ~ 2.3 之间的砂为(　　)。

A. 粗砂　　B. 中砂　　C. 细砂　　D. 特细砂

30. 细集料的筛分试验应进行两次平行试验,以平均值作为测定值。若两次试验所得的细度模数之差大于(　　),应重新进行试验。

A. 0.1　　B. 0.2　　C. 0.3　　D. 0.4

31. 细集料砂当量试验所用冲洗液的使用期限不得超过(　　),其工作温度为(　　)。

A. 1 周;20℃ ±3℃　　B. 2 周;22℃ ±3℃

C. 3 周;20℃ ±3℃　　D. 4 周;22℃ ±3℃

32. 细集料泥块含量试验要求将来样用四分法缩分至每份约(　　),置于温度为 105℃ ± 5℃的烘箱中烘干至恒重,冷却至室温后过筛,称取约(　　)的试样两份备用。

A. 1000g;400g　　B. 2500g;400g　　C. 1000g;1000g　　D. 2500g;1000g

33. 影响集料筛分试验最小试样用量的决定因素是(　　)。

A. 集料的密度　　B. 集料公称粒径

C. 集料的含水率　　D. 颗粒分析结果的精度要求

34. 对集料取样数量无实质性影响的因素是(　　)。

A. 公称最大粒径　　B. 试验项目　　C. 试验内容　　D. 试验时间

35. 盛放细集料容器质量 75.23g、未烘干的试样与容器总质量 869.56g、烘干后的试样与容器总质量 840.11g,则细集料的含水率是(　　)。

A. 3.4%　　B. 3.7%　　C. 3.8%　　D. 3.9%

二、判断题

1. 当采用烘干法测定细集料的含水率时,为了缩短烘干时间,可以提高烘干温度,这对试验结果不会有影响。　　(　　)

2. 当集料针片状颗粒含量较高时,集料堆积在一起的空隙率增加,不仅影响到集料与其他材料组成的混合料承受荷载的能力,而且还将有损集料在施工时的和易性。　　(　　)

3. 粗集料的力学性质通常用集料压碎值和洛杉矶磨耗值表示。　　(　　)

4. 计算单位体积与毛体积密度相同，但计算质量以表干质量为准时，称表干毛体积密度，即通常所称的表干密度。（　　）

5. 矿粉的密度及相对密度试验，同一试样应平行试验两次，取平均值作为试验结果。若两次试验结果的差值大于 $0.01g/cm^3$，则应重新取样进行试验。（　　）

6. 集料分为酸性、中性和碱性，并以 CaO 含量来进行划分。（　　）

7. 集料的不同密度用途不同，根据振实密度所得到的间隙率可以用于 SMA 混合料配合比设计。（　　）

8. 当集料中二氧化硅含量大于 52% 时，属于酸性集料。（　　）

9. 针片状颗粒对水泥混凝土集料在拌和和成型过程中影响较大，但是混凝土结硬以后影响变小。（　　）

10. 粗集料针片状颗粒含量试验的游标卡尺法中侧面厚度 t 为平放状态的颗粒中最薄部位的厚度。（　　）

11. 当砂的细度模数适宜时，有利于矿料的级配合成和调整。（　　）

12. 集料试验取样数量与试验项目和最大公称粒径有关。（　　）

13. 粗集料密度试验时，用拧干的湿毛巾轻轻擦干颗粒的表面水，至表面看不到发亮的水迹，即为饱和面干状态。（　　）

14. 按照《公路工程集料试验规程》（JTG E42—2005）进行压碎值试验时，应先剔除针片状颗粒。（　　）

15. 集料磨光值是利用加速磨光机磨光集料，用摆式摩擦系数测定仪测定的集料经磨光后的摩擦系数值，以 PSV 表示。（　　）

16. 在粗集料软弱颗粒含量试验中，将粗集料分为 3 档，逐颗颗粒施加荷载，破裂颗粒即属于软弱颗粒。（　　）

17. 在水泥混凝土中，细集料是指粒径小于 2.36mm 的天然砂、人工砂。（　　）

18. 粗集料磨光值试验中粗砂磨光使用的是 C 标记橡胶轮；细砂磨光使用的是 X 标记橡胶轮。（　　）

19. 确定碎石或砾石经饱和硫酸钠溶液多次浸泡与烘干循环，承受硫酸钠结晶压而不发生显著破坏或强度降低的性能，是测定石料坚固性能的方法。（　　）

20. 规准仪法测定的针片状颗粒含量要比用游标卡尺法测定的针片状颗粒含量少得多。（　　）

21. 集料碱活性检验是测定水泥砂浆试件的长度变化，以鉴定水泥中的碱与活性集料之间的反应所引起的膨胀是否有潜在危害。（　　）

22. 粗集料洛杉矶磨耗值的大小与集料的耐磨性好坏没有直接关系。（　　）

23. 进行天然砂云母含量试验时，先称取经缩分的试样 50g，在温度为 105℃ ±5℃ 的烘箱中烘干至恒重，冷却至室温后，筛去大于 4.75mm 和小于 0.3mm 的颗粒供试验使用。（　　）

24. 有机质含量是指砂中混有动植物腐殖质、腐殖土等有机物，它会延缓混凝土凝结速度，并降低混凝土强度，多采用安定性法来检验。（　　）

25. 洛杉矶磨耗试验主要是用于判断粗集料在高等级公路表层沥青路面上的适用性。（　　）

26. 粗集料软弱颗粒试验用来评价粗集料力学性能，粗集料的软弱颗粒含量试验结果越大，表明粗集料力学性能越好。 ( )

27. 细集料中石粉不会影响砂当量的大小。 ( )

28. 集料的吸水率就是含水率。 ( )

29. 进行细集料亚甲蓝试验时，采用 0 ~ 2.36mm 试样的试验结果应小于采用 0 ~ 0.15mm 试样的试验结果。 ( )

30. 细集料的棱角性试验有间隙法和流动时间法，但间隙法更为准确，应优先选用。 ( )

31. 同一采石场同一类集料，当集料规格较多时，可以分别进行洛杉矶磨耗试验。 ( )

32. 粗集料的表观体积包括矿物实体体积、闭口孔隙体积，但不包括开口孔隙体积。 ( )

33. 烘干法测定集料含水率试验中，恒重是指相邻两次称取间隔时间大于 1h 的情况下，前后两次称量之差小于该项试验所要求的称量精度。 ( )

34. 洛杉矶磨耗试验是一项针对粗集料抗磨光能力的试验项目。 ( )

35. 测定细集料中含泥量的试验方法有筛分法、亚甲蓝法和砂当量法。 ( )

三、多项选择题

1. 亲水系数是试样在水中膨胀的体积与同一试样在煤油中膨胀的体积之比，用于评价沥青混合料用填料与沥青结合料的黏附性能，本方法适合评价( )填料。

   A. 矿粉 B. 水泥 C. 消石灰 D. 粉煤灰

2. 以下关于集料的表述正确的有( )。

   A. 按粒径分为粗集料、细集料

   B. 是不同粒径的碎石、砾石、砂等粒料的统称

   C. 按级配类型分为粗级配和细级配

   D. 细集料包括天然砂、人工砂和石屑

3. 细集料的表观密度试验需要测定以下( )数据。

   A. 烘干后试样的质量 B. 水和容量瓶的总质量

   C. 试样、水和容量瓶的总质量 D. 水的试验温度

4. 以下关于粗集料针片状颗粒含量试验，正确的说法有( )。

   A. 规准仪是用于测定水泥混凝土用的粗集料的针状及片状颗粒含量

   B. 规准仪测定较游标卡尺测定要严格

   C. 用游标卡尺测定某一颗粒最大长度方向尺寸为 13.86mm，而最小厚度方向尺寸为 4.78mm，则可以判定此颗粒为针片状

   D. 游标卡尺测定粗集料最小厚度是在最薄的一个面上测量，并非颗粒中最薄部位的厚度

5. 关于集料筛分，以下表述正确的有( )。

   A. 累计筛余百分率为该号筛以上各号筛的分计筛余百分率之和

   B. 质量通过百分率等于 100 减去该号筛累计筛余百分率

C. 分计筛余百分率为各号筛上的分计筛余,除以干燥集料总质量与筛分造成的损耗质量之差

D. 质量通过百分率计算结果一般精确至 0.1%

6. 下面对粗集料压碎值试验的描述正确的是(　　)。

A. 选用石料若过于潮湿则需加热烘干,烘箱温度不得超过 100℃,烘干时间不超过 4h

B. 将试样分 2 次(每次数量大体相同)均匀装入试模中

C. 用 2.36mm 标准筛筛分经压碎的全部试样,可分几次筛分,均需筛到在 1min 内无明显的筛出物为止

D. 石料压碎值为试验前试样质量与试验后通过 2.36mm 筛孔的细料质量的比值

7. 测定粗集料的颗粒组成时,对(　　)应进行水洗法筛分。

A. 水泥混凝土用粗集料　　B. 沥青混合料用粗集料

C. 底基层用粗集料　　D. 基层用粗集料

8. 关于粗集料洛杉矶磨耗试验,说法正确的是(　　)。

A. 洛杉矶磨耗用以评定粗集料抵抗摩擦、撞击的能力

B. 同一采石场的同一集料,为减小试验误差,可以在一起筛分进行洛杉矶磨耗试验

C. 水泥混凝土用的粗集料回转动次数设定为 500 次,沥青混合料用粗集料则可能是 500 次或 1000 次

D. 水泥混凝土用粗集料磨耗试验放置的钢球数量与粗集料的公称粒径有关

9. 粗集料软弱颗粒试验需要的标准筛孔径有(　　)。

A. 2.36mm　　B. 4.75mm　　C. 9.5mm　　D. 16mm

10. 以下用于评价沥青混合料用细集料洁净程度的技术指标有(　　)。

A. 天然砂含泥量　　B. 机制砂含泥量

C. 砂当量　　D. 亚甲蓝值

11. 以下关于比色法测定集料有机质含量试验的表述,正确的有(　　)。

A. 该方法是定量测定集料中的有机质含量

B. 标准溶液应现配,制备后应静置 24h

C. 若试样上部的溶液颜色浅于标准溶液颜色,则试样的有机质含量为合格

D. 若试样上部的溶液颜色与标准溶液颜色接近,则应进行进一步试验

12. 下述粗集料磨光试验步骤正确的是(　　)。

A. 在试验前 2h 和试验过程中,应控制室温为 20℃ ±1℃

B. 从道路轮上卸下的试件应表面向下放在 18 ~20℃ 的水中 2h,然后再用摆式摩擦系数测定仪测定磨光值

C. 摆式摩擦系数测定仪测定磨光值时一块试件重复测试 5 次,5 次读数的最大值和最小值之差不得大于 2

D. 在摆式摩擦系数测定仪测定磨光值过程中的任何时刻,试件都应保持湿润

13. 关于细集料的亚甲蓝试验,下列说法正确的是(　　)。

A. 通过化学滴定测定亚甲蓝值,需要精度为 0.001g 的分析天平

B. 亚甲蓝标准溶液应储存在深色瓶,避光保存

C. 试验结束的标准是滴于滤纸上的沉淀物周围出现 2mm 稳定浅蓝色色晕

D. 亚甲蓝试验主要是确定细集料中是否存在膨胀性黏土矿物

14. 矿粉密度试验中，将矿粉试样置于瓷皿中，在 105℃ 烘箱中烘干至恒重（一般不少于 6h），放入干燥器中冷却后，连同（　　）一起准确称量。

A. 介质　　B. 小牛角匙　　C. 漏斗　　D. 李氏比重瓶

15. 天然砂和机制砂、石屑在进行坍落筒法试验时，在掌握坍塌的尺度上应该有所不同，以下描述正确的有（　　）。

A. 对天然砂，宜以“在试样中心部分上部成为 2/3 左右的圆锥体，即大致坍塌 1/3 左右”作为标准状态

B. 对机制砂和石屑，宜以“当移去坍落筒第一次出现坍落时的含水率，即最大含水率”作为试样的饱和面干状态

C. 对天然砂，宜以“当移去坍落筒第一次出现坍落时的含水率，即最大含水率”作为试样的饱和面干状态

D. 对机制砂和石屑，宜以“在试样中心部分上部成为 2/3 左右的圆锥体，即大致坍塌 1/3 左右”作为标准状态

16. 关于细集料亚甲蓝试验，下述不正确的有（　　）。

A. 本方法适用于小于 2.36mm 或小于 0.15mm 的细集料，也可用于矿粉质量检验

B. 当细集料中 0.075mm 通过率小于 2% 时，可不进行此项试验即作为合格看待

C. 每次配制亚甲蓝溶液前，都必须首先确定亚甲蓝的含水率

D. 配制亚甲蓝溶液时水温不超过 50℃

17. 关于细集料筛分试验的描述，正确的有（　　）。

A. 干筛法试验过程中，所有各筛的分计筛余量和底盘中剩余量的总量与筛分前的试样总量的差值不得超过后者的 2%

B. 水洗法试验过程中，所有各筛的分计筛余量和底盘中剩余量的总质量与筛分前后试样总量的差值不得超过后者的 1%

C. 根据各筛的分计筛余百分率，绘制级配曲线

D. 进行两次平行试验，如两次试验所得细度模数之差大于 0.2，应重新进行试验

18. 以下对粗集料洛杉矶磨耗试验描述正确的有（　　）。

A. 本方法用于测定标准条件下粗集料抵抗摩擦、撞击的能力

B. 本方法适用于各种等级规格集料的磨耗试验

C. 计算粗集料洛杉矶磨耗损失时，结果精确至 0.1%

D. 计算结果用洛杉矶磨耗损失 Q 表示

19. 关于细度模数的描述，正确的有（　　）。

A. 细度模数在 2.2～1.6 之间为中砂

B. 细度模数反映的是集料的平均颗粒大小，常用于细集料粗细程度的评定

C. 对砂的细度模数计算式中，分子上减去 $5A_{4.75}$ 的理由是：小于 4.75mm 筛孔有 5 级，$A_{4.75}$ 被累计了 5 次，应扣除 $5A_{4.75}$

D. 普通混凝土用砂的细度模数范围一般为 3.7～1.6，以中砂为宜

20. 矿粉筛分试验的标准筛孔径为(　　)。

A. 0.075mm　　B. 0.15mm　　C. 0.3mm　　D. 0.6mm

四、综合题

1. 根据《公路工程集料试验规程》(JTG E42—2005)中集料碱活性检验(砂浆长度法)试验要求,完成下面题目。

(1)集料碱活性试验时,可选用(　　)的硅酸盐水泥。

A. 碱含量(以 Na_2O 计)为 0.9%　　B. 碱含量(以 K_2O 计)为 0.9%

C. 碱含量(以 Na_2O 计)为 1.4%　　D. 碱含量(以 K_2O 计)为 1.4%

(2)集料碱活性检验时,把集料破碎成(　　)档级配,并根据岩相检验的结果将活性集料与非活性集料按比例组合成试验用砂。

A. 3　　B. 4　　C. 5　　D. 6

(3)以下关于集料碱活性检验砂浆配合比的相关要求,正确的有(　　)。

A. 水泥与砂的质量比为 1∶2.25

B. 一组 3 个试件共需水泥 400g,砂 900g

C. 跳桌跳动次数为 25 次/25s

D. 砂浆流动度为 105 ~ 120mm

(4)砂浆试件成型后,带模放入标准养护室。养护(　　)后脱模,脱模后立即测量试件的长度,此长度为试件的基准长度,测长应在(　　)的恒温室中进行。

A. 24h ±4h;20℃ ±2℃　　B. 24h ±8h;20℃ ±2℃

C. 24h ±4h;23℃ ±2℃　　D. 24h ±8h;23℃ ±2℃

(5)当砂浆半年膨胀率超过(　　)时,即评为具有危害性的活性集料。

A. 0.05%　　B. 0.08%　　C. 0.10%　　D. 0.12%

2. 某工程进行 AC-16 沥青混合料目标配合比设计,为配合此项工作,试验人员需要取集料样品开展相关的试验,请根据试验过程完成下列题目。

(1)以下关于集料取样方法的描述,正确的有(　　)。

A. 可从皮带运输机上取样。取样时,可在皮带运输机骤停的状态下取其中一截的全部材料,或在皮带运输机的端部连续接一定时间的料得到,将间隔 3 次以上所取的集料组成一组试样

B. 可在材料场同批来料的料堆上取样。应先铲除堆脚等处无代表性的部分,再在料堆的顶部、中部和底部,各由均匀分布的几个不同部位,取得大致相等的若干份组成一组试样

C. 可从沥青拌和楼的热料仓取样。应在放料口的全断面上取样,通常宜将一开始按正式生产的配比投料拌和的几锅(至少 10 锅以上)废弃,然后分别将每个热料仓放出至装载机上,倒在水泥地上后适当拌和,从 5 处以上的位置取样,拌和均匀,取要求数量的试样

D. 现场取样后,需要采用分料器法或四分法缩分,缩分后的试样数量应符合各项试验规定数量的要求

（2）以下关于针片状颗粒含量试验的描述，不正确的有（　　）。

A. 所取粗集料的针片状颗粒含量可以采用规准仪法，也可采用游标卡尺法进行测定

B. 按照游标卡尺法测定针片状颗粒含量时，试样数量应不少于 800g，并不少于 100 颗

C. 按照游标卡尺法测定针片状颗粒含量时，针片状颗粒是指最大长度方向与最大宽度方向的尺寸比大于 3 倍的颗粒

D. 游标卡尺法测定针片状颗粒含量时，需要分别找出针状颗粒和片状颗粒，计算两种颗粒的总质量

（3）以下关于压碎值试验的描述，正确的有（　　）。

A. 将要求质量的试样分 3 次（每次数量大体相同）均匀装入试模中，每次均将试样表面整平，用金属棒的半球面端从试样表面上均匀捣实规定次数

B. 将装有试样的试模放到压力机上，同时将压头放入试筒内试样表面上，注意使压头摆平，勿楔挤试模侧壁

C. 开动压力机，均匀地施加荷载，在 10min 左右的时间内达到总荷载 500kN，稳压 5s，然后卸荷

D. 将试模从压力机上取下，取出试样，用 2.36mm 标准筛筛分经压碎的全部试样，可分几次筛分，均需筛到在 1min 内无明显的筛出物为止，称取通过 2.36mm 筛孔的全部细料质量

（4）细集料砂当量试验的测定值如下表，该样品的砂当量试验结果是（　　）。

试样编号	试筒中用活塞测定的集料沉淀物的高度（mm）	试筒中絮状物和沉淀物的总高度（mm）	试样的砂当量（%）
1 号	78	121	64.5
2 号	80	120	66.7

A. 64.5%　　B. 65%　　C. 66.0%　　D. 66%

（5）对于流动时间法测定 0～4.75m 细集料棱角性试验，以下表述不正确的有（　　）。

A. 将现场取来的试样，采用 4.75mm 标准筛过筛，无须水洗，烘干至恒重后直接进行试验

B. 试样所需的质量与试样的公称最大粒径有关，与试样的表观相对密度无关

C. 将试样从圆筒中央上方（高度与筒顶齐平）徐徐倒入漏斗，表面尽量倒平，如果不平可用带刃的直尺轻轻刮平表面

D. 平行试验 3 次，以平均值作为细集料棱角性的试验结果

3. 在沥青混合料拌和站取 10～20mm 和 5～10mm 粗集料进行网篮法测定集料密度，请根据已知条件完成下面题目。

（1）下面关于粗集料毛体积密度的表述，正确的是（　　）。

A. 单位体积（含材料的实体矿物成分及其闭口孔隙，开口孔隙等颗粒表面轮廓线所包围的毛体积）物质颗粒的干质量

B. 单位体积（含材料的实体矿物成分及其开口孔隙等颗粒表面轮廓线所包围的毛体积）物质颗粒的干质量

C. 单位体积（含物质颗粒固体及其闭口空隙、开口孔隙体积及颗粒间空隙体积）物质

颗粒的质量

D. 单位体积(含材料的实体矿物成分及其闭口孔隙、开口孔隙等颗粒表面轮廓线所包围的全部毛体积)物质颗粒的饱和面干质量

(2)以下关于集料密度之间关系,说法错误的有(　　)。

A. 同一集料的毛体积相对密度数值大于毛体积密度数值

B. 同一集料的毛体积相对密度数值大于其表干相对密度数值

C. 同一集料的毛体积密度数值大于其表观密度数值

D. 同一集料的毛体积密度数值大于其堆积密度数值

(3)关于 10 ~ 20mm 集料样品缩分,以下说法正确的有(　　)。

A. 平行两个试样,每个试样的质量不少于 1000g

B. 平行两个试样,每个试样的质量不小于 1500g

C. 每一份集料试样浸泡、烘干后,当集料烘干质量小于规定值必须重新取样进行试验

D. 每一份集料试验浸泡、烘干后,当集料烘干质量稍小于规定值时可以继续试验

(4)对于 5 ~ 10mm 集料,一个试样的烘干质量为 1003.1g,水中质量为 621.4g,饱和面干质量为 1014.1g,则以下试验结果表述正确的有(　　)。

A. 表观相对密度为 2.628　　B. 表观密度为 2.628g/cm^3

C. 毛体积相对密度为 2.554　　D. 毛体积密度为 2.554g/cm^3

(5)对于 5 ~ 10mm 集料,一个试样的烘干质量为 1003.1g,水中质量为 621.4g,饱和面干质量为 1014.1g,则该吸水率的试验结果是(　　)。

A. 1.12%　　B. 1.10%　　C. 1.1%　　D. 1.08%

4. 针对评价细集料洁净程度的相关试验,回答下列问题。

(1)为评价机制砂洁净程度,可以采用下列(　　)试验方法。

A. 筛洗法　　B. 沉降法　　C. 亚甲蓝试验　　D. 砂当量试验

(2)细集料的砂当量和亚甲蓝试验描述正确的有(　　)。

A. 砂当量和亚甲蓝值均可以评价细集料的洁净程度

B. 砂当量适用于测定细集料中所含的黏性土或杂质的含量

C. 亚甲蓝值适用于测定细集料中是否存在膨胀性黏土矿物

D. 亚甲蓝试验适用于粒径小于 2.36mm 或 0.15mm 的细集料,不适用于矿粉

(3)砂当量试验时,测得砂的含水率为 1.5%,则应称取(　　)湿砂进行试验。

A. 101.5g　　B. 121.8g　　C. 138g　　D. 120g

(4)砂当量的试验步骤中,下列说法正确的有(　　)。

A. 将湿砂样用漏斗仔细地倒入加有冲洗液(试筒 100mm 刻度线)的竖立试筒中,除去气泡,润湿试样,然后放置 10min

B. 开动机械振荡器,在 30s ± 1s 的时间内振荡 90 次

C. 将冲洗管直接插入试筒底部慢慢转动冲洗管并均匀缓缓提高,直至溶液达到 380mm 刻度线为止

D. 缓慢匀速向上拔出冲洗管,当冲洗管抽出液面,且当液面位于 380mm 刻度线处时,切断冲洗管,在无扰动的情况下静置 20min ± 15s

(5)关于砂当量值,正确的说法有( )。

A. 砂当量值 $SE = h_2/h_1 \times 100$,以百分率计,用整数表示

B. 砂当量值越小,表明砂越洁净

C. h_1 为试筒中絮凝物和沉淀物的总高度

D. h_2 为试筒中目测沉淀物的高度

5. 某试验室从料堆上取粗、细集料和矿粉进行试验,该材料用于 SMA-13 沥青混合料,其集料规格分别为 0~3mm、3~5mm、5~10mm 和 10~15mm 四档,请回答下列问题。

(1)关于粗集料的磨光值和洛杉矶磨耗值,以下表述正确的有( )。

A. 洛杉矶磨耗值适合于评价 3~5mm、5~10mm 和 10~15mm 三档集料,而磨光值仅适合于评价 10~15mm 一档集料,且试验时需要过筛得到 9.5~13.2mm 集料颗粒

B. 洛杉矶磨耗值试验时,需要采用 1.7mm 进行磨耗后的集料过筛

C. 集料磨光值试验时,集料磨光和磨光值测定过程均需要控制温度

D. 磨光值和洛杉矶磨耗值试验都是评价集料抗破碎性能

(2)关于细集料流动时间法测定棱角性试验,以下表述正确的有( )。

A. 该试验评定细集料颗粒的粗糙度,流动时间越大粗糙度越大,抗流动变形性能越高

B. 该集料试样按照最大粒径选择 2.36mm 过筛,并水洗得到 0.075~2.36mm 集料颗粒,需根据最大粒径来选择流出孔径

C. 试验时,应在打开漏斗开启门同时开动秒表,在试样完全流出时停止秒表

D. 若流动时间试验结果为 45s,则该细集料棱角性可评价为合格

(3)关于细集料的砂当量试验,以下表述不正确的有( )。

A. 取代表样品,放入 105℃ ±5℃烘箱中烘干至恒重,再取 120g 干燥试样

B. 按照要求配制冲洗液,冲洗液的使用期限不得超过 14d

C. 将试样移入试筒中,除去气泡;试样按要求静置一定时间后,必须采用机械振荡器振荡

D. 砂当量值是集料沉淀物高度除以絮凝物的高度,再乘以 100

(4)对于同一细集料,以下关于 0~2.36mm 亚甲蓝和 0~0.15mm 亚甲蓝测定值相关性表述正确的是( )。

A. 两者数值上相当

B. 0~2.36mm 亚甲蓝值大于 0~0.15mm 亚甲蓝值

C. 0~2.36mm 亚甲蓝值小于 0~0.15mm 亚甲蓝值

D. 两者相关性不明确

(5)关于粗集料的针片状颗粒含量试验,以下表述正确的有( )。

A. 此次取样的粗集料只能采用游标卡尺法测定针片状颗粒含量,不能采用规准仪法检测

B. 粗集料的针片状颗粒含量,不仅与母岩的强度等相关,且与集料加工工艺也相关

C. 针片状颗粒含量越高,其混合料越难以压实

D. 要求平行试验 2 次,当试验误差不满足要求时,则该试验无效,应重新进行试验

6. 用于桥涵工程的某砂筛分结果如下,请回答有关细度模数的计算方法和含义,砂粗细程

度的判定方法的问题。

筛孔尺寸(mm)	4.75	2.36	1.18	0.6	0.3	0.15	0.075
筛余量(g)	10	150	75	110	130	20	5

(1)计算该砂的细度模数,根据细度模数判断该砂为(　　)。

A. 粗砂　B. 中砂　C. 细砂　D. 特细砂

(2)水泥混凝土用天然砂通常选用(　　)mm 筛筛除超粒径材料。

A. 9.5　B. 4.75　C. 2.36　D. 1.18

(3)细集料筛分试验需要注意的有(　　)。

A. 如果试样含泥量超过 5% ,不宜采用干筛法

B. 所有各筛的分计筛余量和底盘中剩余量的总质量与筛分前试样总量 m_2 的差值不得超过后者的 1%

C. 对沥青混合料及基层用细集料可采用干筛法,如果需要也可采用水洗法筛分

D. 恒重系指相邻两次称量间隔时间大于 3h 的情况下,前后两次称量之差小于该项试验所要求的称量精密度

(4)有关细集料筛分试验的结果描述正确的有(　　)。

A. 各号筛的累计筛余百分率为该号筛及大于该号筛的各号筛的分计筛余百分率之和,精确至 0.1%

B. 各号筛的质量通过百分率等于 100 减去该号筛的累计筛余百分率,精确至 0.1%

C. 进行两次平行试验,以试验结果的算术平均值作为测定值,如两次试验所得的细度模数之差大于 0.2,应重新进行试验

D. 天然砂的细度模数计算应精确至 0.1

(5)细集料筛分试验称量各筛筛余试样的质量应精确至(　　)。

A. 0.1g　B. 0.2g　C. 0.3g　D. 0.5g

习题参考答案及解析

一、单项选择题

1. D

【解析】试样质量约 500g,与集料公称最大粒径无关,所以 A 选项错误;向容器中试样加入酒精约 50mL,拌和均匀后点火燃烧,并不断翻拌试样,所以 B 选项错误;每次加酒精,都是用量筒或量杯,严禁将大桶中酒精直接加入容器中,所以 C 选项错误。

2. B

【解析】A 选项应为:该档集料应采用网篮法测定毛体积相对密度;C 选项应为:试验前,室温下保持浸水不少于 24h;D 选项应为:在确定饱和面干状态时,宜采用拧干的湿毛巾逐颗擦干。

3. C

【解析】我国《公路工程集料试验规程》(JTG E42—2005)规定,沥青混合料用粗集料针片状颗粒含量用游标卡尺法测定。

4. C

【解析】游标卡尺法测定的针片状颗粒,是指粗集料颗粒的最大长度(或宽度)方向与最小厚度(或直径)方向的尺寸之比大于3倍的颗粒。

5. B

【解析】10~20mm粒径的单档集料肯定能100%通过的最小标准筛尺寸是26.5mm,所以最大粒径是26.5mm,只有B选项正确。

6. C

【解析】五种密度大小关系应为:真实密度>表观密度(视密度)>表干密度>毛体积密度>堆积密度。

7. A

【解析】A选项正确则B选项错误;C选项:两组砂的细度模数数值相同,则其级配不一定相同;D选项:不能全面反映砂的粒径分布情况。

8. D

【解析】毛体积密度是指单位体积(含材料实体矿物成分及其闭口孔隙、开口孔隙等颗粒表面轮廓线所包围的毛体积)物质颗粒的干质量。

9. A

【解析】粗集料磨光值试验是利用加速磨光机磨光集料,用摆式摩擦系数测定仪测定的集料经磨光后的摩擦系数值,以PSV表示。

10. A

【解析】集料吸水率的大小与试样数量无关。

11. B

【解析】细集料表观密度试验用容量瓶法测定,本方法适用于含有少量大于2.36mm部分的细集料。

12. D

【解析】规准仪法适用于测定水泥混凝土使用的4.75mm以上的粗集料的针状及片状颗粒含量,以百分率计。

13. C

【解析】粗集料筛分要求各筛分计筛余量及筛底存量的总和与筛分前试样的干燥总质量相比,相差不得超过干燥总质量的0.5%。

14. C

【解析】粗集料洛杉矶磨耗试验对水泥混凝土集料设定回转次数为500转。

15. D

【解析】D选项应为:报告石粉在受热后的颜色变化,判断石粉的变质情况。

16. A

【解析】当每个筛子手摇筛出的量每分钟不超过筛上剩余量的0.1%时,停止过筛。

17. D

【解析】A 选项应为：样品经筛分得到 0.075～2.36mm 或 0.075～4.75mm 试样进行试验；B 选项应为：0.075～2.36mm 试样选用孔径为 12mm 的漏斗，0.075～4.75mm 试样选用孔径为 16mm 的漏斗；C 选项应为：试样质量与试样的表观密度有关，与粒径无关。

18. A

【解析】单位体积包括材料实体、开口及闭口孔隙、颗粒间空隙。

19. B

【解析】将悬浮液倒在由 1.18mm 和 0.075mm 组成的套筛上。

20. A

【解析】粗集料坚固性试验所需要的粒级为 9.5～19mm 的试样中，应含有 9.9～16mm 粒级颗粒 40%，16～19mm 粒级颗粒 60%。

21. C

【解析】冲击值越小，表示集料的抗冲击性能越好。

22. B

【解析】B 选项应为：在材料场同批来料的料堆上取样时，应先铲除堆脚等处无代表性的部分，再在料堆的顶部、中部和底部，在均匀分布的几个不同部位，各取得大致相等的若干份组成一组试样，务必使所取试样能代表本批来料的情况和品质。

23. B

【解析】各级过筛不彻底则分计筛余百分率 a_i 和累计筛余百分率 A_i 变大，因细度模数 $\mu_f=(A_{4.75}+A_{2.36}+A_{1.18}+A_{0.6}+A_{0.3}+A_{0.15})/100$，细度模数变大。

24. B

【解析】测量水温，要求前后两次水温差不超过 2℃。

25. D

【解析】细集料泥块含量试验，以两个试样平行试验结果的算术平均值作为测定值。两次结果的差值如超过 0.4%，应重新取样进行试验。

26. C

【解析】A 选项应为：砂当量试验方法适用于测定天然砂、人工砂、石屑等各种细集料中所含的黏性土或杂质的含量，以评定集料的洁净程度；B 选项应为：砂当量冲洗液由氯化钙、甘油和甲醛按一定的比例配制；D 选项应为：筛析法、砂当量和亚甲蓝试验都能对砂的洁净程度评价，但亚甲蓝试验能更加准确地评价。

27. B

【解析】$PSV=PSV_{ra}+49-PSV_{bra}$，取整数，计算得 45。

28. D

【解析】配制冲洗液过程中 3 种分析纯的先后顺序是无水氯化钙、甘油、甲醛。

29. B

【解析】粗砂细度模数在 3.7～3.1 之间。中砂细度模数在 3.0～2.3 之间。细砂细度模数在 2.2～1.6 之间。特细砂细度模数在 1.5～0.7 之间。

30. B

【解析】细集料的筛分试验应进行两次平行试验，以平均值作为测定值。若两次试验所得的细度模数之差大于0.2,应重新进行试验。

31. B

【解析】细集料砂当量试验所用冲洗液的使用期限不得超过2周,超过2周后必须废弃,其工作温度为22℃ ±3℃。

32. B

【解析】细集料泥块含量试验要求将来样用四分法缩分至每份约2500g,置于温度为105℃ ±5℃的烘箱中烘干至恒重,冷却至室温后过筛,称取约400g的试样两份备用。

33. B

【解析】影响集料筛分试验最小试样用量的决定因素是集料公称粒径。

34. D

【解析】对集料取样数量无实质性影响的因素是试验时间。

35. D

【解析】细集料的含水率 =(未烘干的试样与容器总质量 - 烘干后的试样与容器总质量)/(烘干后的试样与容器总质量 - 盛放细集料容器质量)×100% =(869.56 - 840.11)/(840.11 - 75.23)×100% =3.8503%,精确至0.1%后应为3.9%。

二、判断题

1. ×

【解析】无此说法。

2. √

3. √

4. √

5. √

6. ×

【解析】集料分为酸性、中性和碱性,并以SiO_2含量来进行划分。SiO_2含量大于65%,属于酸性;低于52%,属于碱性;介于两者之间的是中性集料。

7. ×

【解析】根据捣实密度所测得的粗集料骨架间隙率VCA_{DRC}可以用于SMA混合料配合比设计。

8. ×

【解析】当集料中二氧化硅含量大于65%时,属于酸性集料。

9. √

10. √

11. √

12. √

13. √

14. ×

【解析】按照行业标准《公路工程集料试验规程》(JTG E42—2005),试样处理是要保留全部粒径范围内的颗粒；而按照国家标准《建设用卵石、碎石》(GB/T 14685—2011)，试样处理是要除去针片状颗粒。

15. √

16. √

17. ×

【解析】在水泥混凝土中，细集料是指粒径小于4.75mm的天然砂、人工砂及石屑。

18. √

19. √

20. √

21. √

22. ×

【解析】粗集料洛杉矶磨耗值的大小与集料的耐磨性好坏有直接关系。

23. √

24. ×

【解析】有机质含量是指砂中混有动植物腐殖质、腐殖土等有机物，它会延缓混凝土凝结时间，并降低混凝土强度，多采用比色法来检验。

25. ×

【解析】表层沥青路面的粗集料适用性采用磨光值试验或道瑞磨耗试验评价。

26. ×

【解析】粗集料的软弱颗粒含量试验结果越大，表明粗集料力学性能越差。

27. ×

【解析】细集料中石粉也会影响砂当量的大小。

28. ×

【解析】集料的吸水率不是含水率。

29. √

30. ×

【解析】推荐流动时间法作为我国测定细集料棱角性的标准试验方法使用。

31. √

32. √

33. ×

【解析】恒重是指相邻两次称取间隔时间大于3h(通常不小于6h)的情况下，前后两次称量之差小于该项试验所要求的称量精度。

34. ×

【解析】洛杉矶磨耗试验用于测定规定条件下粗集料抵抗摩擦、撞击的综合力学能力。

35. ×

【解析】测定细集料中含泥量的试验方法有筛洗法、亚甲蓝法和砂当量法，筛分法是测定细集料颗粒级配及粗细程度的试验方法。

三、多项选择题

1. ABCD

【解析】本方法适用于测定供拌制沥青混合料用矿粉及其他填料(如水泥、石灰、粉煤灰)的亲水系数。

2. ABD

【解析】C 选项应为:按级配类型分为连续级配、间断级配和开级配。

3. ABCD

【解析】细集料的表观密度试验需要测定烘干后试样的质量,水和容量瓶的总质量,试样、水和容量瓶的总质量,水的试验温度。

4. AD

【解析】B 选项应为游标卡尺测定较规准仪测定要严格;C 选项应为此颗粒最大长度方向尺寸与最小厚度方向尺寸之比小于 3,可以判定不是针片状颗粒。

5. ABCD

【解析】选项全部正确。

6. ACD

【解析】B 选项应为:将试样分 3 次(每次数量大体相同)均匀装入试模中。

7. BCD

【解析】对水泥混凝土用粗集料可采用干筛法筛分。

8. ABC

【解析】D 选项应为: 水泥混凝土用粗集料洛杉矶磨耗试验条件固定,即钢球数量 12 个,转动次数 500 次,与粗集料的公称粒径无关。

9. BCD

【解析】粗集料软弱颗粒试验需要的标准筛孔径有 4.75mm、9.5mm、16mm。

10. ACD

【解析】筛洗法测定的天然砂含泥量(不能测定机制砂含泥量),亚甲蓝试验测定的亚甲蓝值,砂当量试验测定的砂当量,可以评价沥青混合料用细集料洁净程度。

11. BC

【解析】A 选项应为:该方法是非定量测定集料中有机质含量。D 选项应为:若试样上部的溶液颜色与标准溶液颜色接近,则应将该试样(包括上部溶液)倒入烧杯中,再将烧杯放在温度为 60 ~ 70℃的水槽锅中加热 2 ~ 3h,然后再与标准溶液比色。如溶液的颜色深于标准色,则应做进一步试验。

12. BD

【解析】A 选项应为:在试验前 2h 和试验过程中应控制室温为 20℃ ± 2℃;C 选项应为:摆式摩擦系数测定仪测定磨光值时一块试件重复测试 5 次,5 次读数的最大值和最小值之差不得大于 3。

13. BD

【解析】A 选项应为:称量细集料用感量 0.1g 的天平,称量亚甲蓝粉末用感量 0.01g 的天平;C 选项应为:试验结束的标准是滴于滤纸上的沉淀物周围出现 1mm 稳定浅蓝色色晕。

14. BC

【解析】矿粉密度试验中,将矿粉试样置于瓷皿中,在 105℃烘箱中烘干至恒重(一般不少于 6h),放入干燥器中冷却后,连同小牛角匙、漏斗一起准确称量。

15. AB

【解析】对天然砂,宜以“在试样中心部分上部成为 2/3 左右的圆锥体,即大致坍塌 1/3 左右”作为标准状态;对机制砂和石屑,宜以“当移去坍落筒第一次出现坍落时的含水率,即最大含水率”作为试样的饱和面干状态。

16. BD

【解析】B 选项应为:当细集料中的 0.075mm 通过率小于 3% 时,可不进行此项试验即作为合格看待;D 选项应为:配制亚甲蓝溶液时水温不超过 40℃。

17. BD

【解析】A 选项应为:干筛法试验过程中,所有各筛的分计筛余量和底盘中剩余量的总量与筛分前的试样总量,相差不得超过后者的 1%;C 选项应为:根据各筛的累计筛余百分率,绘制级配曲线。

18. ABCD

【解析】A、B 选项为该试验的目的与适用条件;计算结果用洛杉矶磨耗损失 Q 表示,结果精确至 0.1%。

19. BCD

【解析】A 选项应为:细度模数在 3.0 ~ 2.3 之间为中砂。

20. ABCD

【解析】矿粉筛分试验的标准筛孔径为 0.6mm、0.3mm、0.15mm 和 0.075mm。

四、综合题

1.(1)ACD　(2)C　(3)ABD　(4)A　(5)C

【解析】(1)应使用含碱量高于 0.8% 的硅酸盐水泥。水泥含碱量以氧化钠(Na_2O)计,氧化钾(K_2O)换算成氧化钠时乘以换算系数 0.658。B 选项 $0.9\% \times 0.658 < 0.8\%$;D 选项 $1.4\% \times 0.658 > 0.8\%$。

(2)集料碱活性检验时,把集料破碎成 4.75 ~ 2.36mm、2.36 ~ 1.18mm、1.18 ~ 0.6mm、0.6 ~ 0.3mm、0.3 ~ 0.15mm 5 档级配。

(3)C 选项应为:跳桌跳动次数为 10 次/6s。

(4)砂浆试件成型后,带模放入标准养护室。养护 24h ± 4h 后脱模,脱模后立即测量试件的长度,此长度为试件的基准长度,测长应在 20℃ ±2℃ 的恒温室中进行。

(5)当砂浆半年膨胀率超过 0.1% 或 3 个月的膨胀率超过 0.05% 时(只在缺少半年膨胀率时才有效),即评为具有危害性的活性集料。

2.(1)ABD　(2)ACD　(3)ABD　(4)D　(5)ABCD

【解析】(1)C 选项应为:可从沥青拌和楼的热料仓取样。应在放料口的全断面上取样,通常宜将一开始按正式生产的配比投料拌和的几锅(至少 5 锅以上)废弃,然后分别将每个热料仓放出至装载机上,倒在水泥地上后适当拌和,从3处以上的位置取样,拌和均匀,取要求数量的试样。

(2)A选项应为:因是沥青混合料,所以粗集料的针片状颗粒含量只能采用游标卡尺法进行测定;C选项应为:针片状颗粒是指底面最大长度方向与最大厚度方向尺寸之比大于3的颗粒;D选项应为:沥青混合料用粗集料针片状颗粒试验(游标卡尺法)结果仅以针片状颗粒总含量表示。

(3)C选项应为(行标方法):开动压力机,均匀地施加荷载,在10min左右的时间内达到总荷载400kN,稳压5s,然后卸荷。

(4)一种集料应平行测定2次,取两个试样的平均值,并以活塞测得砂当量为准,并以整数表示。

(5)A选项应为:以水洗法除去小于0.075mm的粉尘部分,取0.075~4.75mm的试样约6kg放入105℃±5℃烘箱中烘干至恒重,在室温下冷却;B选项应为:试样所需的质量与试样的表观相对密度有关,与试样的公称最大粒径无关;C选项应为:将试样从圆筒中央开口处(高度与筒顶齐平)徐徐倒入漏斗,表面尽量倒平,但倒完后不得以任何工具扰动或刮平试样;D选项应为:一种试样需平行试验5次,以流动时间的平均值作为细集料棱角性的试验结果。

3.(1)A　　(2)BC　　(3)AD　　(4)AC　　(5)B

【解析】(1)C选项是堆积密度定义,D选项是表干密度定义。

(2)毛体积密度=毛体积相对密度×水的密度,在常温下,水的密度一般都小于1。各密度大小关系为:真实密度>表观密度>表干密度>毛体积密度>堆积密度。

(3)10~20mm集料的公称最大粒径是19mm,所以每份试样最小质量为1kg。试验前的试样,含一定的风干水以及尘土细颗粒等,洗净烘干后,总质量(即烘干质量)会稍微减小,可以继续试验。

(4)表观相对密度=烘干质量/(烘干质量-水中质量)=1003.1/(1003.1-621.4)=2.628,毛体积相对密度=烘干质量/(饱和面干质量-水中质量)=1003.1/(1014.1-621.4)=2.554,密度=相对密度×水的密度。在常温下,水的密度一般都小于1,换算后,密度在数值上肯定小于相对密度。

(5)吸水率 w_X=(饱和面干质量-烘干质量)/烘干质量=(1014.1-1003.1)/1003.1=1.10%,精确至0.01%。

4.(1)CD　　(2)ABC　　(3)B　　(4)ABD　　(5)AC

【解析】(1)A选项为天然砂洁净程度试验方法;B选项为土颗粒分析试验方法。

(2)D选项应为:亚甲蓝试验适用于小于2.36mm或0.15mm的细集料,也可用于矿粉的质量检验。

(3)湿砂质量 $m_1=120\times(100+w)/100$,w 为湿砂样的含水率(%)。本题 $w=1.5\%$,则湿砂质量 $m_1=121.8$g。

(4)C和D选项说法矛盾。

(5)B选项应为:砂当量越大,说明砂中小于0.075mm的颗粒中黏性土所占的数量越少,对应砂的洁净度越高,则砂的品质越好;D选项应为:h_2 试筒中用活塞测定的集料沉淀物的高度。

5.(1)AB　　(2)ACD　　(3)ACD　　(4)C　　(5)ABC

【解析】(1)集料磨光不需要控制温度,所以C选项错误。洛杉矶磨耗试验用于测定粗集料抵抗摩擦、撞击的综合力学能力,磨光值试验用于评定沥青路面表层用粗集料抗磨光性,所以D选项错误。

(2)因SMA-13沥青混合料粗细集料分界筛孔尺寸为4.75mm,该沥青混合料用细集料按最大粒径应选择4.75mm标准筛过筛,并水洗得到0.075~4.75mm集料颗粒,选用孔径为16mm的漏斗进行试验,所以B选项错误。

(3)A选项应为:测定砂样含水率,根据含水率称取干燥砂样为120g时含水砂样质量。C选项应为:将试样移入试筒中,除去气泡;试样按要求静置一定时间后,采用机械振荡器振荡,也可采用手动方式。D选项应为:砂当量值是集料沉淀物高度除以絮凝物+沉淀物的总高度,再乘以100。

(4)亚甲蓝试验用于测定细集料中所含膨胀性黏土矿物(粒径小于0.075mm)含量,试验结果亚甲蓝值表示每千克试样所消耗的亚甲蓝克数,每千克0~2.36mm粒级试样比0~0.15mm粒级试样所含的0.075mm以下的颗粒相对要少,则试验结果偏小。

(5)D选项应为:试验要平行测定两次,计算两次结果的平均值。如两次结果之差小于平均值的20%,取平均值为试验值;如大于或等于20%,应追加测定一次,取三次结果的平均值为测定值。

6.(1)A　　(2)A　　(3)ABD　　(4)ABC　　(5)D

【解析】(1)集料总质量=10+150+75+110+130+20+5=500g,计算各筛分计筛余率:$a_{4.75}=10/500\times100\%=2\%$;$a_{2.36}=150/500=30\%$;$a_{1.18}=75/500=15\%$;$a_{0.6}=110/500=22\%$;$a_{0.3}=130/500=26\%$;$a_{0.15}=20/500=4\%$。计算各筛累计筛余百分率:$A_{4.75}=2\%$;$A_{2.36}=32\%$;$A_{1.18}=47\%$;$A_{0.6}=69\%$;$A_{0.3}=95\%$;$A_{0.15}=99\%$。计算砂细度模数:$M_x=[(A_{2.36}+A_{1.18}+A_{0.6}+A_{0.3}+A_{0.15})-5A_{4.75}]/(100-A_{4.75})=[(32+47+69+95+99)-5\times2]/(100-2)=3.4$。因为细度模数在3.7~3.1之间,故为粗砂。

(2)根据样品中最大粒径的大小,选用适宜的标准筛,通常采用9.5mm筛(水泥混凝土用天然砂)或4.75mm筛(沥青路面及基层用天然砂、石屑、机制砂等)筛除其中的超粒径材料。

(3)C选项应为:对水泥混凝土用细集料可采用干筛法,如果需要也可采用水洗法筛分;对沥青混合料及基层用细集料必须采用水洗法筛分。

(4)D选项应为:天然砂的细度模数计算应精确至0.01。

(5)细集料筛分试验称量各筛筛余试样的质量应精确至0.5g。

第四章　路面基层与底基层材料

习　题

一、单项选择题

1. 在石灰稳定细粒土基层施工时，应进行(　　)试验。

A. 集料压碎值　　B. 石灰有效氧化钙、氧化镁含量

C. 水泥强度等级和凝结时间　　D. 粉煤灰烧失量

2. 采用烘干法测定石灰含水率时，应取(　　)试样。

A. 50g　　B. 100g　　C. 200g　　D. 500g

3. 烘干法测定无机结合料稳定土含水率的试验内容如下，正确的试验步骤为(　　)。

①将盛有试样的铝盒打开盒盖，置于烘箱中充分烘干。

②称取铝盒和烘干试样质量。

③称量铝盒质量。

④将盛有试样的铝盒盖紧盒盖并放置冷却。

⑤试样粉碎后放入铝盒，盖上盒盖后称取质量。

A. ⑤①②④③　　B. ⑤①④②③

C. ③⑤①②④　　D. ③⑤①④②

4. 采用烘干法对石灰稳定土含水率进行测定时，下列做法正确的是(　　)。

A. 将石灰稳定土取样后，置于烘箱中，将烘箱调整到110℃

B. 将石灰稳定土取样后，置于烘箱中，将烘箱调整到105℃

C. 将石灰稳定土取样后，置于温度已达到105℃的烘箱中

D. 将石灰稳定土取样后，置于温度已达到110℃的烘箱中

5. 路面基层施工中，采用EDTA滴定法进行石灰或水泥剂量测定时，首先要制作标准曲线。在整个施工过程中，可能要二次制作标准曲线，需重新制作标准曲线的原因是(　　)。

A. 原材料发生变动

B. EDTA溶液用完后需重新配制

C. 待测无机结合料取样方式改变

D. 施工环境发生改变

6. 某一无机稳定碎石材料需要控制材料的延迟时间，延迟时间是指(　　)。

A. 从加水拌和到开始铺筑的时间

B. 从加水拌和到开始碾压的时间

C. 从加水拌和后到开始碾压的时间

D. 从加水拌和后到碾压终了的时间

7. 以下无机结合料稳定材料中，可用于重载交通的高速公路基层且无侧限抗压强度设计值可为 1MPa 的材料是(　　)。

A. 石灰粉煤灰稳定材料　　B. 水泥粉煤灰稳定材料

C. 水泥稳定材料　　D. 碾压贫混凝土

8. 水泥稳定中粒材料圆柱形试件制作时，质量损失不超过(　　)。

A. 5g　　B. 10g　　C. 20g　　D. 25g

9. 石灰有效氧化钙和氧化镁含量的简易测定试验内容如下，正确的试验步骤是(　　)。

①三角瓶口上插一短颈漏斗，使用带电阻电炉加热 5min(调到最高挡)，但勿使液体沸腾，放入冷水中迅速冷却。

②称取 0.8 ~ 1.0g 石灰试样放入 300mL 三角瓶中并记录试样质量。

③向三角瓶中滴入酚酞指示剂 2 滴，记录滴定管中盐酸标准溶液体积。

④在不断摇动下以盐酸标准溶液滴定，控制速度为 2 ~ 3 滴/s，至粉红色完全消失，稍停，又出现红色，继续滴入盐酸，如此重复几次，直至 5min 内不出现红色为止，记录滴定管中盐酸标准溶液体积。

⑤向三角瓶中加入 150mL 新煮沸并已冷却的蒸馏水和 10 颗玻璃珠。

A. ①②⑤③④　　B. ①②⑤④③

C. ②⑤①③④　　D. ②⑤①④③

10. 以下无机结合料稳定土中，需要控制延迟时间的有(　　)。

①石灰稳定细粒土。

②水泥稳定细粒土。

③石灰水泥稳定细粒土。

④石灰粉煤灰稳定细粒土。

⑤水泥粉煤灰稳定细粒土。

⑥石灰稳定粗粒土。

A. ①③⑤　　B. ②③⑥

C. ②③⑤　　D. ①②③④⑤⑥

11. 半刚性基层材料无侧限抗压强度应以(　　)龄期的强度为评定依据。

A. 7d　　B. 14d　　C. 28d　　D. 90d

12. 水泥稳定碎石采用集中厂拌法施工时，混合料实际水泥剂量宜比室内试验确定的剂量增加(　　)。

A. 0.3%　　B. 0.5%　　C. 0.7%　　D. 1.0%

13. 无机结合料稳定材料应在现场碾压结束后及时检测压实度，压实度检测中，测定的含水率与规定含水率的绝对误差应不大于(　　)。

A. 1%　　B. 2%　　C. 3%　　D. 4%

14. 以下不属于无机结合料稳定材料目标配合比设计技术内容的是(　　)。

A. 选择级配范围

B. 确定料仓供料比例

C. 验证混合料相关的设计及施工技术指标

D. 确定结合料类型及掺配比例

15. 级配碎石目标配合比曲线确定后,还需进行(　　)的确定。

A. 级配离散度　　B. 级配合理变化范围

C. 级配关键筛选择　　D. 级配均匀性

16. 级配碎石配合比设计时,当确定目标级配曲线后,针对各档材料进行筛分,确定各档材料的平均筛分曲线及变异系数,并按(　　)倍标准差计算各档材料筛分级配的波动范围。

A. 1.5　　B. 1.645　　C. 2　　D. 3

17. 石灰未消化残渣含量试验包括:①盖上盖,静置消化 20min,用圆木棒连续搅动 2min,再静置消化 40min,再搅动 2min。提起筛筒用清水冲洗筛筒内残渣,至水流不浑浊(冲洗用清水仍倒入筛筒内)。②称取石灰试样 1000g 倒入装有 2500mL 清水的筛筒。③将 4000g 样品破碎并全部通过 16mm 方孔筛,其中通过 2.36mm 方孔筛的量不大于 30%,混合均匀备用。④将残渣移入搪瓷盘(或蒸发皿)内,在 105℃烘箱中烘干至恒量,冷却至室温后用 2.36mm 方孔筛筛分。⑤称量筛余物,计算未消化残渣含量。正确的试验步骤顺序是(　　)。

A. ③②①④⑤　　B. ②③①④⑤

C. ①②③④⑤　　D. ③②④①⑤

18. 我国《公路工程无机结合料稳定材料试验规程》(JTG E51—2009)测量回弹模量的方法有(　　)。

①室内抗压回弹模量试验方法(顶面法)。

②室内抗压回弹模量试验方法(承载板法)。

③动态抗压回弹模量试验方法。

④劈裂回弹模量试验方法。

⑤弯拉回弹模量试验方法。

A. ①②③④　　B. ②③④⑤

C. ①③④⑤　　D. ①②③④⑤

19. 对于无机结合料稳定材料,由振动压实试验确定的最佳含水率(　　)击实试验确定的最佳含水率,最大干密度(　　)击实试验确定的最大干密度。

A. 大于;大于　　B. 大于;小于

C. 小于;大于　　D. 小于;小于

20. 无机结合料稳定材料试验室标准养护条件为(　　)。

A. 温度 20℃ ±2℃,湿度≥95%　　B. 温度 60℃ ±2℃,湿度≥95%

C. 温度 20℃ ±2℃,湿度≤95%　　D. 温度 60℃ ±2℃,湿度≤95%

21. 下列针对粉煤灰烧失量测定操作,说法正确的是(　　)。

A. 烧失量主要来自粉煤灰中硫化物

B. 温度控制是烧失量检测的核心控制因素

C. 粉煤灰细度越高烧失量越大

D. 试验时要严格控制高温灼烧时间

22. 用 EDTA 滴定法测定水泥和石灰稳定材料中水泥或石灰的剂量时，溶液颜色变化为(　　)。

A. 玫瑰红色→紫色→蓝色　　B. 玫瑰红色→蓝色→紫色

C. 紫色→蓝色→玫瑰红色　　D. 蓝色→紫色→玫瑰红色

23. 击实试验甲法试样层数为(　　)层，每层击实次数为(　　)次。

A. 3;27　　B. 5;59　　C. 3;59　　D. 5;27

24. 无侧限抗压强度 $R_c = P/A$，其中 P 是指(　　)。

A. 试件破坏过程平均压力　　B. 试件破坏过程最大压力

C. 试件破坏过程最小压力　　D. 试件开始破坏时的压力

25. EDTA 滴定法确定水泥稳定材料中水泥剂量的试验，在准备标准曲线时应变化 5 个水泥剂量、准备 5 种混合料。若最佳水泥剂量为 6%，则以下无须配制的水泥剂量是(　　)。

A. 0%　　B. 2%　　C. 4%　　D. 6%

26. 下列属于无机结合料稳定材料快速养护试验方法试验步骤的是(　　)。

①将高温养护室的温度调至规定的温度 60℃ ±1℃，湿度也保持在 95% 以上，并能自动控温控湿。

②试件从试模内脱出并量高称重后，中试件和大试件应装入塑料薄膜袋内。试件装入塑料袋后，将袋内的空气排除干净，扎紧袋口，将包好的试件放入养护室。

③将制定的试件量高称重后，小心装入塑料薄膜袋内。试件装入塑料袋后，将袋内的空气排除干净，并将袋口用麻绳扎紧，将包好的试件放入养护箱中。

④养护期的最后一天，将试件从高温养护室内取出，凉至室温(约 2h)，再打开塑料袋取出试件，观察试件有无缺损，量高称重后，浸入 20℃ ±2℃ 恒温水槽中，水面高出试件顶 2.5cm。浸水 24h 后，取出试件，用软布擦去可见自由水，称重量高后，立即进行相关试验。

⑤在养护期的最后一天，将试件取出，观察试件的边角有无磨损和缺块，并量高称重，然后将试件浸于 20℃ ±2℃ 的水中，应使水面在试件顶上约 2.5cm。

A. ①②③　　B. ①②⑤

C. ①③④　　D. ②③④

27. EDTA 滴定法测定石灰剂量的试样，正确的试验顺序为(　　)。

①搅拌 3min，放置沉淀 10min，转移上部清液。

②移液管吸取上层悬浮液置于三角瓶，加入 1.8% 氢氧化钠，加入钙红指示剂并摇匀。

③称取 300g 混合料放在搪瓷杯中，搅散并加入 600mL 的 10% 氯化铵溶液。

④准备标准曲线。

⑤选取有代表性的混合料。

⑥EDTA 标准溶液滴定，并记录消耗量。

A. ④②③①⑤⑥　　B. ④⑤③①②⑥

C. ①⑤②③④⑥　　D. ①⑤④③②⑥

28. 采用 EDTA 滴定法进行水泥剂量检测过程中，溶液从玫瑰红直接变为蓝色，其原因可能是(　　)。

A. 说明滴定试验成功　　B. EDTA 二钠溶液浓度过低

C. 滴定速度过快　　D. 钙红指示剂滴定量不足

29. 某水泥稳定碎石重型击实试验测试结果为：试筒质量 6590g，试筒容积 $2177cm^3$，试筒与湿样合计质量 11600g，代表试样含水率 6.2%，则混合料干密度为(　　)g/cm^3。

A. 2.17　　B. 2.30　　C. 2.44　　D. 2.48

30. 若 m_0 为混合料质量，m_1 为干混合料质量，m_2 为无机结合料质量，δ 为计算混合料质量的冗余量，α 为无机结合料的掺量，内掺法计算每个试件的无机结合料质量计算公式为(　　)。

A. $m_2 = m_1 \times \alpha/(1+\alpha)$　　B. $m_2 = m_1 \times \alpha$

C. $m_2 = m_1 \times \delta$　　D. $m_2 = V \times \rho_{max}$

31. 无机结合料稳定土击实试验内容如下，正确的试验步骤顺序为(　　)。

①加入所需稳定剂，并充分拌和均匀。

②确定预定含水率。

③取下套环，刮平试样，拆除底板，擦净试筒外壁后称取质量。

④采用四分法选取等分试样。

⑤加入计算应加的水量，并充分拌和均匀。

⑥按要求进行分层填料、分层击实。

⑦脱模后取样测定含水率。

A. ②④①⑤⑥③⑦　　B. ④②⑤①⑥③⑦

C. ④②①⑤⑥③⑦　　D. ②④⑤①⑥③⑦

32. 关于生石灰的有效氧化钙和氧化镁含量简易法试验，以下表述正确的有(　　)。

A. 配制的 1mol/L 盐酸标准溶液需标定其摩尔浓度，标定时需在盐酸标准溶液中加入 2～3 滴甲基橙指示剂，然后采用碳酸钠溶液滴定至盐酸标准溶液由黄色变为橙红色

B. 制样时，可将样品直接过 0.15mm 筛，挑取 10 余克在 110℃ 烘箱烘干至恒重，在室温下冷却、储存

C. 在采用盐酸标准溶液进行生石灰水溶液滴定时，采用酚酞作指示剂，滴定至 5min 内不出现红色为止

D. 该方法适用于任何氧化镁含量的生石灰的测定

33. 以下关于基层用水泥稳定碎石混合料的室内抗压回弹模量试验，说法不正确的是(　　)。

A. 成型试件应按照标准养护方法养护 90d

B. 试验方法分为顶面法和承载板法，两种方法均适合测定粗粒式、中粒式和细粒式混合料

C. 计算单位压力的选定值为 0.5～0.7MPa

D. 抗压回弹模量结果用整数表示

34. 以下关于无机稳定类材料中水泥或石灰剂量测定的描述，不正确的是(　　)。

A. EDTA 滴定法适用于在工地快速测定无机稳定材料中水泥或石灰剂量

B. EDTA 滴定法适用于在水泥终凝之前的水泥剂量测定,现场土样的石灰剂量应在路拌后尽快测试,否则需要用相应龄期的 EDTA 二钠标准溶液消耗量的标准曲线确定

C. EDTA 滴定法不可以用来测定无机综合稳定材料中结合料剂量

D. 直读式测钙仪法适用于测定新拌石灰土中石灰剂量

35. 在进行级配碎石目标配合比设计时,以下关于 CBR 强度试验表述正确的是(　　)。

A. 应在目标级配、最佳含水率和最大干密度条件下成型试件

B. 应在目标级配、最佳含水率以及现场施工的压实标准下成型试件

C. 成型试件浸水 3d 后进行 CBR 试验,浸水期间应注意检查试件浸水高度

D. 浸水后,取出试件立即进行 CBR 试验

二、判断题

1. 干燥收缩是由于半刚性基层中水分不断减少所引起的材料体积收缩现象,主要发生在基层成型的初期。(　　)

2. 石灰等级是根据石灰中 CaO 的含量进行划分的。(　　)

3. 高速公路石灰稳定材料用石灰要求达到Ⅰ级技术要求。(　　)

4. 采用 EDTA 滴定法可以快速测定水泥稳定土中的水泥剂量,但应严格控制首次确定的标准曲线,以后每次滴定时只需配制 EDTA 溶液和代表性混合料进行测定,以达到快速测定目的。(　　)

5. 生石灰未消化残渣含量试验,称取试样倒入装有清水的筛筒,静置消化时间如果过短,可能会导致试验结果偏小。(　　)

6. 石灰消解之后需陈伏一段时间再使用,以防止石灰应用过程中发生不安定现象。(　　)

7. 对无机结合料稳定级配碎石或砾石材料,应根据当地材料特点和技术要求,优化设计混合料级配,确定目标级配曲线和合理的变化范围。(　　)

8. 无机结合料生产配合比验证工作分为两个阶段,第一阶段是各个料仓生产剂量的标定和调整,使得最终的混合料级配能够与室内试验确定的级配曲线尽量吻合一致;第二阶段是对生产过程中结合料剂量和水量的控制手段与标准的确认。(　　)

9. 半刚性基层施工现场压实度的测定,应以当天通过现场取样并成型试件测得到的最大干密度为准进行评定。(　　)

10. 在进行石灰有效氧化钙和氧化镁的测定时,应将生石灰样品打碎,使颗粒不大于 1.18mm,拌和均匀后用四分法缩减至 300g 左右,放置瓷研钵中研细。(　　)

11. 水泥稳定碎石圆柱形试件,养护期边角发现损伤,应立即进行修补。(　　)

12. 在无侧限抗压强度试验中,直径相同的试件,随着试件高度增加,抗压强度会先增加后减小。(　　)

13. 水泥稳定材料动态抗压回弹模量试验,制备的试件应按照标准养护条件养护 90d,同时圆柱形试件的两个端面应用水泥净浆彻底抹平,再饱水 24h。(　　)

14. 现场钻芯法测定压实度时获得的水泥稳定类混合料,可以采用 EDTA 滴定法进一步测

定其水泥剂量。（　　）

15. 在粉煤灰烧失量试验中，若试样灼烧的温度约 850℃，反复灼烧至恒量，则测得的烧失量结果可能偏高。（　　）

16. 在无机结合料稳定材料标准养护试验中，对养护 90d 和 180d 的试件，养护期间，关于试件的质量损失，稳定细粒材料试件不超过 1g；中粒材料不超过 4g；粗粒材料不超过 10g。（　　）

17. 无侧限抗压强度试验时水泥稳定碎石养护 7d，在最后一天需泡水，水温为室温。（　　）

18. EDTA 标准曲线用来确定水泥或石灰稳定材料中水泥或石灰的剂量，曲线以同一水泥或石灰剂量稳定材料 EDTA 消耗量的平均值为横坐标，以水泥或石灰剂量为纵坐标。（　　）

19. 级配碎石配合比设计时，应按试验确定的级配和最佳含水率，以及现场施工的压实度标准成型标准试件进行 CBR 强度试验。（　　）

20. 生石灰的主要化学成分是 $Ca(OH)_2$，熟石灰的主要化学成分是 CaO。（　　）

21. 在进行级配碎石目标配合比设计时，要求选择多个级配曲线进行试验，一般选择 CBR 值最高的级配作为目标级配。（　　）

22. 击实法成型石灰粉煤灰稳定材料时，应在拌和试验 1h 内完成击实成型，否则应予以作废。（　　）

23. 无侧限抗压强度是指试件在无侧向压力的条件下抵抗轴向压力的极限强度。（　　）

24. 对于无机结合料稳定类材料的原材料质量要求和混合料强度标准，基层的要求一般高于相应的底基层的要求。（　　）

25. 粉煤灰细度采用负压筛析仪筛分法测定，筛分孔径分别为 0.075mm 和 0.3mm，其中 0.075mm 通过率采用负压筛析仪筛析，而 0.3mm 通过率实际上是人工手筛。（　　）

三、多项选择题

1. 在确定路面基层、底基层混合料的技术要求时，需要考虑的因素有（　　）。
   A. 公路等级　　B. 交通荷载等级
   C. 结构形式　　D. 材料类型

2. 某新建二级公路为确定基层无机结合料稳定材料的最大干密度，可采用（　　）。
   A. 振动压实　　B. 重型击实
   C. 轻型击实　　D. 试验路压实机压实

3. 为保证试验结果的可靠性和准确性，无机结合料稳定材料弯拉强度试验要求（　　）。
   A. 中梁试件不少于 9 根　　B. 中梁试件不少于 12 根
   C. 大梁试件不少于 12 根　　D. 大梁试件不少于 15 根

4. 以水泥稳定类材料为例，生产配合比设计技术内容应包括（　　）。
   A. 确定料仓供料比例
   B. 确定水泥稳定材料的容许延迟时间
   C. 确定结合料剂量的标定曲线
   D. 混合料的最佳含水率和最大干密度

5. 路面基层施工过程中，现场基层材料试验取样需要考虑的因素包括(　　)。

A. 取样数量　　B. 取样部位

C. 取样温度　　D. 取样方法

6. 在取芯检验无机结合料稳定材料整体性时，符合石灰粉煤灰稳定基层材料取芯时间的有(　　)。

A. 7d　　B. 15d　　C. 18d　　D. 20d

7. 无机结合料稳定材料无侧限抗压强度试验方法中，试件制备的方法有(　　)。

A. 静压法　　B. 振动成型法

C. 击实法　　D. 轮碾法

8. 水稳碎石配合比设计时，如果设计抗压强度大于 5.0MPa，现行规范推荐的水泥试验剂量为(　　)。

A. 3%　　B. 4%　　C. 5%　　D. 6%

9. 级配碎石配合比设计确定施工参数时，第二阶段试验应符合(　　)规定。

A. 通过混合料中实际含水率的测定，确定施工过程中水流量计的设定范围

B. 通过混合料中实际结合料剂量测定，确定施工过程中结合料掺加的相关技术参数

C. 通过击实试验，确定含水率变化对混合料最大干密度的影响

D. 通过 CBR 试验，确定材料的实际强度水平和拌和工艺的变异水平

10. 以下关于水泥稳定碎石击实试验中试验准备工作的描述，正确的有(　　)。

A. 将具有代表性的风干试样用木锤捣碎或用木碾碾碎，土团应破碎到能通过 4.75mm 的筛孔

B. 必要时可将试料在 105℃烘箱中烘干至恒重

C. 在预定做击实试验的前一天，取有代表性的试料测定其风干含水率

D. 在试验前用游标卡尺准确测量试模的内径、高和垫块的厚度，以计算试筒的容积

11. 在水泥稳定碎石混合料目标配合比设计中，可选择(　　)个结合料剂量，分别确定各剂量条件下混合料的最佳含水率和最大干密度。

A. 3　　B. 4　　C. 5　　D. 6

12. 无机结合料稳定材料室内抗压回弹模量试验(顶面法)，要求(　　)。

A. 无机结合料稳定细粒土试验结果的变异系数不超过 5%

B. 无机结合料稳定细粒土试验结果的变异系数不超过 10%

C. 无机结合料稳定中粒土试验结果的变异系数不超过 10%

D. 无机结合料稳定中粒土试验结果的变异系数不超过 15%

13. 下列关于制备 EDTA 标准曲线内容正确的是(　　)。

A. 不同龄期的无机结合料稳定材料，应用不同的 EDTA 二钠消耗量的标准曲线

B. EDTA 标准液滴定过程，溶液颜色由玫瑰红色变为紫色，并最终变为蓝色

C. 若结合料剂量较大时，可不做素集料和低剂量结合料的试样，而直接做高剂量试验

D. 每一个试样，需加入 2 倍试样质量体积的 10% 氯化铵溶液浸泡

14. 无机结合料稳定土的含水率测定方法有(　　)。

A. 烘干法　　B. 比重法　　C. 酒精法　　D. 碳化钙气压法

15. 以下关于水泥稳定级配碎石无侧限抗压强度试验，表述正确的有（　　）。

A. 根据混合料公称最大粒径不同，试件采用不同尺寸，但是试件径高比均为 1∶2

B. 无侧限抗压强度一般采用标准养护方法进行 7d 的标准养护

C. 试件两顶面用刮刀刮平，必要时采用水泥砂浆抹平试件顶面

D. 为保证试验的可靠性和准确性，根据试件大小不同每组试件的数目也不同

16. 下列关于无机结合料稳定材料振动压实试验，说法正确的是（　　）。

A. 该试验适用于在室内对水泥、石灰、石灰粉煤灰稳定粒料土基层材料进行振动压实试验

B. 以水泥为结合料的试验拌和后要在 1h 内完成该试验

C. 确定不同含水率下的压实效果时，高含水率下是以压头回弹跳起为停止振动压实的控制条件

D. 混合料拌和后装料时应严格按四分法进行，混合料的离析对室内试验结果有很大影响

17. 下列关于无机结合料稳定材料取样方法正确的是（　　）。

A. 在无机结合料料堆取样应从中部取样，不得在顶部和底部取样

B. 为评价施工离散性，宜在施工现场取样

C. 在施工过程中取样时，宜在摊铺机后取样，且取料来源于 3 ~4 台不同料车

D. 生产配合比阶段取样总质量应大于分料取样后每份质量的 4 ~8 倍

18. 水泥稳定类基层材料加水时间超过 1h 后成型，将对水泥基层材料造成的影响有（　　）。

A. 密实度变小　　　　B. 含水率变大

C. 水泥水化反应变慢　　　　D. 成型后的强度降低

19. 以下关于无机结合料养护方法的说法中，正确的是（　　）。

A. 标准养护和快速养护相对湿度分别为 95%、98% 以上

B. 标准养护时，发现湿度不够，应立即对试件冲水保湿

C. 快速养护的温度为 60℃ ±1℃

D. 高温养护需确定龄期与强度的关系

20. 路面基层稳定土粒料进行无侧限抗压强度试验符合条件是（　　）。

A. 在规定温度下保湿养护 6d　　　　B. 在规定温度下养护 6d

C. 浸水 24h　　　　D. 浸水 12h

21. 在进行水泥稳定碎石底基层材料的无侧限抗压强度试验过程中，需要测量（　　）参数。

A. 浸水一昼夜后，用软布吸去试件表面水分，称量试件质量

B. 试验加载前的试件高度

C. 试件破坏时的最大压力

D. 加载破坏后试件内部取有代表性样品的含水率

22. 以下关于级配碎石配合比设计，表述正确的有（　　）。

A. CBR 强度标准应根据公路等级、交通荷载等级和结构层位确定

B. 应以实际工程使用的材料为对象，绘制 3 ~4 条试验级配曲线，通过配合比试验，优

化级配

C. 应按试验确定的级配和最佳含水率，以及现场施工的压实标准成型标准试件，进行CBR强度等试验

D. 应根据已确定的各档材料使用比例和各档材料级配的波动范围，计算实际生产中混合料的级配波动范围

23. 石灰未消化残渣含量试验用到的标准筛有（　　）。

A. 2.36mm　　B. 4.75mm　　C. 9.5mm　　D. 16mm

24. 以下关于水泥稳定碎石材料大试件无侧限抗压强度试验结果的表述正确的有（　　）。

A. 抗压强度试验结果保留1位小数

B. 同一组试件试验中，采用3倍均方差方法剔除异常值

C. 同一组试验的变异系数不满足规定的要求时，应增加试件数量并另做新试验

D. 报告中应报告一组试件的无侧限抗压强度最小值和最大值、平均值、标准差、变异系数和代表值

25. 无机结合料稳定材料的无侧限抗压强度试验需要的仪具包括（　　）。

A. 压力机　　B. 电子天平　　C. 标准养护室　　D. 烘箱

四、综合题

1. 某公路路面底基层为石灰稳定细粒土，基层为水泥稳定碎石，围绕混合料配合比设计，路面基层施工中的相关试验，请回答下列问题。

(1) 石灰稳定细粒土配合比设计中不需要进行的试验项目是（　　）。

A. 石灰的有效氧化钙和氧化镁含量试验

B. 液塑限试验

C. 压碎值试验

D. 有机质含量

(2) 进行石灰稳定细粒土击实试验，在试验准备环节，需风干试料，同时土团应捣碎到能通过（　　）的筛备用。

A. 1.18mm　　B. 2.36mm　　C. 4.75mm　　D. 9.5mm

(3) 进行石灰稳定土击实试验，以下不属于该次试验的计算和处理的内容有（　　）。

A. 湿密度的计算　　B. 干密度的计算

C. 级配的确定和计算　　D. 最大干密度和最佳含水率的确定

(4) 水泥稳定碎石配合比设计中，必须进行的试验项目有（　　）。

A. 硫酸盐含量测定　　B. 击实试验

C. 压碎值试验　　D. 有机质含量测定

(5) 在底基层和基层施工环节需要进行EDTA滴定法测定石灰和水泥剂量，以下叙述正确的是（　　）。

A. 基层施工中，可取300g湿混合料进行滴定试验

B. 底基层施工中，更换的取土坑，不需要重做标准曲线

C. 底基层施工中,更换了石灰厂家,需要重做标准曲线

D. 基层施工中,更换了水泥厂家,需要重做标准曲线

2. 关于无机结合料稳定材料击实试验方法,请回答以下问题。

(1)无机结合料稳定材料击实试验,甲、乙两类方法的区别在于(　　)。

A. 试样尺寸　　B. 每层击数

C. 平均单位击实功　　D. 容许公称最大粒径

(2)无机结合料稳定材料击实试验准备正确的有(　　)。

A. 如试料是细粒土,将已捣碎的具有代表性的土过 4.75mm 筛备用(用甲法或乙法做试验)

B. 如试料中含有粒径大于 4.75mm 的颗粒,则先将试料过 19mm 的筛,如存留在孔径为 19mm 筛中颗粒的含量不超过 10%,则过 26.5mm 筛,留作备用(用甲法或乙法做试验)

C. 如试料中粒径大于 19mm 的颗粒含量超过 10%,则将试料过 37.5mm 筛,如存留在孔径为 37.5mm 筛中颗粒的含量不超过 10%,则过 53mm 筛备用(用乙法或丙法做试验)

D. 如试料中粒径大于 37.5mm 的颗粒含量超过 10%,则过 53mm 筛备用(用丙法做试验)

(3)无机结合料稳定材料击实试验,甲类方法的正确步骤为(　　)。

①齐筒顶细心刮平试样,并拆除底板。

②用刮土刀沿套环内壁削挖(使试样与套环脱离)后,扭动并取下套环。

③进行第一层试样及其余四层试样的击实。

④按预定含水率制备试样。

⑤用脱模器推出筒内试样。

⑥将所需要的无机结合料加到浸润后的试样中。

⑦用工字形刮平尺齐筒顶和筒底将试样刮平。

A. ④⑥③①⑤⑦②　　B. ④⑥③①⑤②⑦

C. ④⑥③②①⑤⑦　　D. ④⑥③②①⑦⑤

(4)当试样中大于规定最大粒径的超尺寸颗粒含量为(　　)时,对试验所得最大干密度和最佳含水率进行校正。

A. 5% ~30%　　B. 10% ~30%　　C. 15% ~30%　　D. 20% ~30%

(5)无机结合料稳定材料击实试验报告应包括(　　)。

A. 试样的最大粒径、超尺寸颗粒的百分率

B. 无机结合料类型及剂量

C. 所用试验方法类别

D. 最大干密度(g/cm^3)和最佳含水率(%)

3. 关于无机结合稳定材料无侧限抗压强度试验方法,请回答以下问题。

(1)粗粒土试模的直径×高为(　　)。

A. 50mm×50mm　　B. 100mm×100mm

C. 150mm × 150mm　　　　D. 200mm × 200mm

(2)试件制备和养护中,为保证试验结果的可靠性和准确性,每组试件的数目要求为:小试件不少于6个,中试件不少于(　　)个,大试件不少于(　　)个。

A. 9;12　　B. 9;13　　C. 10;12　　D. 10;13

(3)将试件放在路面材料强度试验仪或压路机上,并在升降台上先放一扁球座,进行抗压试验。试验过程中,应保持加载速率为(　　)mm/min。

A. 1　　B. 2　　C. 3　　D. 4

(4)同一组试验的变异系数 C_v(%)应符合下列规定,方可为有效试验:小试件 C_v≤6%;中试件 C_v≤(　　);大试件 C_v≤15%。

A. 9%　　B. 10%　　C. 11%　　D. 12%

(5)试件的无侧限抗压强度 R_c(MPa)用下列相应的公式计算:$R_c = P/A$,其中 P、A 各代表(　　)。

①试件破坏时的最大压力。②试件破坏时的最小压力。③试件的截面积。④试件的表面积。

A. ①③　　B. ②③　　C. ①④　　D. ②④

4. 某二级公路工程,其基层为粗粒式水泥粉煤灰稳定级配碎石,现按击实法(类别为丙)测定最大干密度和最佳含水率,并检验混合料的7d无侧限抗压强度。已知:无侧限抗压强度设计值为4.5MPa;水泥:粉煤灰:集料的干燥质量比为4:8:88;集料风干含水率为2%,水泥含水率为0%,粉煤灰含水率为8%,现场压实度控制标准为97%。保证率为95%时,Z_a = 1.645。请完成下列题目。

(1)击实试验中,拌制一份试样时称量风干集料质量为5610g,则一份试样应加水泥的质量是(　　)。

A. 255.0g　　B. 249.5g　　C. 250.0g　　D. 225.0g

(2)击实试验中,当最后一层试样击实后,发现试样超出试筒顶的高度达到11mm,则关于该试件测定的干密度与实际干密度值相关性的表述正确的是(　　)。

A. 对测定结果影响不大　　　　B. 测定干密度结果偏小

C. 测定干密度结果偏大　　　　D. 测定干密度结果可能偏大,也可能偏小

(3)无侧限抗压强度试验所用圆柱体试件,其直径为150mm,高度为150mm,体积为2650cm^3,采用静压成型试件,不考虑试件成型过程中的质量损失。已知基层混合料的最大干密度为2.300g/cm^3,则一个试件所需的干燥试样总质量为(　　)。

A. 6283.5g　　B. 6095.0g　　C. 5912.2g　　D. 5618.7g

(4)预计该材料的无侧限抗压强度的变异系数为16%,则根据《公路路面基层施工技术细则》(JTG/T F20—2015),该平行试验所需试件数量可为(　　)。

A. 9个　　B. 12个　　C. 13个　　D. 15个

(5)无侧限抗压强度试验的单个试件测定值(单位MPa)为:5.3、5.5、5.7、4.9、4.8、5.1、5.1、5.5、5.3、4.9、5.3、5.6、5.7、5.4,平均值为5.29MPa,标准差为0.30MPa,C_v = 5.6%。以下分析正确的是(　　)。

A. 无侧限抗压强度代表值为4.8MPa,满足设计要求

B. 无侧限抗压强度代表值为4.9MPa,满足设计要求

C. 异常值超过规定数量,该组试验结果无效

D. 同一组试验的变异不符合规定,该组试验结果无效

5. 某试验室拟设计一组质量比为石灰：粉煤灰：土 = 10：14：76 的二灰稳定细粒土试件,经击实试验得到的最大干密度为1.68g/cm^3,最佳含水率为18%,压实度96%,原材中粉煤灰的含水率20%,土样含水率10%,请回答以下问题。

(1)单个试件的湿质量为(　　)。

A. 158.26g　　B. 164.85g　　C. 186.74g　　D. 194.52g

(2)单个试件石灰的用量为(　　)。

A. 15.8g　　B. 16.5g　　C. 18.7g　　D. 19.4g

(3)单个试件粉煤灰的用量为(　　)。

A. 22.1g　　B. 26.1g　　C. 26.6g　　D. 31.4g

(4)单个试件土的用量为(　　)。

A. 120.3g　　B. 132.3g　　C. 141.9g　　D. 156.1g

(5)单个试件水的用量为(　　)。

A. 12.0g　　B. 14.2g　　C. 28.5g　　D. 33.6g

习题参考答案及解析

一、单项选择题

1. B

【解析】石灰稳定细粒土无粗集料、粉煤灰和水泥,不需要进行集料压碎值、粉煤灰烧失量、水泥强度等级和凝结时间试验。

2. B

【解析】采用烘干法测定石灰含水率时,应取100g试样。

3. D

【解析】步骤③在⑤前,④在②前。

4. C

【解析】对于水泥稳定材料,将烘箱温度调到110℃;对于其他材料(本题为石灰稳定土),将烘箱调到105℃;待烘箱达到设定的温度后,取下盒盖,并将盛有试样的铝盒放在盒盖上,然后一起放入烘箱中进行烘干。

5. A

【解析】如制作标准曲线所用素土、水泥或石灰发生改变,则必须重做标准曲线。

6. D

【解析】延迟时间是指从加水拌和后至碾压成型之前的时间。

7. A

【解析】B选项水泥粉煤灰稳定材料、C选项水泥稳定材料、D选项碾压贫混凝土都可用

于重载交通的高速公路基层，但B选项和C选项用于重载交通的高速公路基层时7d龄期无侧限抗压强度应为4.0~6.0MPa，D选项7d龄期无侧限抗压强度应不低于7MPa。

8. D

【解析】水泥稳定中粒材料圆柱形试件制作时，质量损失不超过25g。

9. C

【解析】第②步应在第①步之前，第③步应在第④步之前。

10. C

【解析】对水泥稳定、水泥粉煤灰稳定材料，分别进行不同成型时间条件下的混合料强度试验，绘制相应的延迟时间曲线，并根据设计要求确定容许延迟时间。

11. A

【解析】半刚性基层材料无侧限抗压强度应以7d的强度为评定依据。

12. B

【解析】对水泥稳定材料，工地实际采用的水泥剂量应比室内试验确定的剂量多0.5%~1.0%。采用集中厂拌法施工时，可只增加0.5%；采用路拌法施工时，宜增加1%。

13. B

【解析】无机结合料稳定材料应在现场碾压结束后及时检测压实度，压实度检测中，测定的含水率与规定含水率的绝对误差应不大于2%；不满足要求时，应分析原因并采取必要的措施。

14. B

【解析】B选项是生产配合比技术内容。

15. B

【解析】应根据已确定的各档材料使用比例和各档材料级配的波动范围，计算实际生产中混合料的级配波动范围，并应针对这个波动范围的上、下限验证性能。

16. C

【解析】级配碎石配合比设计时，确定目标级配曲线后，应针对各档材料进行筛分，确定各档材料的平均筛分曲线以及相应的变异系数，并按2倍标准差计算各档材料筛分级配的波动范围。

17. A

【解析】步骤③在步骤②之前，步骤①在步骤④之前。

18. D

【解析】五种方法全是测定回弹模量的方法。

19. C

【解析】一般来说振动压实试验确定的最佳含水率小于击实试验确定的最佳含水率，最大干密度大于击实试验确定的最大干密度。

20. A

【解析】标准养护室温度为20℃±2℃，相对湿度在95%以上。

21. B

【解析】A选项应为：烧失量主要来自粉煤灰中的含碳量；C选项：无此说法；D选项：高

温灼烧时间不确定。

22. A

【解析】用 EDTA 滴定法测定水泥和石灰综合稳定材料中结合料的剂量时,溶液颜色由玫瑰红色变为紫色时,放慢滴定速度,直至变为蓝色为止,确定 EDTA 二钠消耗量。

23. D

【解析】击实试验甲法试样层数为 5 层,每层击实次数为 27 次。

24. B

【解析】P 指的是试件破坏过程最大压力。

25. B

【解析】5 种混合料水泥剂量应为:水泥剂量为 0,最佳水泥剂量左右,最佳水泥剂量 ±2% 和 +4%。若最佳水泥剂量为 6%,则应该配制下列剂量的水泥稳定材料:0%、4%、6%、8%、10%。

26. C

【解析】①③④为快速养护试验方法步骤,其余为标准养护试验方法。

27. B

【解析】步骤④在⑤之前,⑤在②之前。

28. C

【解析】溶液从玫瑰红直接变为蓝色,说明滴定过量,只有 C 选项正确。

29. A

【解析】该水泥稳定碎石湿密度 $=(11600-6590)/2177=2.30\mathrm{g/cm^3}$,干密度 $=2.30/(1+6.2\%)=2.17\mathrm{g/cm^3}$。

30. B

【解析】干扰项 A 为外掺法计算公式,B 选项为内掺法计算公式。

31. B

【解析】步骤④在步骤②之前,步骤⑤在步骤①之前。

32. C

【解析】A 选项应为:标定时需在碳酸钠溶液中加入 2~3 滴甲基橙指示剂,然后用待标定的盐酸标准溶液滴定至碳酸钠溶液由黄色变为橙红色;B 选项应为:制样时将生石灰样品打碎,使颗粒不大于 1.18mm,拌和均匀后放入瓷研钵中研细,然后再通过 0.15mm 筛;D 选项应为:本方法适用于氧化镁含量在 5% 以下的低镁石灰。

33. B

【解析】B 选项应为:承载板法适用于在室内对无机结合料稳定细粒土试件进行抗压回弹模量试验。

34. C

【解析】C 选项应为:EDTA 滴定法也可以用来测定无机综合稳定材料中结合料剂量。

35. B

【解析】B 选项正确则 A 选项错误;C 选项应为:成型试件浸水 4d 后进行 CBR 试验;D 选项应为:浸水后,取出试件先排水再进行 CBR 试验。

二、判断题

1. √

2. ×

【解析】石灰等级是根据石灰中有效钙加氧化镁含量进行划分的。

3. ×

【解析】高速公路和一级公路用石灰应不低于Ⅱ级技术要求。

4. ×

【解析】如果制作标准曲线所用素土、水泥或石灰发生改变，则必须重做标准曲线。

5. ×

【解析】生石灰未消化残渣含量试验，称取试样倒入装有清水的筛筒，静置消化时间如果过短，可能会导致试验结果偏大。

6. √

7. √

8. √

9. √

10. ×

【解析】在进行石灰有效氧化钙和氧化镁的测定时，应将生石灰样品打碎，使颗粒不大于1.18mm，拌和均匀后用四分法缩减至200g左右，放置在瓷研钵中研细。

11. ×

【解析】如养护期间有明显的边角缺损，试件应该作废。

12. ×

【解析】在无机结合料稳定材料无侧限抗压强度试验中，直径相同的试件，随着试件高度增加，抗压强度会先减小。

13. √

14. ×

【解析】EDTA滴定法适用于在水泥终凝之前的水泥剂量测定，现场钻芯法测定压实度时获得的水泥稳定类混合料已经凝结硬化。

15. ×

【解析】在粉煤灰烧失量试验中，若试样灼烧的温度约850℃（应在950～1000℃下灼烧），反复灼烧至恒量，则测得的烧失量结果可能偏小。

16. ×

【解析】对养护90d和180d的试件，养护期间，关于试件的质量损失，中粒材料不超过10g；粗粒材料不超过20g。

17. ×

【解析】无侧限抗压强度试验时水泥稳定碎石养护7d，在最后一天需泡水，水温为20℃±2℃。

18. ×

【解析】EDTA 标准曲线以同一水泥或石灰剂量稳定材料 EDTA 消耗量的平均值为纵坐标(而不是横坐标),以水泥或石灰剂量为横坐标。

19. √

20. ×

【解析】生石灰的主要化学成分是 CaO,熟石灰的主要化学成分是 $Ca(OH)_2$。

21. √

22. ×

【解析】水泥稳定材料加入水泥拌和后,应在 1h 内完成击实成型,否则应予以作废,石灰稳定材料和石灰粉煤灰稳定材料除外。

23. √

24. √

25. ×

【解析】0.075mm 和 0.3mm 通过率均是采用负压筛析仪筛析。

三、多项选择题

1. ABD

【解析】在确定路面基层、底基层混合料的技术要求时,需要考虑的因素有公路等级、交通荷载等级、材料类型、结构层位。

2. AB

【解析】确定无机结合料稳定材料最大干密度指标时,宜采用重型击实方法,也可采用振动压实方法,与公路等级无关。

3. BD

【解析】无机结合料稳定材料弯拉强度试验要求中梁试件不少于 12 根,大梁试件不少于 15 根。

4. ABCD

【解析】本题考查水泥稳定类材料生产配合比设计与技术要求。

5. ABD

【解析】无机结合料稳定材料现场取样需要考虑取样数量、取样部位和取样方法。

6. BCD

【解析】用于基层的石灰粉煤灰稳定材料,龄期 14~20d。用于底基层的石灰粉煤灰稳定材料,龄期 20~28d。

7. AB

【解析】该试验试件制备采用静压法或振动成型法。

8. CD

【解析】水稳碎石配合比设计时,如果设计抗压强度大于 5.0MPa,现行《公路路面基层施工技术细则》(JTG/T F20—2015)推荐水泥试验剂量为 5%、6%、7%、8%、9%。

9. ACD

【解析】B 选项是无机结合料稳定材料配合比设计确定施工参数时,第二阶段试验应符合的规定。

10. ACD

【解析】B选项应为:必要时也可将试料在50℃烘箱内烘干。

11. CD

【解析】在水泥稳定碎石混合料目标配合比设计中,选择不少于5个结合料剂量,分别确定各剂量条件下混合料的最佳含水率和最大干密度。

12. BC

【解析】无机结合料稳定材料室内抗压回弹模量试验(顶面法),要求无机结合料稳定细粒土和中粒土试验结果的变异系数都不超过10%。

13. ABCD

【解析】本题关于EDTA标准曲线制作的选项都正确。

14. AC

【解析】无机结合料稳定土的含水率测定方法有烘干法、砂浴法和酒精法。

15. BCD

【解析】A选项应为:试件径高比均为1∶1。

16. ABD

【解析】该试验方法适用于在室内对水泥、石灰、石灰粉煤灰稳定粒料土基层材料进行振动压实试验;对于水泥稳定类材料,从加水拌和到进行压实试验间隔的时间越长,水泥的水化作用和结硬程度就越大,因此,要求以水泥为结合料的试验拌和后要在1h内完成试验;由于振动压实中水分的影响作用显著,高含水率下压头回弹跳起现象很难出现,因此,高含水率下是以试料挤出为停止振动压实的控制条件;混合料拌和后装料时应严格按四分法进行,混合料的离析对室内试验结果有很大影响。

17. BCD

【解析】A选项应为:无机结合料稳定材料料堆取样应在料堆的上部、中部和下部各取一份试样,混合后按四分法分料取样。

18. AD

【解析】对于水泥稳定类材料,从加水拌和到进行压实试验间隔的时间越长,水化作用越大,用水越多,含水率越小,水化反应越快。

19. CD

【解析】A选项应为:标准养护采用标准养护室温度20℃±2℃,相对湿度在95%以上。快速养护采用高温养护室温度60℃±1℃,相对湿度95%以上;B选项应为:试件表面应保持一层水膜,并避免用水直接冲淋。

20. AC

【解析】对无机结合料稳定材料无侧限抗压强度试验,标准养护方法养护龄期为7d,最后一天泡水。

21. ABCD

【解析】选项全部正确。

22. ABCD

【解析】选项全部正确。

23. AD

【解析】石灰未消化残渣含量试验用到的标准筛有2.36mm和16mm。

24. ABCD

【解析】选项全部正确。

25. ABCD

【解析】选项全部正确。

四、综合题

1.(1)C　(2)C　(3)C　(4)ACD　(5)CD

【解析】(1)石灰稳定细粒土无粗集料,不需要进行粗集料压碎值试验。

(2)将具有代表性的风干试料(必要时,也可以在50℃烘箱内烘干)用木锤或木碾捣碎,土团均应捣碎到能通过4.75mm的筛孔,但应注意不使粒料的单个颗粒破碎或不使其破碎程度超过施工中拌和机械的破碎率。

(3)击实试验不需要确定和计算级配。

(4)水泥稳定碎石配合比设计中确定最大干密度指标时,可采用击实方法,也可采用振动压实方法,击实试验不是必做试验。

(5)A选项应为:基层(水泥稳定碎石)施工中,滴定试验需要取1000g试样;制作标准曲线所用素土、水泥或石灰发生改变,则必须重做标准曲线,故B选项错误。

2.(1)AB　(2)AB　(3)D　(4)A　(5)ABCD

【解析】(1)无机结合料稳定材料击实试验,甲、乙两类方法区别在于试样尺寸、每层击数。

(2)对于C选项,如试料中粒径大于19mm的颗粒含量超过10%,则将试料过37.5mm筛。如存留在孔径为37.5mm筛中颗粒的含量不超过10%,则过53mm筛备用(用丙法试验)。无D选项说法。

(3)步骤②应在步骤①之前,步骤⑦应在步骤⑤之前。

(4)当试样中大于规定最大粒径的超尺寸颗粒含量为5%~30%时,对试验所得最大干密度和最佳含水率进行校正。

(5)无机结合料稳定材料击实试验报告应包括:试样的最大粒径、超尺寸颗粒的百分率、无机结合料类型及剂量、所用试验方法类别、最大干密度(g/cm^3)和最佳含水率(%)。

3.(1)C　(2)B　(3)A　(4)B　(5)A

【解析】(1)细粒土,试模的直径×高=50mm×50mm;中粒土,试模的直径×高=100mm×100mm;粗粒土,试模的直径×高=150mm×150mm。

(2)小试件不少于6个,中试件不少于9个,大试件不少于13个。

(3)将试件放在路面材料强度试验仪或压路机上,并在升降台上先放一扁球座,进行抗压试验。试验过程中,应保持加载速率为1mm/min。

(4)同一组试验的变异系数C_v(%)应符合下列规定,方可为有效试验:小试件$C_v \leq 6\%$;中试件$C_v \leq 10\%$;大试件$C_v \leq 15\%$。

(5)P为试件破坏时的最大压力;A为试件的截面面积。

4.(1)C　　(2)B　　(3)C　　(4)CD　　(5)A

【解析】(1)因集料风干含水率为2%,则由已知风干集料质量为5610g,可得干燥集料的质量为5610/(1+0.02)=5500g,又因水泥:粉煤灰:集料的干燥质量比为4:8:88,则水泥的质量=5500×(4/88)=250g。

(2)根据试验规程要求,最后一层试样击实后,试样超出筒顶的高度不得大于6mm,而本试样超出试筒顶的高度达到11mm,试样没有完全击实,测定的干密度偏小。

(3)不考虑试件成型过程中的质量损失,干燥试样总质量=试样体积V×混合料的最大干密度ρ_{max}×混合料压实度标准=2650×2.300×97%=5912.2g。

(4)根据细则,无侧限抗压强度变异系数为15%~20%时,平行试验的最小试件数量为13个,≥13个都满足要求。

(5)因本组试件无侧限抗压强度代表值=平均值×$(1-Z_a\times C_v)$=5.29×(1-1.645×5.6%)=4.8MPa>设计值4.5MPa,且变异系数C_v=5.6%<15%(粗粒式大试件变异系数规定值),该组试验结果有效并满足设计要求。

5.(1)C　　(2)A　　(3)C　　(4)B　　(5)A

【解析】单个试件的湿质量=试件体积×最大干密度×(1+最佳含水率)×压实度=πR^2h×1.68×(1+18%)×96%=$\pi\times2.5^2$×5×1.68×(1+18%)×96%=186.74g(因是细粒土,所以试件的尺寸是:直径×高=50mm×50mm)。

单个试件的干质量=单个试件的湿质量/(1+最佳含水率)=186.74/(1+18%)=158.25g。

单个试件石灰的用量=单个试件的干质量×10%=158.25×10%=15.8g。

单个试件粉煤灰的用量=单个试件的干质量×14%×(1+20%)=26.6g。

单个试件土的用量=单个试件的干质量×76%×(1+10%)=132.3g。

单个试件水的用量=单个试件的干质量×18%-(158.25×14%×20%+158.25×76%×10%)=12.0g。

第五章　水泥、水泥混凝土及砂浆

习　题

一、单项选择题

1. 以下不属于水泥物理性能指标的是(　　)。

A. 细度　　B. 烧失量　　C. 安定性　　D. 凝结时间

2. 在水泥不溶物含量试验方法中,用中速定量滤纸过滤,用热的硝酸铵溶液充分洗涤至少(　　)次。

A. 13　　B. 14　　C. 15　　D. 16

3. 测定水泥胶砂强度试件尺寸为(　　)。

A. 40mm×40mm×100mm　　B. 40mm×40mm×150mm

C. 40mm×40mm×160mm　　D. 40mm×40mm×200mm

4. 矿渣水泥不适宜用作(　　)。

A. 耐热耐火要求的混凝土　　B. 大体积混凝土

C. 有抗硫酸盐侵蚀要求的混凝土　　D. 早期强度要求高的混凝土

5. 水泥主要矿物成分中,抗化学侵蚀性最好的是(　　)。

A. 硅酸三钙　　B. 硅酸二钙　　C. 铝酸三钙　　D. 铁铝酸四钙

6. 硅酸盐水泥熟料中,(　　)矿物的含量最大。

A. 硅酸三钙　　B. 硅酸二钙　　C. 铝酸三钙　　D. 铁铝酸四钙

7. 火山灰质、粉煤灰硅酸盐水泥的密度一般为(　　)kg/m^3。

A. 3150~3250　　B. 3100~3200

C. 2600~3000　　D. 2700~3100

8. 水泥凝结时间试验中,在临近初凝时间时,一般每隔(　　)测定一次。

A. 5min　　B. 10min　　C. 15min　　D. 20min

9. 水泥混凝土用硅酸盐水泥,初凝时间不少于(　　)min,终凝时间不大于(　　)min。

A. 45;390　　B. 45;600　　C. 60;390　　D. 60;600

10. 混凝土立方体抗压强度试验中,混凝土抗压强度试件以边长 150mm 的正方体为标准试件,其集料公称最大粒径为(　　)。

A. 13.2mm　　B. 26.5mm　　C. 31.5mm　　D. 53mm

11. 用维卡仪法测定水泥标准稠度用水量时，要求整个操作应在搅拌后(　　)内完成。

A. 60s　　B. 90s　　C. 120s　　D. 150s

12. 用维卡仪法测定水泥标准稠度用水量时，规定当试杆距离玻璃板小于(　　)时，应当适量减水。

A. 5mm　　B. 6mm　　C. 7mm　　D. 8mm

13. 水泥碱含量试验方法中，加入热水，压碎残渣使其溶解，加入一滴甲基红指示剂溶液，用(　　)中和至黄色。

A. 氨水　　B. 盐酸　　C. 硫酸　　D. 磷酸

14. 水泥密度试验时，两次试验结果的差值不应大于(　　)kg/cm^3。

A. 5　　B. 10　　C. 15　　D. 20

15. 水泥标准稠度用水量用调整水量法测定时，以试锥下沉深度(　　)时的净浆为标准稠度净浆。

A. 28mm ±1mm　　B. 28mm ±2mm　　C. 30mm ±1mm　　D. 30mm ±2mm

16. 水泥混凝土拌合物在外力作用下，集料在水泥浆体中保持均匀分布，不会产生离析或出现泌水现象的性能为(　　)。

A. 流动性　　B. 可塑性　　C. 稳定性　　D. 易密性

17. 当水泥细度检验采用负压筛法和水筛法得到的结果发生争议时，应以(　　)为准。

A. 负压筛法　　B. 水筛法

C. 两种方法的算术平均值　　D. 结果较小的方法

18. 为满足施工要求，水泥的初凝时间不宜太(　　)，终凝时间不宜太(　　)。

A. 长；短　　B. 长；长　　C. 短；短　　D. 短；长

19. 在进行水泥混凝土拌合物试验的同时，可用目测方法评定混凝土拌合物的性质，并予以记录。当提起坍落筒后，有较多水分从底部析出，这时可以判定该水泥混凝土拌合物保水性是(　　)。

A. 多量　　B. 少量　　C. 适中　　D. 无法判定

20. 非圆柱体普通水泥混凝土试件成型时，试件抹面与试模边缘高低差不得超过(　　)。

A. 0.5mm　　B. 1.0mm　　C. 1.5mm　　D. 2.0mm

21. 水泥混凝土立方体抗压强度试验采用 200mm ×200mm ×200mm 非标准试件时，计算抗压强度值应乘以尺寸换算系数(　　)。

A. 0.85　　B. 0.95　　C. 1.00　　D. 1.05

22. 测定水泥初凝时间时，试件在湿气养护箱中养护至加水后(　　)进行第一次测试。

A. 30min　　B. 45min　　C. 60min　　D. 75min

23. 混凝土的(　　)对混凝土起着极为关键的作用，是保证混凝土各项性能的核心指标。

A. 原材料特性　　B. 单位用水量　　C. 水灰比　　D. 砂率

24. 当混凝土拌合物的坍落度大于限值时，用钢尺测量混凝土扩展后最终的最大直径和最小直径，在这两个直径之差小于(　　)的条件下，用其算术平均值作为坍落扩展度值。

A. 10mm　　B. 50mm　　C. 100mm　　D. 220mm

25. 在水泥混凝土坍落度试验中，从开始装料到提坍落度筒的整个过程应连续并在

(　　)内完成。

A. 50s　　B. 100s　　C. 150s　　D. 200s

26. 采用试饼法测定水泥安定性,当两个试饼判别结果有矛盾时,该水泥的安定性(　　)。

A. 合格　　B. 不合格

C. 再做一个试饼测定　　D. 换雷氏夹法测定

27. 用试饼法测定水泥安定性时,要求将试件放入煮沸箱中在30min ±5min 内加热水至沸腾,并恒沸(　　)。

A. 60min ±5min　　B. 120min ±5min

C. 180min ±5min　　D. 240min ±5min

28. 采用雷氏夹法测定水泥安定性,当两个试件煮后增加距离($C-A$)的平均值不大于(　　)mm时,即认为该水泥安定性合格。

A. 3.0　　B. 4.0　　C. 5.0　　D. 6.0

29. 水泥混凝土拌合物凝结时间取3 个试样的平均值,如果有1 个与中间值之差超过值的(　　),则以中间值为试验结果。

A. 5%　　B. 10%　　C. 15%　　D. 20%

30. 混凝土配合比设计正确的顺序为(　　)。

①提出基准配合比。

②确定试验室配合比。

③计算初步配合比。

④换算工地配合比。

A. ①②③④　　B. ②③①④　　C. ③①②④　　D. ④③②①

31. 水泥胶砂抗压强度以一组6 个断块试件抗压强度结果的平均值为试验结果,当6 个强度中有一个超出平均值(　　)时,应剔除后再取剩余5 个值的平均值作为试验结果,如果5 个值中再有超出平均值(　　)的,则该组试件无效。

A. ±5%;±5%　　B. ±10%;±5%　　C. ±10%;±10%　　D. ±5%;±10%

32. 塑性混凝土是指混凝土拌合物坍落度为(　　)的混凝土。

A. 10 ~40mm　　B. 50 ~90mm　　C. 100 ~150mm　　D. 大于160mm

33. 水泥氯离子含量试验应用硝酸汞标准滴定溶液滴定至(　　)出现。

A. 蓝色　　B. 黄色　　C. 紫色　　D. 樱桃红色

34. 在水泥浆数量一定时,砂率过大,集料的总表面积及空隙率都会增大,需较多水泥浆填充和包裹集料,使(　　)。

A. 水泥浆增多,流动性增大　　B. 水泥浆减少,流动性减小

C. 水泥浆增多,流动性减小　　D. 水泥浆减少,流动性增大

35. 在新拌混凝土中,加入少量(　　),能使流动性大幅度增加。

A. 早强剂　　B. 减水剂　　C. 膨胀剂　　D. 引气剂

36. 为保证水泥安定性合格,对于硅酸盐水泥和普通硅酸盐水泥,水泥中氧化镁含量不得超过(　　)。

A. 5.0% B. 6.0% C. 6.5% D. 7.0%

37. 水泥凝结时间试验中,在临近终凝时间时每隔15min测定一次,当试针沉入( )mm,而环形附件未在试件上留下痕迹时,认为水泥达到终凝状态。

A. 4 ±1 B. 0.5 C. 2 ±0.5 D. 0.5 ±0.1

38. 当水泥氯离子含量为0.10% ~0.30%时,氯离子测定结果的允许差为( )。

A. 0.002% B. 0.005% C. 0.010% D. 0.020%

39. 烧失量是指水泥在( )高温下产生的质量损失。

A. 800℃ B. 850℃ C. 900℃ D. 950℃

40. ( )可以测定水泥中三氧化硫含量。

A. 液体排代法 B. 磷酸蒸馏-汞盐滴定法

C. 硫酸钡质量法 D. 火焰光度法

41. 混凝土拌合物凝结时间试验步骤正确的顺序为( )。

①记下从开始加水拌和所经过的时间和环境温度。

②然后转动手轮让测针在10s ±2s内垂直且均匀地插入试样内,深度为25mm ±2mm。

③将砂浆试样筒置于贯入阻力仪上,测针端面刚刚接触砂浆表面。

④每个试样的贯入测试应不少于6次,直至单位面积贯入阻力大于28MPa为止。

A. ①②③④ B. ①③②④ C. ③②①④ D. ④③②①

42. 水泥碱含量试验(火焰光度法)结果精确至( )。

A. 0.1% B. 0.05% C. 0.01% D. 0.001%

43. 水泥三氧化硫含量试验方法(硫酸钡质量法)所用试剂不包括( )。

A. 盐酸 B. 氯化钡 C. 硝酸银 D. 氢氧化钠

44. 28d龄期的水泥胶砂试件应在水泥胶砂强度试验前( )从水中取出。

A. 15min B. 20min C. 2h D. 8h

45. 已知水泥混凝土抗压试验3个试件测得破坏荷载分别是859kN、969kN、1113kN,某试验人员计算结果是43.6MPa,这一结果( )。

A. 不正确,因为试验数据超过误差要求,试验应无效

B. 正确,符合计算和数据处理要求

C. 不正确,应采用不超过误差要求测定值的平均值

D. 不正确,应取3个试验数据的中间值

46. 水泥混凝土棱柱体抗压弹性模量试验,如果循环后任一根轴心抗压强度与循环前轴心抗压强度之差超过后者的( ),则弹性模量值按另两根试件试验结果算术平均值计算。

A. 5% B. 10% C. 15% D. 20%

47. 水泥混凝土棱柱体抗压弹性模量试验,持荷时间为( )。

A. 30s B. 60s C. 90s D. 120s

48. 水泥胶砂强度试验的试件成型温度为( ),相对湿度大于( )。

A. 20℃ ±1℃,90% B. 20℃ ±2℃,90%

C. 20℃ ±1℃,50% D. 20℃ ±2℃,50%

49. 做水泥混凝土拌合物坍落度试验时要求将代表样分三层装入筒内,每层装入高度稍大

于筒高的1/3,用捣棒在每一层的横截面上均匀插捣(　　)次。

A.15　　B.20　　C.25　　D.30

50.坍落度法测定水泥混凝土拌合物稠度的适用条件是(　　)。

A.坍落度大于15mm,集料公称最大粒径不大于31.5mm

B.坍落度小于15mm,集料公称最大粒径不小于31.5mm

C.坍落度大于10mm,集料公称最大粒径不大于31.5mm

D.坍落度小于10mm,集料公称最大粒径不小于31.5mm

51.下列外加剂对改善混凝土流动性最显著的是(　　)。

A.减水剂　　B.引气剂　　C.增稠剂　　D.速凝剂

52.采用贯入阻力试验方法测定水泥混凝土拌合物的凝结时间,通过绘制贯入阻力-时间关系曲线,当单位面积贯入阻力为(　　)时,对应的时间应为初凝时间。

A.2.5MPa　　B.3.0MPa　　C.3.5MPa　　D.4.0MPa

53.水泥不溶物含量试验(盐酸-氢氧化钠处理)需要用到(　　)。

A.快速定量滤纸　　B.中速定量滤纸　　C.慢速定量滤纸　　D.玻璃纤维滤纸

54.混凝土强度等级是根据(　　)标准值来确定的。

A.立方体抗压强度　　B.棱柱体抗压强度

C.棱柱体抗折强度　　D.立方体抗冲击强度

55.混合式气压法测定水泥混凝土拌合物含气量适用于集料公称最大粒径不大于(　　),含气量不大于(　　)且坍落度不为零的水泥混凝土拌合物。

A.31.5mm;8%　　B.37.5mm;8%　　C.31.5mm;10%　　D.37.5mm;10%

56.水泥氧化镁含量试验(原子吸收分光光度法)在空气-乙炔火焰中,于波长(　　)处测定溶液的吸光度。

A.258.2nm　　B.258.5nm　　C.285.2nm　　D.285.5nm

57.混凝土电通量试验中,对试件施加60V直流恒电压并开始记录电流值,直至通电(　　)。

A.4h　　B.5h　　C.6h　　D.7h

58.水泥混凝土抗折强度试验非标准试件的尺寸是(　　)。

A.100mm×100mm×400mm　　B.100mm×100mm×550mm

C.150mm×150mm×400mm　　D.150mm×150mm×550mm

59.进行混凝土凝结时间测定时,需要更换测针的情况是(　　)。

A.贯入阻力超过一定程度　　B.经过一段时间之后

C.环境温度或湿度发生改变　　D.贯入操作时在测孔边出现微裂缝

60.水泥混凝土棱柱体抗压弹性模量试验方法规定,水泥混凝土的受压弹性模量取轴心抗压强度(　　)时对应的弹性模量。

A.1/2　　B.1/3　　C.1/4　　D.1/5

61.一组水泥混凝土标准立方体试件进行抗压强度试验,极限荷载分别为780kN、710kN、900kN,该组试件的抗压强度为(　　)。

A.35.4MPa　　B.34.7MPa　　C.33.1MPa　　D.作废

62.水泥混凝土抗渗性试验时,水压从0.1MPa开始,每隔8h增加水压(　　)MPa,一直加至6个试件中有3个试件表面发现渗水,即可停止试验。

A. 0.1　　B. 0.2　　C. 0.3　　D. 0.4

63. 进行混凝土配合比设计时,计算出水灰比后还要根据(　　)进行校正。

A. 强度　　B. 耐久性　　C. 流动性　　D. 用水量

64. 在混凝土中掺减水剂,若保持用水量不变,则可以提高混凝土的(　　)。

A. 强度　　B. 耐久性　　C. 流动性　　D. 抗渗性

65. 在进行混凝土初步配合比设计时,第一步应(　　)。

A. 计算混凝土配制强度　　B. 计算水灰比

C. 确定单位用水量　　D. 确定砂率

66. 水泥胶砂强度检验是将水泥和标准砂以(　　)的比例混合后,以水灰比(　　)拌制成一组塑性胶砂,然后采用规定的方法测出抗折和抗压强度。

A. 1∶2;0.5　　B. 1∶2;0.6　　C. 1∶3;0.5　　D. 1∶3;0.6

67. 从作用机理方面分析,减水剂在混凝土中的作用不包括(　　)。

A. 吸附分散作用　　B. 润滑作用　　C. 湿润作用　　D. 缓凝作用

68. 早强剂对混凝土的早期强度有利,主要是因为早强剂影响了混凝土的(　　)。

A. 流动性　　B. 耐久性　　C. 收缩性　　D. 水化硬化

69. 缓凝剂之所以能延缓水泥凝结时间,是因为在水泥及其水化物表面上的(　　)而达到缓凝效果。

A. 吸附作用　　B. 润滑作用　　C. 润湿作用　　D. 减水作用

70. 泌水率测定试验中,自抹面开始计算时间,在前60min,每隔10min用吸液管吸出泌水一次,以后每隔(　　)min吸水一次,直至连续三次无泌水为止。

A. 10　　B. 15　　C. 20　　D. 25

二、判断题

1. 在同一车水泥混凝土中取样,应从三处以上的不同部位抽取大致相同份量的代表性样品,并搅拌均匀。(　　)

2. 硅酸盐水泥中完全不掺混合料的称为Ⅰ型硅酸盐水泥。(　　)

3. 从加水拌和时算起,掺早强剂的混凝土凝结时间宜在2h后开始测定,以后每隔0.5h测一次;掺缓凝剂的混凝土宜在5h后开始测定,每隔1h测一次。(　　)

4. 水泥的细度越大,水化反应和凝结速度就越快,早期强度就越高。(　　)

5. 在水胶比相同的条件下,达到最佳浆集比后,混凝土强度随着混凝土浆集比的增加而降低。(　　)

6. 水泥标准稠度用水量是指水泥净浆对标准试杆沉入时所产生的阻力达到规定状态所用的水量。(　　)

7. 工程实践中主要关注的混凝土力学指标有抗压强度和抗折强度。(　　)

8. 硅酸盐水泥的细度用比表面积表示,普通硅酸盐水泥的细度采用筛余量表示。(　　)

9. 水泥中碱含量以 $Na_2O+0.658K_2O$ 计时,不得超过0.6%。(　　)

10. 采用维卡仪法测定水泥标准稠度用水量,以试杆距底板的距离为5mm±1mm作为水

泥标准稠度的判定标准。（　）

11. 水泥和粉煤灰细度试验均采用负压筛法，但是粉煤灰需筛析时间更长。（　）

12. 比表面积法是一种测定水泥细度的试验方法。（　）

13. 水泥安定性测定的标准方法是雷氏夹法。（　）

14. 在同一个试验室和试验环境条件下，水泥比表面积试验与水泥成型试验可同时进行。（　）

15. 混凝土的抗渗等级划分为 P4、P6、P8、P10、P12 五个等级。（　）

16. 水泥的初凝时间是指从水泥全部加入水中到水泥浆完全失去塑性的时间。（　）

17. 只要条件许可，水泥混凝土用砂应优先选用中砂，普通混凝土的坍落度与砂率成正比关系。（　）

18. 水泥混凝土拌合物砂率过小，砂浆数量不足，会使混凝土拌合物的黏聚性和保水性降低，易产生离析和流浆现象。（　）

19. 测定水泥初凝时间时，达到初凝时应立即重复测定一次，当两次结果不同时，以第一次结果为准。（　）

20. 测定水泥初凝时间时，当试针沉至距底板 6mm ± 1mm 时，为水泥达到初凝状态。（　）

21. 水泥的安定性不良是由水泥中某些有害成分造成的。（　）

22. 道路路面或机场道面用水泥混凝土，以抗压强度为主要强度指标，抗弯拉强度作为参考指标。（　）

23. 用雷氏夹法测定水泥安定性时，沸煮箱中的水位必须要保证在整个沸煮过程中都能没过试件。（　）

24. 采用质量法计算水泥混凝土初步配合比粗细集料的用量要首先假定一个合适的混凝土表观密度等于混凝土各组成材料的单位用量之和。（　）

25. 用试饼法测定水泥安定性时，目测试饼未发现裂缝，但用钢直尺检查时有弯曲，则该试饼安定性合格。（　）

26. 水泥强度与水泥的矿物熟料组成密切相关，但与水泥细度无关。（　）

27. 水泥的胶砂强度主要是指抗压强度。（　）

28. 水泥标准稠度用水量测定用水泥净浆制备搅拌方式是慢速搅拌 120s，停拌 15s，再快速搅拌 120s。（　）

29. 水泥混凝土的密实程度是决定水泥混凝土耐久性的重要指标。（　）

30. 水泥的有害成分主要是指对水泥流动性造成不利影响的化学成分。（　）

31. 新拌混凝土中的水泥浆过稀，造成黏聚性和保水性不良，产生流浆和离析现象。（　）

32. 目前对水泥安定性不良的检测主要是检测游离氧化钙引起的水泥体积安定性不良。（　）

33. 通用硅酸盐水泥技术指标中的化学指标不包括氯离子含量。（　）

34. 国家标准规定，硅酸盐水泥的初凝时间不大于 45min。（　）

35. 对新拌混凝土流动性起决定作用的是用水量。在拌制混凝土时，常用改变用水量的办

法来调整新拌混凝土的流动性。（　）

36. 水泥凝结时间测定用初凝试针和终凝试针长度相同，直径不同，终凝试针下端带有一个环形附件。（　）

37. 硅酸盐水泥有 32.5、32.5R、42.5、42.5R、52.5、52.5R 六个等级。（　）

38. 水泥中不溶物测定时，试样先用氢氧化钠溶液处理，尽量避免可溶性氧化硅的析出，滤出的不溶渣再用酸溶液处理。（　）

39. 水泥胶砂成型前组装三联模时要涂抹一些黄油，其作用是防止试模与水泥胶砂的粘连。（　）

40. 公路面层水泥混凝土的配合比设计应首先满足经济性。（　）

41. 随着砂率的提高，水泥混凝土的坍落度将会降低。（　）

42. 混凝土坍落度越大，表示混凝土的保水性就越差。（　）

43. 水泥混凝土路面的设计标准采用 28d 龄期的水泥混凝土抗弯拉强度。（　）

44. 水泥净浆标准稠度用水量采用代用法时，如果不变水量法的结果和调整水量法的结果有冲突时，以不变水量法的结果为准。（　）

45. 水泥混凝土强度等级越高，力学试验加载时要求的标准加载速率就应越快。（　）

46. 普通硅酸盐水泥、矿渣硅酸盐水泥、火山灰质硅酸盐水泥、粉煤灰硅酸盐水泥和复合硅酸盐水泥初凝不小于 45min，终凝不大于 600min。（　）

47. 雷氏法是观察由两个试针相对位移所指示的水泥标准稠度净浆体积膨胀程度。（　）

48. 进行水泥混凝土抗压强度试验时，其破坏荷载宜在压力机全量程的 10% ~90% 之间。（　）

49. 在混凝土中掺加掺合料，能增加新拌混凝土的黏聚性，减少离析和泌水。（　）

50. 在用贯入阻力法测定混凝土凝结时间的试验中，测定之前不需要将混凝土拌合物做过筛处理。（　）

51. 从加水拌和时算起，常温下普通混凝土凝结时间在 3h 后开始测定，以后每次间隔为 1h。（　）

52. 水泥胶砂强度试验（ISO 法）三个抗折强度试验结果中，有一个超出平均值 ±10% 时，取中值为测定结果。（　）

53. 缓凝剂是在混凝土坍落度基本相同的条件下，能减少拌和用水的外加剂。（　）

54. 水泥胶砂流动度试验时，如跳桌在 24h 内未被使用，就直接试验；当电动跳桌与手动跳桌测定的试验结果发生争议时，以电动跳桌为准。（　）

55. 减小水灰比可以提高混凝土的抗渗性能。（　）

56. 降低水泥混凝土拌合物的水灰比，不会影响水泥混凝土的流动性。（　）

57. 成型混凝土立方体和棱柱体试件前，应进行坍落度或维勃稠度试验，认为品质合格后再成型。（　）

58. 混凝土的强度等级是以混凝土立方体抗压强度标准值划分的。（　）

59. 水泥混凝土拌合物表观密度的实质为水泥混凝土拌合物的毛体积密度。（　）

60. 水泥混凝土拌合物凝结时间测定单位面积贯入阻力 3.5 ~ 20.0MPa 应选用 $50mm^2$ 型

号测针。（　　）

61. 混凝土强度的评定是通过测定 7d 龄期的强度进行的。（　　）

62. 混凝土抗折强度试验的三个试件中，如有一个断面位于加荷区间外侧，则取另外两个试件测定值的算术平均值作为测定结果，并要求这两个测值的差值不大于其中较小测值的 15%。（　　）

63. 无论混凝土的抗压强度还是抗折强度试验，均以三个试件测定值的算术平均值作为测定结果，如果任一个测定值与中值的差超过中值的 15%，则取另外两个测定值的算术平均值作为测定结果。（　　）

64. 水泥混凝土试件拆模后应立即放入温度为 20℃ ±2℃、相对湿度为 95% 以上的标准养护室中养护，或放入温度为 20℃ ±2℃的 $Ca(OH)_2$ 饱和溶液中养护。（　　）

65. 水泥凝结时间测定的起始时间是指第一次测定的时间。（　　）

66. 水泥混凝土路面高温期施工宜采用普通型水泥。（　　）

67. 在进行水泥混凝土配合比设计时，原则上水泥用量能少则少。（　　）

68. 要使混凝土达到耐久性要求，必须严格控制混凝土的水灰比和水泥用量。（　　）

69. 水泥混凝土拌合物含气量试验方法（混合式气压法）两次测量结果相差大于 0.2% 时，应重新试验。（　　）

70. 水泥混凝土抗渗等级按下式计算：$P = 10H - 1$，H 为第四个试件顶面开始有渗水时的水压力。（　　）

71. 混凝土组成材料的特性直接影响混凝土的力学性质，比表面积较小的砂对强度的形成更有利。（　　）

72. 水泥混凝土坍落度试验提筒宜控制在 3 ~ 7s 内完成，并使混凝土不受横向及扭力作用。（　　）

73. 采用体积法计算水泥混凝土初步配合比粗细集料的用量认为混凝土拌合物的总体积等于混凝土各组成材料的绝对体积之和。（　　）

74. 减水剂能减少水泥中的拌和用水。（　　）

75. 缓凝剂会对混凝土后期的物理力学性能产生不良影响。（　　）

76. 减水剂只能改善新拌混凝土的工作性，对其他方面的性能没有贡献。（　　）

77. 测定水泥混凝土拌合物坍落扩展度达 500mm 的时间，即 T_{500}，应自坍落筒提起离开底板时开始计时。（　　）

78. 水泥混凝土拌合物坍落扩展度试验从开始装料到测得混凝土扩展度值的整个过程应连续进行，并应在 4min 内完成。（　　）

79. 水泥胶砂强度试件的龄期是从水泥加水搅拌时开始计算。（　　）

80. 混凝土使用引气剂后，将有利于混凝土的抗冻性能，但不利于混凝土的力学性能。（　　）

三、多项选择题

1. 下列水泥不能用于配制严寒地区处在水位升降范围内的混凝土的是（　　）。

A. 普通硅酸盐水泥　　　　B. 硅酸盐水泥

C. 火山灰水泥　　D. 粉煤灰水泥

2. 以下影响水泥混凝土强度试验结果的因素有(　　)。

A. 水泥强度　　B. 养护条件

C. 试验条件　　D. 试件尺寸

3. 按初步配合比试拌的混凝土坍落度不能满足设计要求,但黏聚性和保水性较好,经调整(通过试验验证工作性能满足要求)得到的基准配合比中,(　　)的用量改变。

A. 水泥　　B. 水　　C. 砂　　D. 石

4. 下列有关水泥标准稠度用水量的说法正确的是(　　)。

A. 测定水泥标准稠度用水量的方法有标准法和代用法

B. 水泥标准稠度用水量是指水泥净浆对标准试杆沉入时所产生的阻力达到规定状态所具有的水泥和水用量百分率

C. 标准稠度是水泥凝结时间、安定性试验结果具有可比性的基础

D. 水泥的标准稠度用水量与水泥品种无关

5. 测定水泥标准稠度用水量的方法有(　　)。

A. 维勃稠度法　　B. 比表面积法

C. 标准维卡仪法　　D. 代用维卡仪法

6. 下列有关测定水泥标准稠度用水量的方法,正确的是(　　)。

A. 代用法测定水泥标准稠度用水量时,行标以试锥贯入的深度为 28mm ± 2mm 时的拌和水量作为该水泥的标准稠度用水量

B. 采用维卡仪法测定水泥标准稠度用水量,以试杆距底板的距离为 6mm ± 1mm 作为水泥达到标准稠度的判定标准

C. 试锥法可分为调整水量法和不变水量法

D. 采用固定用水量法不适宜试锥下沉深度小于 13mm 时的水泥

7. 水泥混凝土抗压强度试验用压力机或万能试验机应满足(　　)。

A. 压力机或万能试验机量程应选择试件破坏荷载大于压力机全量程的 20% 且小于压力机全量程的 80%

B. 压力机应具有加荷速度指示装置或加荷速度控制装置,上下压板平整并有足够刚度,可均匀地连续加荷卸荷,可保持固定荷载,开机停机均灵活自如,能够满足试件破型吨位要求

C. 当混凝土强度等级大于或等于 C50 时,试件周围应设置防崩裂网罩

D. 压力机或万能试验机的测量精度为 ±2%

8. 混凝土合理砂率随(　　)而变化,需要根据实际施工条件,通过试验来选择。

A. 粗集料种类

B. 最大粒径和级配

C. 砂子的粗细程度和级配

D. 混凝土的水胶比和施工要求的流动性

9. 下列有关水泥凝结时间的说法,正确的是(　　)。

A. 水泥的矿物组成和细度会影响水泥的凝结时间

B. 水泥的初凝时间是指从水泥全部加入水中到水泥浆开始失去塑性所需的时间
C. 水泥的终凝时间是指从水泥全部加入水中到水泥浆完全失去塑性所需的时间
D. 水泥的凝结时间分为初凝时间和终凝时间

10. 水泥对新拌混凝土和易性的影响主要是水泥的(　　)。
A. 需水量　B. 保水性　C. 泌水性　D. 黏聚性

11. 集料对新拌混凝土和易性的影响主要是(　　)。
A. 集料的级配　B. 颗粒形状
C. 表面特征　D. 最大粒径

12. 下列选项中,属于测定水泥中氯离子含量试验方法的有(　　)。
A. 硫氰酸铵容量法　B. 火焰光度法
C. 电位滴定法　D. 离子色谱法

13. 测定水泥凝结时间的仪器除和测定水泥净浆稠度试验相同的外,还需要(　　)。
A. 养护箱　B. 试针　C. 试锥　D. 维卡仪

14. 强度等级为 32.5 的水泥品种包括(　　)。
A. 硅酸盐水泥　B. 火山灰硅酸盐水泥
C. 粉煤灰硅酸盐水泥　D. 复合硅酸盐水泥

15. 下列有关水泥安定性的说法,正确的是(　　)。
A. 安定性是水泥的一项力学性质
B. 水泥安定性不良可能对水泥结构造成严重的结构破坏,因此必须测定水泥的安定性
C. 水泥中有害成分如游离氧化钙和游离氧化镁含量过多,在水泥硬化过程中或硬化后引起水泥石内部体积膨胀,可能引发水泥石结构的严重破坏
D. 如果水泥的安定性不良,但其他指标均合格,则该水泥仍为合格水泥

16. 有一盘水泥混凝土拌合物,目测离析,造成该情况的可能原因有(　　)。
A. 水灰比的大小　B. 单位用水量多少
C. 原材料的特性　D. 砂率过小,砂浆数量不足

17. 下列关于用雷氏夹法测定水泥安定性的说法,正确的是(　　)。
A. 必须同时测定两个试件
B. 沸煮前必须将试件放在标准养护箱中进行养护
C. 沸煮过程中必须使沸煮箱中的水位没过试件
D. 是测定水泥安定性的唯一方法

18. 下列有关用试饼法测定水泥体积安定性的说法,错误的是(　　)。
A. 当与其他测定方法的测定结果有争议时,以试饼法为主
B. 沸煮前无须对试件进行养护
C. 沸煮前必须先检查试饼是否完整,如试饼表面出现开裂,应检查原因,若没有外因作用时,该试饼已属于不合格产品,不必煮沸
D. 沸煮过程中必须使沸煮箱中的水位没过试饼

19. (　　)会影响水泥的强度。

A. 水泥矿物熟料组成和细度　　B. 石膏的掺量

C. 养护条件　　D. 龄期

20. 水泥混凝土拌合物拌和时，下列室温满足试验要求的有(　　)。

A. 26℃　　B. 22℃　　C. 20℃　　D. 17℃

21. 下列跳桌法测定水泥胶砂流动度的试验步骤正确的有(　　)。

A. 如跳桌在 24h 内未被使用，先空跳一个周期 25 次

B. 将拌好的水泥胶砂分两层迅速装入流动试模，第一层装至截锥圆模高度约 2/3 处

C. 将截锥圆模垂直向上轻轻提起，立刻开动跳桌，每秒钟一次，在 25s ± 1s 内完成 25 次跳动

D. 从胶砂拌和开始到测量扩散直径结束，须在 6min 内完成

22. 游离氧化钙引起的水泥安定性不良，可用(　　)进行检测。

A. 试饼法　　B. 雷氏夹法

C. 蒸压法　　D. 滴定法

23. 水泥混凝土用细集料的有害物质包括(　　)。

A. 云母　　B. 轻物质　　C. 氯离子　　D. 硫酸盐

24. 硅酸盐水泥的物理指标主要包括(　　)。

A. 凝结时间　　B. 安定性　　C. 强度　　D. 不溶物

25. 硅酸盐水泥的强度等级主要是以不同龄期的(　　)进行划分的。

A. 抗拉强度　　B. 抗剪强度　　C. 抗压强度　　D. 抗折强度

26. 判断水泥是否合格的指标包括(　　)。

A. 化学指标　　B. 凝结时间　　C. 安定性　　D. 强度

27. 在水泥混凝土拌合物凝结时间试验中用到的仪器设备包括(　　)。

A. 贯入阻力仪　　B. 测针　　C. 坍落度仪　　D. 计时器

28. 下列关于用坍落度法测定混凝土拌合物流动性的说法正确的是(　　)。

A. 坍落度法适合测定集料公称最大粒径不大于 31.5mm 的混凝土

B. 坍落度越大表示流动性越大

C. 当混凝土拌合物的坍落度大于 200mm 时，坍落度不能准确反映混凝土的流动性

D. 测定坍落度的同时应观察混凝土拌合物的黏聚性和保水性，以全面评定新拌混凝土的工作性

29. 以下水泥(　　)检测均有标准法和代用法，实际检测时应首选标准法。

A. 标准稠度用水量　　B. 凝结时间

C. 安定性　　D. 抗折强度

30. 成型后的水泥混凝土试件应进行(　　)测量。

A. 边长　　B. 高度

C. 承压面的平面度　　D. 相邻面间的夹角

31. 水泥混凝土拌合物含气量的测定试验(混合式气压法)主要包括对(　　)的含气量的测定。

A. 混凝土拌合物　　B. 集料

C. 水泥　　D. 外掺料

32. 测得混凝土坍落度值后，应进一步观察其黏聚性。具体做法是用捣棒轻轻敲击拌合物，若混凝土试体出现(　　)，说明混凝土黏聚性差。

A. 突然倒坍　　B. 部分崩裂、石子离析

C. 底部明显有水流出　　D. 表面泌水

33. 水泥混凝土拌合物凝结时间试验中，以下试验描述正确的有(　　)。

A. 每批混凝土拌合物取一个试样，共取三个试样，分装三个试样筒

B. 试件静置于温度为20℃ ±2℃环境中

C. 每个试样作贯入阻力试验应在0.2 ~28MPa 间，且不少于5 次

D. 普通混凝土从加水拌和时算起，2 ~3h 后开始测定

34. 测定混凝土拌合物和易性的现行主要方法有(　　)。

A. 坍落度法　　B. 贯入阻力法

C. 维勃稠度法　　D. 目测法

35. 以下可能影响水泥混凝土工作性的因素有(　　)。

A. 原材料特性　　B. 单位用水量　　C. 水灰比　　D. 砂率

36. 在新拌混凝土中掺加(　　)能增大流动性。

A. 减水剂　　B. 引气剂　　C. 增稠剂　　D. 速凝剂

37. 下列关于新拌混凝土工作性的调整，说法正确的是(　　)。

A. 在组成材料一定的情况下，混凝土拌合物的流动性随单位用水量的增加而加大

B. 水灰比小，则水泥浆稠度大，混凝土拌合物流动性小

C. 存在一合适的砂率使新拌混凝土的和易性最佳

D. 砂率越大，工作性越好

38. 下列关于用贯入阻力法测定混凝土凝结时间试验的说法，正确的是(　　)。

A. 当单位面积贯入阻力为3.5MPa 时，对应的时间应为初凝时间

B. 当单位面积贯入阻力为28MPa 时，对应的时间应为终凝时间

C. 测点与试样筒壁的距离不小于25mm

D. 测定时，每个试样筒每次测3 个点，各测点的间距不小于15mm

39. 改善混凝土耐久性的外加剂的有(　　)。

A. 减水剂　　B. 早强剂　　C. 阻锈剂　　D. 防水剂

40. 调节混凝土凝结时间和硬化功能的外加剂有(　　)。

A. 减水剂　　B. 缓凝剂　　C. 早强剂　　D. 速凝剂

41. 下列关于水泥混凝土试件制作的描述，正确的有(　　)。

A. 立方体抗压强度试件标准尺寸为150mm ×150mm ×150mm

B. 非圆柱体试件成型时，坍落度大于25m 且小于70mm 的水泥混凝土可采用人工成型

C. 采用人工成型直径为200m 圆柱体试件时，拌合物需分厚度大致相等的三层装入试模，每层插捣25 下

D. 圆柱体试件用抹刀仔细抹平后，使表面略低于试模边缘0.5mm

42. 水泥混凝土抗弯拉强度试验可以选用的试件尺寸有(　　)。

A. 100mm×100mm×400mm　　B. 150mm×150mm×550mm

C. 150mm×150mm×600mm　　D. 150mm×150mm×650mm

43. 水泥混凝土抗压强度试验时,抗压强度测定值可能为(　　)。

A. 最大值　　B. 最小值　　C. 平均值　　D. 中间值

44. 下列关于水泥凝结时间测定,说法正确的是(　　)。

A. 最初测定的操作时应轻扶金属柱,使其徐徐下降,以防止试针撞弯,但结果以自由下落为准

B. 在整个测试过程中,试针沉入的位置至少要距试模内壁 25mm

C. 每次测定不能让试针落入原针孔

D. 每次测定完毕须将试针擦净并将试模放回湿气养护箱内,整个测试过程要防止试模振动

45. ISO 标准砂用于检验水泥胶砂强度的基准物质,由粒径范围(　　)级配石英砂组成。

A. 0.08～0.5mm　　B. 0.5～1.0mm

C. 1.0～2.0mm　　D. 2.0～5.0mm

46. 判断水泥安定性状态合格与否的错误方法是(　　)。

A. 采用代用法测定试饼膨胀量

B. 采用标准法测定雷氏夹沸煮后指针端部增加距离

C. 采用代用法观察钢尺与试饼之间的接触情况

D. 采用标准法测定雷氏夹指针在 300g 砝码重量下打开程度

47. 水泥中的有害成分指(　　)。

A. 石膏　　B. 游离氧化镁

C. 三氧化硫　　D. 氯离子或碱含量

48. 混凝土配合比设计需满足的要求是(　　)。

A. 满足结构物设计强度要求　　B. 满足施工工作性要求

C. 满足耐久性要求　　D. 满足经济性要求

49. 试验检测人员对强度等级为 C40 的 150mm×150mm×150mm 水泥混凝土立方体标准试件进行抗压强度试验,下面的试验操作描述正确的有(　　)。

A. 至试验龄期时,从养护室取出试件,应尽快试验,避免其湿度变化

B. 取出试件,检查其尺寸及形状,相对两面应平行,量出棱边长度

C. 以成型时正面为受压面,试件中心应与压力机几何对中

D. 当试件接近破坏而开始迅速变形时,应停止调整试验机油门,直至试件破坏,记下破坏极限荷载

50. 在混凝土基准配合比设计阶段,通过具体的坍落度试验,下列调整初步配合比设计方法正确的有(　　)。

A. 坍落度值达到设计要求,且混凝土的黏聚性和保水性亦良好,则原有初步配合比无须调整

B. 混凝土的坍落度不能满足设计要求,但黏聚性和保水性却较好时,此时应在保持原

有水灰比不变的条件下，调整水和水泥用量，直至工作性满足要求

C. 当试拌并实测后，如发现流动性能够达到设计要求，但黏聚性和保水性却不好，此时，保持原有水泥和水的用量，在维持砂石总量不变的条件下，适当调整砂率，改善混凝土的黏聚性和保水性，直至坍落度、黏聚性和保水性均满足要求

D. 当试拌并实测后，如发现拌合物的坍落度不能满足要求，且黏聚性和保水性也不好，则应在水灰比和砂石总量维持不变的条件下，改变用水量和砂率，直至符合要求为止

51. 水泥胶砂强度试验的试件成型步骤中，每成型三条试件需称量的材料用量为（　　）。

A. 水泥 350g ±2g　　B. 水泥 450g ±2g

C. ISO 砂 1050g ±5g　　D. ISO 砂 1350g ±5g

52. 以下可以获得水泥细度的试验方法有（　　）。

A. 负压筛法　　B. 水筛法

C. 比表面积仪法　　D. 观察法

53. 水泥胶砂强度试验（ISO 法）加载速度可以是（　　）。

A. 50N/s　　B. 500N/s　　C. 1500N/s　　D. 2500N/s

54. 成型后的混凝土养护分为初期的带模养护和脱模后的正常养护，下列选项中说法正确的是（　　）。

A. 带模养护：保湿条件下室温 20℃ ±5℃，相对湿度大于 50%

B. 脱模养护：温度 20℃ ±2℃，相对湿度大于 95%

C. 带模养护：温度 20℃ ±2℃，相对湿度大于 90%

D. 脱模养护：水温 20℃ ±5℃的饱和石灰水浸泡

55. 混凝土施工配合比是在试验室配合比的基础上修正了（　　）用量。

A. 水泥　　B. 细集料　　C. 粗集料　　D. 水

56. 水泥混凝土棱柱体抗压回弹模量试验需要的器具有（　　）。

A. 压力试验机　　B. 分度值为 1mm 的钢尺

C. 微变形测量仪　　D. 毛玻璃片

57. 特重交通荷载等级公路的面层水泥混凝土可采用（　　）。

A. 道路硅酸盐水泥　　B. 硅酸盐水泥

C. 矿渣硅酸盐水泥　　D. 普通硅酸盐水泥

58. 水泥混凝土按初步配合比试拌并实测之后，发现流动性能够达到设计要求，但黏聚性和保水性却不好，经过调整，得到基准配合比，同初步配合比对照，（　　）的用量肯定发生改变。

A. 水泥　　B. 水　　C. 砂　　D. 石

59. 水泥氧化镁含量测定是以（　　）试样的方法制备溶液。

A. 氢氟酸-高氯酸分解　　B. 硝酸分解

C. 氢氧化钠熔融　　D. 碳酸钠熔融

60. 采用混合式气压法测定水泥混凝土拌合物含气量时，需要标定（　　）。

A. 量钵容积　　B. 含气量 0% 点

C. 含气量 1% ~10%　　D. 集料含气量

四、综合题

1. 关于水泥混凝土立方体抗压强度和抗弯拉强度试验方法,请回答以下问题。

(1)关于水泥混凝土立方体抗压强度试验方法、试验步骤正确的有(　　)。

A. 以成型时侧面为上下受压面,试件中心应与压力机几何对中

B. 强度等级小于 C30 的混凝土取 0.3 ~0.5MPa/s 的加荷速度

C. 强度等级大于 C30 小于 C60 时,则取 0.5 ~0.8MPa/s 的加荷速度

D. 强度等级大于 C60 的混凝土,取 0.8 ~1.0MPa/s 的加荷速度

(2)水泥混凝土立方体抗压强度试验方法测定的 3 个试件测值中的最大值或最小值,如有一个与中间值之差超过中间值的(　　),则取中间值为测定值。

A. 5%　　B. 10%　　C. 15%　　D. 20%

(3)采用非标准试件时,在三分点加荷的试验方法同前,但所取得的抗折强度值应乘以尺寸换算系数(　　)。

A. 0.80　　B. 0.85　　C. 0.90　　D. 0.95

(4)关于水泥混凝土抗弯拉强度试验方法注意事项,正确的有(　　)。

A. 3 根试件中如果有 1 根试件均出现断裂面位于加荷点外侧,则该组结果无效

B. 弯拉强度试验装置对于试验结果有显著影响,所以试验过程中必须使用符合规定的装置

C. 试验时应选择合适的压力机加载量程,否则可能引起较大误差

D. 试验要求的加载速率单位是 MPa/s

(5)关于水泥混凝土立方体抗压强度和抗弯拉强度试验结果,计算说法正确有(　　)。

A. f_{cu} 为混凝土抗弯拉强度

B. f_f 为混凝土立方体抗压强度

C. 混凝土立方体抗压强度试验结果计算精确至 0.1MPa

D. 混凝土抗弯拉强度试验结果计算精确至 0.01MPa

2. 关于新拌水泥混凝土的工作性(和易性),请回答以下问题。

(1)新拌混凝土的工作性又称和易性,是指混凝土具有(　　)等几方面的一项综合性能。

A. 流动性　　B. 可塑性　　C. 稳定性　　D. 易密性

(2)影响混凝土工作性的因素有(　　)。

A. 水泥浆的数量和稠度　　B. 砂率

C. 组成材料的性质　　D. 时间和温度

(3)当混凝土拌合物的坍落度大于(　　)时,坍落度不能准确反映混凝土的流动性,用混凝土扩展后的平均直径,即坍落扩展度,作为流动性指标。

A. 160mm　　B. 180mm　　C. 200mm　　D. 220mm

(4)关于水泥混凝土拌合物稠度试验方法(坍落度仪法)试验要求,错误的有(　　)。

A. 将代表样分三层装入筒内,每层装入高度稍大于筒高的 1/3,用捣棒在每一层的横截面上均匀插捣 25 次

B. 坍落筒中的装填插捣操作，是将捣棒垂直压下，而不能采用冲击的方式进行

C. 从开始装筒至提起坍落筒的全过程，不应超过 150s

D. 当混凝土试件的一侧发生崩坍或一边剪切破坏，则表示该混凝土和易性不好

(5) 做坍落度试验的同时，可用目测方法评定混凝土拌合物的(　　)。

A. 棍度　　B. 含砂情况　　C. 黏聚性　　D. 保水性

3. 某试验检测人员进行 C30 普通水泥混凝土配合比设计。已知：强度保证率为 95%，保证率系数为 1.645，强度标准差为 3MPa，坍落度标准为 30 ~ 50mm；初步配合比结果为水泥：砂：石 = 1：1.83：3.61，$W/C = 0.50$。按初步配合比进行试拌，坍落度为 48mm，在基准配合比基础上，选择三组水灰比进行 28d 抗压强度试验，各组抗压强度试验结果分别为：第一组水灰比 0.45，28d 抗压强度 40.7MPa；第二组水灰比 0.50，28d 抗压强度 35.5MPa；第三组水灰比 0.55，28d 抗压强度 29.2MPa。假定水泥混凝土表观密度为 2450kg/m^3，请完成下列题目。

(1) 该水泥混凝土的初步配合比表述方法正确的有(　　)。

A. 水泥：水：砂：石 = 1：0.5：1.83：3.61

B. 水泥：砂：石 = 1：1.83：3.61，$W/C = 0.50$

C. 水泥：水：砂：石 = 353：177：646：1274

D. 水泥：水：砂：石 = 353.0：176.5：646.0：1274.3

(2) 根据试拌结果，关于该水泥混凝土基准配合比表述正确的是(　　)。

A. 试拌坍落度不满足要求，需要增加水灰比，重新试拌

B. 试拌坍落度不满足要求，需要降低水灰比，重新试拌

C. 试拌坍落度满足要求，可采用初步配合比作为基准配合比

D. 基准配合比的确定与坍落度无关

(3) 根据该水泥混凝土配合比的抗压强度检验结果，以下表述正确的是(　　)。

A. 可选择第 1 组作为试验室配合比

B. 可选择第 2 组作为试验室配合比

C. 可选择第 3 组作为试验室配合比

D. 三组试验均不满足要求

(4) 若试验室配合比水泥：砂：石 = 1：1.83：3.61，$W/C = 0.50$，施工现场砂含水率为 2.5%，石含水率为 1%，则施工配合比为(　　)。

A. 1：1.88：3.65，$W/C = 0.42$

B. 1：1.83：3.61，$W/C = 0.50$

C. 水泥：水：砂：石 = 353：177：646：1274

D. 水泥：水：砂：石 = 353：148：662：1287

(5) 水泥混凝土抗压强度的合格评定方法有(　　)。

A. 非数理统计方法　　B. 数理统计方法

C. 平均值方法　　D. 专家评议方法

4. 某试验室按体积法设计某混凝土配合比，混凝土设计强度等级为 C40，强度标准差 $\sigma = 4.5$MPa。可供材料：42.5 级硅酸盐水泥，密度 $\rho_c = 3.1 \times 10^3$kg/m^3，富余系数 $\gamma_c = 1.16$；中砂，表观密度 $\rho_s = 2.65 \times 10^3$kg/m^3；碎石，最大粒径为 20mm，表观密度 $\rho_g = 2.70 \times 10^3$kg/m^3。回归

系数 $a_a = 0.47$、$a_b = 0.08$，单位用水量 190kg，砂率取 31%，要求最大水灰比限制值为 0.55，最小水泥用量限定值为 280kg/m³。请回答以下问题。

(1)该混凝土的水灰比为(　　)。

A. 0.41　　B. 0.47　　C. 0.50　　D. 0.55

(2)该混凝土的单位水泥用量为(　　)。

A. 354kg/m³　　B. 390kg/m³　　C. 415kg/m³　　D. 476kg/m³

(3)该混凝土的单位砂用量为(　　)。

A. 534kg/m³　　B. 550kg/m³　　C. 557kg/m³　　D. 566kg/m³

(4)该混凝土的单位碎石用量为(　　)。

A. 1188kg/m³　　B. 1224kg/m³　　C. 1239kg/m³　　D. 1259kg/m³

(5)该混凝土的初步配合比为(　　)。

A. 354 : 195 : 566 : 1259　　B. 390 : 195 : 557 : 1239

C. 415 : 195 : 550 : 1224　　D. 476 : 195 : 534 : 1188

5. 在水泥混凝土配合比设计中，混凝土性能是非常重要的内容，根据配合比设计过程和设计要求回答下列问题。

(1)公路面层水泥混凝土的配合比设计应满足(　　)要求。

A. 经济性　　B. 耐久性　　C. 和易性　　D. 抗压强度

(2)水泥混凝土配合比设计应包括(　　)阶段。

A. 目标配合比设计　　B. 施工配合比设计

C. 计算配合比设计　　D. 理论配合比设计

(3)为提高水泥混凝土的强度，可以采取的措施有(　　)。

A. 选用高强度水泥　　B. 提高浆集比

C. 提高粗集料的最大粒径　　D. 降低水灰比

(4)水泥混凝土抗弯拉强度试验的标准试样尺寸为(　　)。

A. 100mm × 100mm × 100mm　　B. 150mm × 150mm × 550mm

C. 150mm × 150mm × 150mm　　D. 350mm × 350mm × 550mm

(5)养护 28d 的一组水泥混凝土抗折强度试验用标准小梁，采用标准方法试验时，测得的最大抗弯拉荷载分别是 30.20kN、36.55kN、37.75kN，则该试验结果为(　　)。

A. 4.64MPa　　B. 4.87MPa　　C. 4.95MPa　　D. 作废

6. 通过经验方法得到混凝土的室内初步配合比为水泥 : 砂 : 石 = 1 : 1.73 : 3.33，W/C = 0.42。但是，该配合比还需进行一系列检验和修正，以确保室内配合比满足设计要求。针对这样的工作内容，请回答下列问题。(配合比结果四舍五入取整数，水灰比保留 2 位小数)

(1)不同条件下，当配制 1m³ 混凝土时，各材料用量计算结果正确的选项有(　　)。

A. 如果水泥用量是 370kg，则配合比是水泥 : 水 : 砂 : 石 = 370 : 155 : 640 : 1232(kg/m³)

B. 如果用水量 160kg，则配合比是水泥 : 水 : 砂 : 石 = 381 : 160 : 659 : 1269(kg/m³)

C. 如果砂用量是 660kg，则配合比是水泥 : 水 : 砂 : 石 = 382 : 160 : 660 : 1272(kg/m³)

D. 如果碎石用量是 1300kg，则配合比是水泥 : 水 : 砂 : 石 = 385 : 162 : 674 : 1300(kg/m³)

(2)当采用水泥用量为 370kg/m³ 的配合比进行坍落度试验时，发现测得的坍落度值不满足工作性设计要求，而黏聚性和保水性较好，需要调整3%的用水量。则调整后正确的配合比有可能有（　　）。

A. 水泥：水：砂：石=370：160：623：1266（kg/m^3）

B. 水泥：水：砂：石=381：160：623：1266（kg/m^3）

C. 水泥：水：砂：石=370：150：623：1266（kg/m^3）

D. 水泥：水：砂：石=381：150：623：1266（kg/m^3）

（3）当对上述工作性的配合比进行强度验证时，发现强度偏低，需要适当降低混凝土的水灰比，由原来水灰比降低0.02，则下述对配合比调整的结果可能有（　　）。

A. 水泥：水：砂：石=400：160：623：1266（kg/m^3）

B. 水泥：水：砂：石=381：152：623：1266（kg/m^3）

C. 水泥：水：砂：石=375：150：623：1266（kg/m^3）

D. 水泥：水：砂：石=359：144：623：1266（kg/m^3）

（4）若对上述问题（3）四个选项分别进行密度修正，假设实测密度均为2450kg/m^3，则正确的修正结果可能有（　　）。（密度修正系数四舍五入取小数点后2位）

A. 水泥：水：砂：石=400：160：623：1266（kg/m^3）

B. 水泥：水：砂：石=385：154：629：1279（kg/m^3）

C. 水泥：水：砂：石=379：152：629：1279（kg/m^3）

D. 水泥：水：砂：石=366：147：635：1291（kg/m^3）

（5）当砂、石含水率分别是3%和1%时，正确的工地配合比有（　　）。

A. 室内配合比水泥：水：砂：石=400：160：623：1266（kg/m^3）对应的工地配合比是水泥：水：砂：石=400：123：648：1279（kg/m^3）

B. 室内配合比水泥：水：砂：石=400：160：623：1266（kg/m^3）对应的工地相对用量配合比是水泥：砂：石=1：1.56：3.17；W/C=0.40

C. 室内配合比为水泥：水：砂：石=384：154：629：1279（kg/m^3），如需拌和0.5m^3的混凝土，工地材料组成计算结果（kg）是：水泥：水：砂：石=192：61：324：646

D. 室内配合比水泥：水：砂：石=384：154：629：1279（kg/m^3）对应的工地相对用量配合比是水泥：砂：石=1：1.69：3.36：1279；W/C=0.32

7. 关于水泥胶砂强度检验方法（ISO法），请回答以下问题。

（1）水泥胶砂强度检验方法（ISO法）要求水泥与ISO砂的质量比为（　　），水灰比为（　　）。

A. 1：2；0.4　　B. 1：3；0.4　　C. 1：2；0.5　　D. 1：3；0.5

（2）水泥胶砂强度检验方法（ISO法）要求各龄期（试件龄期从水泥加水搅拌开始算起）的试件应在（　　）时间内进行强度试验。

A. 龄期24h，试验时间24h±15min

B. 龄期48h，试验时间48h±30min

C. 龄期7d，试验时间7d±2h

D. 龄期28d，试验时间28d±8h

（3）水泥胶砂强度检验方法（ISO法）试件养护要求有（　　）。

A. 对于 24h 龄期的，应在破型试验前 20min 内脱模

B. 对于 24h 以上龄期的，应在成型后 2 ~ 8h 内脱模

C. 脱模时要非常小心，应防止试件损伤。硬化很慢的水泥允许延期脱模，但须记录脱模时间

D. 试件脱模后即放入水槽中养护，试件之间间隙和试件上表面的水深不得小于 5mm

(4) 关于水泥胶砂强度检验方法(ISO 法)试验步骤要求，正确的是(　　)。

A. 采用杠杆式抗折试验机试验时，试件放入前，应使杠杆呈水平状态

B. 抗折强度试验，试件放入后调整夹具，使杠杆在试件折断时尽可能地接近水平位置

C. 抗压试验不用夹具进行，试件受压面为试件成型时的两个侧面，面积为 40mm × 40mm

D. 抗压强度试验，压力机加荷速度应控制在 2400N/s ± 200N/s 速率范围内，在接近破坏时应更严格掌握

(5) 某水泥抗折强度试验结果分别为：4.4MPa、3.6MPa、3.8MPa，则其抗折强度为(　　)。

A. 3.6MPa　　B. 3.7MPa　　C. 3.8MPa　　D. 3.9MPa

8. 某工地试验室的试验人员开展水泥标准稠度用水量试验，请根据你掌握的试验知识完成下列题目。

(1) 开展试验工作的试验室温度应为(　　)，室内相对湿度应不低于(　　)。

A. 20℃ ±1℃，50%　　B. 20℃ ±1℃，90%

C. 20℃ ±2℃，50%　　D. 20℃ ±2℃，90%

(2) 以下关于水泥浆拌制工作的描述，正确的有(　　)。

A. 搅拌机运行正常

B. 搅拌锅内先加水，后加水泥

C. 搅拌锅内先加水泥，后加水

D. 低速搅拌 120s 停 15s，再高速搅拌 120s

(3) 标准稠度的水泥净浆是指试杆沉入净浆并距底板(　　)的水泥净浆。

A. 5mm ± 1mm　　B. 6mm ± 1mm　　C. 5mm ± 2mm　　D. 6mm ± 2mm

(4) 以下关于代用法测定标准稠度用水量的描述，正确的有(　　)。

A. 分为调整水量法和不变水量法

B. 不变水量法的拌和用水量为 142.5mL

C. 试锥停止下沉时记录下沉深度

D. 当试锥下沉深度小于 13mm 时，应改用调整水量法测定

(5) 以下关于标准法测定标准稠度用水量的描述，正确的有(　　)。

A. 浆体一次性装入试模

B. 整个操作应在搅拌后 3min 内完成

C. 试验结束时，试杆升起后应立即擦净

D. 当试杆距玻璃板小于 5mm 时，应适当减水，重复试验

习题参考答案及解析

一、单项选择题

1. B

【解析】烧失量是水泥化学性质指标。

2. B

【解析】用中速定量滤纸过滤，用热的硝酸铵溶液充分洗涤至少 14 次。

3. C

【解析】水泥胶砂强度试件尺寸为 40mm×40mm×160mm。

4. D

【解析】矿渣水泥不适用的范围是：早期强度要求高的工程、有抗冻性要求的混凝土工程。

5. D

【解析】水泥主要矿物成分中抗化学侵蚀性最好是铁铝酸四钙。

6. A

【解析】硅酸盐水泥熟料矿物中，硅酸三钙的含量为 63% ~67%；硅酸二钙的含量为 21% ~24%；铝酸三钙的含量为 4% ~7%；铁铝酸四钙的含量为 2% ~4%。

7. D

【解析】火山灰质、粉煤灰硅酸盐水泥的密度一般为 2700 ~3100kg/m^3。

8. A

【解析】水泥凝结时间试验中，在临近初凝时间时，一般每隔 5min（或更短时间）测定一次。

9. A

【解析】硅酸盐水泥初凝时间不小于 45min，终凝时间不大于 390min。其他类型水泥初凝时间不小于 45min，终凝时间不大于 600min。

10. C

【解析】混凝土立方体抗压强度试验。

11. B

【解析】用维卡仪测定水泥标准稠度用水量时整个过程应在搅拌后 90s 内完成。

12. A

【解析】用维卡仪测定水泥标准稠度用水量时，当试杆距离玻璃板小于 5mm 时，应适当减水。

13. A

【解析】碱含量试验方法中，加入热水，压碎残渣使其溶解，加入一滴甲基红指示剂溶液，用氨水中和至黄色。

14. D

【解析】水泥密度试验时，两次试验结果的差值不应大于$20kg/cm^3$。

15. C

【解析】水泥标准稠度用水量用调整水量法测定时，以试锥下沉深度30mm±1mm时的净浆为标准稠度净浆。

16. C

【解析】水泥混凝土拌合物在外力作用下，集料在水泥浆体中保持均匀分布，不会产生离析或出现泌水现象的性能为稳定性。

17. A

【解析】水泥细度检验采用负压筛法与水筛法测定的结果发生争议时，以负压筛法为准。

18. D

【解析】水泥的初凝时间太短，不利于混凝土施工工序的正常进行，终凝时间太长，不利于混凝土强度的形成。

19. A

【解析】保水性是指水分从拌合物中析出情况，分"多量""少量""无"三级评定。"多量"表示提起坍落筒后，有较多水分从底部析出；"少量"表示提起坍落筒后，有少量水分从底部析出；"无"表示提起坍落筒后，没有水分从底部析出。

20. A

【解析】非圆柱体普通水泥混凝土试件成型时，试件抹面与试模边缘高低差不得超过0.5mm。

21. D

【解析】水泥混凝土立方体抗压强度试验采用200mm×200mm×200mm非标准试件时，计算抗压强度值应乘以尺寸换算系数1.05，采用100mm×100mm×100mm非标准试件时，计算抗压强度值应乘以尺寸换算系数0.95。

22. A

【解析】测定水泥初凝时间时，试件在湿气养护箱中养护至加水后30min时进行第一次测试。

23. C

【解析】混凝土的水灰比对混凝土起着极为关键的作用，是保证混凝土各项性能的核心指标。

24. B

【解析】最大直径和最小直径之差小于50mm的条件下，用其算术平均值作为坍落扩展度值。

25. C

【解析】在水泥混凝土坍落度试验中，从开始装料到提坍落度筒的整个过程应连续并在150s内完成。

26. B

【解析】采用试饼法测定水泥安定性，当两个试饼判别结果有矛盾时，该水泥的安定性不合格。

27. C

【解析】用试饼法测定水泥安定性时，要求将试件放入煮沸箱中在30min ±5min 内加热水至沸腾，并恒沸 180min ±5min。

28. C

【解析】采用雷氏夹法测定水泥安定性，当两个试件煮后增加距离($C-A$)的平均值不大于 5.0mm 时，即认为该水泥安定性合格。

29. B

【解析】水泥混凝土拌合物凝结时间取 3 个试样的平均值，如果有 1 个与中间值之差超过中间值的 10%，则以中间值为试验结果。

30. C

【解析】混凝土配合比设计正确的顺序为：计算初步配合比、提出基准配合比、确定试验室配合比、换算工地配合比。

31. C

【解析】抗压强度结果为一组 6 个断块试件抗压强度的算术平均值，如果 6 个强度中有一个超过平均值 ±10% 的，应剔除后以剩下的 5 个值的算术平均值作为最后结果；如果 5 个值中再有超出平均值 ±10% 的，则此组试件无效。

32. C

【解析】塑性混凝土是指混凝土拌合物坍落度为 100 ~150mm 的混凝土。

33. D

【解析】水泥氯离子含量试验应用硝酸汞标准滴定溶液滴定至樱桃红色出现。

34. B

【解析】在水泥浆数量一定时，砂率过大，集料的总表面积及空隙率都会增大，需较多水泥浆填充和包裹集料，使起润滑作用的水泥浆减少，新拌混凝土的流动性减小。

35. B

【解析】在新拌混凝土中，加入少量减水剂，能使流动性大幅度增加。

36. A

【解析】为保证水泥安定性合格，对于硅酸盐水泥和普通硅酸盐水泥，水泥中氧化镁含量不得超过 5.0%。

37. B

【解析】水泥凝结时间检验临近终凝时间每隔 15min 测定一次。当试针沉入试件 0.5mm时，即环形附件开始不能在试件上留下痕迹时，水泥达到终凝状态。

38. C

【解析】当水泥氯离子含量为 0.00% ~0.10% 时，氯离子测定结果的允许差为 0.002%，当水泥氯离子含量为 0.10% ~0.30% 时，氯离子测定结果的允许差为 0.010%，当水泥氯离子含量为 0.30% ~1.00% 时，氯离子测定结果的允许差为 0.020%。

39. D

【解析】烧失量是指水泥在 950℃ 高温下产生的质量损失。

40. C

【解析】硫酸钡质量法可以测定水泥中三氧化硫含量。液体排代法测定水泥密度，磷酸蒸馏-汞盐滴定法测定水泥中氯离子含量，火焰光度法测定水泥中碱含量。

41. C

【解析】本题考查混凝土拌合物凝结时间试验。

42. C

【解析】水泥碱含量试验（火焰光度法）结果精确至0.01%，水泥氯离子含量试验（磷酸蒸馏-汞盐滴定法）结果精确至0.001%，水泥三氧化硫含量试验（硫酸钡质量法）结果精确至0.01%。

43. D

【解析】水泥三氧化硫含量试验方法（硫酸钡质量法）所用试剂不包括氢氧化钠。

44. A

【解析】除24h龄期或延迟48h脱模的试件外，任何到龄期的水泥胶砂试件应在水泥胶砂强度试验前15min从水中取出。

45. B

【解析】计算三个试件的抗压强度分别为38.2MPa、43.1MPa和49.5MPa，因49.5MPa与中值43.1MPa之差未超过中值43.1MPa的15%，所以应取平均值43.6MPa。

46. D

【解析】水泥混凝土棱柱体抗压弹性模量试验，如果循环后任一根轴心抗压强度与循环前轴心抗压强度之差超过后者的20%，则弹性模量值按另两根试件试验结果算术平均值计算。

47. B

【解析】水泥混凝土棱柱体抗压弹性模量试验，持荷时间为60s，30s读数时间。

48. D

【解析】水泥胶砂试件成型试验室应保持试验室温度为20℃±2℃，相对湿度大于50%。

49. C

【解析】做坍落度试验时要求将代表样分三层装入筒内，每层装入高度稍大于筒高的1/3，用捣棒在每一层的横截面上均匀插捣25次。

50. C

【解析】水泥混凝土拌合物坍落度试验适用于坍落度大于10mm，集料公称最大粒径不大于31.5mm的水泥混凝土拌合物。

51. A

【解析】减水剂能使新拌混凝土的流动性大幅增加。

52. C

【解析】采用贯入阻力试验方法测定混凝土的凝结时间时，当单位面积贯入阻力为3.5MPa时对应的时间应为初凝时间。

53. B

【解析】水泥不溶物含量试验（盐酸-氢氧化钠处理）需要用到中速定量滤纸。

54. A

【解析】混凝土强度等级是根据立方体抗压强度标准值来确定的。

55. C

【解析】此方法适用于集料公称最大粒径不大于31.5mm,含气量不大于10%且坍落度不为零的水泥混凝土拌合物。

56. C

【解析】水泥氧化镁含量试验(原子吸收分光光度法)在空气-乙炔火焰中,于波长285.2nm处测定溶液的吸光度。

57. C

【解析】混凝土电通量试验中,对试件施加60V直流恒电压,并通电6h。

58. A

【解析】水泥混凝土抗弯拉强度(抗折强度)试验非标准试件的尺寸是100mm×100mm×400mm。

59. D

【解析】水泥混凝土拌合物凝结时间试验当观察到测针压入砂浆表面时,测孔周围出现微小裂缝,则应改换截面积较小的测针。

60. B

【解析】水泥混凝土棱柱体抗压弹性模量试验方法规定,水泥混凝土的受压弹性模量取轴心抗压强度1/3时对应的弹性模量。

61. B

【解析】水泥混凝土抗压强度$f_{cu}=k\times F_{max}/A_0$,其中$F_{max}$为极限荷载、$A_0$为试件受压面积(标准立方体试件为150mm×150mm)、k为尺寸换算系数(标准立方体试件为1.0)。3个试件的抗压强度分别为31.6MPa、34.7MPa、40MPa,40MPa与中值34.7MPa的差(5.3MPa)超过中值34.7MPa的15%(5.2MPa),应取中值34.7MPa为该组试件的抗压强度。

62. A

【解析】该试验中,水压从0.1MPa开始,每隔8h增加水压0.1MPa,一直加至6个试件中有3个试件表面发现渗水,即可停止试验。

63. B

【解析】按强度要求计算出水灰比后,还应根据混凝土所处环境和耐久性要求进行校正。

64. C

【解析】减水剂能在用水量不变的前提下提高混凝土的流动性。

65. A

【解析】混凝土的初步配合比的设计步骤是:计算混凝土配制强度、计算水灰比、单位用水量的确定、外加剂用量的确定、计算胶凝材料、矿物掺合料和水泥用量、砂率、粗细集料用量。

66. C

【解析】水泥胶砂强度检验是将水泥和标准砂以1:3的比例混合后,以水灰比0.5拌制成一组塑性胶砂,制成40mm×40mm×160mm标准试件,在标准条件下养护到规定的龄期,然后采用规定的方法测出抗折和抗压强度。

67. D

【解析】减水剂在混凝土中的主要作用是:吸附分散作用、润滑作用和湿润作用。

68. D

【解析】早强剂能加速水泥的水化硬化,具有早期的作用。

69. A

【解析】缓凝剂之所以能延缓水泥凝结时间,是因为在水泥及其水化物表面上的吸附作用或与水泥反应生成不溶层而达到缓凝效果。

70. C

【解析】自抹面开始计算时间,在前 60min,每隔 10min 用吸液管吸出泌水一次,以后每隔 20min 吸水一次,直至连续三次无泌水为止。

二、判断题

1. √
2. √
3. ×

【解析】从加水拌和时算起,掺早强剂的混凝土凝结时间宜在 1 ~ 2h 后开始测定,以后每隔 0.5h 测一次;掺缓凝剂的混凝土宜在 4 ~ 6h 后开始测定,每隔 2h 测一次。

4. √
5. √
6. √
7. √
8. ×

【解析】硅酸盐水泥和普通硅酸盐水泥的细度采用比表面积表示,要求不小于 $300m^2/kg$;其他类型水泥采用筛余量表示,要求 80μm 方孔筛筛余量不大于 10% 或 45μm 方孔筛筛余量不大于 30%。

9. √
10. ×

【解析】采用维卡仪法测定水泥标准稠度用水量,以试杆沉入净浆并距底板的距离为 6mm ± 1mm 的水泥净浆作为标准稠度净浆。

11. √
12. √
13. √
14. ×

【解析】水泥比表面积试验(试验室相对湿度≤50%)与水泥成型试验(试验室相对湿度 >50%)要求的湿度环境不一样,不可同时进行。

15. ×

【解析】混凝土的抗渗等级划分为 P2、P4、P6、P8、P10、P12 六个等级。

16. ×

【解析】水泥的初凝时间是指从水泥全部加入水中到水泥浆开始失去塑性的时间。

17. ×

【解析】普通混凝土的坍落度随着砂率增大先增大后减小，在最佳砂率时混凝土拌合物获得最大流动性而且保持良好黏聚性和保水性。

18. √

19. ×

【解析】测定水泥初凝时间时，达到初凝时应立即重复测一次，当两次结论相同时才能定为达到初凝状态。

20. ×

【解析】测定水泥初凝时间时，当试针沉至距底板 4mm ± 1mm 时，为水泥达到初凝状态。

21. √

22. ×

【解析】道路路面或机场道面用水泥混凝土，以抗弯拉强度为主要强度指标，抗压强度作为参考指标。

23. √

24. √

25. ×

【解析】用试饼法测定水泥安定性时，目测试饼未发现裂缝，用钢直尺检查也没有弯曲，则该试饼安定性合格；反之为不合格。

26. ×

【解析】水泥的熟料矿物组成和细度都会影响水泥强度。水泥的水化硬化过程都是从水泥颗粒的表面开始的，水泥的颗粒越细，水泥与水发生反应的表面积越大，水化速度就越快。

27. ×

【解析】水泥的胶砂强度包括抗压强度和抗折强度。

28. √

29. √

30. ×

【解析】水泥的有害成分主要是指对水泥物理力学性能造成不利影响的化学成分。

31. √

32. √

33. ×

【解析】通用硅酸盐水泥的化学指标中对不溶物、烧失量、三氧化硫、氧化镁和氯离子含量都做了明确要求。

34. ×

【解析】国家标准规定，硅酸盐水泥的初凝时间不小于 45min。

35. ×

【解析】在拌制混凝土时，不能用单纯改变用水量的办法来调整新拌混凝土的流动性。单纯加大用水量会降低混凝土的强度和耐久性。

36. ×

【解析】水泥凝结时间测定用初凝试针长度为50mm±1mm，终凝试针长度为30mm±1mm，直径相同，终凝试针下端带有一个环形附件。

37. ×

【解析】硅酸盐水泥有42.5、42.5R、52.5、52.5R、62.5、62.5R六个等级。

38. ×

【解析】水泥中不溶物测定时，试样先用盐酸溶液处理，尽量避免可溶性二氧化硅的析出，滤出的不溶渣再用氢氧化钠溶液处理，以盐酸中和、过滤后，残渣经灼烧后称量。

39. √

40. ×

【解析】在满足设计要求、工作性和耐久性要求的前提下，设计中通过合理减少价高材料（如水泥）的用量，多采用当地材料以及利用一些替代物（如工业废渣）等措施，降低混凝土费用，提高经济效益。

41. ×

【解析】随着砂率的提高，水泥混凝土坍落度先增大后减小。

42. ×

【解析】混凝土坍落度越大，表示混凝土的流动性越大，不能表示保水性。

43. √

44. ×

【解析】采用代用法时，如果不变水量法的结果和调整水量法的结果有冲突时，以调整水量法的结果为准。

45. √

46. √

47. √

48. ×

【解析】进行水泥混凝土抗压强度试验时，其破坏荷载宜在压力机全量程的20%～80%之间，否则可能引起较大的误差。

49. √

50. ×

【解析】测定前要将混凝土拌合物用4.75mm筛尽快筛出砂浆，筛去4.75mm以上的粗集料。

51. ×

【解析】从加水拌和时算起，常温下普通混凝土凝结时间在2～3h后开始测定，以后每次间隔为0.5h。

52. ×

【解析】水泥胶砂强度试验(ISO 法)三个抗折强度试验结果中,有一个超出平均值±10%时,应舍去,取其余两个测定值的平均值作为抗折强度测定结果。

53. ×

【解析】减水剂是在混凝土坍落度基本相同的条件下,能减少拌和用水的外加剂。

54. ×

【解析】水泥胶砂流动度试验时,如跳桌在 24h 内未被使用,先空跳一个周期 25 次。

55. √

56. ×

【解析】水灰比小,则水泥浆稠度大,混凝土拌合物流动性小。

57. √

58. √

59. √

60. √

61. ×

【解析】混凝土的抗压强度的评定和弯拉强度的评定都是测定 28d 强度。

62. √

63. ×

【解析】无论混凝土的抗压强度还是抗折强度试验,均以三个试件测定值的算术平均值作为测定结果,如果任一个测定值与中值的差超过中值的 15%,则取中值作为测定结果。

64. √

65. ×

【解析】水泥凝结时间测定的起始时间是指水泥全部加入水中的时间。

66. √

67. ×

【解析】进行水泥混凝土配合比设计时,在满足设计要求、工作性和耐久性要求的前提下,设计中通过合理减少价高材料(如水泥)的用量,多采用当地材料以及一些替代物(如工业废渣)等措施,可以降低混凝土费用,提高经济效益。

68. √

69. ×

【解析】水泥混凝土拌合物含气量试验方法(混合式气压法)两次测量结果相差大于 0.5%时,应重新试验。

70. ×

【解析】水泥混凝土抗渗等级按下式计算:$P = 10H - 1$,H 为第三个试件顶面开始有渗水时的水压力。

71. ×

【解析】比表面积较小或较大的砂对强度的形成都不利。

72. √

73. √

74. √

75. ×

【解析】缓凝剂是能延缓混凝土的凝结时间，对混凝土后期物理力学性能无不利影响。

76. ×

【解析】减水剂不仅会显著改善新拌混凝土的工作性，而且会对硬化后的混凝土带来一系列优点。

77. √

78. √

79. √

80. √

三、多项选择题

1. CD

【解析】火山灰水泥和粉煤灰水泥都具有抗冻性差的特点，都不适用于有抗冻性要求的混凝土。

2. ABCD

【解析】选项全部正确。

3. AB

【解析】按初步配合比试拌的混凝土坍落度不能满足设计要求，但黏聚性和保水性较好，经调整后得到的基准配合比中，水泥和水的用量改变。

4. ABC

【解析】D 选项应为：水泥的标准稠度用水量与水泥品种有关。

5. CD

【解析】测定水泥标准稠度用水量的方法有标准维卡仪法和代用维卡仪法。

6. BCD

【解析】A 选项应为：代用法测定水泥标准稠度用水量时，行标以试锥贯入的深度为 30mm ± 1mm 时的拌和水量作为该水泥的标准稠度用水量。

7. ABC

【解析】D 选项应为：压力机或万能试验机的测量精度为 ±1%。

8. ABCD

【解析】混凝土合理砂率随粗集料种类、最大粒径和级配、砂子的粗细程度和级配，混凝土的水胶比和施工要求的流动性而变化，需要根据实际施工条件，通过试验来选择。

9. ABCD

【解析】选项全部正确。

10. AC

【解析】水泥对新拌混凝土和易性的影响主要是水泥的需水量和泌水性。

11. ABCD

【解析】集料对新拌混凝土和易性的影响主要是集料的级配、颗粒形状、表面特征及最大粒径。

12. ACD

【解析】测定水泥中氯离子含量试验方法包含:硫氰酸铵容量法(基准法)、(自动)电位滴定法(代用法)、离子色谱法(代用法);B 选项火焰光度法为水泥中氧化钾和氧化钠含量测定方法。

13. AB

【解析】测定水泥凝结时间的仪器除和测定水泥净浆稠度试验相同外,还需要养护箱和试针。

14. ABC

【解析】复合硅酸盐水泥的强度等级分为 32.5R、42.5、42.5R、52.5、52.5R 五个等级,不包括 32.5 等级。

15. BC

【解析】A 选项应为:水泥的安定性是水泥的一项物理性质;D 选项应为:如果水泥的安定性不良,但其他指标均合格,则该水泥为不合格水泥。

16. ABCD

【解析】原材料特性、单位用水量、水灰比、砂率都会影响到混凝土拌合物工作性,工作性(稳定性)不好,则水泥混凝土拌合物就可能会出现离析现象。

17. ABC

【解析】测定水泥安定性的主要方法有雷氏夹法和试饼法,用雷氏夹法测定时必须同时测定两个试件;测试前要将试件在标准养护箱中养护 24h ±2h;应调整好沸煮箱中的水位,使之在整个沸煮过程中都能没过试件,不需要中途添加试验用水。

18. AB

【解析】A 选项应为:当雷氏夹法和试饼法测定的结果有争议时以雷氏夹法为主;测试前要将试件在标准养护箱中养护 24h ±2h;应调整好沸煮箱中的水位,使之在整个沸煮过程中都能没过试件,不需要中途添加试验用水。B 选项应为:沸煮前需要对试件进行养护;沸煮前必须先检查试饼是否完整,如试饼表面出现开裂,应检查原因,若没有外因时,该试饼已属于不合格产品,不必煮沸。

19. ABCD

【解析】水泥矿物熟料组成和细度、石膏的掺量、养护条件、龄期都会影响水泥的强度。

20. BCD

【解析】水泥混凝土拌合物拌和时保持室温 20℃ ±5℃,相对湿度大于 50%。

21. ABCD

【解析】选项全部正确。

22. AB

【解析】游离氧化钙引起的水泥安定性不良,可用沸煮法进行检测,而沸煮法包括试饼法和雷氏夹法。

23. ABCD

【解析】有害物质包括:泥或泥块、有机质、云母、轻物质、硫化物及硫酸盐(按三氧化硫质量计)以及氯离子等。

24. AB

【解析】硅酸盐水泥的物理指标主要包括凝结时间和安定性。

25. CD

【解析】硅酸盐水泥的强度等级主要是以不同龄期的抗压强度和抗折强度进行划分的。

26. ABCD

【解析】水泥的化学指标、凝结时间、安定性和强度必须满足规范要求,凡不符合其中任何一条的均为不合格产品。

27. ABD

【解析】水泥混凝土拌合物凝结时间试验中用到的仪器设备包括:贯入阻力仪、测针、圆形试模、捣棒、4.75mm 标准筛、铁质拌和板、吸液管、玻璃片和计时器等。坍落度仪用于水泥混凝土拌合物坍落度试验。

28. ABD

【解析】C 选项应为:当混凝土拌合物的坍落度大于 160mm 时,坍落度不能准确反映混凝土的流动性。

29. AC

【解析】水泥标准稠度用水量检测有标准法(标准维卡仪法)和代用法(代用维卡仪法),安定性检测有标准法(雷氏夹法)和代用法(试饼法)。

30. ABCD

【解析】选项全部正确。

31. AB

【解析】水泥混凝土拌合物含气量的测定试验(混合式气压法)主要包括对混凝土拌合物和集料的含气量的测定。

32. AB

【解析】当混凝土试体出现突然倒坍、部分崩裂、石子离析时,说明混凝土的黏聚性不好。

33. ABD

【解析】C 选项应为:每个试样的贯入测试不少于 6 次,直至单位面积贯入阻力大于 28MPa 为止。

34. AC

【解析】测定新拌混凝土工作性的现行主要试验方法有坍落度法和维勃稠度法。

35. ABCD

【解析】原材料特性、单位用水量、水灰比和砂率等都是影响水泥混凝土工作性的内因,外界环境的气温、湿度、风力大小以及时间等是影响水泥混凝土工作性的外因。

36. AB

【解析】加入减水剂和引气剂会增大新拌混凝土的流动性。

37. ABC

【解析】D 选项应为:过大的砂率和过小的砂率都会使混凝土的流动性变差,因此存在合适的砂率使得和易性最好。

38. ABC

【解析】D 选项应为：测定时，每个试样筒每次测 1 ~ 2 个点，各测点的间距不小于 15mm。

39. CD

【解析】改善混凝土耐久性的外加剂有阻锈剂和防水剂。

40. BCD

【解析】混凝土凝结时间和硬化功能的外加剂有缓凝剂、早强剂、速凝剂。

41. AC

【解析】B 选项应为：非圆柱体试件成型，当坍落度大于 25mm 且小于 90mm 时，采用标准振动台成型；D 选项应为：圆柱体试件用抹刀仔细抹平后，使表面略低于试模边缘 1 ~ 2mm。

42. AB

【解析】水泥混凝土抗弯拉强度试验可以选用的试件尺寸有 100mm × 100mm × 400mm 和 150mm × 150mm × 550mm。

43. CD

【解析】水泥混凝土抗压强度试验时，抗压强度测定值可能为平均值或中间值。

44. ACD

【解析】B 选项应为在整个测试过程中，试针沉入的位置至少要距试模内壁 10mm。

45. ABC

【解析】ISO 标准砂用于检验水泥胶砂强度的基准物质，由粒径范围 0.08 ~ 0.5mm、0.5 ~ 1.0mm、1.0 ~ 2.0mm 级配石英砂组成。

46. ACD

【解析】只有 B 选项正确。

47. BCD

【解析】水泥中的有害成分指游离氧化镁、三氧化硫、氯离子或碱含量。

48. ABCD

【解析】混凝土配合比设计需满足的要求有：满足结构物设计强度要求、满足施工工作性要求、满足耐久性要求和满足经济性要求。

49. ABD

【解析】C 选项应为：以成型时侧面为受压面，试件中心应与压力机几何对中。

50. ABCD

【解析】四个选项调整初步配合比设计方法都正确。

51. BD

【解析】每成型三条试件需称量的材料及用量为：水泥 450g ± 2g；ISO 砂 1350g ± 5g；水 225mL ± 1mL。

52. ABC

【解析】水泥细度的试验方法有负压筛法、水筛法和比表面积法（勃氏法）。

53. AD

【解析】水泥胶砂强度包括抗折强度和抗压强度，抗折强度加荷速度为50N/s ±10N/s，抗压强度加荷速度应控制在2400N/s ±200N/s速率范围内。

54. AB

【解析】成型后的混凝土用湿布覆盖表面，在室温20℃ ±5℃、相对湿度大于50%的环境中，静放1～2个昼夜，然后拆模并做第一次外观检查并编号，对有缺陷的试件应除去或加工补平。将完好混凝土试件放入标准养护室进行养护，标准养护室温度为20℃ ±2℃、相对湿度为95%以上。

55. BCD

【解析】混凝土施工配合比是在试验室配合比的基础上修正了细集料、粗集料和水的用量。

56. ABC

【解析】水泥混凝土棱柱体抗压回弹模量试验需要的器具有：压力机或万能试验机、球座、微变形测量仪、微变形测量仪固定架两对、钢尺（量程600mm，分度值为1mm）、502胶水、铅笔和秒表等。

57. ABD

【解析】极重、特重、重交通荷载等级公路面层水泥混凝土应采用旋窑生产的道路硅酸盐水泥、硅酸盐水泥、普通硅酸盐水泥，中、轻交通荷载等级公路面层水泥混凝土可采用矿渣硅酸盐水泥。高温期施工宜采用普通型水泥，低温期施工宜采用早强型水泥。

58. CD

【解析】其中水泥和水的用量可能未变（也有可能在改变砂率的同时，相应调整水泥浆的用量，使水泥和水的用量也发生变化），但砂和石各自的用量肯定发生改变。

59. ACD

【解析】水泥氧化镁含量测定——原子吸收分光光度法（基准法）是以氢氟酸-高氯酸分解或氢氧化钠熔融或碳酸钠熔融试样的方法制备溶液。

60. ABC

【解析】采用混合式气压法测定水泥混凝土拌合物含气量需要进行量钵容积、含气量0%点、含气量1%～10%的标定。

四、综合题

1.（1）ABCD　（2）C　（3）B　（4）BCD　（5）CD

【解析】（1）水泥混凝土立方体试件以成型时侧面为上下受压面，试件中心应与压力机几何对中。强度等级小于C30的混凝土取0.3～0.5MPa/s的加荷速度。强度等级大于C30小于C60时，则取0.5～0.8MPa/s的加荷速度。强度等级大于C60的混凝土，取0.8～1.0MPa/s的加荷速度。

（2）水泥混凝土立方体抗压强度试验方法测定的3个试件测值中的最大值或最小值，如有一个与中间值之差超过中间值的15%，则取中间值为测定值；如最大值和最小值之差均超过中间值的15%，则该组试验结果无效。

（3）水泥混凝土抗弯拉强度试验方法中，采用非标准试件时，在三分点加荷的试验方法同前，但所取得的抗折强度值应乘以尺寸换算系数0.85。

(4)A选项应为：3根试件中如果有2根试件均出现断裂面位于加荷点外侧，则该组结果无效。

(5)A选项应为：f_{cu}为混凝土立方体抗压强度。B选项应为：f_f为混凝土抗弯拉强度。

2.(1)ABCD　(2)ABCD　(3)A　(4)D　(5)ACD

【解析】(1)新拌混凝土的工作性又称和易性，是指混凝土具有流动性、可塑性、稳定性和易密性等几方面的一项综合性能。

(2)影响混凝土工作性的因素有水泥浆的数量和稠度、砂率、组成材料的性质、时间和温度等。

(3)当混凝土拌合物的坍落度大于160mm时，用钢尺测量混凝土扩展后最终的最大直径和最小直径，在这两个直径之差小于50mm的条件下，用其平均值作为坍落扩展度值；否则，此次试验无效。

(4)D选项应为：当混凝土试件的一侧发生崩坍或一边剪切破坏，则应重新取样另测。如果第二次仍发生上述情况，则表示该混凝土和易性不好，应记录。

(5)坍落度试验的同时，可用目测方法评定混凝土拌合物的棍度、黏聚性和保水性，并予记录。

3.(1)BC　(2)C　(3)B　(4)AD　(5)AB

【解析】(1)B选项为相对用量表示法；C选项为单位用量表示法。

(2)坍落度标准为30~50mm，而按初步配合比进行试拌，坍落度为48mm，试拌坍落度满足要求，可采用初步配合比作为基准配合比。

(3)水泥混凝土配制强度＝设计强度＋1.645×标准差＝30＋1.645×3＝34.9MPa，由3组水灰比抗压强度试验结果可换算达到水泥混凝土配制强度的水灰比为0.50，故可选第2组作为试验室配合比。

(4)相对用量表示法的施工配合比应为1∶1.83×(1＋2.5%)∶3.61×(1＋2.5%)＝1∶1.88∶3.65，$W/C=0.50-1.83\times2.5\%-3.61\times1\%=0.42$，单位用量表示法施工配合比应为353∶353×0.42∶353×1.88∶353×3.65＝353∶148∶662∶1287。

(5)水泥混凝土抗压强度的合格评定标准：①同批试件组数等于或大于10组时，应以数理统计方法评定；②同批试件组数小于10组时，可用非数理统计方法评定。

4.(1)B　(2)C　(3)B　(4)B　(5)C

【解析】计算混凝土的配制强度：$f_{cu,0}=f_{cu,k}+1.645\sigma=40+1.645\times4.5=47.4$MPa。

计算水灰比：水泥的实际强度$f_{ce}=\gamma_c\times f_{cu,g}=1.16\times42.5=49.3$MPa。

$W/C=a_a f_{ac}/(f_{cu,0}+a_a a_b f_{ce})=0.47\times49.3/(47.4+0.47\times0.08\times49.3)=0.47$，满足最大水灰比限制值为0.55要求。

计算单位水泥用量：$m_{co}=m_{wo}/(W/C)=195/0.47=415\text{kg/m}^3$，满足最小水泥用量限定值为$280\text{kg/m}^3$。

计算单位碎石用量(体积法)：单位砂用量$m_{so}=550\text{kg/m}^3$，单位碎石用量$m_{go}=1224\text{kg/m}^3$。

初步配合比为：m_{co}∶m_{wo}∶m_{so}∶m_{go} =415∶195∶550∶1224。

5.(1)ABC　　(2)AB　　(3)AD　　(4)B　　(5)B

【解析】(1)公路面层水泥混凝土的配合比设计应满足力学性能(弯拉强度)、工作性(和易性)、耐久性与经济性要求。

(2)配合比设计包括目标配合比设计和施工配合比设计两个阶段。

(3)B选项：在水胶比相同的条件下，达到最佳浆集比后，混凝土强度随着混凝土浆集比的增加而降低；C选项：粗集料最大粒径增加对混凝土强度带来双重(有利和不利)影响。

(4)水泥混凝土抗弯拉强度试验的标准试样尺寸为150mm×150mm×550mm。

(5)3个试件的抗弯拉强度分别为4.03MPa、4.87MPa、5.03MPa，4.03MPa与中值4.87MPa的差超过中值4.87MPa的15%，故应取中值4.87MPa为试验结果。

6.(1)ABC　　(2)B　　(3)A　　(4)ABCD　　(5)CD

【解析】(1)D选项应为：水泥∶水∶砂∶石 =390∶164∶675∶1300(kg/m^3)。

(2)本题只有B选项水灰比 =0.42，B选项是基准配合比。

(3)本题单位用水量应与上一题的基准配合比(B选项)单位用水量一致为160kg。

(4)选项全部正确。

(5)A选项应为：400∶129∶642∶1279(kg/m^3)；B选项应为：1∶1.61∶3.20，W/C =0.32；C、D选项的施工配合比都是：水泥∶水∶砂∶石 =384∶122∶648∶1282。

7.(1)D　　(2)ABCD　　(3)ACD　　(4)ABD　　(5)B

【解析】(1)水泥胶砂强度检验方法(ISO法)中，水泥与ISO砂的质量比为1∶3，水灰比为0.5。

(2)水泥胶砂强度检验方法(ISO法)中，龄期24h，试验时间24h±15min。龄期48h，试验时间48h±30min。龄期7d，试验时间7d±2h。龄期28d，试验时间28d±8h。

(3)B选项应为：对于24h以上龄期的，应在成型后20～24h内脱模。

(4)C选项应为：抗压试验须用抗压夹具进行，试件受压面为试件成型时的两个侧面，面积为40mm×40mm。

(5)抗折强度试验结果的平均值 =(4.4 +3.6 +3.8)/3 =3.9MPa，因(4.4 −3.9)/3.9 =12.8% >10%，所以应剔除，则该水泥抗折强度 =(3.6 +3.8)/2 =3.7MPa。

8.(1)C　　(2)ABD　　(3)B　　(4)ABCD　　(5)ACD

【解析】(1)试验室的温度为20℃ ±2℃，相对湿度不低于50%。

(2)注意先加水，后加水泥。

(3)以试杆沉入净浆并距底板6mm±1mm的水泥净浆为标准稠度净浆。

(4)选项全部正确。

(5)B选项应为整个操作应在搅拌后90s内完成。

第六章　沥青与沥青混合料

习　题

一、单项选择题

1. 试验过程中尽量减少沥青重复加热取样的次数,对于质量仲裁检验的样品,重复加热次数(　　)。

A. 不得超过 1 次　　B. 不得超过 2 次

C. 不得超过 3 次　　D. 特殊情况下允许出现 3 次

2. 沥青的相对密度和密度分别是在(　　)℃条件下测定的。

A. 25;20　　B. 25;15　　C. 25;25　　D. 20;15

3. 燃烧炉法测定沥青混合料中沥青含量时,重复性试验允许误差为(　　)。

A. 0.11%　　B. 0.13%　　C. 0.15%　　D. 0.17%

4. 沥青的标号是由针入度决定的,针入度越大标号(　　);标号越高软化点(　　);标号越高延度(　　)。

A. 越高;越低;越大　　B. 越高;越高;越大

C. 越低;越高;越小　　D. 越低;越低;越小

5. 进行沥青性质常规检验的取样数量为:黏稠沥青或固体沥青不少于(　　)kg;液体沥青不少于 1L;沥青乳液不少于 4L。

A. 1　　B. 2　　C. 3　　D. 4

6. 真空减压毛细管黏度计用于测定黏稠沥青的(　　)。

A. 布氏旋转黏度　　B. 标准黏度

C. 动力黏度　　D. 运动黏度

7. 某试验人员进行试验,测得同一试件其标准针贯入深度为 7.25mm、7.60mm 和 7.55mm,则最终的针入度值为(　　)。

A. 75　　B. 74.7　　C. 74.67　　D. 应重做

8. 沥青软化点试验结果受升温速度的影响,升温速度快,结果(　　)。

A. 保持不变　　B. 偏大

C. 偏小　　D. 对较稠硬的沥青无影响

9. 以下可能会导致乳化沥青筛上剩余量试验结果偏小的情况是(　　)。

A. 蒸馏水冲洗滤筛未达到完全清洁

B. 滤筛筛孔偏大

C. 发现筛孔堵塞或过滤不畅,用手轻轻拍打筛框

D. 将滤筛及其筛上物在烘箱中烘干 1h

10. 沥青动力黏度试验,一次试验的 3 支黏度计平行试验的误差应不大于平均值的(　　),否则需重新试验。

A. 5%　　B. 6%　　C. 7%　　D. 8%

11. 下列试验操作中,需对沥青样品质量进行准确称重的是(　　)。

A. 薄膜烘箱试验　　B. 针入度试验

C. 软化点试验　　D. 延度试验

12. 沥青材料老化后其质量将(　　)。

A. 减小　　B. 增加　　C. 不变　　D. 有的减小,有的增加

13. 以下关于热沥青取样的描述不正确的是(　　)。

A. 有搅拌设备的储罐中取样时,先将经加热已经变成流体的黏稠沥青充分搅拌后,用取样器从沥青层的中部取规定数量样品

B. 从沥青罐车中取样,当仅有放料阀时,待放出全部沥青的 1/2 时取样;若从顶盖处取样时,可用取样器从中部取样

C. 当从沥青罐车卸料过程中取样时,按时间间隔均匀地取至少 3 个规定数量的沥青,然后将这些沥青充分混合后取规定数量样品

D. 沥青样品可存放在密封带盖的金属容器中,或灌入塑料桶等密闭容器中。存放样品应存放在阴凉干净处,注意防止污染

14. 沥青动力黏度试验(真空减压毛细管法)将备好的沥青注入毛细管黏度计中,应使沥青试样液面在(　　)标线处 ±2mm 之内。

A. A　　B. B　　C. E　　D. F

15. SBS 改性沥青的针入度试验内容包括:①将位移计或刻度盘指针复位为零。②将盛有试样的平底玻璃皿置于针入度仪的平台上。③按下释放键,这时计时与标准针落下贯入试样同时开始,至 5s 时自动停止。④取出达到恒温的盛样皿,并移入水温控制在试验温度 ±0.1℃ 的平底玻璃皿中的三脚支架上,试样表面以上的水层深度不小于 10mm。⑤慢慢放下针连杆,用适当位置的反光镜或灯光反射观察,使针尖恰好与试样表面接触。⑥读取位移计或刻度盘指针的读数。正确的试验步骤是(　　)。

A. ②④①⑤③⑥　　B. ④②①⑤③⑥

C. ④②⑤①③⑥　　D. ②④⑤①③⑥

16. 沥青软化点试验中,当试样软化点小于 80℃ 时,重复性试验的允许差为(　　)。

A. 1℃　　B. 2℃　　C. 3℃　　D. 4℃

17. 沥青密度与相对密度试验,对固体沥青,重复性试验的允许差为(　　),复现性试验的允许差为(　　)。

A. 0.02g/cm³;0.02g/cm³　　B. 0.02g/cm³;0.03g/cm³

C. 0.01g/cm³;0.02g/cm³　　D. 0.01g/cm³;0.03g/cm³

18. 下列因素中,引起沥青老化的直接因素有(　　)。

①热的影响;②氧的影响;③光的影响;④水的影响;⑤渗流硬化。

A. ①②　　B. ①②③　　C. ①②③④　　D. ①②③④⑤

19. 我国沥青蜡含量要求的试验方法是以(　　)分离出油分后,将规定的溶剂在规定的低温条件下结晶析出的固体物质当作蜡。

A. 薄膜加热法　　B. 蒸馏法　　C. 环球法　　D. 离心分离法

20. 沥青溶解度测定采用(　　)对沥青进行过滤。

A. 古氏坩埚　　B. 沥青过滤装置

C. 沥青过滤装置和玻璃纤维滤纸　　D. 古氏坩埚和玻璃纤维滤纸

21. 木质素纤维的吸油率不小于纤维自身质量的(　　)倍。

A. 3　　B. 4　　C. 5　　D. 6

22. 木质素纤维进行灰分含量测定,正确的步骤顺序为(　　)。

①将高温炉预热至620℃ ±30℃。

②取出坩埚(含纤维灰分),放入干燥器中冷却(不少于30min)。将坩埚(含纤维灰分)放到天平上称取质量,准确至0.001g。

③将坩埚(含纤维)置于高温炉中,620℃ ±30℃加热至质量恒重,加热不少于2h。

④将坩埚在天平上清零,将烘干纤维试样放入坩埚上称取质量,准确至0.001g。

⑤将坩埚在天平上称取质量,准确至0.001g。

A. ①⑤④②③　　B. ①⑤④③②　　C. ⑤①④②③　　D. ⑤①④③②

23. 根据《沥青路面用纤维》(JT/T 533—2020),木质纤维等纤维需要测定耐热性,以评价其材料在拌和楼生产过程中抗高温的性能。其中正确的试验条件是(　　)。

A. 称取试样放入坩埚中,一同放入烘箱中,加热至210℃后再加热1h

B. 将试样放入坩埚中,一同放入烘箱中,加热至210℃后再加热2h

C. 试样和坩埚在已预热至105℃烘箱中烘干2h,立即再在预热至210℃烘箱中加热1h

D. 试样和坩埚在已预热至105℃烘箱中烘干2h,在干燥器中冷却,称量试样质量后再在预热至210℃烘箱中加热1h

24. 以下条件适用C级沥青的有(　　)。

A. 高速公路、一级公路沥青下面层及以下的层次

B. 三级及三级以下公路的各个层次

C. 二级及二级以下公路的各个层次

D. 用作改性沥青、乳化沥青、改性乳化沥青、稀释沥青的基质沥青

25. 适用于冬季寒冷地区或交通量小的公路、旅游公路等的沥青应具备的特点是(　　)。

A. 稠度小、低温延度小　　B. 稠度大、低温延度大

C. 稠度小、低温延度大　　D. 稠度大、低温延度小

26. 乳化沥青不适用于(　　)。

A. 沥青表面处置路面　　B. 沥青贯入式路面

C. 热拌沥青混合料路面　　D. 喷洒透层、黏层、封层

27. 下列表征沥青混合料高温稳定性的指标是(　　)。

A. 空隙率　　B. 矿料间隙率
C. 沥青饱和度　　D. 马歇尔稳定度

28. 离心分离法测定沥青含量两次平行试验结果差值小于(　　)时，无须再补充试验。
A. 0.3%　　B. 0.4%　　C. 0.5%　　D. 0.6%

29. 以下不属于 SBS 改性沥青特点的是(　　)。
A. 在温差较大的地区有很好的耐高温、抗低温能力
B. 具有较好的抗车辙能力，其弹性和韧性提高了路面的抗疲劳能力
C. 提高了路面的抗滑能力
D. 增大了路面表面的构造深度

30. 适用于炎热地区的 SBS 改性沥青是(　　)。
A. Ⅰ-D 型　　B. Ⅰ-C 型　　C. Ⅰ-B 型　　D. Ⅰ-A 型

31. 空隙率在 18% 以上的沥青混合料类型为(　　)。
A. AC　　B. OGFC　　C. SMA　　D. AM

32. 尤其适合于高温地区，交通量较大路段的沥青混合料结构类型是(　　)。
A. 悬浮密实型　　B. 骨架密实型　　C. 骨架空隙型　　D. 均匀密实型

33. 残留稳定度表征沥青混合料的(　　)。
A. 承载能力　　B. 高温稳定性　　C. 抗变形能力　　D. 水稳性

34. 随沥青含量增加，沥青混合料空隙率将(　　)。
A. 增加　　B. 出现谷值　　C. 减少　　D. 保持不变

35. 沥青混合料理论最大相对密度试验常用(　　)进行测定。
A. 表干法　　B. 水中重法　　C. 真空法　　D. 蜡封法

36. 轮碾法成型一块沥青混合料板型试件至少要碾压(　　)次。
A. 12　　B. 14　　C. 24　　D. 28

37. 密实型沥青混合料空隙率一般为(　　)。
A. 3% ~8%　　B. 3% ~6%　　C. 2% ~6%　　D. 2% ~4%

38. 一个沥青混合料标准马歇尔试件的材料用量约为(　　)。
A. 1000g　　B. 1250g　　C. 1200g　　D. 4050g

39. 不同类型沥青混合料采用的级配应不同，ATB-25 宜采用(　　)。
A. 连续级配　　B. 间断级配　　C. 开级配　　D. 半开级配

40. 下列不是 OGFC 沥青混合料特点的是(　　)。
A. 细颗粒较少　　B. 比普通 AC 更容易老化
C. 排水功能显著　　D. 力学性能较好

41. 饱和度是用来评价沥青混合料(　　)的指标。
A. 高温稳定性　　B. 低温抗裂性　　C. 耐久性　　D. 抗滑性

42. 沥青混合料空隙率偏小，对沥青路面可能带来的问题是(　　)。
A. 耐久性变差　　B. 高温抗车辙能力较低
C. 水稳性不好　　D. 低温环境易于开裂

43. 沥青混合料试件制作方法(击实法)制作的标准试件，直径应符合(　　)。

A. 101.6mm ±0.2mm　　B. 63.5mm ±1.3mm

C. 152.4mm ±0.2mm　　D. 95.3mm ±2.5mm

44. 沥青混合料试件制作方法(击实法)将沥青试样用烘箱加热至规定的沥青混合料拌和温度,但不得超过(　　)℃。

A. 110　　B. 163　　C. 175　　D. 180

45. 当缺乏沥青黏度测定条件时,道路石油沥青混合料拌和温度可参考选用(　　)。

A. 140 ~ 160℃　　B. 130 ~ 150℃　　C. 140 ~ 150℃　　D. 150 ~ 160℃

46. 当缺乏沥青黏度测定条件时,道路石油沥青混合料压实温度可参考选用(　　)。

A. 140 ~ 160℃　　B. 120 ~ 150℃　　C. 110 ~ 130℃　　D. 110 ~ 140℃

47. 对 OGFC 沥青混合料试件的密度测定应采用(　　)。

A. 表干法　　B. 水中重法　　C. 蜡封法　　D. 体积法

48. 已知称取 1200g 沥青混合料,击实完成后所得马歇尔试件高度为 66.0mm,若要得到高度符合要求的标准马歇尔试件,则应称取质量调整为(　　)的沥青混合料再击实。

A. 1050g　　B. 1100g　　C. 1150g　　D. 1250g

49. 确定马歇尔试件材料用量时,若已知沥青混合料的密度时,则可根据试件的标准尺寸计算并乘以(　　)得到要求的混合料质量。

A. 1.00　　B. 1.01　　C. 1.02　　D. 1.03

50. 计算沥青混合料空隙率,除需要沥青混合料的毛体积相对密度之外,还需要沥青混合料的(　　)。

A. 材料组成比例　　B. 表观相对密度

C. 理论最大相对密度　　D. 试件的压实度

51. 将沥青混合料密度试验的 4 种方法与它们的适用条件用短线相组合,其正确组合是(　　)。

①表干法;②水中重法;③蜡封法;④体积法;⑤试件吸水率小于 0.5%;⑥试件吸水率大于 2%;⑦蜡封法不能解决的问题;⑧试件吸水率小于 2%。

A. ①-⑧,②-⑤,③-⑥,④-⑦　　B. ①-⑤,②-⑥,③-⑦,④-⑧

C. ①-⑥,②-⑦,③-⑤,④-⑧　　D. ①-⑦,②-⑧,③-⑥,④-⑤

52. 沥青旋转黏度试验(布洛克菲尔德黏度计法)重复性试验和再现性试验的允许误差分别为平均值的(　　)。

A. 1.5%;12.5%　　B. 1.5%;14.5%　　C. 3.5%;12.5%　　D. 3.5%;14.5%

53. 关于蜡封法测定沥青混合料空隙率试验,以下表述不正确的是(　　)。

A. 蜡封法不能用于测定空隙率较大的沥青碎石 AM 和大空隙透水性沥青混合料 OGFC

B. 蜡封法不能用于测定 SMA 和吸水率低于 2% 的 AC 和 ATB 混合料

C. 蜡封法适合于测定吸水率大于 2% 的所有沥青混合料

D. 蜡封法试验后的试件不宜用于后续马歇尔稳定度、流值等试验

54. 沥青混合料马歇尔稳定度单位为(　　)。

A. Pa　　B. MPa　　C. N　　D. kN

55. 沥青混合料马歇尔稳定度试验试件加载速率是(　　)。

A. 10mm/min　　B. 0.5mm/min　　C. 1mm/min　　D. 50mm/min

56. 黏稠石油沥青混合料马歇尔稳定度试验温度是(　　)。

A. 50℃　　B. 60℃　　C. 65℃　　D. 80℃

57. 一组沥青混合料马歇尔稳定度试验,5 个试件测定结果分别为 7.00kN、8.00kN、9.00kN、10.00kN、11.00kN,则该沥青混合料马歇尔稳定度试验结果为(　　)。

A. 9.00kN　　B. 8.50kN　　C. 9.50kN　　D. 10.00kN

58. 一组沥青混合料马歇尔试件计算得马歇尔模数为 4.4kN/mm,测得流值为 2.2mm,则该组试件的马歇尔稳定度为(　　)。

A. 6.66kN　　B. 8.86kN　　C. 9.68kN　　D. 10.46kN

59. 真空法测定沥青混合料理论最大相对密度时,可选用的负压容器有(　　)种。

A. 2　　B. 3　　C. 4　　D. 5

60. 真空法测定沥青混合料理论最大相对密度时的温度为(　　)。

A. 20℃　　B. 25℃　　C. 30℃　　D. 50℃

61. 采用真空法测定沥青混合料理论最大相对度时,集料公称最大粒径若为 19mm,则试样质量最小为(　　)。

A. 500g　　B. 1000g　　C. 1500g　　D. 2000g

62. 真空法测定沥青混合料理论最大相对密度时,要求将沥青混合料团块仔细分散,粗集料不破碎,那么对细集料团块的粒径要求是小于(　　)。

A. 4.75mm　　B. 5.2mm　　C. 6.4mm　　D. 6.8mm

63. 我国现行规范通过(　　)等指标的控制,来保证沥青混合料的耐久性。

A. 空隙率、饱和度和残留稳定度　　B. 稳定度、流值和马歇尔模数

C. 空隙率、含蜡量和含水率　　D. 针入度、针入度指数

64. 进行沥青混合料马歇尔试件密度测定时,当过度擦去混合料马歇尔试件开口空隙中的水分后,测得的毛体积密度结果将(　　)。

A. 偏大　　B. 偏小　　C. 不受影响　　D. 偏差不明显

65. 沥青针入度试验时,上次使用过的标准针未清洗擦拭而直接使用,测定结果(　　)。

A. 偏大　　B. 偏小　　C. 不变　　D. 无法确定

66. 以下关于木质素纤维灰分含量试验的表述正确的是(　　)。

A. 灰分含量越高,说明纤维杂质越多,因此灰分含量越低越好

B. 如果燃烧温度过高,灰分含量的试验结果会偏大

C. 相同试样质量,燃烧后残留物含量越高,则灰分含量越高

D. 某一样品的灰分含量为 11%,则该样品的灰分含量指标可评定为合格

67. 制作沥青混合料马歇尔试件的拌和温度与压实温度参考范围,沥青针入度较小时,应取(　　);针入度较大时,取(　　)。

A. 高限;低限　　B. 高限;高限　　C. 低限;高限　　D. 低限;低限

68. 随着沥青用量的增加,以下指标会持续增加的是(　　)。

A. 稳定度　　B. 空隙率　　C. 密度　　D. 流值

69. 在进行 SBS 改性沥青离析试验时,将沥青徐徐注入盛样管后放入烘箱中静置一段时间,关于烘箱温度和静置时间正确的是(　　)。

A. 163℃ ±5℃;48h ±1h　　B. 163℃ ±5℃;24h ±1h

C. 135℃ ±5℃;24h ±1h　　D. 根据施工温度确定;24h ±1h

70. 沥青混合料谢伦堡沥青析漏试验时,在玻璃上加玻璃板盖,放入(　　)的烘箱中较合适。

A. 167℃　　B. 171℃　　C. 173℃　　D. 175℃

71. 沥青混合料生产配合比设计阶段确定(　　)个沥青用量进行马歇尔试验及试拌。

A. 2　　B. 3　　C. 4　　D. 5

72. 对沥青混合料浸水飞散试验,先在 60℃ ±0.5℃恒温水槽中养护(　　),然后取出在室温中放置。

A. 12h　　B. 24h　　C. 36h　　D. 48h

73. 计算沥青混合料最佳沥青用量 OAC_2 无须用到的指标是(　　)。

A. 马歇尔稳定度　　B. 空隙率　　C. 沥青饱和度　　D. 矿料间隙率

74. 沥青混合料配合比设计中马歇尔试验结果分析的步骤如下:

①绘制沥青用量与物理力学指标关系图:以沥青用量为横坐标,以密度、空隙率、饱和度、稳定度和流值为纵坐标,将试验结果绘制成沥青用量与各指标的关系曲线图;

②根据稳定度、密度和空隙率确定最佳沥青用量初始值 OAC_1:在图中取相应于稳定度最大值的沥青用量 a_1,相应于密度最大值的沥青用量 a_2,和相应于规定空隙率范围的中值的沥青用量 a_3,取三者的最大值作为最佳沥青用量的初始值 OAC_1;

③根据符合各项技术指标的沥青用量范围确定沥青最佳用量初始值 OAC_2:按满足各项指标选择沥青用量的范围 OAC_{min} ~ OAC_{max},取 OAC_{min} 和 OAC_{max} 平均值为 OAC_2;

④一般情况下,OAC_1 和 OAC_2 的平均值即为沥青最佳用量 OAC。

上述叙述中可能存在的错误共有(　　)。

A. 一处　　B. 两处　　C. 三处　　D. 四处

75. 沥青混合料高温稳定性不足可能引起的病害不包括(　　)。

A. 车辙　　B. 波浪　　C. 拥包　　D. 松散

76. 某试验人员对沥青混合料的马歇尔稳定度和流值测定时未进行修正,测得的马歇尔稳定度可能会(　　)。

A. 偏大　　B. 偏小　　C. 不能确定　　D. 不变

77. 车辙试验主要是用来评价沥青混合料的(　　)。

A. 高温稳定性　　B. 低温抗裂性　　C. 耐久性　　D. 抗滑性

78. 车辙试验可在沥青混合料配合比设计的(　　)阶段用到。

A. 目标配合比设计　　B. 生产配合比设计

C. 生产配合比验证　　D. 目标配合比验证

79. 沥青混合料车辙试验用通常尺寸为(　　)的板块试件。

A. 300mm ×300mm ×50mm　　B. 300mm ×300mm ×500mm

C. 300mm ×300mm ×300mm　　D. 300mm ×300mm ×30mm

80. 高温稳定性和低温抗裂性都较好的沥青混合料结构类型是(　　)。
A. 悬浮密实型　B. 骨架空隙型　C. 骨架密实型　D. 均匀密实型

81. 不能用来评价沥青混合料高温稳定性的指标有(　　)。
A. 马歇尔稳定度　B. 流值　C. 动稳定度　D. 浸水残留稳定度

82. 在沥青软化点试验中,如估计试样软化点高于(　　),则试样环和试样底板(不得用玻璃板)均应预热至 80～100℃。
A. 80℃　B. 100℃　C. 120℃　D. 140℃

83. 沥青混合料车辙试验时,试件内部温度要求为(　　)。
A. 60℃ ±0.1℃　B. 60℃ ±0.5℃
C. 60℃ ±1℃　D. 60℃ ±1.5℃

84. 乳化沥青破乳速度试验中,(　　)不属于破乳速度分级。
A. 快裂　B. 迅裂　C. 中裂　D. 慢裂

85. 沥青混合料浸水马歇尔稳定度试验中,其中一组马歇尔试件是在 60℃热水中恒温 30min,另一组的保温时间为(　　)。
A. 12h　B. 24h　C. 36h　D. 48h

86. 沥青混合料冻融劈裂试验试件的击实次数为双面各(　　)次。
A. 50　B. 75　C. 112　D. 120

87. 沥青混合料中,沥青含量试验(离心分离法)以 3 次试验的平均值作为试验结果时,3 次试验的最大值与最小值之差不得大于(　　)。
A. 0.3%　B. 0.4%　C. 0.5%　D. 0.6%

88. 离心分离法测定沥青混合料中沥青含量时,沥青混合料的用量要求为(　　)。
A. 800～1000g　B. 1000～1200g
C. 1000～1500g　D. 1500～1800g

89. 燃烧炉法测定沥青混合料中沥青含量时,当沥青用量的修正系数 C_f 大于 0.5% 时,设定(　　)燃烧温度重新标定。
A. 538℃ ±3℃　B. 538℃ ±5℃　C. 482℃ ±3℃　D. 482℃ ±5℃

90. 车辙试验前,车辙板需在规定温度下恒温一定时间,当恒温时间明显不足时,试验有可能(　　)。
A. 随季节变化测得不同的动稳定度
B. 导致动稳定度偏高
C. 随混合料的类型变化对动稳定度造成不同影响
D. 不影响动稳定度试验结果

91. 采用离心分离法测定沥青混合料的沥青含量时,应考虑泄漏入抽提液中矿粉的含量;如果忽略该部分质量,测得的结果较真实值(　　)。
A. 偏大　B. 偏小　C. 相同　D. 大小不能确定

92. 离心分离法测定沥青混合料中沥青含量时,离心机的转速要求为(　　)。
A. 3000r/min　B. 2000r/min　C. 1000r/min　D. 500r/min

93. 离心分离法测定沥青混合料中沥青含量时,滤纸干燥后的增重部分为(　　)。

A. 沥青 B. 矿粉 C. 石屑 D. 其他杂质

94. 按组成结构分类，SMA 属于（ ）结构。

A. 悬浮密实型 B. 骨架空隙型

C. 骨架密实型 D. 均匀密实型

95. 以下关于木质纤维的耐热性表述不正确的是（ ）。

A. 采用 210℃ 加热 1h 的质量损失评价木质纤维的耐热性

B. 加热温度过高或加热时间过长，可能会导致质量损失试验结果偏大

C. 耐热性试验时加热过程中可采用金属盘等容器

D. 耐热性试验前试样应充分干燥，否则试验结果会偏大

96. SMA 混合料最常用的纤维类型是（ ）。

A. 木质素纤维 B. 玻璃纤维 C. 石棉纤维 D. 任意纤维

97. OGFC 混合料所属的沥青混合料结构类型是（ ）。

A. 悬浮密实型 B. 骨架密实型

C. 骨架空隙型 D. 均匀密实型

98. 对于低温延度，当试验温度高于规定时，试验结果（ ），相反（ ）。

A. 偏大；偏小 B. 偏小；偏小 C. 偏大；偏大 D. 偏小；偏大

99. 对于改性 SMA 混合料，析漏试验的温度为（ ）。

A. 170℃ B. 175℃ C. 180℃ D. 185℃

100. 标准飞散试验可用于确定沥青路面表面层使用的 SMA 混合料所需（ ）沥青用量。

A. 最多 B. 最少 C. 中值 D. 最佳

二、判断题

1. 马歇尔试件水中称重时，随着开口空隙中气体的排出，电子秤的数显值会不断增加。（ ）

2. 马歇尔试件的吸水率实际上是指材料所吸水的质量占单位毛体积的百分率。（ ）

3. 沥青取样时需要根据沥青的品种选择合适的盛样容器，例如液体或黏稠沥青可采用广口、密封带盖的金属容器（如锅、桶等）；乳化沥青可使用广口、带盖的聚氯乙烯塑料桶；固体沥青可用塑料袋，但需有外包装，以便携运。（ ）

4. 木质纤维的吸油率用于间接评价纤维吸收沥青的能力，吸油率不宜过低，也不宜过高，因此《沥青路面用纤维》（JT/T 533—2020）规定了木质纤维的吸油率是一个范围。（ ）

5. 当沥青桶不便加热熔化沥青时，可在桶高的中部将桶凿开取样，但样品应在距桶壁 5cm 以上的内部凿取。（ ）

6. 通常，沥青的软化点越高，黏度也越高，针入度越小。（ ）

7. 如果车辙试验轮碾速度高于规定的要求，测得的动稳定度会偏高。（ ）

8. 沥青针入度试验时，标准针刺入试样位置与盛样皿边缘的距离小于 10mm，测定结果偏大。（ ）

9. 当试样软化点大于 80℃ 时，重复性试验精度的允许差为 1℃，再现性试验精度允许差

为4℃。 ( )

10. 对SBS、SBR等聚合物改性沥青,要求试验温度为5℃,拉伸速度为5cm/min ±0.25cm/min条件下的延度。 ( )

11. 沥青延度试验当试验结果小于100cm时,重复性试验的允许差为平均值的20%;复现性试验的允许差为平均值的30%。 ( )

12. 薄膜烘箱或旋转薄膜烘箱加热后的沥青各项指标与加热前的沥青相比,其差别越小,说明沥青的抗老化能力越高。 ( )

13. 木质素纤维的吸油率越大,吸收沥青越多,造成一定浪费。 ( )

14. 沥青混合料进行取样时,试样数量根据试验目的决定,宜不少于试验用量的2倍。 ( )

15. 木质素纤维灰分含量越低说明纤维纯度越高,因此灰分含量越低纤维质量越好。 ( )

16. 液体沥青密度与相对密度试验中注意勿使沥青黏附瓶口或上方瓶壁,并防止混入气泡。 ( )

17. 沥青密度与相对密度试验中的比重瓶水值的测定步骤:瓶塞顶部需要擦拭干净,膨胀瓶塞上不得有小水滴。 ( )

18. 蜡随着温度升高极易融化,使沥青的黏度增加,进而减小沥青的温度敏感性。 ( )

19. 利用布洛克菲尔德黏度计测定的不同温度的表观黏度,绘制黏温曲线。一般可采用135℃及175℃测定的表观黏度,不能采用其他温度。 ( )

20. 木质素纤维的耐热性试验宜按照拌和楼拌和时的温度进行加热。 ( )

21. 对于中粒式或粗粒式密级配沥青混合料,可以适当地减少沥青的用量来提高混合料的高温稳定性。 ( )

22. 最大粒径大于13.2mm的粗集料,应选用水浸法来确定其黏附性。 ( )

23. 进行AC-25车辙试验时,采用轮碾法成型板块试件,其尺寸宜为300mm(长)×300mm(宽)×60mm(厚)。 ( )

24. 在黏附性试验中,黏附性等级为“1”,说明沥青膜完全保存,剥离面积百分率接近于0。 ( )

25. 用水浸法测定沥青与矿料的黏附性试验中,按每100g矿料加入沥青5.5g±0.2g的比例称取沥青,准确至0.1g,放入小型拌和容器中,放入同一烘箱中加热30min。 ( )

26. 考虑高温稳定性时,沥青混合料中粗集料的粒径要大一些;考虑耐久性时,粗集料的粒径要小一些。 ( )

27. 混合料的空隙率随着沥青用量的增加先降低后升高。 ( )

28. SBS改性沥青可显著提高路面的使用性能、延长路面的使用寿命,却大大增加了养护费用。 ( )

29. 对道路石油沥青,延度试验中要求温度为15℃或10℃,拉伸速度通常为5cm/min ±0.25cm/min。 ( )

30. 聚合物改性沥青混合料不得采用真空法测定理论最大相对密度。 ( )

31. 通过沥青延度试验测定沥青能够承受的塑性变形总能力,并用于评价沥青在高温状态

下的抗车辙性。（　）

32. 沥青饱和度指沥青混合料试件内沥青部分的体积占矿料部分以外的体积的百分率。（　）

33. 马歇尔稳定度和流值是表示沥青混合料高温时的稳定性和抗变形能力的指标。（　）

34. 由于沥青混合料中的空隙易于造成混合料的老化，所以路用沥青混合料中的空隙率越小越好。（　）

35. 薄膜加热试验中，把烘箱调整水平，使转盘在水平面上以 5.5r/min ± 1r/min 的速度旋转，温度计位置距转盘中心和边缘距离相等。（　）

36. 沥青混合料中的剩余空隙率，其作用是以备高温季节沥青材料膨胀。（　）

37. 沥青混合料试件的空隙率要大于沥青混合料试件的矿料间隙率。（　）

38. 我国现行规范采用马歇尔方法确定沥青混合料的最佳沥青用量。（　）

39. 在使用轮碾法进行沥青混合料试件制作时，连同试模将成型好的试件放置 24h，然后脱模。（　）

40. 凡在试验室制作的沥青混合料马歇尔试件，高度超出误差规定都应视为废试件。（　）

41. 沥青混合料成型马歇尔试件时，套筒不需加热。（　）

42. 沥青混合料成型马歇尔试件时，试模内壁应用黄油适当擦拭。（　）

43. AC-13 沥青混合料沥青与矿料的黏附性以水浸法试验结果为准。（　）

44. 基于温度的考虑，沥青混合料马歇尔试件的成型过程须在一定时间内完成。（　）

45. 沥青混合料标准马歇尔试件质量按 1200g 计，1200g 乘以油石比即为所需沥青的质量。（　）

46. 沥青混合料马歇尔稳定度试验时的温度越高，则稳定度越大，流值越小。（　）

47. 毛细管运动黏度试验方法适用于采用毛细管黏度计测定黏稠石油沥青、固体沥青及其蒸馏后残留物的运动黏度。（　）

48. 表干法测定沥青混合料马歇尔试件毛体积密度时，将试件置于网篮中，若天平读数持续变化，不能很快达到稳定，说明试件吸水较严重，不适用于此法测定。（　）

49. 表干法测定沥青混合料马歇尔试件毛体积密度时，饱和面干状态应用干毛巾擦拭获得。（　）

50. 表干法测定沥青混合料马歇尔试件毛体积密度时，擦拭过程不宜超过 5s，称量过程中流出的水不得再擦拭。（　）

51. 马歇尔稳定度指按规定条件采用马歇尔试验仪测定的沥青混合料所能承受的最大荷载。（　）

52. 马歇尔稳定度是设计沥青混合料配合比的主要技术指标。（　）

53. 如果低温延度值较大，则在低温环境下沥青的开裂性相对较大。（　）

54. 沥青混合料马歇尔稳定度试验中，仪器压头可不必保温。（　）

55. 沥青混合料浸水马歇尔稳定度试验结果中，浸水残留稳定度与马歇尔稳定度单位一致。（　）

56. 沥青混合料马歇尔稳定度试验结果中，稳定度与流值结果精度要求一致。（　）

57. 沥青密度与相对密度试验凡涉及密度瓶在盛满物体时的称重，都要对密度瓶进行加热操作，以达到更加精确的测定结果。（　）

58. 真空法适合于测定各种沥青混合料的理论最大相对密度。（　）

59. 采用真空法测定沥青混合料理论最大相对密度时，为有助于抽真空的效果，可在真空容器的水中添加少量无泡沫表面活性剂。（　）

60. 采用真空法测定沥青混合料理论最大相对密度，进行负压容器标定时，尤其注意要将气泡排尽。（　）

61. 空隙率越小，沥青混合料的耐久性越好。（　）

62. 沥青面层中集料的公称最大粒径应与该层压实后的结构厚度相匹配，即要求压实层厚度不宜小于集料公称最大粒径的 2.5 ~ 3 倍。（　）

63. 沥青混合料的矿料级配应使其空隙率尽可能小。（　）

64. 乳化沥青稀浆混合料的配合比设计过程中，进行拌和试验和黏聚力试验时，可拌和时间的试验温度应考虑最高施工温度，黏聚力试验的温度应考虑施工中可能遇到的最低温度。（　）

65. 为改善沥青混合料水稳性，可以采用干燥的消石灰粉或水泥部分替代填料。（　）

66. 夏季温度高、高温持续时间长的路段，宜选用粗型密级配沥青混合料。（　）

67. 确定沥青混合料最佳沥青用量时，沥青用量与各马歇尔指标关系曲线图中横坐标是油石比。（　）

68. 随着沥青用量的增加，混合料的马歇尔稳定度会持续增加。（　）

69. 乳化沥青筛上筛余量试验，是测定乳化沥青 1.18mm 试验筛筛上剩余物含量，对于阳离子乳液和阴离子乳液均采用蒸馏水将筛网润湿。（　）

70. 沥青混合料目标配合比设计即为确定最佳沥青用量。（　）

71. 沥青与集料的黏附性试验主要是评价沥青与集料的吸附能力。（　）

72. 沥青混合料在规定温度下燃烧产生的损失量即是沥青混合料中沥青含量。（　）

73. 沥青混合料最佳沥青用量 OAC_1 是稳定度、密度、空隙率及饱和度 4 个指标中对应沥青用量的最大值。（　）

74. 沥青混合料最佳沥青用量 OAC_2 是各指标均符合技术标准（不包括 VMA）的沥青用量范围最大值和最小值的平均值。（　）

75. 沥青软化点试验试样受热软化开始下坠时的温度即为软化点。（　）

76. 破乳试验用于评价乳化沥青的拌和稳定度，鉴别乳液属于快裂、中裂或慢裂型号，试验时需要制备 2 组矿料和乳液试样进行平行试验。（　）

77. 在沥青路面施工中，为测定沥青混合料的沥青含量，可以采用燃烧炉法或离心分离法，在实际工程中宜将两种方法结合起来应用。（　）

78. 车辙试验不可用于沥青混合料配合比设计的高温稳定性检验。（　）

79. 沥青混合料车辙试验中，要求至少平行试验 3 个试件，结果取其平均值。（　）

80. 空隙率较大的沥青混合料，高温稳定性较好。（　）

81. 现行规范采用沥青混合料低温弯曲试验评价沥青混合料的低温性能。（　）

82. 沥青混合料车辙试验时，直接在拌和厂取拌和好的样品冷却后，可二次加热重塑制作

试件。（　　）

83. 沥青混合料车辙试验结果计算中 $t_2 - t_1$ 肯定等于 15(min)。（　　）

84. 在进行沥青混合料冻融劈裂试验时，应成型不小于 8 个试件，按照空隙率分 2 个组，每组不少于 4 个试件，测定 2 组试件的劈裂强度，取两组强度的比值作为试验结果。（　　）

85. 聚合物改性沥青的软化点一定高于道路石油沥青的软化点。（　　）

86. 间断级配的沥青混合料施工过程中易发生离析。（　　）

87. 沥青混合料冻融劈裂试验结果不满足要求，则说明其抗冻性能不满足要求。（　　）

88. 马歇尔稳定度是评价沥青混合料高温性能的指标，而残留稳定度则是评价沥青混合料水稳定性的指标。（　　）

89. 沥青混合料冻融劈裂试验用试件的击实次数与马歇尔稳定度试验用试件的击实次数相同。（　　）

90. 离心分离法抽提的沥青不可再做他用。（　　）

91. 沥青混合料中掺加纤维或橡胶粉时，采用燃烧炉法测定沥青含量的结果需仔细修正检查。（　　）

92. 沥青混合料中沥青含量试验，可以采用离心分离法和燃烧炉法，离心分离法可以直接得出试验结果，但是操作复杂、溶剂会影响环境；燃烧炉法效率高、但事前必须标定。（　　）

93. 沥青混合料的级配范围中，靠近级配范围下限的级配曲线总体偏粗，靠近上限的级配曲线总体偏细。（　　）

94. 燃烧炉法测定沥青混合料中沥青含量时，如果 482℃ 与 538℃ 得到的沥青用量的修正系数差值在 0.1% 以内，以 482℃ 的沥青用量作为最终的修正系数 C_f。（　　）

95. 通过针入度的测定不仅能够掌握不同沥青的黏稠性以及进行沥青标号的划分，而且可以用来建立描述沥青的温度敏感性的指标，如针入度指数、当量软化点和当量脆点等。（　　）

96. 在薄膜加热试验中，蒸发“损失”试验计算结果只有正值，表明加热时沥青试样不仅没有损失，而且还有一定增加，原因在于加热过程中沥青与空气中某些成分发生了反应。（　　）

97. 采用离心分离法测定沥青混合料中沥青含量时，至少应进行两次平行试验。（　　）

98. 采用燃烧炉法测定沥青混合料中沥青含量时，对每一种沥青混合料都必须进行标定。（　　）

99. SMA 混合料中粗集料多，矿粉多，沥青多，细集料少。（　　）

100. SMA 混合料所用的沥青结合料要求必须是改性沥青。（　　）

101. 实际工程中，往往选择能够兼顾高温时变形量较小，但低温时又有一定变形能力的凝胶型沥青。（　　）

102. 石油沥青的黏滞性是指沥青材料在外力作用下，沥青粒子产生相互位移时抵抗剪切变形的能力。（　　）

103. OGFC 混合料抗滑性能优异，主要是由于其空隙率较大，排水能力较好。（　　）

104. OGFC 混合料的空隙率通常大于 20%。（　　）

105. 对于 SMA 混合料，粗集料通常指的是粒径大于 4.75mm 的集料。（　　）

106. 对于 SMA 混合料，析漏试验是确定其沥青用量的一种辅助试验方法。（　　）

107. 对于 SMA 混合料，飞散试验是检验结合料与集料黏附性的方法。（　　）

108. SMA 混合料的配合比设计采用马歇尔试件的体积设计方法进行，但马歇尔试验的稳定度和流值并不作为配合比设计接受或者否决的唯一指标。（ ）

109. 浸水飞散试验是在 60℃ 水中浸水 48h 后进行的试验，目的是考察试件在热水中膨胀和沥青老化，对集料和沥青黏结力下降的影响，对于积雪寒冷地区不可进行飞散试验。（ ）

110. 最佳沥青用量是指能够使沥青混合料各项指标达到最好状态时所对应的用量。（ ）

三、多项选择题

1. 沥青针入度试验的关键性条件是（ ）。
A. 温度　B. 湿度　C. 测试时间　D. 针的质量

2. 乳化沥青储存稳定性试验时，储存时间按需要可选（ ）。
A. 1d　B. 2d　C. 5d　D. 7d

3. 根据沥青针入度试验测试结果按公式计算法可以计算（ ）。
A. 针入度指数　B. 延度　C. 当量软化点　D. 当量脆点

4. 进行沥青试验前，试样准备工作包括（ ）。
A. 落实生产沥青的油源　B. 除去沥青中所含水分
C. 确认沥青所属等级　D. 筛除沥青中的异物

5. 环球法适用于测定（ ）的软化点。
A. 石油沥青　B. 煤沥青
C. 页岩沥青　D. 聚合物改性沥青

6. 对热沥青试样的制备，下列说法不正确的有（ ）。
A. 石油沥青试样中含有水分时，将沥青置于温度 90℃ 左右烘箱中加热脱水
B. 无水石油沥青在电炉上直接加热至 135℃
C. 采用电炉加热时，加热时间不得超过 30min
D. 加热后的沥青需要过 0.6mm 筛才能灌模

7. 沥青延度试验适用于测定（ ）的延度。
A. 道路石油沥青　B. 聚合物改性沥青
C. 液体石油沥青蒸馏残留物　D. 乳化沥青蒸发残留物

8. 我国沥青及沥青混合料试验规程使用（ ）试验来估计沥青发生的短期老化。
A. TFOT　B. RTFOT
C. “加速加载”　D. “压力老化容器加速沥青老化”

9. 沥青旋转薄膜加热试验，根据需要测定旋转薄膜加热后残留物的（ ）等各项性质的变化。
A. 针入度及针入度比　B. 软化点及软化点增值
C. 黏度及黏度比　D. 密度及密度比

10. 克利夫兰开口杯适合测定（ ）的闪点。
A. 70 号道路石油沥青　B. SBS 聚合物改性沥青
C. 闪点在 79℃ 以上的液体石油沥青　D. SBR 聚合物改性

11. 软化点试验过程中,对试验结果产生影响的因素包括(　　)。

A. 试验起始温度　　B. 升温速度

C. 球的质量　　D. 球的直径

12. 以下是沥青与矿料黏附性试验水浸法操作步骤的有(　　)。

A. 将集料过 13.2mm、19mm 的筛,取存留在 13.2mm 筛上的颗粒 5 个,要求试样表面规整、接近立方体

B. 集料过 13.2mm、9.5mm 的筛,取粒径 9.5 ~ 13.2mm 形状规则的集料 200g,洗净并在 105℃的烘箱中烘干备用

C. 用细线将试样集料颗粒逐个系牢,继续放入 105℃的烘箱中加热待用

D. 按四分法称取备用试样颗粒 100g 置搪瓷盘上,连同搪瓷盘一起放入已升温至沥青拌和温度以上 5℃的烘箱中持续加热 1h

13. 关于石油沥青延度试验,说法错误的是(　　)。

A. 恒温水槽温度控制精度为 ±0.1℃

B. 根据试验温度有两种不同的拉伸速度

C. 石油沥青延度对沥青混合料的低温性能影响显著

D. 采用循环水域的延度仪时,在试验过程中不得关闭循环系统

14. 下列属于热拌沥青混合料取样方法的有(　　)。

A. 在沥青混合料拌和厂取样　　B. 在碾压成型的路面上取样

C. 在沥青混合料运料车上取样　　D. 在道路施工现场取样

15. 已知某一沥青,其 15℃的密度为 0.937g/cm^3,现进行 15℃延度试验,以下表述错误的有(　　)。

A. 试样灌模时,为了确保试样均匀,自试模的中间向两侧多次缓缓将试样注入试模中,最后略高出试模

B. 延度试验时,水温应达到试验温度 ±0.1℃,为了保持这一温度,试验中应保持水槽水流循环

C. 直接采用洁净的纯净水作为介质,若试验中发现沥青细丝浮于水面,应停止试验,在水中加入煤油调整水的密度后重新试验

D. 三个延度实测值为 124cm、124cm、125cm,则试验结果记为 124cm

16. 以下关于沥青弹性恢复试验,说法正确的有(　　)。

A. 非经注明,试验温度为 25℃,拉伸速率为 5cm/min ±0.5cm/min

B. 拉伸一停止就立即用剪刀在中间将沥青试样剪断

C. 注意在停止拉伸后至剪断试样之间不得有时间间隔,以免使拉伸应力松弛

D. 取下两个半截的回缩的沥青试样轻轻捋直,但不得施加拉力,移动滑板使改性沥青试样的尖端刚好接触

17. SBS 改性沥青的高温、低温性能都好,且有良好的弹性恢复性能,所以采用(　　)作为主要指标。

A. 软化点　　B. 5℃低温延度

C. 回弹率　　D. 闪点

18. SBS 改性沥青的技术指标以改性沥青的(　　)。
A. 针入度反映改性后沥青感温性的改善程度
B. 针入度指数反映改性后沥青感温性的改善程度
C. 针入度作为分级的主要依据
D. 针入度指数作为分级的主要依据

19. 以下是 SBS 改性沥青的安全要求指标、纯度指标和 SBS 改性沥青混合料工作性要求指标的有(　　)。
A. 闪点　B. 溶解度　C. 回弹率　D. 135℃运动黏度

20. 不属于悬浮密实结构类型的沥青混合料有(　　)。
A. AC　B. SMA　C. AM　D. OGFC

21. 沥青混合料的技术指标包括(　　)。
A. 稳定度和流值　B. 矿料间隙率
C. 空隙率　D. 沥青饱和度

22. 沥青混合料的主要技术性能有(　　)。
A. 高温稳定性　B. 低温抗裂性　C. 耐久性　D. 抗滑性

23. 沥青混合料试件空隙率的影响因素包括(　　)。
A. 矿料级配　B. 沥青用量　C. 压实程度　D. 试件尺寸

24. 与沥青混合料空隙率相关的不同密度有(　　)。
A. 毛体积相对密度　B. 表观相对密度
C. 理论最大相对密度　D. 真实密度

25. 沥青混合料空隙率过小可能引起的损害有(　　)。
A. 车辙　B. 泛油　C. 老化　D. 推移

26. 一些沥青常规试验制样时需使用隔离剂，下列试验项目中需要隔离剂的有(　　)。
A. 针入度试验　B. 薄膜烘箱试验
C. 软化点试验　D. 延度试验

27. 当缺乏沥青黏度测定条件时，制作 90 号石油沥青混合料试件的拌和温度可选用(　　)。
A. 120℃　B. 130℃　C. 150℃　D. 160℃

28. 参考现行《公路工程沥青及沥青混合料试验规程》(JTG E20)，当缺乏沥青黏度测定条件时，道路石油沥青混合料试件压实温度可选用(　　)。
A. 110℃　B. 120℃　C. 130℃　D. 140℃

29. 沥青的黏度为(　　)时，对应的温度适宜进行沥青混合料的碾压成型。
A. 0.20Pa·s　B. 0.25Pa·s　C. 0.30Pa·s　D. 0.35Pa·s

30. 以下沥青混合料大型马歇尔试件高度符合要求的有(　　)。
A. 92.0mm　B. 94.0mm　C. 96.0mm　D. 98.0mm

31. 沥青混合料马歇尔试件成型过程中，需要加热的仪具有(　　)。
A. 击实锤　B. 套筒　C. 试模　D. 底座

32. 成型马歇尔试件时，计算材料用量需要用到的参数有(　　)。

A. 矿料级配　B. 粉胶比　C. 沥青用量　D. 空隙率

33. 造成沥青路面产生车辙的原因有(　　)。

A. 沥青标号偏低　B. 采用高黏度沥青

C. 沥青混合料中矿料嵌挤力不够　D. 矿料的棱角性不好

34. 易造成沥青混合料高温稳定性不好的内在原因是(　　)。

A. 空隙率过高　B. 空隙率过低

C. 沥青用量偏高　D. 集料的酸碱性

35. 沥青混合料马歇尔试件毛体积密度计算时,考虑的体积包括(　　)。

A. 材料实体　B. 闭口孔隙　C. 开口孔隙　D. 表面凹陷

36. 可用表干法测定其马歇尔试件毛体积密度的沥青混合料类型有(　　)。

A. AC　B. OGFC　C. SMA　D. AM

37. 表干法测定马歇尔试件毛体积密度的温度可以为(　　)。

A. 24.0℃　B. 24.5℃　C. 25.0℃　D. 25.5℃

38. 表干法测定马歇尔试件毛体积密度过程中,试件浸水时间可为(　　)。

A. 3min　B. 4min　C. 5min　D. 6min

39. 沥青蜡含量试验(蒸馏法)使用的化学试剂有(　　)。

A. 三氯乙烯　B. 无水乙醚　C. 无水乙醇　D. 石油醚

40. 某试验人员对沥青混合料进行取样,其做法不对的是(　　)。

A. 用于检验拌和质量时,应从拌和机一次放料的下方或提升斗中取样,但不得分多次取样并混合后使用

B. 在拌和厂的运输车中取样时,宜在装料一半时从不同的 3 个方向进行取样

C. 在达到现场的运输车中取样时,宜从 3 台不同车的顶面取样并混合

D. 道路施工现场取样时,应在摊铺后、未碾压前,在摊铺宽度的两侧 1/3 ~ 1/2 位置处取样

41. 马歇尔稳定度试验过程的主要控制因素有(　　)。

A. 试件保温温度　B. 试件尺寸

C. 试件保温时间　D. 室内温度

42. 按浸水条件的不同,沥青混合料马歇尔稳定度试验有 (　　)。

A. 标准马歇尔稳定度试验　B. 浸水马歇尔稳定度试验

C. 真空饱水马歇尔稳定度试验　D. 残留稳定度试验

43. 沥青混合料马歇尔稳定度试验中,标准试件保温时间为(　　)。

A. 20min　B. 30min　C. 40min　D. 50min

44. 沥青混合料马歇尔稳定度试验过程消耗时间(保温完成取出试件至测试完成)可为(　　)。

A. 15　B. 25　C. 35　D. 45

45. 一组沥青混合料马歇尔稳定度试验,4 个试件测定结果分别为 5.20kN、8.55kN、9.65kN、14.00kN,结果评定时($k = 1.46$)应选取(　　)求算平均值作为试验结果。

A. 5.20kN　B. 8.55kN　C. 9.65kN　D. 14.00kN

46. 随着沥青含量的增加,以下指标不会出现峰值的是(　　)。

A. 稳定度　　B. 空隙率　　C. 饱和度　　D. 流值

47. 沥青混合料马歇尔稳定度试验试件数目一般为(　　)。

A. 3　　B. 4　　C. 5　　D. 6

48. 真空法测定沥青混合料理论最大相对密度时,若混合料较坚硬,可用烘箱适当加热进行分散,那么加热温度可为(　　)。

A. 50℃　　B. 55℃　　C. 60℃　　D. 65℃

49. 真空法测定沥青混合料理论最大相对密度时,负压容器内负压可为(　　)。

A. 3.0kPa　　B. 3.5kPa　　C. 4.0kPa　　D. 4.5kPa

50. 真空法测定沥青混合料理论最大相对密度时,振动及抽真空过程可持续(　　)。

A. 10min　　B. 12min　　C. 14min　　D. 16min

51. 以下关于 90 号 A 级道路石油沥青评价指标,表述不正确的有(　　)。

A. 软化点主要是评价沥青混合料的高温性能

B. 闪点主要是反映沥青混合料的施工安全性,闪点越高,施工安全性越好

C. 离析试验的软化点差主要反映沥青混合料储存稳定性,软化点差越大说明储存稳定性越高

D. 质量变化主要反映沥青短期抗老化性能,质量变化只能出现正值,不会出现负值,且越大抗老化性能越好

52. 以下关于 SMA 沥青混合料谢伦堡沥青析漏和肯塔堡飞散试验描述正确的有(　　)。

A. 谢伦堡沥青析漏试验时,随着沥青用量增加,析漏损失逐渐增加

B. 肯塔堡飞散试验时,随着沥青用量增加,飞散损失逐渐降低

C. 对于同一 SMA 沥青混合料,按析漏损失标准确定的沥青用量一般要高于按飞散损失标准确定的沥青用量

D. 增加试验温度,两种试验的测定结果都会增加

53. 沥青混合料目标配合比设计阶段中,经马歇尔试验确定 OAC 后,还应进行(　　)。

A. 水稳定性试验　　B. 车辙试验

C. 沥青含量试验　　D. 低温弯曲应变试验

54. 在沥青混合料配合比设计过程中,当空隙率与稳定度均较低时,可采用(　　)的方法进行调整。

A. 降低沥青含量　　B. 增加粗集料

C. 增加细集料　　D. 增加矿粉

55. 沥青混合料配合比设计包括(　　) 阶段。

A. 目标配合比设计　　B. 试验室配合比设计

C. 生产配合比设计　　D. 生产配合比验证

56. 沥青混合料目标配合比设计阶段工作的中心是(　　)。

A. 材料选择　　B. 矿质混合料配合比设计

C. 最佳沥青用量确定　　D. 配合比检验

57. 黏稠程度高意味着该沥青具有(　　)的特点。

A. 针入度较低　　B. 黏滞性较高
C. 标号大　　D. 与矿料的黏附性较好

58. 对于炎热地区公路以及高速公路、一级公路的重载交通路段，山区公路的长大坡度路段，预计有可能出现较大车辙时，可在 OAC 基础上减少（　　）作为设计沥青用量。

A. 0.1%　　B. 0.2%　　C. 0.3%　　D. 0.5%

59. 以下为沥青混合料车辙试验的相关条件，正确的是（　　）。

A. 试验温度 60℃　　B. 加载水平 0.7MPa
C. 试验持续时间 1h　　D. 试件保温时间 8h

60. 密级配沥青混合料有（　　）。

A. 沥青混凝土　　B. 沥青稳定碎石
C. 沥青碎石　　D. 沥青玛𤧛脂碎石

61. 下列措施有助于提升沥青混合料高温性能的是（　　）。

A. 使用较低标号的沥青　　B. 使用质地坚硬、表面接近立方体的集料
C. 混合料采用较粗的级配　　D. 沥青用量应偏下限

62. 沥青混合料的表观密度是指单位表观体积混合料的质量，表观体积包括（　　）。

A. 实体体积　　B. 不吸水的内部闭口孔隙体积
C. 开口孔隙体积　　D. 部分开口孔隙体积

63. 关于 SBS 沥青闪点试验，以下表述正确的有（　　）。

A. 开始加热试样时，升温速度可快一些，后期升温速度可以降低一些，并保持恒定升温速度
B. 当试样液面上最初出现一瞬间即灭的蓝色火焰时，立即从温度计上读记温度，作为试样的闪点
C. 同一样品，试验时大气压越低，测定的闪点越低
D. 同一样品至少平行试验两次，两个测定值之差超过允许误差时，可以再增加测试一个试样，取三个测定值的平均值作为试验结果

64. 下列属于现行规范中评价沥青耐老化性能的技术指标有（　　）。

A. 残留针入度　　B. 残留软化点　　C. 残留延度　　D. 残留密度

65. 车辙试验时，要求试件的保温时间可为（　　）。

A. 3h　　B. 8h　　C. 12h　　D. 15h

66. 我国规范采用（　　）来评价沥青混合料的水稳定性。

A. 浸水马歇尔试验　　B. 浸水车辙试验
C. 冻融劈裂试验　　D. 浸水劈裂试验

67. 沥青混合料水稳定性的评价主要是（　　）。

A. 评价沥青与集料黏附性　　B. 评价沥青混合料渗水性能
C. 评价沥青混合料空隙情况　　D. 评价沥青混合料浸水后的力学性能

68. 用来评价沥青混合料水稳定性的指标有（　　）。

A. 浸水残留稳定度　　B. 劈裂强度比
C. 残留强度比　　D. 渗水系数

69. 沥青混合料标准飞散试验可用于确定沥青路面表面层使用的(　　)所需最少沥青用量。

A. AC　　B. SMA　　C. OGFC　　D. AM

70. 从现场钻取 SMA-13 一组芯样,室内测定密度,计算空隙率和压实度,以下表述正确的有(　　)。

A. 钻取的芯样,放在阴凉处保存,且放置在水平的平面上,以防试件变形

B. 该组芯样可以采用表干法测定毛体积相对密度

C. 可先称取水中质量和表干质量,最后用电风扇将试件吹干至恒重,再称取空中质量

D. 若试件吹干时间不够,试件未达到恒重,则测定的芯样毛体积相对密度值会偏大,空隙率偏小、压实度偏大

71. 燃烧炉法测定沥青混合料中沥青含量时,设定修正系数为 0 对应的燃烧温度可为(　　)。

A. 530℃　　B. 535℃　　C. 540℃　　D. 545℃

72. 燃烧炉法测定沥青混合料中沥青含量时,燃烧前后混合料级配允许差值包括(　　)。

A. ±0.5%　　B. ±1.0%　　C. ±2.0%　　D. ±3.0%

73. 沥青混合料谢伦堡沥青析漏试验供检验(　　)最大沥青用量使用。

A. SMA　　B. OGFC　　C. AM　　D. AC

74. 相比于普通沥青混合料,SMA 配合比设计新增的性能检验试验包括(　　)。

A. 车辙试验　　B. 析漏试验

C. 飞散试验　　D. 浸水马歇尔试验

75. 计算 SMA 混合料粗集料骨架间隙率时需用到的参数有(　　)。

A. 粗集料骨架的合成毛体积相对密度　　B. 混合料试件的毛体积相对密度

C. 粗集料占混合料的质量比　　D. 粗集料松装堆积密度

76. 对于沥青混合料车辙试验,下列说法正确的有(　　)。

A. 其结果可用于评价沥青混合料的高温稳定性

B. 恒温室与试件内部温度应保持在 60℃ ±1℃

C. 试验报告应注明试验温度,试验轮接地压强、试件密度、空隙率及试件制作方法等

D. 公称最大粒径大于或等于 26.5mm 的混合料试件厚度比公称最大粒径小于 26.5mm的混合料试件厚度要厚

77. 关于沥青与粗集料的黏附性能试验,说法正确的是(　　)。

A. 水煮法和水浸法都要由两名以上经验丰富的试验人员分别目测评定取平均等级

B. 同一种粒料存在大于 13.2mm 和小于 13.2mm,对于小于 13.2mm 的粒料应采用水浸法

C. 水浸法的浸泡水温度 80℃ ±1℃

D. 评价沥青混合料的综合抗水损能力还需要进行浸水马歇尔试验和渗水试验

78. 普通沥青混合料的马歇尔稳定度试验和冻融劈裂试验操作方法的不同之处有(　　)。

A. 试件的尺寸　　B. 加载方式

C. 试件成型方法　　D. 试件加载时的温度

79. 关于沥青混合料水稳定性,说法正确的是(　　)。
　A. 我国对改性沥青混合料要求要严于普通沥青混合料
　B. 浸水马歇尔试验和冻融劈裂试验都能检验混合料的水稳定性
　C. 粗集料采用石灰岩的沥青混合料水稳定性要优于花岗岩性的沥青混合料
　D. 从混合料组成结构来看,产生水稳定性差的主要原因是混合料矿料间隙率太大
80. 关于同一沥青混合料的沥青含量和油石比关系,以下说法正确的有(　　)。
　A. 沥青含量指沥青占沥青混合料的百分数
　B. 油石比指沥青与矿料质量比的百分数
　C. 在配合比设计过程中采用油石比更为方便
　D. 沥青含量一般大于油石比

四、综合题

1. 某沥青针入度、延度、软化点试验结果如下,请回答以下问题。

试样编号	技术指标		
	针入度(0.1mm)	延度(cm)	软化点(℃)
1	88	101	50.0
2	90	102	51.0
3	86	103	—
试验结果	88	>100	50.5

(1)沥青针入度试验要求包括(　　)。
　A. 其标准试验条件为温度25℃,荷重100g,贯入时间5s
　B. 试验开始前,用适当位置的反光镜或灯光反射观察,使针尖恰好与试样表面接触
　C. 同一试样平行试验至少3次,各测试点之间及与盛样皿边缘的距离不应少于10mm
　D. 测定针入度大于200的沥青试样时,每次试验应将标准针取下用蘸有三氯乙烯溶剂的棉花或布揩净,再用干棉花或布擦干
(2)沥青延度试验注意事项包括(　　)。
　A. 将隔离剂拌和均匀,涂于清洁干燥的试模底板和试模的内侧表面
　B. 用热刮刀自试模的中间刮向两端刮除高出试模的沥青,使沥青面与试模面齐平
　C. 在试验过程中,仪器不得有振动,水面不得有晃动
　D. 当试样出现上浮或下沉时,应调整水的密度,重新试验
(3)沥青软化点试验(环球法)使用的金属支架中金属环下面距下层底板为(　　)。
　A. 12.7mm　　B. 19mm　　C. 25.4mm　　D. 51mm
(4)有关沥青针入度、延度、软化点、针入度指数指标说法正确的有(　　)。
　A. 针入度值越大,表示沥青黏度越低
　B. 延度值越大,表示沥青低温抗裂性越好
　C. 软化点越高,表示沥青高温稳定性越好
　D. 针入度指数越小,表示沥青的感温性越低

(5)该沥青的针入度指数为(　　)。

A. 0.4　　B. 0.5　　C. 0.6　　D. 0.8

2. 某一试验室需要进行AC-20C沥青混合料(70号A级道路石油沥青)马歇尔试验。已知沥青混合料最佳沥青用量为4.5%;粗集料、细集料和矿粉的比例分别为65%、32%和3%,粗、细集料毛体积相对密度分别为2.723、2.685,矿粉的表观相对密度为2.710。最佳沥青用量对应的沥青混合料理论最大相对密度为2.497,马歇尔试件毛体积相对密度为2.386。请回答下列问题。

(1)进行成型试验时,称量一个马歇尔试件的混合料总质量约为(　　)。

A. 1200g　　B. 1268g　　C. 1248g　　D. 1228g

(2)计算得到的最佳沥青用量相应的空隙率为(　　)。

A. 4.2%　　B. 4.0%　　C. 4.4%　　D. 4.6%

(3)计算得到的合成矿料的毛体积相对密度为(　　)。

A. 2.707　　B. 2.710　　C. 2.71　　D. 2.713

(4)计算得到的矿料间隙率为(　　)。

A. 15.9%　　B. 16.2%　　C. 15.7%　　D. 16.4%

(5)试验过程中发现第一个击实成型的马歇尔试件的高度为65.7mm,以下操作正确的有(　　)。

A. 无须调整,继续进行马歇尔击实成型所有试件

B. 提高拌和温度5~10℃,称量1168g混合料重新进行马歇尔击实成型所有试件

C. 第一个试件应废弃,并重新进行试验

D. 称量1186g混合料重新进行马歇尔击实试件,再次测量,判断试件高度是否满足要求

3. 关于沥青混合料马歇尔试件制作,密度、马歇尔稳定度、车辙、冻融劈裂试验,请回答以下问题。

(1)沥青混合料拌和时,最后加入的材料是(　　)。

A. 粗集料　　B. 细集料　　C. 沥青　　D. 矿粉

(2)关于表干法测定沥青混合料毛体积密度试验要求,正确的是(　　)。

A. 把试件置于网篮中时注意尽量不要晃动水

B. 称取试件的水中质量时若天平读数持续变化,不能很快达到稳定,说明试件吸水较严重

C. 用洁净柔软的拧干湿毛巾轻轻擦去试件的表面水时,不得吸走空隙内的水

D. 从试件拿出水面到擦拭结束不宜超过5s,称量过程中流出的水应尽快擦拭

(3)某沥青混合料马歇尔稳定度试验结果如下,该沥青混合料马歇尔稳定度为(　　)。

试件编号	1	2	3	4	5
稳定度值(kN)	8.20	8.50	8.82	7.04	11.62
k	1.67				

A. 8.14kN　　B. 8.50kN　　C. 8.66kN　　D. 8.84kN

(4)在寒冷地区的沥青混合料车辙试验温度可以为(　　)。

A. 40℃　　B. 45℃　　C. 50℃　　D. 55℃

(5)沥青混合料冻融劈裂试验第二组试件冻融操作正确的包括(　　)。

A. 在真空度 97.3 ~ 98.7kPa 条件下保持 15min，然后常压水中放置 0.5h

B. 放入 −18℃ ±2℃恒温冰箱中，保持 16h ±1h

C. 放入已保温为 60℃ ±0.5℃的恒温水槽中 24h

D. 浸入温度为 25℃ ±0.5℃的恒温水槽中不少于 2h

4. 关于沥青混合料试件制作方法(击实法)，请回答以下问题。

(1)沥青混合料试件制作方法(击实法)要求包括(　　)。

A. 当集料公称最大粒径小于或等于 26.5mm 时，一组试件的数量不少于 4 个

B. 当集料公称最大粒径大于 26.5mm 时，一组试件数量不少于 6 个

C. 大部分聚合物改性沥青，混合料的拌和与压实温度通常比普通沥青提高 10 ~ 20℃

D. 沥青混合料保持在要求的拌和温度范围内，标准的总拌和时间为 3min

(2)沥青混合料试件制作方法(击实法)成型步骤正确顺序应为(　　)。

①插入温度计至混合料中心附近，检查混合料温度。

②在装好的混合料上面垫一张吸油性小的圆纸。

③用小铲将混合料铲入试模中，插捣后将沥青混合料表面整平。

④将装有击实锤及导向棒的压实头放入试模中。

⑤试件击实一面后，以同样的方法和次数击实另一面。

⑥将试模装在底座上，放一张圆形的吸油性小的纸。

⑦待将试模连同底座一起放在击实台上固定。

A. ③①②⑥⑦④⑤　　B. ⑥③①⑦②④⑤

C. ③①⑥②⑦④⑤　　D. ⑥⑦③①②④⑤

(3)乳化沥青混合料试件在两面击实后，有一组试件需置于烘箱中养护 24h，养护取出后再立即两面击实各(　　)次。

A. 25　　B. 50　　C. 75　　D. 112

(4)某大型马歇尔试件高度为 98mm，原用混合料质量为 4000g，则应(　　)混合料质量再制件会使高度符合要求。

A. 增加 50g　　B. 减少 50g　　C. 保持不变　　D. 以上均可

(5)沥青混合料试件制作方法(击实法)注意事项包括(　　)。

A. 矿料、试模、套筒及击实座等要按规范置于烘箱中加热

B. 严格控制混合料的拌和时间和矿粉加入时机

C. 浸水脱模法不能用于测量密度、空隙率等各项物理指标

D. 标准马歇尔试件击实次数为 75 次，大马歇尔试件为 90 次

5. 某类型沥青混合料配合比设计过程中，需进行马歇尔试件制件、试件密度测定、混合料理论最大相对密度测定及车辙的等试验项目，请根据相关条件回答下列问题。

(1)已知马歇尔试件制作采取标准击实法，试件高度符合要求的有(　　)。

A. 62.2mm　　B. 63.8mm　　C. 64.8mm　　D. 64.9mm

(2)在制件过程中，试验人员往7500g矿料里加入了377g沥青，则该试件的沥青含量是(　　)。

A.4.7%　　B.4.8%　　C.4.9%　　D.5.0%

(3)试件密度测定过程中，测得干燥试件的空气中的质量为1220.1g，试件的水中质量为719.6g，试件的表干质量为1221.3g，试件的高度为64.1mm。对于此沥青混合料试件，下述所用测试方法及相关表述正确的是(　　)。

A.用水中重法，测得表观密度，以表观相对密度代替毛体积相对密度

B.用表干法，测得毛体积相对密度

C.用体积法，测得毛体积相对密度

D.用蜡封法，测得毛体积相对密度

(4)有关真空法测定沥青混合料理论最大相对密度试验，以下叙述正确的是(　　)。

A.真空法不适用吸水率大于3%的多孔性集料的沥青混合料

B.测定前需将沥青混合料团块仔细分散，粗集料不破损，细集料团块分散到小于6.4mm

C.测定时，开动真空泵，使负压容器内负压在2min内达到3.7kPa±0.3kPa

D.负压达到后，开动振动装置持续10min±2min

(5)对于聚合物改性沥青混合料，成型车辙试件后，放置的时间以(　　)为宜，使聚合物改性沥青充分固化后方可进行车辙试验，室温放置时间不得长于(　　)。

A.24h;1周　　B.24h;2周　　C.48h;1周　　D.48h;2周

6.某一试验室需要进行AC-20C沥青混合料(70号A级道路石油沥青)目标配合比试验。已知沥青混合料最佳沥青用量为4.5%，马歇尔试件毛体积相对密度为2.412。请回答下列问题。

(1)目标配合比性能验证的一般试验参数有(　　)。

A.动稳定度和渗水系数

B.燃烧法或离心分离法检验沥青含量

C.冻融劈裂残留强度比和浸水马歇尔稳定度

D.淅漏和飞散

(2)若成型5cm车辙试件，一块车辙试件的混合料总质量约为(　　)。

A.10820g　　B.10854g　　C.10980g　　D.11180g

(3)车辙试验的动稳定度结果为500次/mm，以下分析正确的有(　　)。

A.结果不满足规范的动稳定度指标要求

B.设计的沥青混合料最佳沥青用量可能偏高

C.设计沥青混合料级配需要调细一些

D.沥青混合料所用沥青软化点肯定偏低

(4)沥青混合料冻融试验中，以下分析正确的有(　　)。

A.成型试件不少于8个，一般每个试件采用马歇尔双面击实50次

B.劈裂强度试验温度为25℃，加载速率为10mm/min

C.真空饱水时，在规定的真空度条件下将试件抽真空并保持15min；随后打开阀门，回

复常压,试件在水中浸泡 30min

D. 冻融劈裂试验强度比为经冻融循环后有效试件劈裂抗拉强度代表值除以未冻融循环的有效试件劈裂抗拉强度代表值,以百分比表示

(5)车辙试验时,三个平行试件的动稳定度测定值分别为:5790 次/mm、6230 次/mm 和 6710 次/mm;标准差为 460 次/mm。下列试验结果表述正确的是(　　)。

A. 试验误差过大,应追加试验　　B. 动稳定度测定结果为 6243 次/mm

C. 动稳定度测定结果为 >6000 次/mm　　D. 试验误差过大,应重新试验

7. 某一工程从现场取 SBS 改性沥青样品进行试验,请回答下列问题。

(1)如果取沥青样品进行全套指标检测,则取样过程正确的有(　　)。

A. 采用金属容器,取不少于 4kg 样品

B. 热沥青制样时加热温度可采用 135℃

C. 在沥青灌模时可搅动沥青,但不得反复搅动

D. 当沥青试样中含有水分时,将盛样器皿放在可控温的砂溶,油溶、电热套上加热脱水,不得已采用电炉、燃气炉加热脱水时必须加放石棉垫

(2)该试样无须进行的试验项目有(　　)。

A. 针入度　　B. 离析软化点差　　C. 蜡含量　　D. 10℃延度

(3)该试样 25℃针入度试验三个检测记录分别为 48.1(0.1mm)、47.2(0.1mm)、44.3(0.1mm),则以下说法正确的是(　　)。

A. 该试样 25℃针入度为 45.9(0.1mm)

B. 该试样 25℃针入度为 46(0.1mm)

C. 该试验结果无效,应重新进行试验

D. 该试样满足 SBS-I-D 沥青针入度指标要求

(4)该试样软化点试验两个检测记录分别为 61.3℃、61.9℃,则以下说法正确的是(　　)。

A. 该试样软化点为 62℃

B. 该试样软化点为 61.5℃

C. 该试样软化点为 60℃

D. 该软化点试验结果无效,需要重新进行试验

(5)以下关于该样品离析试验,说法正确的是(　　)。

A. 离析试验温差越大,说明该沥青的改性剂与基质沥青相容性越差

B. 盛样管和沥青从烘箱中取出后,放入冰箱的冷柜中,保持盛样管处于水平状态不少于 4h,使改性沥青试样凝为固体

C. 可用剪刀将盛样管剪成相等的 3 截,取顶部和底部试样分别进行软化点试验

D. 离析试验温差越大,说明用于改性沥青的基质沥青质量差

8. 下列关于沥青密度与相对密度试验的说法,请回答以下问题。

(1)非经说明,测定沥青密度的标准温度为(　　),而沥青的相对密度是指(　　)时与相同温度下水的密度之比。

A. 15℃;20℃　　B. 15℃;25℃　　C. 20℃;25℃　　D. 20℃;30℃

(2)下列关于沥青密度与相对密度试验的注意问题,说法正确的有(　　)。

A. 凡涉及密度瓶在盛满物体时的称重,都要对密度瓶进行恒温操作,以达到更加精确的测定结果

B. 对黏稠及液体沥青,重复性试验的允许差为 0.005g/cm^3,复现性试验的允许差为 0.007g/cm^3

C. 密度瓶的水值应经常校正,一般每年至少进行两次

D. 抽真空不宜过快,防止样品被带出密度瓶

(3)试验所涉及的主要仪器与材料有(　　)。

A. 恒温水槽　　B. 密度瓶　　C. 石棉垫　　D. 温度计

(4)下列关于固体沥青密度与相对密度试验步骤,正确的顺序应为(　　)。

①取下瓶塞,将恒温水槽内烧杯中的蒸馏水注入比重瓶,水面高于试样约 10mm。

②取 0.6 ~2.36mm 的粉碎试样不少于 5g 放入清洁、干燥的比重瓶中,塞紧瓶塞后称其质量,准确至 1mg。

③将保温烧杯中的蒸馏水再注入比重瓶中至满,轻轻地塞好瓶塞,再将带塞的比重瓶放入盛有蒸馏水的烧杯中,并塞紧瓶塞。

④取下瓶塞,将盛有试样和蒸馏水的比重瓶置真空干燥箱(器)中抽真空,逐渐达到真空度 98kPa(735mmHg)不少于 15min。

⑤将有比重瓶的盛水烧杯再置恒温水槽(试验温度 ±0.1℃)中保持至少 30min 后,取出比重瓶,迅速揩干瓶外水分后称其质量,准确至 3 位小数。

A. ②④①③⑤　　B. ②④③①⑤

C. ②①③④⑤　　D. ②①④③⑤

(5)试验温度下液体沥青试样的相对密度按式 $\gamma_b = \frac{m_3 - m_1}{m_2 - m_1}$计算,$m_3$是指(　　)。

A. 比重瓶质量　　B. 液体沥青质量

C. 比重瓶与盛满水时的合计质量　　D. 比重瓶与盛满液体沥青试样时的合计质量

9. 某试验室从拌和楼取沥青、纤维及沥青混合料进行相关试验。沥青为 SBS 改性沥青,沥青混合料为 SMA-13,其中掺加 0.3% 木质素纤维,请完成下列题目。

(1)以下关于材料取样正确的有(　　)。

A. 沥青宜采用金属容器作为盛样容器

B. 沥青混合料宜采用搪瓷盘或金属盛样容器

C. 纤维样品宜现场密封,防止受潮

D. 沥青和沥青混合料取样时应采取必要的防护措施

(2)以下关于 SBS 改性沥青弹性恢复试验的描述正确的是(　　)。

A. 试验温度为 25℃,试样拉伸 10cm 停止拉伸

B. 试验温度为 15℃,试样拉伸 10cm 停止拉伸

C. 试验温度为 15℃,试样拉伸 15cm 停止拉伸

D. 试验温度为 10℃,试样拉伸 15cm 停止拉伸

(3)进行木质素纤维试验时,已知纤维干燥质量为 10.0g,煤油浸泡后质量为 61.9g,则该

纤维吸油率为(　　)。

A. 619%　　B. 519%　　C. 6.2 倍　　D. 5.2 倍

(4)采用击实法双面击实 50 次成型试件后测定 SMA-13 试件毛体积相对密度,主要试验步骤包括:①将溢流水箱水温保持在 25℃,挂上网篮,浸入溢流水箱中,调节水位,将天平调平并复零,把试件置于网篮中浸水中 3min ~ 5min,称取水中质量;②除去试件表面的浮粒,称取干燥试件的空中质量;③从水中取出试件,用洁净柔软的拧干湿毛巾轻轻擦去试件的表面水,称取试件的表干质量,从试件拿出水面到擦拭结束不宜超过 5s;④选择适宜的浸水天平,最大称量应满足试件质量的要求。正确的试验步骤排序为(　　)。

A. ④②①③　　B. ①②④③　　C. ④③①②　　D. ②④③①

(5)采用轮碾法成型板块式试件进行 SMA-13 车辙试验,以下表述正确的有(　　)。

A. 该板块试件厚度一般为 50mm

B. 车辙试验时温度一般为 50℃

C. 成型的试件需要按照要求放置一定时间才能进行车辙试验

D. 车辙试验时,试件不脱模,试件连同试模一起放入恒温室内

10. 某沥青混合料物理力学指标测定结果如下,请回答以下问题。

油石比(%)	密度(g/cm^3)	VV(%)	VMA(%)	VFA(%)	稳定度(kN)	流值(0.1mm)
3.5	2.470	5.0	15.1	60.0	10.70	19.5
4.0	2.480	4.5	15.2	68.0	11.60	22.0
4.5	2.490	3.8	15.3	73.0	12.50	25.0
5.0	2.480	3.4	15.4	80.0	11.70	28.0
5.5	2.470	2.9	15.5	84.0	10.60	30.0
技术标准	—	3 ~ 6	不小于 15	70 ~ 85	不小于 7.5	20 ~ 40

(1)该沥青混合料的最佳沥青用量 OAC_1 为(　　)。

A. 4.2%　　B. 4.4%　　C. 4.6%　　D. 4.8%

(2)该沥青混合料的最佳沥青用量 OAC_2 为(　　)。

A. 4.6%　　B. 4.7%　　C. 4.8%　　D. 4.9%

(3)对寒冷地区公路、交通量很少的公路,最佳沥青用量可以在 OAC 的基础上增加(　　)。

A. 0.1%　　B. 0.2%　　C. 0.3%　　D. 0.4%

(4)关于沥青混合料配合比指标调整原则,下列说法正确的有(　　)。

A. 空隙率与稳定度均较低,在混合料中添加粗矿料以提高 VMA 值

B. 空隙率与稳定度均较低,在混合料中提高沥青含量

C. 空隙率高,稳定度满足要求,通常采用的方法是适当增加细料

D. 空隙率低,稳定度满足要求,在混合料中提高沥青含量

(5)标准配合比的矿料合成级配中,至少应包括(　　)筛孔的通过率接近优选的工程设计级配范围的中值。

A. 0.075mm　　B. 2.36mm　　C. 4.75mm　　D. 公称最大粒径

11. 关于沥青旋转黏度试验(布洛克菲尔德黏度计法),请回答以下问题。

(1)布洛克菲尔德黏度计法适用于测定道路沥青在(　　)以上温度范围内的表观黏度。

A. 35℃　　B. 40℃　　C. 45℃　　D. 50℃

(2)135℃测定时,对 RV、HA、HB 型黏度计可采用转子速率为(　　)。

A. 0.5r/min　　B. 2r/min　　C. 12r/min　　D. 20r/min

(3)关于沥青旋转黏度试验(布洛克菲尔德黏度计法)的试验步骤,正确的包括(　　)。

A. 将转子与盛样筒一起置于已控温至试验温度的烘箱中保温,维持 1.5h

B. 使沥青试样在恒温容器中保温,达到试验所需的平衡温度(不少于 15min)

C. 开动布洛克菲尔德黏度计,观察读数,扭矩读数应在 10% ~98% 范围内

D. 在每个试验温度下,每隔 60s 读数一次,连续读数 3 次

(4)沥青旋转黏度试验(布洛克菲尔德黏度计法)试验要求正确的包括(　　)。

A. 仪器在安装时必须调至水平,使用前应检查仪器的水准器气泡是否对中

B. 在整个测量黏度过程中,不能改变设定的转速,改变剪变率

C. 如果在试验温度下的扭矩读数不在 10% ~98% 的范围内,必须更换转子重新试验

D. 绘制黏温曲线。一般可采用 135℃及 175℃测定的表观黏度

(5)关于黏温曲线说法正确的有(　　)。

A. 当使用石油沥青时,宜以黏度为 0.28Pa·s ±0.03Pa·s 时的温度作为拌和温度范围

B. 当使用石油沥青时,宜以黏度为 0.17Pa·s ±0.02Pa·s 时的温度作为压实成型温度范围

C. 黏温曲线斜率越大,拌和温度范围越小

D. 黏温曲线斜率越小,压实成型温度范围越大

12. 关于沥青老化性能评定试验,请回答以下问题。

(1)老化的沥青三大指标的变化规律(　　)。

A. 针入度减小,软化点升高,延度减少　　B. 针入度增加,软化点升高,延度减少

C. 针入度减小,软化点降低,延度增加　　D. 针入度增加,软化点降低,延度增加

(2)沥青薄膜加热试验的要求包括(　　)。

A. 沥青试样分别注入 4 个已称质量的盛样皿中 35g ±0.5g,并形成沥青厚度均匀的薄膜

B. 不允许将不同品种或不同标号的沥青同时放在一个烘箱中试验

C. 把烘箱调整水平,使转盘在水平面上以 5.5r/min ±1r/min 的速度旋转

D. 从放置试样开始至试验结束的总时间,不得超过 5.25h

(3)沥青旋转薄膜加热试验的要求包括(　　)。

A. 用汽油或三氯乙烯洗净盛样瓶后,置温度 105℃ ±5℃烘箱中烘干

B. 选择盛样瓶的数量应能满足试验的试样需要,通常不少于 8 个

C. 沥青试样分别注入已称质量的盛样瓶中其质量为 50g ±0.5g

D. 若 10min 内达不到试验温度 163℃ ±0.5℃时,试验不得继续进行

(4)关于沥青薄膜加热试验和旋转薄膜加热试验结果误差要求,错误的有(　　)。

A. 当薄膜加热后质量变化小于或等于 0.4% 时,重复性试验的允许误差为 0.04%

B. 当薄膜加热后质量变化小于或等于0.4%时,再现性试验的允许误差为0.16%

C. 当薄膜加热后质量变化大于0.4%时,重复性试验的允许误差为平均值的8%

D. 当薄膜加热后质量变化大于0.4%时,再现性试验的允许误差为平均值的32%

(5)关于沥青薄膜加热试验和旋转薄膜加热试验说法正确的有(　　)。

A. 当黏度较高的沥青在进行沥青薄膜加热试验时,有时就会发生沥青从瓶口流出的现象

B. 旋转薄膜烘箱试验使试验时间缩短,并且试验结果精度较高

C. 沥青薄膜加热试验和旋转薄膜加热试验后的质量变化可正可负

D. 沥青薄膜加热试验和旋转薄膜加热试验允许互相替代

习题参考答案及解析

一、单项选择题

1. B

【解析】对于质量仲裁检验的样品,重复加热次数不得超过2次。

2. B

【解析】测定沥青密度的标准温度为15℃,而沥青的相对密度是指25℃时与相同温度下水的密度之比。

3. A

【解析】燃烧炉法测定沥青混合料中沥青含量时,重复性试验允许误差为0.11%,再现性试验的允许误差为0.17%。

4. A

【解析】沥青的标号是由针入度决定的,针入度越大标号越高;标号越高软化点越低;标号越高延度越大。

5. D

【解析】进行沥青性质常规检验的取样数量为:黏稠沥青或固体沥青不少于4kg;液体沥青不少于1L;沥青乳液不少于4L。

6. C

【解析】真空减压毛细管黏度计用于测定黏稠石油沥青的动力黏度。

7. A

【解析】同一试样3次平行试验结果的最大值和最小值之差在允许误差范围内时(50~149允许误差为4),计算3次试验结果的平均值,取整数作为针入度试验结果,以0.1mm计。

8. B

【解析】沥青软化点试验结果受升温速度的影响,升温速度快,结果偏大。

9. B

【解析】A、D选项都会造成试验结果偏大,C选项是正常操作。

10. C

【解析】一次试验的3支黏度计平行试验误差应不大于平均值的7%，否则需重新试验。

11. A

【解析】薄膜加热试验是通过加热状态下测定道路石油沥青薄膜加热后的质量损失以及其他指标的变化，以评价沥青的耐老化性能，对沥青样品质量需准确称重。

12. D

【解析】蒸发“损失”试验的计算结果可正可负，正值表明加热时沥青试样不仅没有损失，而且还有一定增加，原因在于加热过程中沥青与空气中某些成分发生了反应。

13. D

【解析】D选项应为：除液体沥青、乳化沥青外，所有需要加热的沥青试样必须存放在密封带盖的金属容器中，严禁灌入纸袋、塑料袋中存放。试样应存放在阴凉干净处，注意防止试样污染。

14. C

【解析】应使沥青试样液面在E标线处±2mm之内。

15. C

【解析】第④步应在第②步之前，第⑤步应在第①步之前。

16. A

【解析】沥青软化点试验中，当试样软化点小于80℃时，重复性试验的允许差为1℃，复现性试验的允许差为4℃。

17. C

【解析】沥青密度与相对密度试验，对固体沥青，重复性试验的允许误差为$0.01g/cm^3$，再现性试验的允许误差为$0.02g/cm^3$。

18. D

【解析】引起沥青老化的直接因素有热、氧、光、水和渗流硬化等因素。

19. B

【解析】我国沥青蜡含量要求的试验方法是以蒸馏法分离出油分后，将规定的溶剂在规定的低温条件下结晶析出的固体物质当作蜡。

20. D

【解析】沥青溶解度测定采用古氏坩埚和玻璃纤维滤纸对沥青进行过滤。

21. C

【解析】木质素纤维的吸油率不小于纤维自身质量的5倍。

22. B

【解析】步骤①在步骤⑤之前，步骤③在步骤②之前。

23. D

【解析】D选项正确，则A、B、C选项说法都错误。

24. B

【解析】三级及三级以下公路的各个层次适用于C级沥青。

25. C

【解析】稠度小、低温延度大都可以降低沥青在低温环境下开裂的可能性。

26. C

【解析】乳化沥青适用于沥青表面处置路面、沥青贯入式路面、冷拌沥青混合料路面、修补裂缝、喷洒透层、黏层与封层等。

27. D

【解析】空隙率、饱和度和残留稳定度表征沥青混合料的耐久性;马歇尔稳定度和流值表征沥青混合料的高温稳定性。

28. A

【解析】离心分离法测定沥青含量两次平行试验结果差值小于0.3%时,无须再补充试验;当大于0.3%小于0.5%时,应补充平行试验一次。

29. D

【解析】SBS改性沥青的特点:在温差较大的地区有很好的耐高温、抗低温能力;具有较好的抗车辙能力,其弹性和韧性提高了路面的抗疲劳能力;其黏结能力特别强,能显著改善路面遇水后的抗拉能力,并极大地改善了沥青的水稳定性;提高了路面的抗滑能力;增强了路面的承载能力;减少路面因紫外线辐射而导致的沥青老化现象;减少因车辆渗漏柴油、机油和汽油而造成的破坏。

30. A

【解析】Ⅰ-A型、Ⅰ-B型适用于寒冷地区,Ⅰ-C型用于较热地区,Ⅰ-D型用于炎热地区及重交通量路段。

31. B

【解析】空隙率在18%以上的沥青混合料类型为OGFC。

32. B

【解析】骨架密实结构沥青混合料黏结力和内摩阻力均较高,高温稳定性较好,抗水损害、疲劳和低温性能较好。

33. D

【解析】残留稳定度是反映沥青混合料抗水损害的一个重要指标。

34. C

【解析】随沥青含量增加,沥青混合料空隙率将减少。

35. C

【解析】表干法用于测定沥青混合料毛体积密度;水中重法用于测定沥青混合料表观密度;蜡封法用于测定沥青混合料毛体积密度。

36. D

【解析】轮碾法成型一块沥青混合料板型试件需先在一个方向碾压2个往返(碾压4次);卸荷,抬起试验轮,将试模调转方向,然后继续碾压12个往返(24次),使试件达到马歇尔标准密度100% ±1%,至少需碾压28次。

37. B

【解析】密实型沥青混合料空隙率在3% ~6%之间,这类沥青混合料主要有沥青混凝土(AC)、沥青稳定化碎石(ATB)和沥青玛琋脂碎石(SMA)。

38. C

【解析】一个试件所需的用量:标准马歇尔试件约1200g,大型马歇尔试件约4050g。

39. A

【解析】ATB-25 宜采用连续级配。

40. D

【解析】开级配沥青混合料:级配主要由粗集料组成,细集料及填料很少。典型代表是排水式沥青磨耗层混合料(OGFC),空隙率往往在18%以上。

41. C

【解析】我国现行规范通过空隙率、饱和度和残留稳定度等指标的控制,来保证沥青混合料的耐久性。

42. B

【解析】沥青混合料中必须留有一定的空隙,以备夏季沥青材料的膨胀变形之用。

43. A

【解析】沥青混合料标准马歇尔试件尺寸应符合直径为101.6mm ±0.2mm、高度为63.5mm ±1.3mm 的要求。

44. C

【解析】沥青混合料试件制作方法(击实法)将沥青试样用烘箱加热至规定的沥青混合料拌和温度,但不得超过175℃。

45. A

【解析】当缺乏沥青黏度测定条件时,道路石油沥青混合料拌和温度可参考选用140~160℃。

46. B

【解析】当缺乏沥青黏度测定条件时,道路石油沥青混合料压实温度可参考选用120~150℃。

47. D

【解析】体积法仅适用于不能用表干法、蜡封法测定的空隙率较大(往往在18%以上)的沥青碎石混合料,以及大空隙透水性开级配沥青混合料(OGFC 排水式沥青磨耗层,空隙率大于18%)等。

48. C

【解析】调整后混合料质量 =(要求试件高度 ×原用混合料质量)/所得试件高度 =[(63.5 ±1.3) ×1200]/66.0 =1131 ~1178g。

49. D

【解析】当已知沥青混合料的密度时,可根据试件的标准尺寸计算并乘以1.03得到要求的混合料数量。

50. C

【解析】空隙率 VV =(1 -毛体积相对密度 γ_b/理论最大相对密度 γ_t) ×100%。

51. A

【解析】表干法适用于测定吸水率不大于2%的各种沥青混合料试件;水中重法适用于

测定吸水率小于0.5%的密实沥青混合料试件的表观相对密度或表观密度；蜡封法适用于测定吸水率大于2%的沥青混凝土或沥青碎石混合料试件的毛体积相对密度或毛体积密度；体积法仅适用于不能用表干法、蜡封法测定的空隙率较大的沥青碎石混合料及大空隙透水性开级配沥青混合料(OGFC)等。

52. D

【解析】沥青旋转黏度试验(布洛克菲尔德黏度计法)重复性试验的允许误差为平均值的3.5%，再现性试验的允许误差为平均值的14.5%。

53. C

【解析】C选项应为：蜡封法适用于测定吸水率大于2%的沥青混凝土或沥青碎石混合料试件的毛体积相对密度或毛体积密度。

54. D

【解析】马歇尔稳定度(MS)是按规定条件采用马歇尔试验仪测定的沥青混合料所能承受的最大荷载，以kN计，准确至0.01kN。

55. D

【解析】启动加载设备，使试件承受荷载，加载速度是50mm/min ±5mm/min。

56. B

【解析】将恒温水槽调节至要求的试验温度，对黏稠石油沥青或烘箱养护过的乳化沥青混合料为60℃ ±1℃，对煤沥青混合料为33.8℃ ±1℃，对空气养护的乳化沥青或液体沥青混合料为25℃ ±1℃。

57. A

【解析】当一组测定值中某个测定值与平均值之差大于标准差的 k 倍时，该测定值应予舍弃，并以其余测定值的平均值作为试验结果。当试件数目 n 为3个、4个、5个、6个时，k 值分别为1.15、1.46、1.67、1.82。本题测定结果的平均值为9.00kN，标准差1.58kN，$1.58 \times 1.67 = 2.64$，$9.00 - 7.00 = 2.00 < 2.64$，$9.00 - 8.00 = 1.00 < 2.64$，$9.00 - 9.00 = 0 < 2.64$，$10.00 - 9.00 = 1.00 < 2.64$，$11.00 - 9.00 = 2.00 < 2.64$。应取5个测定结果的平均值作为试验结果。

58. C

【解析】试件的稳定度 = 试件的马歇尔模数 × 试件的流值 = 4.4kN/mm × 2.2mm = 9.68kN。

59. B

【解析】负压容器类型有三种：A类型容器为耐压玻璃，塑料或金属制的罐，容积大于1000mL；B类型容器为容积大于2000mL的真空容量瓶；C类型容器为4000mL耐压真空干燥器。

60. B

【解析】真空法测定沥青混合料理论最大相对密度时的温度为25℃。

61. D

【解析】集料公称最大粒径为19mm时，试样最小质量为2000g。

62. C

【解析】将平底盘中的热沥青混合料,在室温中冷却或者用电风扇吹,一边冷却一边将沥青混合料团块仔细分散,粗集料不破碎,细集料团块分散到小于6.4mm。

63. A

【解析】我国现行规范通过空隙率、饱和度和残留稳定度等指标的控制,来保证沥青混合料的耐久性。

64. A

【解析】当过度擦去混合料马歇尔试件开口空隙中的水分后,沥青混合料饱和面干试件在空气中的质量变小,即毛体积密度变大。

65. B

【解析】沥青针入度试验时,上次使用过的标准针未清洗擦拭而直接使用,测定结果偏小。

66. C

【解析】A选项应为:并不是灰分含量越低纤维质量越好;B选项应为:如果燃烧温度过高,灰分含量的试验结果会偏小;D选项应为:某一样品的灰分含量为11%,则该样品的灰分含量指标可评定为不合格。

67. A

【解析】针入度小、稠度大的沥青取高限;针入度大、稠度小的沥青取低限;一般取中值。

68. D

【解析】稳定度和密度随沥青用量的增加而增加,但到达一定程度后却逐渐减小。由于沥青用量的增加,逐步填充矿料间的空隙,所以空隙率随沥青用量的增加而逐渐减小,沥青饱和度与流值随沥青用量的增加而逐渐增加。

69. A

【解析】将试样管连同架子(或烧杯)一起放入163℃ ±5℃的烘箱中,在不受任何扰动的情况下静放48h ±1h。

70. B

【解析】沥青混合料谢伦堡沥青析漏试验时,在玻璃上加玻璃板盖,放入170℃ ±2℃的烘箱中。

71. B

【解析】取目标配合比设计的最佳沥青用量OAC、OAC ±0.3%等3个沥青用量进行马歇尔试验和试拌。

72. D

【解析】对沥青混合料浸水飞散试验,先在60℃ ±0.5℃恒温水槽中养护48h,然后取出在室温中放置24h。

73. D

【解析】以马歇尔稳定度、流值、空隙率、沥青饱和度等各项指标均符合技术标准(不含VMA)的沥青用量范围OAC_{min} ~ OAC_{max}的中值作为OAC_2。

74. A

【解析】②应为：取相应于密度最大值、稳定度最大值、相应于空隙率要求范围的中值或目标空隙率、相应于沥青饱和度范围的中值的沥青用量 a_1、a_2、a_3、a_4 取平均值作为 OAC_1。如果在所选择的沥青用量范围中，沥青饱和度未能满足要求，则可不考虑饱和度。

75. D

【解析】沥青混合料高温稳定性是指在高温条件下，沥青混合料能够抵抗车辆反复作用，不会产生显著永久变形(车辙、拥包、波浪)，保证沥青路面平整的特性。

76. D

【解析】沥青混合料马歇尔稳定度试验结果修正后，流值变小，马歇尔稳定度不变，马歇尔模数变大，未修正则流值偏大，马歇尔稳定度不变，马歇尔模数偏小。

77. A

【解析】沥青混合料车辙试验适用于测定沥青混合料的高温抗车辙能力，供沥青混合料配合比设计时的高温稳定性检验使用。

78. A

【解析】沥青混合料配合比设计的目标配合比设计阶段，进行车辙试验来检验设计沥青混合料的高温抗车辙能力。

79. A

【解析】在试验室或工地制备成型的车辙试件，板块状试件尺寸为长 300mm × 宽 300mm × 厚(50 ~ 100)mm(厚度根据需要确定)。

80. C

【解析】当采用间断型密级配时，混合料中既有一定数量的粗集料形成骨架，同时细集料足以填满骨架的空隙。这种沥青混合料黏结力和内摩阻力均较高，高温稳定性较好，抗水损害、疲劳和低温性能较好。

81. D

【解析】评价沥青混合料水稳定性的指标有浸水残留稳定度和冻融劈裂强度比。

82. C

【解析】在沥青软化点试验中，如估计试样软化点高于 120℃，则试样环和试样底板(不得用玻璃板)均应预热至 80 ~ 100℃。

83. B

【解析】保持恒温室温度 60℃ ±1℃(试件内部温度 60℃ ±0.5℃)。

84. B

【解析】乳化沥青破乳速度试验适用于各种类型的乳化沥青的拌和稳定度试验，以鉴别乳液属于快裂(RS)、中裂(MS)或慢裂(SS)的型号。

85. D

【解析】沥青混合料浸水马歇尔稳定度试验方法与标准马歇尔稳定度试验方法的不同之处在于试件在已达规定温度恒温水槽中的保温时间为 48h，其余步骤均与标准马歇尔试验方法相同。

86. A

【解析】沥青混合料冻融劈裂试验采用马歇尔击实法成型的圆柱体试件，击实次数为双面各50次,集料公称最大粒径不得大于26.5mm。

87. C

【解析】同一沥青混合料试样至少平行试验2次,两次试验结果差值应小于0.3%,当大于0.3%但小于0.5%时,应补充平行试验一次,以3次试验的平均值作为试验结果,3次试验的最大值与最小值之差不得大于0.5%。

88. C

【解析】取混合料试样质量1000~1500g(粗粒式沥青混合料用高限,细粒式用低限,中粒式用中限),准确至0.1g。

89. D

【解析】当沥青用量的修正系数C_f大于0.5%时,设定482℃ ±5℃燃烧温度重新标定。

90. B

【解析】当恒温时间明显不足时,试件受高温影响有限,不易出现车辙,动稳定度偏高。

91. A

【解析】忽略泄漏入抽提液中的矿粉质量,沥青混合料中矿料的总质量减小,沥青含量增大。

92. A

【解析】开动离心机,转速逐渐增至3000r/min,沥青溶液通过排出口注入回收瓶中,待流出停止后停机。

93. B

【解析】滤纸干燥后的增重部分为矿粉的一部分。

94. C

【解析】沥青玛蹄脂碎石混合料(SMA)是一种典型的骨架密实型结构。

95. C

【解析】C选项应为:耐热性试验时加热过程中只可采用陶瓷坩埚。

96. A

【解析】SMA混合料通常情况用木质素纤维或矿物纤维。

97. C

【解析】工程实践中使用的透水沥青混合料(OGFC)是典型的骨架空隙型结构。

98. A

【解析】试验温度对于延度结果的影响要分两种情况:一是低温延度,当试验温度高于规定时,试验结果偏大,相反偏小;二是对高温延度(25℃),当温度高时,对较软的沥青结果可能偏小,温度低时结果可能偏大,但对较稠硬的沥青可能情况正好相反。

99. D

【解析】当为改性沥青SMA时宜用185℃,持续60min ±1min。

100. B

【解析】标准飞散试验可用于确定沥青路面表面层使用的沥青玛蹄脂碎石混合料(SMA)、排水式大空隙沥青混合料、抗滑表层混合料、沥青碎石或乳化沥青碎石混合料所需的最少沥青用量。

二、判断题

1. √　2. √　3. √　4. √　5. √

6. √

7. √

8. ×

【解析】沥青针入度试验时，标准针刺入试样位置与盛样皿边缘的距离小于10mm，因盛样皿内壁与沥青试样间摩擦阻力的作用，针入度测定结果偏小。

9. ×

【解析】当试样软化点小于80℃时，重复性试验的允许误差为1℃，再现性试验的允许误差为4℃。

10. √

11. √

12. √

13. ×

【解析】木质素纤维的吸油率越大，吸收沥青越多，性质越好。

14. √

15. ×

【解析】依据现行《公路沥青路面施工技术规范》(JTG F40)的规定，木质素纤维的灰分含量要求是18% ±5%，所以并不是灰分含量越低纤维质量越好。

16. ×

【解析】黏稠沥青密度与相对密度试验中注意勿使沥青黏附瓶口或上方瓶壁，并防止混入气泡。

17. ×

【解析】将烧杯从水槽中取出，再从烧杯中取出比重瓶，立即用干净软布将瓶塞顶部擦拭一次，再迅速擦干比重瓶外面的水分，称其质量(m_2)，准确至1mg。瓶塞顶部只能擦拭一次，即使由于膨胀瓶塞上有小水滴也不能再擦拭。

18. ×

【解析】蜡随着温度升高极易融化，使沥青的黏度降低，加大沥青温度敏感性。

19. ×

【解析】利用布洛克菲尔德黏度计测定不同温度的表观黏度，绘制黏温曲线。一般可采用135℃及175℃的表观黏度，根据需要也可以采用其他温度。

20. ×

【解析】木质素纤维耐热性试验是采用210℃加热1h的质量损失评价。

21. √

22. ×

【解析】对于最大粒径大于13.2mm的集料应用水煮法；对最大粒径小于或等于13.2mm的集料应用水浸法进行试验。

23. ×

【解析】AC-25沥青混合料集料公称最大粒径为26.5mm，对于集料公称最大粒径大于或等于26.5mm的沥青混合料，宜采用300mm（长）×300mm（宽）×80～100mm（厚）板块试件。

24. ×

【解析】黏附性等级为1时，说明沥青膜完全被水所移动，石料基本裸露，沥青全浮于水面上；等级为5时，说明沥青膜完全保存，剥离面积百分率接近于0。

25. ×

【解析】水浸法试验中，按每100g集料加入沥青5.5g±0.2g的比例称取沥青，准确至0.1g，放入小型拌和容器中，一起置于同一烘箱中加热15min。

26. √

27. ×

【解析】随着沥青用量的增加，沥青混合料的空隙率减小。

28. ×

【解析】SBS改性沥青在高等级公路、城市干道和机场跑道等的应用，显著提高了路面的使用性能，延长了路面使用寿命，大大降低了养护费用，收到了良好的社会与经济效益。

29. √

30. √

31. ×

【解析】通过沥青延度试验测定沥青能够承受的塑性变形总能力，并用于评价沥青在低温状态下的抗裂性。

32. √

33. √

34. ×

【解析】沥青混合料中的空隙率小，环境中易造成老化的因素介入的机会就少，所以从耐久性考虑，希望沥青混合料空隙率尽可能小一些。但沥青混合料中还必须留有一定的空隙，以备夏季沥青材料的膨胀变形之用。

35. √

36. √

37. ×

【解析】沥青混合料试件的空隙率要小于沥青混合料试件的矿料间隙率。

38. √

39. ×

【解析】在使用轮碾法进行沥青混合料试件制作时，连同试模将成型好的试件放置12h，然后脱模。

40. √

41. ×

【解析】从烘箱中取出预热的试模及套筒，用沾有少许黄油的棉纱擦拭套筒、底座及击实锤底面。

42. √

43. √

44. √

45. ×

【解析】沥青含量是指沥青质量占沥青混合料总质量的百分率，油石比指沥青质量与沥青混合料中的矿料总质量比的百分数，本题应为1200g乘以沥青含量即为所需沥青的质量。

46. ×

【解析】温度越高，马歇尔稳定度越小，流值越大。

47. ×

【解析】毛细管运动黏度试验方法适用于采用毛细管黏度计测定黏稠石油沥青，液体石油沥青及其蒸馏后残留物的运动黏度。

48. √

49. ×

【解析】从水中取出试件，应用洁净柔软的拧干湿毛巾轻轻擦去试件的表面水（不得吸走空隙内的水）。

50. √

51. √

52. √

53. ×

【解析】如果低温延度值较大，则在低温环境下沥青的开裂性相对较小。

54. ×

【解析】将马歇尔试验仪的上下压头放入水槽或烘箱中达到试验温度。

55. ×

【解析】马歇尔稳定度的单位为kN，而浸水残留稳定度是浸水48h后的稳定度与未浸水48h稳定度的百分比，无量纲。

56. ×

【解析】流值结果精度要求准确至0.1mm；稳定度结果精度要求准确至0.01kN。

57. ×

【解析】沥青密度与相对密度试验凡涉及密度瓶在盛满物体时的称重，都要对密度瓶进行恒温操作，以达到更加精确的测定结果。

58. ×

【解析】沥青混合料理论最大相对密度试验（真空法）不适用于吸水率大于3%的多孔性集料的沥青混合料。

59. √

60. √

61. √

62. √

63. ×

【解析】空隙率较低固然可以减小沥青胶结料的老化，也减少水分进入混合料穿透沥青薄膜、沥青从集料剥落的可能性，但空隙率也不能过低，应满足高温稳定性要求，允许夏季材料膨胀。

64. √

65. √

66. √

67. ×

【解析】确定沥青混合料最佳沥青用量时，沥青用量与各马歇尔指标关系曲线图中横坐标是沥青用量而不是油石比。

68. ×

【解析】沥青混合料马歇尔稳定度随沥青用量的增加而增加，但到达一定程度后却逐渐减小。

69. ×

【解析】阳离子乳液采用蒸馏水将筛网润湿，阴离子乳液采用油酸钠溶液将筛网润湿。

70. ×

【解析】热拌沥青混合料的配合比设计应通过目标配合比设计、生产配合比设计、生产配合比验证三个阶段，确定沥青混合料的材料品种及配合比、矿料级配、最佳沥青用量。

71. ×

【解析】沥青与集料的黏附性试验主要是评价沥青与集料的抗水剥离能力。

72. ×

【解析】沥青混合料在规定温度下燃烧产生的损失量包括灼烧掉的沥青和部分矿料，不仅仅只有沥青。

73. ×

【解析】沥青混合料最佳沥青用量 OAC_1 是稳定度、密度、空隙率及饱和度 4 个指标最大值对应沥青用量的平均值。

74. √

75. ×

【解析】沥青软化点试验试样受热软化逐渐下坠，至与下层底板表面接触时，立即读取的温度即为软化点，准确至 0.5℃。

76. √

77. √

78. ×

【解析】沥青混合料车辙试验适用于测定沥青混合料的高温抗车辙能力，供沥青混合料配合比设计时的高温稳定性检验使用，也可用于现场沥青混合料的高温稳定性检验。

79. ×

【解析】同一沥青混合料或同一路段路面，至少平行试验 3 个试件。当 3 个试件动稳定度变异系数不大于 20% 时，取其平均值作为试验结果；变异系数大于 20% 时应分析原因，并追加试验。

80. √

81. √

82. ×

【解析】直接在拌和厂取拌和好的沥青混合料样品,如果温度稍有不足,可放在烘箱中稍事加热(时间不超过30min)后成型,但不得将混合料放冷却后二次加热重塑制作试件。

83. √

84. ×

【解析】在进行沥青混合料冻融劈裂试验时,应成型不小于8个试件,随机分成2组,每组不少于4个试件,1组试件经受冻融循环,另1组试件未经受冻融循环,分别测定2组试件的劈裂抗拉强度,取2组试件的劈裂抗拉强度比值作为冻融劈裂试验强度比。

85. ×

【解析】聚合物改性沥青的软化点不一定高于道路石油沥青的软化点。

86. √

87. ×

【解析】沥青混合料冻融劈裂试验适用于在规定条件下对沥青混合料进行冻融循环,测定混合料试件在受到水损害前后劈裂破坏的强度比,以评价沥青混合料的水稳定性。

88. √

89. ×

【解析】沥青混合料冻融劈裂试验用试件击实次数为双面各50次,马歇尔稳定度试验用试件击实次数为双面各75次。

90. ×

【解析】用沥青混合料中沥青含量试验(离心分离法)抽提的沥青溶液可用于回收沥青,以评定沥青的老化性质。

91. √

92. √

93. √

94. ×

【解析】如果482℃与538℃得到的沥青用量的修正系数差值在0.1%以内,则仍以538℃的沥青用量作为最终的修正系数C_f。

95. √

96. ×

【解析】蒸发"损失"试验的计算结果可正可负。

97. √

98. √

99. √

100. ×

【解析】SMA黏结性要求高,希望选用针入度小、软化点高、温度稳定性好的沥青。最好采用聚合物改性沥青,以提高低温变形性能及与矿料的黏结力,防止沥青析漏、减少感温性。

101. ×

【解析】实际工程中,往往选择能够兼顾高温时变形量较小,但低温时又有一定变形能力的溶凝胶型沥青。

102. √

103. ×

【解析】OGFC 混合料空隙率较大,排水能力好,因而其在雨天抗滑性较好;但其抗滑性能优良主要是由于其较高的摩擦系数和路表构造深度。

104. ×

【解析】OGFC 混合料的空隙率通常大于 18%。

105. ×

【解析】对于 SMA-16 和 SMA-13,粗集料通常指的是粒径大于 4.75mm 的集料;对于 SMA-10,粗集料通常指的是粒径大于 2.36mm 的集料。

106. √

107. √

108. √

109. ×

【解析】浸水飞散试验是在 60℃水中浸水 48h 后进行试验的,目的是考察试件在热水中膨胀和沥青老化,对集料和沥青黏结力下降的影响,对于积雪寒冷地区,也可进行较低温度的飞散试验。

110. ×

【解析】空隙率 VV、饱和度 VFA 都是中值对应的沥青用量用于最佳沥青用量计算。

三、多项选择题

1. ACD

【解析】针入度试验的三项关键性条件分别是温度、测试时间和针的质量。如这三项试验条件控制不准,将严重影响试验结果的准确性。

2. AC

【解析】非经注明,乳液的储存温度为乳液制造时的室温,储存时间为 5d,根据需要也可为 1d。

3. ACD

【解析】根据测试结果可按公式计算法和诺谟图法计算针入度指数、当量软化点及当量脆点。

4. BD

【解析】沥青在装卸、运输和储存过程中混入水和异物,会影响以后试验检测的结果。沥青试样准备原理是通过加热和过筛方式,将水分和异物分别除去。

5. ABD

【解析】沥青软化点试验(环球法)适用于测定道路石油沥青、聚合物改性沥青的软化点,也适用于测定液体石油沥青、煤沥青蒸馏残留物或乳化沥青蒸发残留物的软化点。

6. AB

【解析】A 选项应为:当石油沥青试样中含有水分时,烘箱温度 80℃左右,加热至沥青全部熔化后供脱水用。B 选项应为:当石油沥青中无水分时,烘箱温度宜为软化点温度以上 90℃,通常为 135℃左右。对取来的沥青试样不得直接采用电炉或煤气炉明火加热,当石油沥青试样中含有水分时,将盛样器皿放在可控温的砂浴、油浴、电热套上加热脱水,不得已采用电炉、煤气炉加热,脱水时必须加放石棉垫。时间不超过 30min,并用玻璃棒轻轻搅拌,防止局部过热。

7. ABCD

【解析】沥青延度试验适用于测定道路石油沥青、聚合物改性沥青、液体石油沥青蒸馏残留物和乳化沥青蒸发残留物等材料的延度。

8. AB

【解析】我国沥青及沥青混合料试验规程使用薄膜烘箱试验(TFOT)以及旋转薄膜烘箱试验(RTFOT)来估计沥青发生的短期老化。

9. ABC

【解析】沥青旋转薄膜加热试验适用于测定道路石油沥青、聚合物改性沥青旋转薄膜烘箱加热(简称 RTFOT)后的质量变化,并根据需要测定旋转薄膜加热后,沥青残留物的针入度、软化点、黏度、延度及脆点等性质的变化,以评定沥青的老化性能。

10. ABCD

【解析】克利夫兰开口杯(简称 COC)测定黏稠石油沥青、聚合物改性沥青及闪点在 79℃以上的液体石油沥青的闪点和燃点,以评定施工的安全性。

11. ABCD

【解析】软化点试验过程中,试验起始温度、升温速度、球的质量和球的直径都有严格的规定,都会对结果产生影响。

12. BD

【解析】B、D 选项属于水浸法,A、C 选项属于水煮法。

13. CD

【解析】C 选项应为:改性沥青延度对沥青混合料的低温性能影响显著;D 选项应为:采用循环水域的延度仪时,在试验过程中应暂时关闭循环系统。

14. ACD

【解析】在碾压成型的路面上取样属于常温条件下取样,不适用于热拌沥青混合料。

15. ABCD

【解析】A 选项应为:试样灌模时,将试样仔细自试模的一端至另一端往返数次缓缓注入模中,最后略高出试模,灌模时应注意勿使气泡混入。B 选项应为:在试验过程中,水温应始终保持在试验温度规定范围内,且仪器不得有振动,水面不得有晃动,当水槽采用循环水时,应暂时中断循环,停止水流。C 选项应为:延度仪中加的水没有要求,在试验中,当发现沥青细丝浮于水面或沉入槽底时,则应在水中加入酒精或食盐,调整水的密度至与试样相近后,重新试验。D 选项应为:同一试样,每次平行试验不少于 3 个,如 3 个测定结果均大于 100cm,试验结果记作“>100cm”;特殊需要也可分别记录实测值。

16. BCD

【解析】A 选项应为:非经注明,试验温度为 25℃,拉伸速率为 5cm/min ±0.25cm/min。

17. ABC

【解析】SBS 改性沥青的高温、低温性能都好,且有良好的弹性恢复性能,所以采用软化点、5℃低温延度、回弹率作为主要指标。

18. BC

【解析】改性沥青的技术指标以改性沥青的针入度作为分级的主要依据,改性沥青的针入度指数 PI 反映改性后沥青感温性的改善程度。

19. ABD

【解析】安全要求指标是闪点。溶解度是反映 SBS 改性沥青的纯度指标。135℃运动黏度是对 SBS 改性沥青混合料工作性要求的指标。

20. BCD

【解析】AC 为悬浮密实结构,SMA 为骨架密实结构,AM 和 OGFC 为骨架空隙结构。

21. ABCD

【解析】沥青混合料技术指标:空隙率、矿料间隙率、沥青饱和度、稳定度、流值。

22. ABCD

【解析】沥青混合料的主要技术性能包括高温稳定性、低温抗裂性、水稳定性、耐久性、抗滑性、施工和易性等。

23. ABC

【解析】沥青混合料试件空隙率的大小取决于矿料的级配、沥青材料的用量以及压实程度等多个方面。

24. AC

【解析】空隙率 $VV=(1-\gamma_f/\gamma_t)\times100\%$,其中,$\gamma_f$为沥青混合料试件的毛体积相对密度;$\gamma_t$为沥青混合料试件理论最大相对密度。

25. ABD

【解析】沥青混凝土的空隙率过小,沥青膨胀空间有限,面层容易产生车辙和推挤现象,也可能由于沥青用量过大而产生泛油现象。

26. CD

【解析】沥青软化点和延度试验需要用到甘油滑石粉隔离剂。

27. CD

【解析】90 号石油沥青混合料试件拌和温度的范围为 150~160℃。

28. BCD

【解析】参考现行《公路工程沥青及沥青混合料试验规程》(JTG E20),当缺乏沥青黏度测定条件时,道路石油沥青混合料试件压实温度范围为 120~150℃。

29. BC

【解析】沥青的黏度为 0.28Pa·s±0.03Pa·s 时,对应的温度适宜进行沥青混合料的碾压成型。

30. BC

【解析】沥青混合料大型马歇尔试件高度应符合 95.3mm ±2.5mm 的要求。

31. BC

【解析】沥青混合料马歇尔试件成型过程中,需要加热的仪具有试模和套筒。

32. AC

【解析】沥青混合料中沥青结合料和矿料质量可由沥青用量计算得到,各级矿料质量则可由矿料级配计算得到。

33. CD

【解析】沥青标号偏低和采用高黏度沥青不易造成沥青路面产生车辙。

34. BC

【解析】B 选项:沥青混合料中还必须留有一定的空隙,以备夏季沥青材料的膨胀变形之用;C 选项:适当降低沥青混合料中的沥青数量,也有利于沥青混合料高温稳定性。

35. ABC

【解析】毛体积密度指规定条件下,材料单位毛体积(包括材料实体、开口及闭口孔隙)的质量。

36. AC

【解析】压实沥青混合料密度试验(表干法)适用于测定吸水率不大于 2% 的各种沥青混合料试件,包括密级配沥青混凝土、沥青玛𤥻脂碎石混合料(SMA)和沥青稳定碎石等沥青混合料试件的毛体积相对密度和毛体积密度。

37. BCD

【解析】标准温度为 25℃ ±0.5℃。

38. ABC

【解析】把试件置于网篮中(注意不要晃动水)浸水中 3 ~5min,称取水中质量。

39. BCD

【解析】沥青蜡含量试验(蒸馏法)使用的化学试剂有无水乙醚、无水乙醇和石油醚。

40. AC

【解析】A 选项应为:拌和厂取样时,宜用专用的容器(一次可装 5 ~8kg)装在拌和机卸料斗下方,每放一次料取一次样,顺次装入试样容器中,每次倒在清扫干净的平板上,连续几次取样,混合均匀,按四分法取样。C 选项应为:在车到达施工现场后取样时,应在卸掉一半后将车开出去从不同方向的 3 个不同高度处取样。宜从 3 辆不同的车上取样混合使用。注意:在运料车上取样时不得仅从满载的运料车车顶上取样且不允许只在一辆车上取样。

41. ABC

【解析】试件保温温度、时间和试件尺寸对马歇尔稳定度都有直接的影响,室内温度对试验结果可能也有影响,但一般不可控,故不予考虑。

42. ABC

【解析】为区别试验时浸水条件的不同,将沥青混合料马歇尔稳定度试验分别称为标准马歇尔试验、浸水马歇尔试验及真空饱水马歇尔试验三类。

43. BC

【解析】保温时间:标准马歇尔试件需30~40min,大型马歇尔试件需45~60min。

44. AB

【解析】从恒温水槽中取出试件至测出最大荷载值的时间,不得超过30s。

45. ABCD

【解析】本题测定结果的平均值为9.35kN,标准差3.63kN,3.63×1.46=5.35,9.35-5.20=4.15<5.35,9.35-8.55=0.8<5.35,9.65-9.35=0.3<5.35,14.00-9.35=4.65<5.35。故应取4个测定值的平均值作为试验结果。

46. BCD

【解析】随着沥青用量的增加,空隙率呈下降趋势,流值与饱和度呈上升趋势,无峰值。而稳定度随着沥青用量增加会呈先增大后下降的趋势,有峰值。

47. BCD

【解析】一组试件的数量最少不得少于4个。

48. ABC

【解析】若混合料较坚硬时可用烘箱适当加热后分散,加热温度不超过60℃。

49. BC

【解析】将负压容器放到试验仪上,与真空泵、压力表等连接,开动真空泵,使负压容器内负压在2min内达到3.7kPa±0.3kPa。

50. CD

【解析】负压容器内负压在2min内达到3.7kPa±0.3kPa时,开始计时,同时开动振动装置和抽真空,持续15min±2min。

51. ACD

【解析】A选项应为:软化点主要是评价沥青的高温性能;C选项应为:离析试验的软化点差主要反映沥青储存稳定性,软化点差越大说明储存稳定性越差;D选项应为:质量变化可正可负。

52. ABCD

【解析】选项全部正确。

53. ABD

【解析】还应进行水稳定性检验(浸水马歇尔试验或冻融劈裂试验)、高温稳定性检验(车辙试验)、其他性能检验(低温弯曲应变试验、渗水试验)。

54. AB

【解析】空隙率与稳定度均较低,可能原因为沥青含量过多或细料偏多。因此,可以采取的办法是在混合料中添加粗矿料以提高VMA(矿料间隙率)值或适当降低沥青含量。

55. ACD

【解析】沥青混合料配合比设计包括目标配合比设计、生产配合比设计、生产配合比验证三个阶段。

56. BC

【解析】无论是沥青混合料配合比设计的哪个阶段,工作的中心就是进行矿料的级配组成设计和最佳沥青用量确定两部分内容。

57. ABD

【解析】C 选项应为“标号小”。

58. ABCD

【解析】对于炎热地区公路以及高速公路、一级公路的重载交通路段，山区公路的长大坡度路段，预计有可能出现较大车辙时，宜在空隙率符合要求的范围内，将计算得到的最佳沥青用量减少 0.1% ~0.5% 作为设计沥青用量。

59. ABCD

【解析】试验温度为 60℃，加载水平为 0.7MPa；开动车辙变形自动记录仪，然后启动试验机，使试验轮往返行走，时间约 1h，或最大变形达到 25mm 时为止；保温不少于 5h，也不得超过 12h。

60. ABD

【解析】沥青碎石属于半开级配混合料。

61. ABCD

【解析】从材料角度，使用黏度较大的沥青及质地坚硬、表面粗糙、多棱角且颗粒接近立方体的集料有助于提升混合料的高温性能；从设计角度，采用较低的沥青用量和较粗的级配可提升沥青混合料的高温性能。

62. AB

【解析】表观体积包括沥青混合料实体体积与不吸水的内部闭口孔隙体积之和。

63. ABC

【解析】D 选项应为：同一样品至少平行试验两次，两个测定值之差不超过重复性试验允许误差 8℃时，取其平均值的整数作为试验结果。

64. ABC

【解析】测定薄膜加热后残留物的针入度、延度、软化点、黏度等性质的变化，以评定沥青的耐老化性能。

65. BC

【解析】保温不少于 5h，也不得超过 12h。

66. AC

【解析】我国规范采用浸水马歇尔试验和冻融劈裂试验来评价沥青混合料的水稳定性。

67. AD

【解析】沥青混合料水稳定性评价：一是评价沥青与矿料的黏附性；二是评价沥青混合料的浸水以后的力学性能。

68. AB

【解析】评价水稳定性的指标有浸水残留稳定度和冻融劈裂强度比。

69. BCD

【解析】沥青混合料标准飞散试验可用于确定沥青路面表面层使用的 SMA、OGFC、AM 所需最少沥青用量。

70. ABCD

【解析】选项全部正确。

71. BC

【解析】将燃烧温度设定538℃ ±5℃,设定修正系数为0。

72. AD

【解析】≥2.36mm 筛孔燃烧前后混合料级配允许差值为 ±5%,0.15 ~1.18mm 筛孔允许差值为 ±3%,0.075mm 筛孔允许差值为 ±0.5%。

73. ABC

【解析】沥青混合料谢伦堡沥青析漏试验用于检验沥青玛蹄脂碎石混合料(SMA)、排水式大空隙沥青混合料(OGFC)或沥青碎石类混合料(AM)的最大沥青用量。

74. BC

【解析】相比于普通沥青混合料,SMA 配合比设计还必须进行谢伦堡析漏试验和肯塔堡飞散试验。

75. ABC

【解析】粗集料骨架间隙率计算公式:$VCA_{mix} = 100 - (\gamma_f/\gamma_{ca}) \times P_{ca}$,其中,$\gamma_f$为试件毛体积的相对密度;$\gamma_{ca}$为矿料中所有粗集料的合成毛体积相对密度;$P_{ca}$为矿料中所有粗集料质量占沥青混合料总质量的百分率。

76. ACD

【解析】B 选项应为:保持恒温室温度60℃ ±1℃(试件内部温度60℃ ±0.5℃)。

77. AC

【解析】B 选项应为:同一种粒料存在大于13.2mm 和小于13.2mm,取大于13.2mm 水煮法试验为标准,对细粒式沥青混合料应以水浸法试验为标准。D 选项应为:对于沥青混合料的综合抗水损害能力,必须通过浸水马歇尔试验、冻融劈裂试验等进行检验。

78. CD

【解析】C 选项:试件成型方法冻融劈裂试验用试件击实次数为双面各50 次,马歇尔稳定度试验用试件击实次数为双面各75 次。D 选项:试件加载时的温度,马歇尔稳定度试验为60℃,冻融劈裂试验为25℃。

79. ABC

【解析】D 选项应为:从耐久性(耐久性包括水稳定性)考虑,希望沥青混合料空隙率尽量小一些。

80. ABC

【解析】D 选项应为:沥青含量一般小于油石比。

四、综合题

1.(1)ABC (2)BCD (3)C (4)ABC (5)A

【解析】(1)D 选项应为:每次试验应换一根干净标准针或将标准针取下用蘸有三氯乙烯溶剂的棉花或布揩净,再用干棉花或布擦干。测定针入度大于200 的沥青试样时,至少用3支标准针,每次试验后将针留在试样中,直至3 次平行试验完成后,才能将标准针取出。

(2)A 选项应为:将隔离剂拌和均匀,涂于清洁干燥的试模底板和两个侧模的内侧表面。

(3)沥青软化点试验(环球法)使用的金属支架中金属下面距下层底板为25.4mm。

(4)D选项应为:针入度指数越大,表示沥青的感温性越低。

(5)$PI=\dfrac{30}{1+50\left(\dfrac{\lg 800-\lg P_{25℃,100g,5s}}{T_{R\&B}-25}\right)}-10=\dfrac{30}{1+50\times\left(\dfrac{\lg 800-\lg 88}{50.5-25}\right)}-10$

$=\dfrac{30}{1+50\times 0.037592}-10=0.4$

其中,针入度值 $P_{25℃,100g,5s}=88(0.1mm)$,环球法测定的软化点 $T_{R\&B}=50.5℃$。

2.(1)D　(2)C　(3)B　(4)A　(5)CD

【解析】(1)标准马歇尔试件尺寸为 $\phi 101.6\times 63.5mm$,由题目已知马歇尔试件毛体积相对密度为2.386,则一个标准马歇尔试件质量为:$\pi\times(101.6/2)^2\times 63.5\times 2.386\approx 1228g$。

(2)$VV=(1-\gamma_b/\gamma_t)\times 100=(1-2.386/2.497)\times 100=4.4\%$。VV为试件的空隙率(%);$\gamma_b$为沥青混合料试件的毛体积相对密度,无量纲;$\gamma_t$为沥青混合料理论最大相对密度,无量纲。

(3)矿料混合料的合成毛体积相对密度 $\gamma_{se}=100/(P_1/\gamma_1+P_2/\gamma_2+\cdots+P_n/\gamma_n)=100/(65\%/2.723+32\%/2.685+3\%/2.710)=2.710$,取3位小数。$P_1$、$P_2$、…、$P_n$为不同规格集料所占比例,其和为100;$\gamma_1$、$\gamma_2$、…、$\gamma_n$为对应各规格集料的相对密度,可采用毛体积相对密度或表观相对密度,无量纲。

(4)$VMA=(1-\gamma_b\times P_s/\gamma_{sb})\times 100=(1-2.386/2.710\times 95.5\%)\times 100=15.9\%$。VMA为试件的矿料间隙率(%);$\gamma_b$为沥青混合料试件的毛体积相对密度,无量纲;$P_b$为各种矿料占沥青混合料总质量的百分率之和(%);$\gamma_{sb}$为矿料混合料的合成毛体积相对密度,无量纲。

(5)沥青混合料标准马歇尔试件高度为63.5mm±1.3mm,如高度不符合要求时,试件应作废,并按下式调整试件的混合料质量:$m_2=h_s\times m_1/h_1=63.5\times 1228/65.7=1186g$。$m_2$为击实得到所需高度时试件的质量(g);$m_1$为第一次击实所称得的沥青混合料质量(g);$h_1$为第一次击实完成后所得到的试件高度(mm);$h_s$为马歇尔试件标准高度或所需高度(mm)。

3.(1)D　(2)ABC　(3)D　(4)B　(5)ABCD

【解析】(1)沥青混合料拌和时,材料依次加入的顺序为粗细集料、沥青、矿粉。

(2)D选项应为:从试件拿出水面到擦拭结束不宜超过5s,称量过程中流出水不得再擦拭。

(3)①测定值由小到大排序:7.04kN、8.20kN、8.50kN、8.82kN、11.62kN。

②计算特征值:平均值=8.84kN,标准差=1.70kN。

③计算统计值:$(8.84-7.04)/1.70=1.06<k=1.67$;

$(8.84-8.20)/1.70=0.38<k=1.67$;

$(8.84-8.50)/1.70=0.20<k=1.67$;

$(8.84-8.82)/1.70=0.01<k=1.67$;

$(11.62-8.84)/1.70=1.64<k=1.67$。

④没有测定值与平均值之差大于标准差的1.67倍,无测定值应予舍弃。

⑤该沥青混合料的马歇尔稳定度为8.84kN。

(4)在寒冷地区的沥青混合料车辙试验温度可采用45℃,在高温条件下试验温度可采用70℃。

(5)选项全部正确。

4.(1)ABCD　(2)B　(3)A　(4)B　(5)ABC

【解析】(1)本题关于沥青混合料试件制作方法(击实法)要求的选项都正确。

(2)第⑥步应在第③步之前,第①步应在第⑦步之前。

(3)乳化沥青混合料试件在两面击实后,有一组试件需置于烘箱中养护24h,养护取出后再立即两面击实各25次。

(4)大型马歇尔试件高度要求为95.3mm±2.5mm,用量约为4050g,如高度不符合要求时,试件应作废,并按下式调整试件的混合料质量。调整后混合料质量=要求试件高度×原用混合料质量/所有试件的高度。

(5)D选项应为:标准马歇尔试件击实次数为75次,大马歇尔试件为112次。

5.(1)ABC　(2)B　(3)B　(4)ABC　(5)C

【解析】(1)沥青混合料标准马歇尔试件高度应符合63.5mm±1.3mm的要求,即试件高度在62.2~64.8mm之间都符合要求。

(2)沥青用量可以采用沥青含量或油石比两种方式来表达,沥青含量是指沥青占沥青混合料的百分数,油石比是沥青与矿料质量比的百分数,本题沥青含量=377/(7500+377)×100%=4.8%。

(3)试件吸水率S_a=(1221.3-1220.1)/(1221.3-719.6)=0.2%,配合比设计过程吸水率小于2%用表干法,施工质量检验时,吸水率小于0.5%用水中重法。

(4)D选项应为:负压达到后,开动振动装置持续15min±2min。

(5)聚合物改性沥青混合料,成型车辙试件后,放置时间以48h为宜,使聚合物改性沥青充分固化后方可进行车辙试验,室温放置时间不得长于1周。

6.(1)AC　(2)B　(3)AB　(4)ACD　(5)C

【解析】(1)常规沥青混合料目标配合比性能验证的一般试验参数有:水稳定性检验(浸水马歇尔试验或冻融劈裂试验)参数——冻融劈裂残留强度比和浸水马歇尔稳定度;高温稳定性检验(车辙试验)参数——动稳定度;其他性能检验(低温性能、室内渗水试验)参数——渗水系数等。

(2)车辙板试件通常尺寸为300mm×300mm×50mm,该沥青混合料毛体积相对密度为2.412,则一块车辙试件的质量=30×30×5×2.412=10854g。

(3)C选项应为:设计沥青混合料级配需要调粗一些;D选项说法过于绝对,错误。

(4)B选项应为:劈裂强度试验温度为25℃,加载速率为50mm/min。

(5)3个试件动稳定度变异系数C_v=460/6243=7.4%,小于20%,取平均值作为试验结果;如动稳定度大于6000次/mm,记作:>6000次/mm。

7.(1)ACD　(2)CD　(3)C　(4)B　(5)AC

【解析】(1)B选项应为:当石油沥青中无水分时,烘箱温度宜为软化点温度以上90℃,通常为135℃左右。而SBS改性沥青软化点往往达到60℃以上,烘箱温度宜为150℃左右。

(2)SBS改性沥青需要测定针入度、针入度指数、5℃延度、软化点、135℃运动黏度、闪点、溶解度、25℃弹性恢复、黏附性、韧性以及储存稳定性离析48h软化点差、老化等指标。

(3)聚合物改性沥青(包括SBS、SBR、EVA、PE类改性沥青)针入度试验结果允许误差与普通沥青一致,当针入度试验结果在0~49(0.1mm)范围内时,允许误差为2(0.1mm)。本题3个检测记录的最大值48.1(0.1mm)与最小值44.3(0.1mm)之差3.8(0.1mm)超出允许误差,试验结果无效,应重新进行试验。

(4)聚合物改性沥青(包括SBS、SBR、EVA、PE类改性沥青)软化点试验结果允许误差与普通沥青一致,当试样软化点小于80℃时,允许误差为1℃。本题两个检测记录61.3℃、61.9℃的差值为0.6℃符合允许误差要求,取其平均值61.5℃(准确至0.5℃)作为试验结果。

(5)B选项应为:盛样管和沥青从烘箱中取出后,放入冰箱的冷柜中,保持盛样管处于竖立状态不少于4h,使改性沥青试样凝为固体。D选项应为:离析试验温差越大,说明改性剂与基质沥青的相容性越差。

8.(1)B　　(2)AD　　(3)ABD　　(4)D　　(5)D

【解析】(1)测定沥青密度的标准温度为15℃,而沥青的相对密度是指25℃时与相同温度下水的密度之比。

(2)对黏稠及液体沥青,重复性试验的允许差为0.003g/cm^3,复现性试验的允许差为0.007g/cm^3。密度瓶的水值应经常校正,一般每年至少进行一次。

(3)沥青密度与相对密度试验的试验不需要用到的材料为石棉垫。

(4)固体沥青密度与相对密度试验步骤正确顺序应为②①④③⑤。

(5)m_3是比重瓶与所盛满液体沥青试样的合计质量。

9.(1)ABCD　　(2)A　　(3)D　　(4)A　　(5)ACD

【解析】(1)选项全部正确。

(2)非经注明,试验温度为25℃,拉伸速率为5cm/min±0.25cm/min。

(3)纤维吸油率(倍)=(煤油浸泡后质量-纤维干燥质量)/纤维干燥质量,要求是纤维自身质量的5~9倍。

(4)第②步在第①步之前,第①步在第③步之前。

(5)B选项应为:车辙试验时温度一般为60℃。

10.(1)B　　(2)C　　(3)ABC　　(4)AC　　(5)ABCD

【解析】(1)取相应于密度和稳定度最大值,空隙率与饱和度要求范围中值的沥青用量a_1、a_2、a_3、a_4的平均值为OAC_1,本题$a_1=4.5\%$,$a_2=4.5\%$,$a_3=4.0\%$,$a_4=4.8\%$,则$OAC_1=(a_1+a_2+a_3+a_4)/4=(4.5\%+4.5\%+4.0\%+4.8\%)/4=4.4\%$。

(2)以VV、VFA、稳定度和流值均符合技术标准(不含VMA)的沥青用量范围OAC_{min}~OAC_{max}的中值作为OAC_2。本题$OAC_{min}=4.2\%$,$OAC_{max}=5.4\%$,则$OAC_2=(OAC_{min}+OAC_{max})/2=(4.2\%+5.4\%)/2=4.8\%$。

(3)对寒冷地区公路、旅游公路、交通量很少的公路,最佳沥青用量可以在OAC的基础上增加0.1~0.3个百分点。

(4)B选项应为:空隙率与稳定度均较低,在混合料中降低沥青含量。D选项应为:空隙率低,稳定度满足要求,在混合料中降低沥青含量。

(5)标准配合比的矿料合成级配中,至少应包括0.075mm、2.36mm、4.75mm及公称最大粒径筛孔的通过率接近优选的工程设计级配范围的中值,并避免在0.3~0.6mm处出现“驼峰”。

11.(1)C　(2)D　(3)ABCD　(4)ABD　(5)CD

【解析】(1)布洛克菲尔德黏度计法适用于测定不同类型沥青在45℃以上温度范围内的表观黏度。

(2)135℃测定时,对RV、HA、HB型黏度计可采用转子速率为20r/min。

(3)本题关于沥青旋转黏度试验(布洛克菲尔德黏度计法)试验步骤的选项都正确。

(4)C选项应为:如果在试验温度下的扭矩读数不在10%~98%的范围内,必须更换转子或降低转子转速后重新试验。

(5)A选项应为:当使用石油沥青时,宜以黏度为0.17Pa·s±0.02Pa·s时的温度作为拌和温度范围。B选项应为:当使用石油沥青时,宜以黏度为0.28Pa·s±0.03Pa·s时的温度作为压实成型温度范围。

12.(1)A　(2)BCD　(3)ABD　(4)D　(5)BCD

【解析】(1)老化的沥青三大指标的变化规律:针入度减小,软化点升高,延度减少。

(2)A选项应为:沥青试样分别注入4个已称质量的盛样皿中50g±0.5g,并形成沥青厚度均匀的薄膜。

(3)C选项应为:沥青试样分别注入已称质量的盛样瓶中其质量为35g±0.5g。

(4)D选项应为:当薄膜加热后质量变化大于0.4%时,再现性试验的允许误差为平均值的40%。

(5)A选项应为:沥青,尤其是对聚合物改性沥青,当黏度较高的沥青在进行旋转薄膜加热试验时,在旋转过程中沥青容易堆积在瓶口处,有时就会发生沥青从瓶口流出的现象,如果不注意就会着火。

第七章　路基路面现场测试

习　题

一、单项选择题

1. 摆值受路面温度影响很大，一般以（　　）为标准温度，当路面为其他温度时应进行修正。

A. 15℃　　B. 18℃　　C. 20℃　　D. 25℃

2. 指针式摆式仪摆值最小刻度为（　　）。

A. 1　　B. 2　　C. 5　　D. 10

3. 自动弯沉仪测试路面弯沉方法要求当路面横坡超过（　　）时，应进行弯沉值的横坡修正。

A. 1%　　B. 2%　　C. 3%　　D. 4%

4. 贝克曼梁测试路基路面弯沉方法测试的是路基路面的（　　）。

A. 动态弯沉　　B. 总弯沉

C. 动态回弹弯沉　　D. 静态回弹弯沉

5. 手推式断面仪测量路面国际平整度指数（IRI）单位为（　　）。

A. mm/m　　B. mm/km　　C. cm/km　　D. m/km

6. 手推式断面仪测量路面国际平整度指数（IRI）保留（　　）位小数。

A. 0　　B. 1　　C. 2　　D. 3

7. 贝克曼梁法测试弯沉，测试前应将试验车后轮轮隙对准（　　）位置。

A. 测点后 30 ~ 50mm　　B. 测点正上方

C. 测点前 30 ~ 50mm　　D. 测点前 50 ~ 70mm

8. 核子仪法与挖坑灌砂法相关性试验时，对相同的路面厚度、配合比设计、碾压遍数、松铺厚度、机械组合及压实度标准的路面结构层，使用前应在试验段至少测试（　　）处，求取两种不同方法在每处的偏差值。

A. 5　　B. 10　　C. 15　　D. 20

9. 土基现场 CBR 值测试数据处理进行原点修正后，土基 CBR 值（　　）。

A. 变大　　B. 变小

C. 不变　　D. 无法确定

10. 车载式颠簸累积仪测试平整度时测试车停在测试起点前( )处,按照测试路段的现场技术要求设置完毕所需的测试状态。

A. 0 ~ 100m　　B. 100 ~ 300m

C. 300 ~ 500m　　D. 500m 以上

11. 手工铺砂法测试路面构造深度 3 次测试结果分别为 0.16mm、0.18mm、0.20mm,则试验结果应为( )。

A. 0.18mm　　B. 0.2mm　　C. <0.2mm　　D. 不满足要求

12. 路面回弹弯沉的温度修正可以根据查图法进行,修正后的路面回弹弯沉公式为( )。

A. $L_r = L + Z_a S$　　B. $L_T = (L_1 - L_2) \times 2$

C. $L_T = (L_1 - L_2) \times 4$　　D. $L_{20} = L_T \times K$

13. 回弹仪测试水泥混凝土强度方法不适用于厚度( )的水泥混凝土强度测试。

A. 小于 50mm　　B. 大于 50mm

C. 小于 100mm　　D. 大于 100mm

14. 弯沉测试中,当贝克曼梁弯沉仪置于规定位置,调整百分表读数至 300,在指挥汽车缓缓前进时迅速读取到的最大读数为 360,当汽车开出影响半径以外百分表读数稳定后,读取终读数为 270,那么该测点处回弹弯沉为( )(0.01mm)。

A. 180　　B. 120　　C. 60　　D. 90

15. 其他情况一致的条件下,路表构造深度越大,路面的抗滑能力( )。

A. 越强　　B. 越差　　C. 不一定越强　　D. 强、弱无规律

16. 横向力系数 SFC 表征的含义为( )。

A. 测试车制动时轮胎与路面的摩阻系数

B. 测试轮轴向摩擦阻力与垂直荷载的比值

C. 测试轮在刹车时受到的横向力大小

D. 测试轮侧面测得的横向力与测试车质量的比值

17. 钻孔取样应在路面完全冷却后进行,对普通沥青路面通常在( )取样。

A. 第一天　　B. 第二天　　C. 第三天　　D. 第四天

18. 单轮式横向力系数测试系统测试路面摩擦系数时,其测试轮静态垂直标准荷载可为( )。

A. 1.27kN　　B. 2kN　　C. 3kN　　D. 4kN

19. 以下关于激光平整度仪测定平整度的试验步骤说法中不正确的是( )。

A. 正式测试之前应让承载车以测试速度行驶 5 ~ 10km

B. 承载车停在测试起点前 50 ~ 100m 处,启动平整度测试系统并按照测试路段的现场技术要求设置所需的测试状态

C. 正常测试时,承载车的车速可以由测试人员随意选择

D. 测试完成后,测试人员停止数据采集和记录并恢复仪器各部分至初始状态

20. 以下在测量错台工作中不会用到的器具是( )。

A. 水准仪　　B. 温度计　　C. 塞尺　　D. 基准尺

21. 核子密湿度仪测试压实度用于测试沥青混合料面层的压实密度或硬化混凝土等难以打孔材料的密度时，宜使用(　　)；用于测试厚度不大于 30cm 的土基、基层材料或非硬化水泥混凝土等可以打孔材料的密度及含水率时，应使用(　　)。

A. 散射方式；间接透射方式　　B. 间接透射方式；散射方式
C. 散射方式；直接透射方式　　D. 直接透射方式；散射方式

22. 如果动态旋转式摩擦系数测试仪(DF 仪)橡胶滑块厚度小于(　　)mm，应及时更换。

A. 1　　B. 2　　C. 3　　D. 4

23. 检测人员现场检测沥青路面渗水系数，以下测试步骤描述不正确的是(　　)。

A. 用密封材料对环状密封区城进行密封处理，注意不要使密封材料进入内圈
B. 向量筒中注水超过 100mL 刻度处，然后打开开关和排气孔，使量筒中的水下流排出渗水仪底部内的空气
C. 打开开关，待水面下降至 100mL 刻度时，立即开动秒表开始计时，计时 5min 后立即记录水量
D. 测试过程中，如水从底座与密封材料间渗出，则底座与路面间密封不好，此试验结果无效

24. 动态旋转式摩擦系数测试仪测试路面摩擦系数时同一测点测试 3 次，3 次测试结果最大值与最小值的差值应不大于(　　)。

A. 0.1　　B. 0.5　　C. 1　　D. 3

25. 连续式平整度仪测试平整度时，其测试指标是(　　)。

A. 标准差　　B. 单向累计值
C. 国际平整度指标　　D. 最大间隙

26. 土石路堤或填石路堤压实沉降差测试结果精确到(　　)。

A. 0.001mm　　B. 0.01mm　　C. 0.1mm　　D. 1mm

27. 用铺砂法测试路面表面构造深度，我国规程规定使用(　　)的砂 $25cm^3$。

A. 0.15 ~ 0.2mm　　B. 0.1 ~ 0.15mm
C. 0.1 ~ 0.3mm　　D. 0.15 ~ 0.3mm

28. 使用手工铺砂法进行路面构造深度测试时，按照规定的方法选取路段测点横断面位置，同时测点应选在车道的轮迹带位置，且距路面边缘不得小于(　　)。

A. 1m　　B. 2m　　C. 1.5m　　D. 2.5m

29. 使用手工铺砂法进行路面构造深度的测试时，同一处平行测试应该不少于(　　)次。

A. 2　　B. 3　　C. 4　　D. 5

30. 下面关于横向力系数测试车的检测结果受温度影响的说法，正确的是(　　)。

A. 横向力系数检测结果不需要进行温度修正
B. 路面温度越高，检测结果越小
C. 空气温度为 20℃时，检测结果不需要修正
D. 路面温度低于 20℃时，检测结果无效

31. 环刀尽量打入到压实层的(　　)位置，否则可能造成测试结果的偏差。

A. 表层　　B. 中部　　C. 边缘　　D. 底部

32. 摆式仪测试路面摩擦系数时,计算每个测试位置(　　)个测点摆值的平均值作为该测试位置的摆值,取整数。

A. 2　　B. 3　　C. 4　　D. 5

33. 温度对无核密度仪测试结果影响较小,但为防止仪器损伤,一般在(　　)以下的条件下使用。

A. 110℃　　B. 130℃　　C. 150℃　　D. 170℃

34. 无核密度仪上显示被测试材料表面的湿度值超过(　　)时,数据作废,应重新选点测试。

A. 1　　B. 5　　C. 9　　D. 10

35. 3m 直尺测试平整度方法测试路表与 3m 直尺基准面的最大间隙,准确至(　　)。

A. 0.1mm　　B. 0.2mm　　C. 0.5mm　　D. 1mm

36. 土基现场 CBR 值测试可在贯入量达(　　)时结束试验。

A. 5.0mm　　B. 5.5mm　　C. 6.5mm　　D. 7.5mm

37. 承载板测试土基回弹模量数据处理进行原点修正后,土基回弹模量(　　)。

A. 变大　　B. 变小　　C. 不变　　D. 无法确定

38. 摆式仪测试路面摩擦系数过程中,下面不正确的做法是(　　)。

A. 将仪器置于路面测点上,并使摆的摆动方向与行车方向一致

B. 校准滑动长度,使符合 126mm ± 1mm 的要求

C. 用喷水壶浇洒测点处路面,使之处于湿润状态

D. 每个测点测试 3 个值,以每个测点 3 个摆值的平均值作为该测点的摆值,每个测试位置 5 个测点摆值的平均值作为该测试位置的摆值,取整数

39. 当水泥混凝土碳化深度值极差大于(　　)时,在每一测区分别测量碳化深度值。

A. 0.5mm　　B. 1.0mm　　C. 1.5mm　　D. 2.0mm

40. 新建沥青路面的渗水试验宜在沥青路面碾压成型后(　　)内完成。

A. 12h　　B. 24h　　C. 36h　　D. 48h

41. 热拌沥青混合料的施工温度测试不包括(　　)。

A. 沥青混合料的出厂温度　　B. 施工现场的摊铺温度

C. 碾压时混合料的温度　　D. 沥青混合料厂内拌和温度

42. 短脉冲雷达法测试路面厚度时,需将现场钻取的芯样高度与雷达采集软件的结果进行对比计算得出芯样的波速。每个波速标定路段钻芯取样位置应均匀分布,取样间距不宜超过(　　)km。

A. 0.5　　B. 1　　C. 2　　D. 5

43. 土基现场 CBR 值测试方法的测试结果对填料粒径较为敏感,一般用于填料粒径小于(　　)mm 的土基测试能够取得较好的测试效果。

A. 19　　B. 26.5　　C. 31.5　　D. 37.5

44. 在颠簸累积仪测值与国际平整度指数 IRI 相关性试验中,按照 IRI 值每段间距大于1.0的范围选择不少于(　　)段不同平整度水平,且有足够加速或减速长度的路段。

A. 2　　B. 3　　C. 4　　D. 5

45. 沥青喷洒法测试施工材料用量方法使用的受样盘面积不小于(　　)cm^2。

A. 10　　B. 100　　C. 1000　　D. 10000

46. 沥青喷洒法测试施工材料用量当两个测试值之差超过平均值的(　　)时,需要重新试验。

A. 2%　　B. 5%　　C. 8%　　D. 10%

47. 落球仪测试土质路基模量方法不适用于最大粒径超过(　　)的土质路基模量测试。

A. 4.75mm　　B. 37.5mm　　C. 75mm　　D. 100mm

48. 落球仪测试土质路基模量时要求每个测区至少包含(　　)个测点。

A. 3　　B. 5　　C. 7　　D. 10

49. 有结合料材料透层油渗透深度测试时,用钢板尺或量角器将芯样顶面圆周平均分成(　　)等份。

A. 4　　B. 6　　C. 8　　D. 10

50. 透层油渗透深度测试(　　)作为单个测点的渗透深度结果。

A. 去掉 1 个最小值,计算其他 4 个渗透深度测试值的算术平均值

B. 去掉 2 个最小值,计算其他 3 个渗透深度测试值的算术平均值

C. 去掉 3 个最小值,计算其他 5 个渗透深度测试值的算术平均值

D. 去掉 4 个最小值,计算其他 6 个渗透深度测试值的算术平均值

51. 激光式高速路面弯沉测定仪用于测试路面的(　　)。

A. 回弹弯沉　　B. 动态弯沉　　C. 最大弯沉　　D. 平均弯沉

52. 下列有关雷达测试路面结构层厚度的说法,错误的是(　　)。

A. 利用短脉冲雷达进行路面面层厚度的检测,属于无损检测

B. 用于检测路面厚度的雷达天线频率一般为 1.0GHz 以上

C. 雷达发射的电磁波在道路面层传播过程不受环境影响

D. 此种测试方法的工作原理是:利用雷达波在不同物质界面上的反射信号,识别分界面,通过电磁波的走时和在介质中的波速推算相应介质的厚度

53. 落锤式弯沉仪测值和激光式高速路面弯沉测定仪测值之间的相关性关系式,相关系数 R 应不小于(　　)。

A. 0.99　　B. 0.97　　C. 0.95　　D. 0.90

54. 路面激光车辙仪技术要求有效测试宽度不小于(　　)m,测点不少于(　　)点。

A. 3.5;10　　B. 3.75;10　　C. 3.5;13　　D. 3.75;13

55. 根据《公路沥青路面设计规范》(JTG D50—2017),高速公路沥青路面设计的抗滑技术指标横向力系数值以(　　)km/h 车速测定值为准。

A. 50 ±1　　B. 50 ±4　　C. 60 ±1　　D. 60 ±4

56. 国际平整度指数 IRI 是(　　)平整度评价指标。

A. 反应类　　B. 断面类　　C. 标准差类　　D. 平均值类

57. 下列关于挖坑法和钻芯法检测路面结构层厚度试验的说法中,错误的是(　　)。

A. 挖坑法和钻芯法为破坏性检验

B. 路面结构层厚度的检测可与压实度的检测同时进行

C. 沥青面层和水泥混凝土路面板的厚度应用挖坑法确定

D. 钻芯法数据直观,结果准确

58. 在路面钻芯取样方法中,宜选择直径大于集料最大粒径(　　)倍的钻头。

A. 1.5　　B. 2　　C. 2.5　　D. 3

59. 钻芯测试路面厚度方法中,对基层材料有可能损坏试件时,也可用直径为(　　)的钻头,钻孔深度必须达到层厚。

A. 120mm　　B. 130mm　　C. 140mm　　D. 150mm

60. 路基路面中线偏位检测中,中线偏位 Δ_{CL} 的测量结果应准确至(　　)。

A. 1mm　　B. 5mm　　C. 10mm　　D. 50mm

61. 利用挖坑法测试测试层厚度时,测试方法是(　　)。

A. 钢直尺沿对称的十字方向四处中的任一处量取坑底至平面的距离

B. 钢直尺沿对称的十字方向四处量取坑底至平面的距离

C. 直接用钢直尺在坑的中部位置垂直伸至坑底,测量坑底至平面的距离

D. 将直尺平放横跨于坑的两边,用钢直尺在坑的中部位置垂直伸至坑底,测量坑底至直尺下缘的距离

62. 采用 3m 直尺测试水泥混凝土面层平整度时,以(　　)作为指标。

A. IRI　　B. 最大间隙　　C. VBI　　D. 标准差

63. 核子密湿度仪测试压实度时,在周围(　　)之内不能存在其他核子仪和任何其他放射源。

A. 2m　　B. 4m　　C. 6m　　D. 8m

64. 采用落锤式弯沉仪进行脱空测试,当测点的线性回归截距值 b 大于(　　)时,可判定为脱空。

A. 10μm　　B. 20μm　　C. 50μm　　D. 100μm

65. 采用 FWD 分别测试同一板块板中、板边中点和板角位置的弯沉,当板角弯沉/板中弯沉的比值大于(　　)且板边中点弯沉/板中弯沉的比值大于(　　)时,可判定为脱空。

A. 2;2　　B. 2;3　　C. 3;2　　D. 3;3

66. 牵引连续式平整度仪的速度应保持匀速,速度宜为 5km/h,最大不能超过(　　)。

A. 3km/h　　B. 5km/h　　C. 10km/h　　D. 12km/h

67. 若试坑上不放基板进行灌砂,计算填满试坑所需砂的质量 $m_b = m_1 - m_4 - m_2$,已知 m_4 为灌砂后储砂筒内剩余砂的质量,m_1 是灌砂前灌砂筒内砂的质量,m_2 是(　　)。

A. 试坑中取出的全部材料的质量

B. 灌砂筒下部圆锥体内砂的质量

C. 灌砂筒下部圆锥体内及基板和粗糙表面间砂的合计质量

D. 量砂的单位质量

68. 在进行土基现场 CBR 值计算时,$CBR = p_1/p_0 \times 100$,当贯入量为 2.5mm 时,标准压强 p_0 为 7MPa;当贯入量为 5.0mm 时,标准压强 p_0 为(　　)。

A. 6.5MPa　　B. 7MPa　　C. 9MPa　　D. 10.5MPa

69. 层间黏结强度测试方法拉拔测试拉伸速率为(　　)。

A. 5kPa/s ± 1kPa/s　　B. 10kPa/s ± 5kPa/s

C. 15kPa/s ± 10kPa/s　　D. 25kPa/s ± 15kPa/s

70. 层间黏结强度测试方法每个位置的 3 个测试值应不超过其平均值的(　　),否则该位置的测试结果应舍弃。

A. 5%　　B. 10%　　C. 15%　　D. 20%

71. 进行摆式仪测试摆值温度修正时,其修正公式为 $BPN_{20} = BPN_T + \Delta BPN$,其中 BPN_T 是指(　　)。

A. 温度修正值　　B. 换算成标准温度为 20℃ 的摆值

C. 路面温度 T 时测得的摆值　　D. 换算成标准温度为 25℃ 的摆值

72. 采用单点弯沉测值进行脱空判定,当弯沉值大于(　　)时,可判定为该处脱空。

A. 0.1mm　　B. 0.2mm　　C. 0.3mm　　D. 0.4mm

73. 我国《公路路基施工技术规范》(JTG/T 3610—2019)规定,填石路堤施工过程可采用(　　)测试指标检测压实质量。

A. 挖坑灌砂法　　B. 环刀法

C. 钻芯法　　D. 沉降差法

74. 落锤式弯沉仪(简称 FWD)测试的是路面的(　　)。

A. 静态回弹弯沉　　B. 静态总弯沉

C. 动态回弹弯沉　　D. 动态总弯沉

75. 落锤式弯沉仪(简称 FWD)测试路面弯沉时,每个测点重复测试应不少于(　　)次。

A. 2　　B. 3　　C. 4　　D. 5

76. 沥青路面渗水系数测试方法以(　　)个测点渗水系数的平均值作为该测试位置的结果,准确至 1mL/min。

A. 3　　B. 4　　C. 5　　D. 6

77. 非插入式温度计红外温度计法测试沥青混合料碾压过程中压实温度,需要直接对准测量的沥青混合料表面连续测试 3 次以上,直至后 3 次温度差值不大于 1℃,读记(　　)测试温度。

A. 第一次　　B. 第二次　　C. 第三次　　D. 平均值

78. 灌砂法试验测得试坑材料湿密度为 $2.30g/cm^3$,含水率为 5.5%,该材料室内标准击实试验最大干密度为 $2.25g/cm^3$,则该测点的压实度为(　　)。

A. 92.4%　　B. 96.6%　　C. 96.9%　　D. 102.2%

79. 以下关于短脉冲雷达测试路面厚度方法的说法中错误的是(　　)。

A. 路面过度潮湿情况下不适用该方法

B. 最小分辨层厚不大于 40mm

C. 测量深度 8cm 时,系统的测量误差应不超过 3mm

D. 可以采用 500MHz 地面耦合天线检测

80. 关于热拌热铺沥青混合料的施工温度测试方法,不正确的说法是(　　)。

A. 可采用非插入式温度计

B. 混合料的出厂温度或运输至现场温度应在运料卡车上测试

C. 混合料摊铺温度宜在摊铺机的一侧拨料器的前方混合料堆上测试

D. 在沥青混合料碾压过程中采用插入式温度计测试压实温度，测试时插入式温度计插入深度不小于150mm

二、判断题

1. 土基现场CBR值测试后，需要在紧靠试验点旁边的适当位置取样测试土基的密度。（　）

2. 回弹仪测试水泥混凝土强度方法不适用于厚度小于100mm水泥混凝土强度测试，温度应不低于10℃。（　）

3. 钻芯取样法测试路面厚度时，用钢尺量取试坑深度，作为路面检查层的厚度。（　）

4. 采用核子密湿度仪测试沥青路面面层的压实度时，在表面用直接透射法测试。（　）

5. 当挖坑灌砂法测试压实度产生争议时，可以采用无核密度仪进行仲裁检测。（　）

6. 横向力系数测试车测试的路面横向力系数不需要进行温度修正，可以直接用于评价路面抗滑性能。（　）

7. 用两台贝克曼梁同时进行左右轮弯沉测定时，应按两个独立点考虑，不能采用左右两点的平均值。（　）

8. 落锤式弯沉仪属于动态测试方法，其测试的弯沉为动态回弹弯沉。（　）

9. 连续式平整仪适用于测试路面的平整度，但不适用于在已有较多坑槽、破损严重的路面上测试。（　）

10. 同一沥青路面，高温条件下测得的回弹弯沉比低温时测得的大。（　）

11. 平整度指标IRI越大，则路面平整性越好。（　）

12. 自动弯沉仪测试路面弯沉方法中，在测试路段前20m处将测量架放落在路面上。（　）

13. 环刀法测试的密度仅代表环刀深度范围内的平均密度，不能代表碾压层的平均密度。（　）

14. 激光构造深度仪既适用于沥青混凝土路面，也适用于水泥混凝土路面构造深度检测。（　）

15. 采用5.4m贝克曼梁弯沉仪进行检测可避免支点变形带来的麻烦。（　）

16. 激光构造深度仪的测值应通过相关性试验建立相关性关系式，转换为铺砂法构造深度值后，才能进行测试结果的评定。（　）

17. 基准尺法测试路面错台时，将基准尺垂直置于错台高出的一侧，将测头顶出至与沉降面接触为止，稳定后并读数，即为该处的错台高度D，准确至1mm。（　）

18. 核子密湿度检测仪是利用同位素（伽马源或中子源）的放射原理，在施工现场快速地检测路基、路面材料密度和含水率的电子仪器。（　）

19. 贝克曼梁法测路面弯沉，当沥青面层厚度大于50mm时，回弹弯沉值可以不用进行温度修正。（　）

20. 当路面温度大于20℃时，弯沉的温度修正系数大于1。（　）

21. 渗水系数是指在单位时间内渗入路面规定面积的水的体积，以mL/s计。（　）

22. 平整度指标 σ 值越大,则路面平整性越好。 ( )

23. 单轮式横向力系数测试系统测试路面摩擦系数试验步骤中,洒水位置应在测试轮接触地面中点沿行驶方向前方 400mm ± 50mm 处,洒水宽度应为中心线两侧各不小于 75mm。 ( )

24. 摆式仪测试路面摩擦系数,当路面温度不是 20℃时,应进行温度修正。 ( )

25. 摆式仪的测试结果受摆的橡胶片硬度等因素的影响。 ( )

26. 数字式摆式仪避免了指针式摆式仪结构零位标定和人工读值方式造成的不稳定性和数据误差,较好地提高了测试结果的稳定性和准确度。 ( )

27. 摆式仪测试过程中发现橡胶片磨损过度,更换橡胶片后即可进行测试评价。 ( )

28. 通常路面摩擦系数试验方法的测试结果会随测试速度发生变化,速度越快,结果越小。 ( )

29. 用摆式仪测试路面摩擦系数时,5 个摆值中最大值与最小值的差值不得大于 5。 ( )

30. 贝克曼梁法测试路面弯沉时,梁的测头应放在轮轴后方 3 ~ 5cm 处。 ( )

31. 渗水系数指在规定的初始水头压力下,单位时间内渗入路面规定面积的水的体积。 ( )

32. 路面钻芯取样由于试验需要不能用水冷却时,通常以低温 CO_2 等冷却气体代替冷却水。 ( )

33. 使用渗水仪测试渗水系数的过程中,需要用密封材料对环状密封区域进行密封处理,密封材料可以进入内圈。 ( )

34. 贝克曼梁测试路基路面回弹模量方法适用于土基或厚度不小于 1m 的粒料整层表面。 ( )

35. 回弹法测试的水泥混凝土路面抗压强度,可以作为仲裁或工程验收的依据。 ( )

36. 路面错台指相邻水泥混凝土板块接缝间出现的高程突变。 ( )

37. 挖坑灌砂法适用于填石路堤等有大孔洞或大空隙的结构压实度测试。 ( )

38. 测量高速公路路面宽度时,读数准度不低于 5mm。 ( )

39. 当材料层坚硬,动力锥贯入仪贯入量低到连续锤击 10 次而无变化时,可以停止试验或钻孔透过后继续试验。 ( )

40. 当制动式摩擦系数测试设备或其他类型横向力式测试设备需换算成 SFC 使用时,应进行相关性试验,建立其他类型测试结果与 SFC 值的相关性关系。 ( )

41. 热拌沥青混合料的施工温度测试包括拌和厂沥青混合料的出厂温度、施工现场的摊铺温度、碾压时混合料的温度等。 ( )

42. 为了解路面基层含水率情况,可以选用配有淋水冷却装置和 150mm 钻头的钻机取芯检测。 ( )

43. 纵缝顺直度测试时,将尼龙线沿板长对齐面板纵缝两端并拉直,用钢直尺量测纵缝与尼龙线的最大间距,以 mm 计,准确至 1mm,即为该板的纵缝顺直度。 ( )

44. 测试水泥混凝土路面损坏时,计算测试路段的裂缝总长度、其他路面损坏的总面积,根据需要可计算破损率、裂缝率等指标。 ( )

45. 测试沥青混合料碾压过程中的压实温度时,将温度计仔细插入路面混合料压实层一半

深度处，轻轻压紧温度计旁被扰动的混合料，注视温度计变化至不再继续上升为止，读记温度。（　）

46. 水泥混凝土路面的错台可以采用连续平整度仪检测。（　）

47. 挖坑灌砂测试压实度方法回收的量砂烘干、过筛，并放置 24h 以上，使其与空气的湿度达到平衡后可以继续使用。若量砂中混有杂质，则应废弃。（　）

48. 核子密湿度仪测试压实度时，直接透射不需要打孔，较为方便。（　）

49. 沥青路面渗水系数测试过程中，如水从外环圈以外路面中渗出，可以人工将材料密封在外环圈之外 5cm 宽度范围内，再次进行密封处理，重新测试。（　）

50. 坡度测量仪测试路基边坡坡度时，将坡度测量仪的测试面垂直于路中线放在待测边坡上，旋转刻度盘，将水平气泡调到水平位置。（　）

51. 坡度测量仪结构简单，使用方便，有效测试长度长，测试结果受坡面施工质量影响较小。（　）

52. 环刀法检测压实度时，环刀打入深度对检测结果没有影响。（　）

53. 使用核子密湿度仪进行压实度检测时，无须进行对比试验。（　）

54. 当用灌砂法进行压实度检测时，可通过量取试坑的深度，从而得到结构层的厚度。（　）

55. 环刀测试压实度方法适用于现场测试细粒土及龄期不超过 2d 的无机结合料稳定细粒土结构的密度，并计算施工压实度，以评价结构层的压实质量。（　）

56. 单轮式横向力系数测试系统测试的路面摩擦系数称为横向力系数 SFC。（　）

57. 落球仪测试土质路基模量时，如果波形噪声太大（如毛刺太多），可在测点铺一层报纸或塑料薄膜，以减少土体材料与球冠的摩擦静电。（　）

58. 利用挖坑法进行检查层厚度测试时，测试结果以 mm 计，精确至 0.1mm。（　）

59. 采用钻机取芯法测量路面厚度时，钻头直径必须为 100mm。（　）

60. 钻芯取样法测试厚度时，从芯样中取对称的两点测试，取其平均值作为该层的厚度。（　）

61. 取样位置离路面中心线的距离值为正（＋），表示在中心线的左侧；为负（－）表示在中心线的右侧。（　）

62. 有中线坐标的道路：首先从设计资料中查出待测点 P 的设计坐标，用经纬仪对该设计坐标进行放样，并在放样点 P' 做好标记，量取 PP' 的长度，即为中线偏位。（　）

63. 有中央分隔带的道路的路面横坡是指中央分隔带两侧直线部分的坡度，以百分比表示。（　）

64. 回弹仪测试水泥混凝土强度时，将 1 个测区的 16 个测点的回弹值，去掉 2 个最大值及 2 个最小值，以其余 12 个回弹值计算测区平均回弹值。（　）

65. 超声回弹法适用于密度为 1.9～2.5t/m^3，板厚大于 100mm，龄期大于 28d，强度已达到设计抗压强度 80% 以上的水泥混凝土。（　）

66. 沥青路面渗水系数测试方法适用于在路面现场测试沥青路面或室内测试沥青混合料试件的渗水系数。（　）

67. 测试人员将手推式断面仪按规定速度沿直线向前匀速推行，到达测试终点时，在测定

梁处于提起状态时,锁住测定轮。（　　）

68. 落球仪测试土质路基模量时,每个测点最多只能测试3次。（　　）

69. 激光式高速路面弯沉测定仪可以非常精确地测试路面弯沉,不需要进行温度修正。（　　）

70. DF仪的摆放方向应便于底部排水管将水排向测试点的方向。（　　）

71. 路面横坡测量时,横断面宽度的测量应用钢卷尺测量两测点的水平距离。（　　）

72. 无核密度仪在使用前应在试验段上标定与标准方法的相关性。（　　）

73. 土基现场CBR试验的贯入量应以两个百分表的平均值计,当两个百分表读数差值超过其平均值的50%时,应停止试验,检查原因。（　　）

74. 当气温为20℃时,贝克曼梁法测路面弯沉的结果可以不进行温度修正。（　　）

75. 使用落锤式弯沉仪检测路面弯沉时,一般舍去单个测点的首次测值,取其后几次测值的平均值作为该点的弯沉值。（　　）

76. 取芯法测试水泥混凝土路面强度试验中,芯样加工要求试件的实际高径比应控制在0.95到1.05之间。（　　）

77. 铺砂法测试路面构造深度后收集回的量砂必须经晾干过筛后方可以继续使用。（　　）

78. 摆值是摆式摩擦系数测定仪测试路面在潮湿条件下的路面摩擦系数表征值,简称BPN。（　　）

79. 双轮式横向力系数测试系统的直接测值需要换算成标准SFC值才可用以评价工程质量。（　　）

80. 可以采用受样盘法测试沥青表面处置、透层、黏层等采用喷洒法施工部分的沥青用量。（　　）

三、多项选择题

1. 土基现场CBR值测试分别记录贯入量为(　　)时的测力计和百分表读数。

　A. 6.5mm　　B. 7.5mm　　C. 11.5mm　　D. 12.5mm

2. 现场测试水泥混凝土路面强度可以采用(　　)。

　A. 回弹仪法　　B. 低应变法　　C. 落球仪法　　D. 超声回弹法

3. 影响手工铺砂法测试路面构造深度结果的因素有(　　)。

　A. 推平板的直径　　B. 装砂的密度

　C. 量砂筒的容积　　D. 摊平砂的圆形直径

4. 在用承载板法测试土基回弹模量的试验中,下列说法不正确的是(　　)。

　A. 安置承载板前,应在土基表面撒一层细砂

　B. 当回弹变形值超过1mm时,即可停止加载

　C. 计算回弹模量时将实测回弹变形值代入公式

　D. 当两台弯沉仪百分表读数之差超过平均值的30%时取平均值

5. 挖坑灌砂法适用于下列(　　)的压实度检测。

　A. 基层　　B. 沥青路面　　C. 路基土　　D. 填石路堤

6. 承载板法测试土基回弹模量时,测试完总影响量后,还要测试试验点的(　　)。

A. CBR　　B. 含水率　　C. 压实度　　D. 密度

7. 平整度的测试方法有(　　)。

A. 手推式断面仪法　　B. 连续式平整度仪法

C. 激光平整度仪法　　D. 颠簸累积仪法

8. 连续式平整度仪进行平整度测试时,下列说法正确的是(　　)。

A. 当进行路面工程质量检查验收或路况评定时,通常以行车道一侧车轮轮迹带作为连续测试的标准位置

B. 对已形成车辙的路面,取一侧车辙中间位置为测点位置

C. 当施工过程中有质量控制需要时,测试地点根据需要决定

D. 不可用人力拖拉连续式平整度仪测试路面的平整度

9. 反映平整度的技术指标有(　　)。

A. 最大间隙　　B. 标准差

C. 国际平整度指数　　D. 横向力系数

10. 路面抗滑性能的指标有(　　)。

A. 最大间隙　　B. 摆值　　C. 构造深度　　D. 横向力系数

11. 车载式激光构造深度仪可用于(　　)。

A. 新建路面的工程质量验收

B. 改建路面的工程质量验收

C. 无严重破损病害及没有积水、积雪、泥浆等正常行车条件下连续采集路面构造深度

D. 带有沟槽构造的水泥路面构造深度的确定

12. 贝克曼梁弯沉仪常用的规格有(　　),杠杆比一般为2:1。

A. 5.4m　　B. 7.2m　　C. 1.2m　　D. 3.6m

13. 下列关于连续式平整度仪测试路面平整度的说法中,正确的有(　　)。

A. 连续式平整度仪的标准长度为3.6m　　B. 测试时,速度应保持匀速

C. 测试速度最大不应超过15km/h　　D. 自动采集位移数据时,测试间距为100mm

14. 下列四个选项中,(　　)是贝克曼梁法测试路基路面回弹弯沉的准备工作。

A. 检查并保持测试用加载车的车况及制动性能良好,轮胎气压应符合要求

B. 给加载车配重,并用地中衡称量后轴总质量及单侧双轮荷载

C. 若启用新加载车或加载车轮胎发生较大磨损时应测试轮胎传压面面积

D. 通过气象台了解前5d的平均气温(日高气温与低气温的平均值)

15. 连续式平整度仪自动采集位移数据时,(　　)。

A. 测试间距为100mm　　B. 每一计算区间的长度为100m

C. 100m输出一次结果　　D. 1km输出一次结果

16. 对贝克曼梁测试弯沉用加载车的要求有(　　)。

A. 双后轴　　B. 后轴双侧4轮

C. 轮胎气压0.5MPa　　D. 后轴标准轴载100kN ± 1kN

17. 土石路堤或填石路堤压实沉降差测试报告应包括(　　)内容。

A. 石料等级、填料类型　　B. 机械组合、碾压参数
C. 沉降差、孔隙率　　D. 含水率、密度

18. 弯沉测试方法主要有(　　)。
A. 贝克曼梁法　　B. 核子密湿度仪法
C. 自动弯沉仪法　　D. 激光式高速路面弯沉测定仪法

19. 手推式断面仪是用于连续采集和测量路面信息包括(　　)的一种高精度仪器。
A. 距离　　B. 断面坡度
C. 国际平整度指数　　D. 车辙

20. (　　)等都会影响手推式断面仪测试结果。
A. 仪器放置时间　　B. 行驶距离
C. 温度　　D. 湿度

21. 灌砂法测定路基压实度前,应先标定(　　)。
A. 量砂的松方密度　　B. 灌砂筒下部圆锥体内砂的质量
C. 灌砂筒下部圆锥体内砂的体积　　D. 灌砂筒内所装砂的质量

22. 沉降差法测试土石路堤或填石路堤的压实程度时,需要用到的仪具有(　　)。
A. 胶轮压路机　　B. 水准仪　　C. 钢卷尺　　D. 灌砂筒

23. 采用摆式仪测试路面抗滑值时,当橡胶片(　　)时,应该更换新的橡胶片。
A. 端部在长度方向上磨耗超过 1.6mm　　B. 有油类污染
C. 边缘在宽度方向上磨耗超过 3.2mm　　D. 有效使用期超过半年

24. 落球仪测试土质路基模量时,需要设定球冠的(　　)等参数。
A. 质量　　B. 曲率半径　　C. 下落高度　　D. 下落次数

25. 对手工铺砂法要求说法正确的是(　　)。
A. 量砂应干燥、洁净、匀质,粒径为 0.15 ~ 0.30mm
B. 测点应选在车道的轮迹带位置,且距路面边缘不得小于 2m
C. 同一处平行测试不少于 3 次,3 个测点间距 3 ~ 5m
D. 为了避免浪费,回收砂可直接使用

26. 弯沉法测试水泥混凝土路面脱空,可能用到的设备包括(　　)。
A. 全站仪　　B. 弯沉仪　　C. 加载车　　D. 落球仪

27. 根据《公路路基路面现场测试规程》(JTG 3450—2019)的规定,人工调查路面损坏时,以下病害可以用矩形量测面积的有(　　)。
A. 块状裂缝　　B. 松散　　C. 泛油　　D. 修补

28. 下列有关灌砂法测试现场密度的说法中,正确的是(　　)。
A. 试洞的深度应等于测试层厚度
B. 用大灌砂筒测试时,测试土样的含水率,对于细粒土,不少于 100g,对于中粒土,不少于 500g
C. 表面粗糙而采用不放基板的测试方法进行测试时,则压实度的检测结果有可能偏小
D. 当需要测试测试层厚度时,应先测量厚度后再称量试洞挖出材料总质量

29. 下列有关手工铺砂法测试路面构造深度的说法，正确的是(　　)。

A. 铺砂法的测试指标为构造深度 TD

B. 铺砂法是将已知体积的砂，摊铺在所要测试路表的测点上，以表面不留浮砂为原则，量取摊平覆盖的面积

C. 砂的体积与所覆盖平均面积的比值，即为构造深度

D. 铺砂法是定点测试，设备成本低，受人为因素影响大

30. 手工铺砂法测试路面构造深度的注意事项有(　　)。

A. 用小铲向圆筒中缓缓注入准备好的量砂至高出量筒成尖顶状

B. 手提圆筒上方，在硬质路面上轻轻叩打 3 次，使砂密实

C. 将砂倒在路面上，用摊平板由里向外重复做摊铺运动

D. 摊铺时不可用力过大或向外推挤

31. 下面关于单轮式横向力系数测试系统测试过程，描述正确的有(　　)。

A. 测试前需要对路面进行清扫　　B. 测试轮胎调整气压至 0.3MPa

C. 测试速度可以采用 60km/h　　D. 测试时要求空气温度(20 ± 5)℃

32. 下述(　　)属于用摆式仪法测试路面摩擦系数的测试步骤。

A. 清洁路面　　B. 仪器调平

C. 指针调零　　D. 校核滑动长度

33. 适用于测试路面结构层厚度的方法有(　　)。

A. 断面仪法　　B. 钻芯法

C. 短脉冲雷达法　　D. 挖坑法

34. 落球仪测试土质路基模量方法适用于落球仪快速测试(　　)土质路基的压缩模量和回弹模量。

A. 黏土　　B. 粉土　　C. 砂石土　　D. 砾石土

35. 沥青路面渗水系数测试，待水面下降至 100mL 刻度时，立即开始计时，(　　)。

A. 每间隔 60s，读记仪器管的刻度一次，至水面下降 500mL 时为止

B. 计时 3min 后立即记录水量，结束试验

C. 当计时不到 3min 水面已下降至 500mL 时，立即记录水面下降至 500mL 时的时间，结束试验

D. 当开关打开后 3min 时间内水面无法下降至 500mL 刻度时，则开动秒表计时测试 3min 内渗水量即可结束试验

36. 下列关于贝克曼梁测试路基路面回弹弯沉的说法，正确的有(　　)。

A. 本方法适用于测试路基及沥青路面的回弹弯沉，以便评价其承载能力

B. 本方法测试的是路面结构体的总弯沉

C. 弯沉温度修正的控制温度是沥青面层平均温度，并非路表温度，更不是气温

D. 本方法不适用于路基冻结后的回弹弯沉检测

37. 现场评价沥青路面的层间黏结强度的试验用具包括(　　)。

A. 拉拔仪　　B. 扭剪试验仪　　C. 温度计　　D. 游标卡尺

38. 沥青路面渗水系数测试所需的仪具与材料包括(　　)。

A. 路面渗水仪　　B. 密封材料

C. 秒表　　D. 水筒及大漏斗

39. 落球仪测试土质路基模量方法测区应满足(　　)条件。

A. 表面无明显积水或潮湿现象,无明显碎石等杂物,表面填筑材料较为均匀

B. 土基面坡度小于 10°

C. 附近无影响测试的施工作业、磁场、静电等

D. 每车道可每隔 50 ~ 100m 设一测区

40. 激光式高速路面弯沉测定仪测试结果需要进行(　　)。

A. 温度修正　　B. 横坡修正

C. 速度修正　　D. 支点变形修正

41. 车载式颠簸累积仪测试平整度方法,承载车出现以下(　　)情况之一时,均应进行仪器测值与国际平整度指数 IRI 的相关性试验。

A. 在正常状态下行驶超过 2000km　　B. 相关性试验的时间间隔超过 1 年

C. 减震器、轮胎等发生更换、维修　　D. 测试系统某部分有明显的可视性破损

42. 数字式摆式仪的测量机构由(　　)及算法软件等构成。

A. 高精度角度传感器　　B. 嵌入式摆值测量系统

C. 温度传感器　　D. 指针和刻度盘

43. 下列有关热拌沥青混合料出厂温度测试方法的说法,正确的是(　　)。

A. 有温度测试孔时,用插入式温度计直接插入测试孔内的混合料中测试

B. 应在运料卡车上测试,每车测试一次

C. 没有温度测试孔时,可在运料车的混合料堆上部的侧面测试

D. 没有温度测试孔时,可在运料车的混合料堆底面测试

44. 路面表观损坏测试方法适用于人工法和视频法测试沥青路面和水泥路面(　　)等表观损坏,以评价路面技术状况。

A. 裂缝　　B. 坑槽　　C. 修补　　D. 唧泥

45. 沥青喷洒法测试施工材料用量方法适用于测试(　　)的沥青用量或撒布的碎石用量。

A. 沥青表面处置　　B. 沥青贯入式

C. 透层　　D. 黏层

46. 在对沥青路面进行损坏调查或判定时,(　　)。

A. 若在路面的相同区域上存在不同等级的单根裂缝损坏,且难以区分,则按照最严重的损坏等级计算

B. 若单根裂缝穿过龟裂或块裂的区域,则该区域里的裂缝长度不计入裂缝计算的总长度内

C. 对于沥青路面中的坑槽、松散、龟裂、块裂损坏,若在路面的相同区域上存在不同等级的坑槽(松散、龟裂、块裂)损坏,且难以区分,则按照最严重的损坏等级计算

D. 若坑槽(块裂)的区域内包含有龟裂损坏,则记录坑槽(块裂)总面积时应减去龟裂的面积

47. 水泥混凝土路面表观损坏测试具体记录方式包括(　　)。

A. 裂缝缝宽按照该条裂缝宽度最大值计,宽度准确至1mm

B. 裂缝缝长按照沿裂缝走向累计长度计算,调查结果准确至0.01m

C. 边角剥落、接缝料损坏、唧泥及裂缝修补等:主要量测其长度。调查结果准确至0.01m

D. 破碎板、板角断裂、拱起、坑洞、露骨及修补等:主要量测其面积。按照涉及的板块、板角或包络面积计算,调查结果准确至0.0001m^2

48. 关于横向力系数描述正确的是(　　)。

A. 与摆式仪测量的摆值一样,用于评价路面抗滑性能

B. 交工验收时,检测了摩擦系数就不用检测构造深度

C. 单轮式横向力测试系统测试轮胎的气压为0.3MPa

D. 横向力系数测试车的检测速度越快,检测结果越大

49. 取芯法测试水泥混凝土路面强度方法,要求加工好的芯样应按下列(　　)测量尺寸。

A. 用游标卡尺在芯样试件两端及中部相互垂直的位置上测量,取算术平均值作为芯样直径,精确至0.5mm

B. 用游标卡尺在芯样端面两个垂直直径方向测量,取算术平均值作为芯样高度,精确至0.5mm

C. 用万能角度尺测量芯样试件两个端面与母线的夹角,精确至0.1°

D. 将钢板尺侧面紧靠在芯样试件承压面(线)上,用塞尺测量钢板尺和承压面(线)的之间的缝隙,最大缝隙为芯样试件的平整度

50. 车载式颠簸累积仪测试平整度报告应包括(　　)。

A. 颠簸累积值 VBI　　B. 国际平整度 IRI

C. 测试车种类　　D. 测试速度

51. 关于单轮式横向力系数 SFC 测试系统,正确的说法有(　　)。

A. 测试轮的偏置角为20°

B. 测试轮胎的气压与垂直荷载应符合 BZZ-100 的要求

C. 未在标准测试速度测试的 SFC 值必须进行速度修正

D. SFC 值不存在温度修正问题

52. 弯沉法测试水泥混凝土路面脱空方法适用于(　　)测试水泥混凝土路面的板底脱空。

A. 贝克曼梁弯沉仪　　B. 自动弯沉仪

C. 落锤式弯沉仪　　D. 激光弯沉仪

53. 根据《公路路基路面现场测试规程》(JTG 3450—2019),钻芯法适用于(　　)的测试。

A. 能够取出完整芯样的基层厚度　　B. 沥青面层厚度

C. 砂石路面厚度　　D. 水泥混凝土路面板厚度

54. 下列有关挖坑法厚度测试的说法中,正确的是(　　)。

A. 利用挖坑法测试厚度时,用钢直尺沿对称的十字方向四处量取坑底至平面的距离,即为检查层的厚度

B. 在选择的试验地点，选一块约 400mm × 400mm 的平坦表面，用毛刷将其清扫干净后，进行挖铲

C. 将直尺平放横跨于坑的两边，用钢直尺在坑的中部位置垂直伸至坑底，测量坑底至直尺下缘的距离，即为测试层的厚度

D. 进行开挖时，在便于开挖的前提下，开挖面积应尽量缩小

55. T 0911—2019 路基路面几何尺寸测试方法适用于测试(　　)，以评价道路线形和几何尺寸。

A. 厚度　　B. 宽度

C. 边坡坡度　　D. 水泥混凝土路面相邻板高

56. 下列有关钻芯法进行厚度测试的说法中，正确的是(　　)。

A. 路面取芯钻机钻头的标准直径为 ϕ100mm

B. 对基层材料有可能损坏试件时，也可用直径为 ϕ150mm 的钻头

C. 钻孔深度应超过测试层的底面

D. 用钢直尺沿芯样圆周对称的一字方向两处量取表面至分界面的高度，计算其平均值，即为测试层的厚度

57. 用挖坑灌砂法测试密度和压实度时，应符合下列(　　)规定。

A. 当填料的最大粒径小于 13.2mm，测试层厚度不超过 150mm 时，宜采用直径 100mm 的小型灌砂筒测试

B. 当填料的最大粒径等于或大于 13.2mm，但小于 31.5mm，测试层厚度不超过 200mm 时，应用直径 150mm 的中型灌砂筒测试

C. 当填料的最大粒径等于或大于 31.5mm，但小于 63mm，测试层厚度不超过 300mm 时，应用直径 200mm 的大型灌砂筒测试

D. 当填料的最大粒径等于或大于 63mm，但小于 100mm，测试层厚度不超过 400mm 时，应用直径 250mm 及以上的灌砂筒测试

58. 当采用落锤式弯沉仪进行脱空测试时，可采用(　　)进行脱空判定。

A. 截距值法　　B. 斜率法　　C. 弯沉比值　　D. 弯沉差值

59. 下列关于标定灌砂设备下部圆锥体内砂的质量试验步骤，正确的是(　　)。

A. 在储砂筒筒口高度上，向储砂筒内装砂至离筒顶距离为 15mm ± 5mm

B. 将开关打开，让砂自由流出，并使流出砂的体积与标定罐的容积相当(或等于工地所挖试坑的体积)，然后关上开关

C. 不晃动储砂筒，轻轻地将灌砂筒移至玻璃板上，将开关打开，让砂流出，直到筒内砂不再下流时，将开关关上，取走灌砂筒

D. 称量留在玻璃板上的砂或称量储砂筒内砂的质量，准确至 0.1g。玻璃板上的砂质量就是圆锥体内砂的质量(m_2)

60. 自动弯沉仪测试路面弯沉的适用范围为(　　)。

A. 各类 Lacroix 型自动弯沉仪在正常通车条件下的路面弯沉测试

B. 测试沥青路面的回弹弯沉，以评价其整体承载能力

C. 路面无严重坑槽、车辙等病害，避免损坏探测梁

D. 大风或雨雪天气采用,周围有重型交通或振动时

61. 挖坑灌砂法测试过程中,(　　)会使测试结果偏小。

A. 测试层表面不平整而操作时,未放置基板测试粗糙表面的耗砂量

B. 标定砂锥质量时,未流出一部分与工地所挖试坑体积相当的砂而直接用全部的砂来形成砂锥

C. 开凿试坑时飞出的石子未捡回

D. 所挖试坑的深度只达到测试层的一半

62. 探坑法测试路面结构病害方法,根据病害严重程度确定开挖矩形形状的边长要求有(　　)。

A. 在病害位置沿路线横断面画线,确定开挖边长为 $L_{横}$,须大于严重病害在横断面位置的包络宽度

B. 在病害位置沿路线纵向画线,确定开挖边长为 $L_{纵}$,其长度不小于病害在路线纵向的长度

C. 沿 $L_{横}$ 两端且与其垂直的病害方向纵向画线(2 条),确定开挖的另一边长 $L_{纵}$,其长度不小于病害在路线纵向的长度

D. 两条 $L_{纵}$ 端点连接,形成要开挖的矩形框,其中底层长度和宽度不小于 400mm

63. 探坑法测试路面结构病害方法的注意事项有(　　)。

A. 表面层的开挖深度以达到下一层的顶面为宜,注意尽可能不要触碰到下面层,特别是在裂缝位置

B. 第二层以后的各层开挖宜每边比上一层对应边长缩短 150mm,即开挖成台阶状,台阶宽度不宜小于 100mm

C. 记录各层厚度时,可用 500mm 的钢尺沿坑槽四角及每边中间部位测量其不同断面的厚度,取所测厚度的平均值作为该层的厚度,准确至 1mm

D. 调查车辙病害时,采用路面切缝机垂直于车辙方向横向切割整个面层,使之形成一个光滑的横断面

64. 标定灌砂设备下部圆锥体内砂的质量时,为保证标定时与实际试验时量砂的堆积密度相同,应(　　)。

A. 每次标定及试验需维持装砂质量一样,高度可以不同

B. 每次标定及试验需维持装砂质量与高度一样

C. 首次流出砂的体积与工地所挖试坑内部的体积相当

D. 轻拿轻放,避免晃动储砂筒内的砂

65. 当采用落锤式弯沉仪进行脱空测试时,对同一测点推荐施加(　　)荷载进行测试。

A. 30kN　　B. 50kN　　C. 70kN　　D. 90kN

66. 下列有关挖坑灌砂法标定量砂松方密度的说法中,正确的是(　　)。

A. 用水确定标定罐的容积,精确至 10mL

B. 此测量需重复 3 次,取其平均值

C. 在整个流砂过程中,不要碰灌砂筒,直到储砂筒内的砂不再下流时,再将开关关闭

D. 量砂的松方密度是计算试坑体积的关键参数,标定时应以不干扰量砂正常流动,不

改变量砂堆积密度为原则

67. 路面横坡可以采用(　　)进行测试。

A. 经纬仪　　B. 水准仪

C. 几何数据测试系统　　D. 短脉冲雷达

68. 层间黏结强度测试方法适用于测试和评价(　　)与结构层等两种不同材料之间的层间黏结强度,也可以评价结构层-黏结层-结构层的黏结强度。

A. 封层　　B. 黏层　　C. 透层　　D. 防水层

69. 对于半刚性基层透层油渗透深度测试,以下说法正确的有(　　)。

A. 测试工作应在透层油渗透稳定后进行

B. 钻芯直径应为 ϕ150mm

C. 测试时需将芯样晾干

D. 将芯样顶面圆周分成 4 等份并分别测量等分处透层油渗透深度

70. 层间黏结强度测试方法采用(　　)计算扭剪强度。

A. 最大拉力　　B. 实测拉头直径

C. 最大扭矩　　D. 扭剪盘直径

四、综合题

1. 请回答有关路基路面几何尺寸测试方法的问题。

(1)《公路路基路面现场测试规程》(JTG 3450—2019)新增了(　　)测试方法。

A. 中线偏位　　B. 边坡坡度

C. 相邻板高差　　D. 纵、横缝顺直度

(2)纵断面高程测试闭合差应达到(　　)水准测量要求。

A. 一等　　B. 二等　　C. 三等　　D. 四等

(3)中线偏位正确的测试步骤包括(　　)。

A. 对有中线坐标的道路:根据待测点的施工桩号,在道路上标记,从设计资料中查出该点的设计坐标

B. 对有中线坐标的道路:用经纬仪(全站仪)对待测点设计坐标进行放样,并在放样点做好标记,量取两点间的长度,即为中线偏位

C. 对无中线坐标的道路:根据待测点的施工桩号,在道路上标记,由设计资料计算出该点的坐标

D. 对无中线坐标的道路:用经纬仪(全站仪)对待测点计算坐标进行放样,并在放样点做好标记,量取两点间的长度,即为中线偏位

(4)路基边坡坡度测试方法有(　　)。

A. 水准仪法　　B. 经纬仪法

C. 全站仪法　　D. 坡度测量仪法

(5)相邻板高差测试结果准确至(　　)。

A. 0.1mm　　B. 0.5mm　　C. 1mm　　D. 5mm

2. 关于路面压实度测试方法,请回答以下问题。

(1)挖坑灌砂测试压实度,当(　　)时,宜采用直径为100mm的小型灌砂设备测试。

A.填料最大粒径小于13.2mm　　B.填料最大粒径小于31.5mm

C.测试层厚度不超过150mm　　D.测试层厚度不超过200mm

(2)挖坑灌砂测试压实度,试坑上放有基板,计算填满试坑所用砂的质量需要(　　)。

A.灌砂前灌砂筒内砂的质量

B.灌砂筒下部圆锥体内砂的质量

C.灌砂后,储砂筒内剩余砂的质量

D.灌砂筒下部圆锥体内及基板和粗糙表面间砂的合计质量

(3)采用人工取土器测试黏性土及无机结合料稳定细粒土密度的步骤,正确的顺序应为(　　)。

①去掉击实锤和定向筒,用镐将环刀及试样挖出。

②擦净环刀外壁,用天平称取出环刀及试样合计质量。

③在试验地点,将地面清扫干净,并将压实层表面浮动及不平整的部分铲去。

④将导杆保持垂直状态,用取土器落锤将环刀打入压实层中。

⑤擦净环刀,称取环刀质量。

⑥将定向筒齿钉固定于铲平的地面上,顺次将环刀、环盖放入定向筒内与地面垂直。

⑦自环刀中取出试样,取具有代表性的试样,测定其含水率。

⑧轻轻取下环盖,用修土刀自边至中削去环刀两端余土,用直尺测试直至修平为止。

A.⑤③①⑥④⑧②⑦　　B.⑤③④①⑥⑧②⑦

C.⑤③⑥④②①⑧⑦　　D.⑤③⑥④①⑧②⑦

(4)关于钻芯测试路面压实度方法,说法正确的是(　　)。

A.将试件晾干或用电风扇吹干不少于24h,直至恒重

B.通常情况下采用表干法测试试件的毛体积相对密度

C.对吸水率大于2%的试件,宜采用蜡封法测试试件的毛体积相对密度

D.对吸水率小于0.5%特别致密的沥青混合料,在施工质量检验时,允许采用水中重法测试表观相对密度

(5)某路段压实度检测结果为:平均值为96.3%,标准差为2.2%,则压实度代表值为(　　)。(注:$t_\alpha/\sqrt{n}=0.518$)

A.94.1%　　B.95.2%　　C.97.4%　　D.98.5%

3.关于挖坑灌砂法测试压实度方法,请回答以下问题。

(1)下列不适用于该方法检测的是(　　)。

A.现场测试基层或底基层压实度

B.砂石路面压实度

C.路基压实度

D.填石路堤等有大孔洞或大空隙结构压实度

(2)挖坑灌砂法测定压实度试验的注意事项有(　　)。

A.量砂要规则,每换一批次量砂,都需要重新测试圆锥体内砂的质量和松方密度

B.试坑内回收的量砂未经处理不得重复使用,因此量砂宜事先多准备,切勿到试验时

临时找砂

C. 灌砂筒的选择应遵循以填料粒径为主,测试层厚度为辅的原则

D. 量砂的松方密度标定结果直接影响压实度测试结果

(3)标定灌砂设备下部圆锥体内砂的质量试验步骤正确顺序应为(　　)。

①重复上述测量3次,取其平均值。

②称量留在玻璃板上的砂或称量储砂筒内砂的质量,准确至1g。

③在储砂筒筒口高度上,向储砂筒内装砂至距筒顶距离为15mm±5mm。

④将开关打开,让砂自由流出,并使流出砂的体积与标定罐的容积相当(或等于工地所挖试坑的体积),然后关上开关。

⑤不晃动储砂筒,轻轻地将灌砂筒移至玻璃板上,将开关打开,让砂流出,直到筒内砂不再下流时,将开关关上,取走灌砂筒。

A. ③⑤②④①　　B. ③⑤④②①

C. ③④⑤②①　　D. ③①④⑤②

(4)试验所使用的主要仪具与材料有(　　)。

A. 灌砂设备　　B. 天平　　C. 量砂　　D. 钢直尺

(5)大规模施工检测中,可以用深度为15cm的标定罐标定的量砂松方密度测试不同厚度的压实层,但层厚不应超过(　　)cm。

A. 20　　B. 30　　C. 40　　D. 50

4. 请回答有关水泥混凝土强度现场测试方法的问题。

(1)回弹仪通常有(　　)情况之一时,由法定计量检定机构进行检定。

A. 弹击拉簧前端不在拉簧座原孔位或调零螺钉松动

B. 数字式回弹仪数字显示的回弹值与指针直读示值相差大于1

C. 经保养后,在钢砧上率定值不合格

D. 回弹仪弹击超过2000次

(2)回弹仪有(　　)情况之一时,需进行保养。

A. 回弹仪弹击超过2000次　　B. 在钢砧上的率定值不合格

C. 对测试值有怀疑　　D. 遭受严重撞击或其他损害

(3)超声回弹法测试水泥混凝土路面的(　　)。

A. 抗压强度　　B. 抗弯强度

C. 劈裂强度　　D. 回弹强度

(4)超声回弹法测试水泥混凝土路面抗弯强度方法不适用于(　　)情况的水泥混凝土。

A. 隐蔽或外露局部缺陷区

B. 裂缝或微裂区(包括路面伸缩缝和工作缝)

C. 路面角隅钢筋和边缘钢筋处,特别是超声波与钢筋方向相同时

D. 距路面边缘小于100mm的部位

(5)取芯法测试水泥混凝土路面强度方法应按照(　　)加工芯样。

A. 劈裂试验芯样直径为150mm,抗压试验芯样直径为150mm或100mm

B. 高度与直径之比可为1或2

C. 芯样试件内不得含有钢筋或钢纤维

D. 锯切后的芯样应进行端面处理，可采取在磨平机上磨平端面的处理方法

5. 关于路面压实度、平整度、承载能力测试方法，请回答以下问题。

(1)环刀测试压实度方法适用于测定(　　)结构的密度。

A. 细粒土　　B. 粗粒土

C. 中粒土　　D. 龄期不超过2d的无机结合料稳定细粒土

(2)环刀测试压实度时，应注意以下环节：(　　)。

A. 环刀尽量打入到压实层的中部位置

B. 截取环刀时，不要扰动环刀上下底面之间的材料

C. 环刀在压实层上部位置时测得的密度值偏小

D. 环刀在压实层下部位置时测得的密度值偏大

(3)平整度测试设备有两类，其中(　　)为断面类测试设备。

A. 3m直尺、连续式平整度仪　　B. 3m直尺、颠簸累积仪

C. 连续式平整度仪、颠簸累积仪　　D. 3m直尺、连续式平整度仪、颠簸累积仪

(4)动力锥贯入仪测试路基路面CBR时，对于粒料基层，可每(　　)次锤击读数一次。

A. 1　　B. 2　　C. 5　　D. 10

(5)下列有关贝克曼梁的支点变形修正，说法正确的有(　　)。

A. 当采用长度为3.6m的贝克曼梁进行弯沉测试时，若支点变形，则需要进行支点变形修正

B. 当采用长度为5.4m的贝克曼梁测试时，可不进行支点变形修正

C. 当在同一结构层上测定时，可在不同位置测定5次，求取平均值，以后每次测试时以此作为修正值

D. 5.4m的贝克曼梁和3.6m的贝克曼梁测试时，均需要进行支点变形修正

6. 请回答有关平整度测试方法的问题。

(1)采用3m直尺测试平整度时，在测试路段路面上选择测试地点的要点是(　　)。

A. 当测试沥青路面施工过程中的质量时，应以单尺方式测试，且测试位置应选在接缝处

B. 除测试沥青路面施工过程中的质量外，其他情况一般以连续10尺方式测试

C. 除特殊需要外，应以行车道一侧车轮轮迹(距车道线0.8~1.0m)作为连续测试的位置

D. 对既有道路已形成车辙的路面，应取车辙中间位置为测定位置

(2)3m直尺测试平整度方法的测试要点为(　　)。

A. 将3m直尺沿道路纵向摆在测试位置的路面上

B. 目测3m直尺底面与路表面之间的间隙情况，确定最大间隙的位置

C. 将具有高度标线的塞尺塞进间隙处，测试其最大间隙的高度

D. 用深度尺在最大间隙位置测试直尺上顶面距地面的深度，即为测试点最大间隙的高度

(3)楔形塞尺的长度与高度之比不小于(　　)，宽度不大于(　　)，边部有高度标记，分

度值不大于(　　)。

A. 10;15mm;0.2mm　　B. 15;10mm;0.2mm

C. 10;15mm;0.5mm　　D. 15;10mm;0.5mm

(4)连续式平整度仪测试平整度方法需要注意(　　)。

A. 测试速度不能过快,以 5km/h 为宜

B. 不适用于在已有较多坑槽、破损严重的路面上测试

C. 不能测试水泥混凝土路面

D. 测试时应保持匀速,并不得左右摆动

(5)连续式平整度仪测试平整度方法以 100m 为一个计算区间,每隔一定距离采集路面凹凸偏差位移值,其中自动采集间距为(　　),人工采集间距为(　　)。

A. 10cm;1.0m　　B. 15cm;1.0m　　C. 10cm;1.5m　　D. 15cm;1.5m

7. 某市建设完成一条技术等级为三级的公路,沥青路面面层的设计总厚度为 10cm,检测机构受委托开展交工验收检测工作,并用弯沉法测试某水泥混凝土路面脱空情况,请结合工程实际完成以下题目。

(1)如果采用短脉冲雷达法检测沥青路面厚度,(　　)的天线适合检测该公路。

A. 400MHz　　B. 900MHz　　C. 2.0GHz　　D. 2.5GHz

(2)沥青路面面层厚度检测完成后,检测人员计算评定路段单点合格率,面层厚度为(　　)是合格的。

A. 84mm　　B. 86mm　　C. 90mm　　D. 105mm

(3)沥青路面平整度检测时采用了 3m 直尺法,下列描述正确的有(　　)。

A. 检测前,应清扫测试位置表面的碎石、杂物

B. 测试位置选择时,除特殊需要外,应以车道一侧车轮轮迹作为连续测试的位置

C. 测试时,应将 3m 直尺沿道路纵向摆在测试位置的路面上

D. 检测人员应将具有高度标线的塞尺塞进直尺与路面间隙处,测试最大间隙的高度

(4)当采用落锤式弯沉仪测试水泥混凝土路面板中弯沉时,承载板中心与板中的距离偏差应不大于(　　)。

A. 100mm　　B. 150mm　　C. 200mm　　D. 250mm

(5)为避免测试结果异常,脱空测试的时间段宜为(　　)。

A. 温度较高的晴天正午　　B. 温度平稳的早晨时段

C. 温度变化不大的阴天　　D. 显著负温度梯度的夜晚

8. 承载板测试土基回弹模量方法的测试步骤如下:

①测试土基的压力-变形曲线。

②测定总影响量。

③用千斤顶开始加载,注视测力环或压力表,至预压和稳压,使承载板与土基紧密接触,同时检查百分表的工作情况是否正常,然后放松千斤顶油门卸载。

④在紧靠试验点旁边的适当位置,用灌砂法或环刀法等测试土基的密度。

⑤计算各级荷载的回弹变形和总变形。

⑥在试验点下取样,测定材料含水率。

(1)以上试验步骤的正确顺序是(　　)。

A. ③①⑤⑥②④　　B. ③①②⑤⑥④

C. ③①⑤②⑥④　　D. ③①②⑥⑤④

(2)承载板测试土基回弹模量方法,在逐级加载卸载过程中应(　　)。

A. 加载后稳定 1min,卸载后稳定 1min　　B. 加载后稳定 1min,卸载后稳定 2min

C. 加载后稳定 2min,卸载后稳定 1min　　D. 加载卸载后均不需要稳定

(3)回弹变形等于(　　)之差乘以贝克曼梁杠杆比。

A. 加载初始前读数平均值　　B. 加载后读数平均值

C. 卸载后读数平均值　　D. 总影响量

(4)承载板测试土基回弹模量方法,刚性承载板的板厚和直径一般为(　　)。

A. 板厚 20mm　　B. 板厚 40mm　　C. 直径 30cm　　D. 直径 76cm

(5)承载板测试土基回弹模量,测得各级承载板压力值总和为 3.5MPa,相应的回弹变形值总和为 1.875cm,土基泊松比为 0.30,则土基回弹模量为(　　)。

A. 25MPa　　B. 30MPa　　C. 35MPa　　D. 40MPa

9. 关于路面压实度、平整度、强度及模量、承载能力测试方法,请回答以下问题。

(1)路基路面压实度测试方法包括(　　)。

A. 钻芯法　　B. 无核密度仪法

C. 短脉冲雷达法　　D. 核子密湿度仪法

(2)环刀测试压实度计算两次平行试验结果的差值,若不大于(　　),取其算术平均值作为测试结果。

A. $0.01g/cm^3$　　B. $0.02g/cm^3$

C. $0.03g/cm^3$　　D. $0.05g/cm^3$

(3)平整度测试设备有断面类和反应类两类,3m 直尺和颠簸累积仪(　　)测试设备。

A. 均属于反应类　　B. 均属于断面类

C. 分别属于反应类、断面类　　D. 分别属于断面类、反应类

(4)承载板测试土基回弹模量方法,当两台贝克曼梁百分表读数之差不超过平均值的(　　)时,取平均值。

A. 10%　　B. 20%　　C. 30%　　D. 40%

(5)下列关于贝克曼梁测试路基路面回弹弯沉方法,说法正确的是(　　)。

A. 当沥青面层厚度大于 50mm 时,回弹弯沉值应根据沥青面层平均温度进行温度修正

B. 贝克曼梁只能是单侧测试,双侧同时测试不能适用

C. 当百分表示值最大时,迅速读取初读数 L_1;待示值回转稳定后,读取终读数 L_2

D. 当采用 5.4m 贝克曼梁测试弯沉时,一般可不进行支点变形修正

10. 手工铺砂法测试路面构造深度方法测试步骤如下:

①用小铲向圆筒中缓缓注入准备好的量砂至高出量筒成尖顶状,手提圆筒上部,用钢尺轻轻叩打圆筒中部 3 次,并用刮尺边沿筒口一次刮平。

②用钢板尺测量其所构成圆的两个垂直方向的直径,取其平均值。

③用扫帚或毛刷子将测点附近的路面清扫干净。

④将砂倒在路面上,用推平板由里向外重复做摊铺运动,稍稍用力将砂向外均摊开,使砂填入路表面的空隙中,尽可能将砂摊成圆形。

(1)以上试验步骤正确的排序为(　　)。

A. ③④①②　　B. ③④②①

C. ③①②④　　D. ③①④②

(2)有关试验步骤,下列说法正确的有(　　)。

A. 不可直接用量砂筒装砂,以免影响量砂密度的均匀性

B. 路面清扫面积不少于 50cm × 50cm

C. 摊铺时不可用力过大或向外推挤

D. 同一处平行测试不少于 2 次,2 个测点均位于轮迹带上,测点间距 3 ~ 5m

(3)若细砂没有摊铺好,表面留有浮动余砂或用的砂过粗,则试验结果(　　)。

A. 表面留有浮动余砂,试验结果偏小;若用的砂过粗,试验结果偏小

B. 表面留有浮动余砂,试验结果偏大;若用的砂过粗,试验结果偏大

C. 表面留有浮动余砂,试验结果偏小;若用的砂过粗,试验结果偏大

D. 表面留有浮动余砂,试验结果偏大;若用的砂过粗,试验结果偏小

(4)铺砂法适用于测试(　　)构造深度。

A. 基层表面　　B. 刻槽水泥混凝土路面表面

C. 沥青路面　　D. 无刻槽水泥混凝土路面表面

(5)有关试验仪具与材料,下列说法中正确的有(　　)。

A. 量砂筒附专用的刮尺,可将筒口量砂刮平

B. 推平板底面粘一层厚 1.5mm 的橡胶片,上面有一圆柱把手

C. 量砂为粒径 0.15 ~ 0.30mm 的匀质砂

D. 量砂筒的尺寸与容积必须严格测量确定或者经过检定,否则,将会严重影响测试结果

11. 请回答有关摆式仪测试路面摩擦系数方法问题。

(1)下列有关路面抗滑性能的说法中,正确的有(　　)。

A. 制动距离越长,抗滑性能越好

B. 横向力系数 SFC 越大,抗滑性能越好

C. 构造深度 TD 越大,抗滑性能越好

D. 摆值 BPN 越大,抗滑性能越好

(2)用摆式仪测试沥青路面的抗滑性能时,要进行温度修正的原因是(　　)。

A. 低温时测得摆值偏小　　B. 低温时沥青混合料强度降低

C. 高温时沥青混合料强度降低　　D. 高温时测得摆值偏小

(3)在高温条件下用摆式仪测试的沥青面层摩擦系数比在低温条件下测得的摩擦摆值(　　)。

A. 大　　B. 小　　C. 相同　　D. 不确定

(4)摆式仪测试路面摩擦系数方法测试步骤如下,正确的顺序是(　　)。

①指针调零。

②仪器调平。

③用喷水壶浇洒测点处路面，使之处于湿润状态。

④校核滑动长度。

⑤清洁路面。

⑥将摆固定在右侧悬臂上，使摆处于水平释放位置，并把指针拨至右端靠紧摆杆。

⑦按下右侧悬臂上的释放开关，使摆在路面滑过，当摆杆回落时，用手接住摆杆并读数，但不作记录。

⑧在测点处用温度计测记潮湿路表温度。

⑨重复以上操作 5 次。

A. ⑤①②④⑥⑦③⑨⑧　　B. ⑤④②①⑥③⑦⑨⑧

C. ⑤②①④⑦⑥⑨③⑧　　D. ⑤②①④⑥③⑦⑨⑧

(5)下列有关该测试方法的说法，正确的有(　　)。

A. 每个测点 5 个摆值中最大值与最小值的差值不得大于 3

B. 每个测试位置布设 3 个测点，测点间距离为 3 ~ 5m

C. 调零允许误差为 ±1

D. 测试位置应选在车道横断面上轮迹处，且距路面边缘不应小于 1m

12. 某高速公路工程交工验收，检测人员需要对路面进行现场检测。该工程的路面为沥青混凝土路面，为提高检测工作效率，项目负责人决定采用横向力系数测定车方法检测路面摩擦系数，实施过程中，检测人员实测现场路面温度为 35℃，经查《公路路基路面现场测试规程》(JTG 3450—2019)，SFC 值温度修正表注明温度为 35℃时，修正值为 +4。请根据以上所述完成下面问题。

(1)根据《公路工程质量检验评定标准　第一册　土建工程》(JTG F80/1—2017)，该路面摩擦系数采用横向力系数测定车方法的检测频率为(　　)。

A. 50m 一处　　B. 100m 一处　　C. 200m 一处　　D. 连续检测

(2)以下内容属于检测前需要做好的准备工作有(　　)。

A. 用洒水车在路面上洒水

B. 按照设备使用手册对系统进行标定

C. 检查测试轮气压，保证在规定范围

D. 新安装的测试轮胎应进行不少于 5km 的试测

(3)检测人员在正式检测时，可以采用的检测速度有(　　)。

A. 40km/h　　B. 46km/h　　C. 50km/h　　D. 60km/h

(4)横向力系数原始测得值为 54，经过温度修正后的测得值为(　　)。

A. 50　　B. 51　　C. 54　　D. 58

(5)以下说法不正确的有(　　)。

A. 构造深度与摩擦系数都是表征路面抗滑能力的指标，交工验收时可任选其中一个指标进行检测和评价

B. 根据《公路工程质量检验评定标准　第一册　土建工程》(JTG F80/1—2017)，横向力系数只需要计算算术平均值和合格率进行统计评价

C. 横向力系数测定车方法在4℃以上的地面温度条件下均可采用,但测值时需要做温度修正后方可使用

D. 横向力系数是无量纲量

习题参考答案及解析

一、单项选择题

1. C

【解析】摆值受路面温度影响很大,一般以20℃为标准温度,当路面为其他温度时应进行修正。

2. B

【解析】指针式摆式仪摆值最小刻度为2。

3. D

【解析】当路面横坡不超过4%时,不进行横坡修正。

4. D

【解析】贝克曼梁测试路基路面回弹弯沉方法测试的是路基路面的静态回弹弯沉。

5. D

【解析】手推式断面仪测量路面国际平整度指数(IRI)单位为m/km。

6. C

【解析】手推式断面仪测量路面国际平整度指数(IRI)保留2位小数。

7. C

【解析】使用贝克曼梁法测试弯沉时,将贝克曼梁插入加载车后轮轮隙处,与加载车行车方向一致,梁臂不得接触轮胎。贝克曼梁测头置于轮隙中心前方30~50mm处测点上。

8. C

【解析】核子仪法与挖坑灌砂法相关性试验时,对相同的路面厚度、配合比设计、碾压遍数、松铺厚度、机械组合及压实度标准的路面结构层,使用前应在试验段至少测试15处,求取两种不同方法在每处的偏差值。

9. A

【解析】土基现场CBR值测试数据处理进行原点修正后,土基CBR值变大。

10. C

【解析】测试车停在测试起点前300~500m处,启动平整度测试系统程序,按照测试路段的现场技术要求设置完毕所需的测试状态。

11. C

【解析】当平均值小于0.2mm时,试验结果以<0.2mm表示。

12. D

【解析】路面回弹弯沉的温度修正可以根据查图法进行,查出温度修正系数K后,沥青

路面回弹弯沉按下式计算：$L_{20}=L_T\times K$。

13. C

【解析】回弹仪测试水泥混凝土强度方法不适用于厚度小于100mm的水泥混凝土强度测试。

14. A

【解析】路面测点的回弹弯沉值按式 $L_T=(L_1-L_2)\times 2$ 计算。

15. A

【解析】构造深度TD越大，路面的抗滑性能越好。

16. B

【解析】用行车方向成20°偏角的测定轮以一定速度行驶时，专用轮胎与潮湿路面之间的测试轮轴向摩擦阻力与垂直荷载的比值，简称SFC，无量纲。

17. B

【解析】钻孔取样应在路面完全冷却后进行，普通沥青路面通常在第二天取样。

18. B

【解析】单轮式横向力系数测试系统测试路面摩擦系数时，其测试轮静态垂直标准荷载为2000N ±20N。

19. C

【解析】C选项错误，正确说法应为：驾驶员应按照要求的测试速度范围驾驶承载车，宜在50～80km/h，避免急加速和急减速，急弯路段应放慢车速，沿正常行车轨迹驶入测试路段。

20. B

【解析】路面错台测试方法需要的仪具有3m直尺或2m直尺、深度尺、钢直尺、钢卷尺、塞尺、水准仪、全站仪等。

21. C

【解析】核子密湿度仪测试压实度用于测试沥青混合料面层的压实密度或硬化混凝土等难以打孔材料的密度时，宜使用散射方式；用于测试厚度不大于30cm的土基、基层材料或非硬化水泥混凝土等可以打孔材料的密度及含水率时，应采用直接透射方式。

22. C

【解析】如果动态旋转式摩擦系数测试仪（DF仪）橡胶滑块厚度小于3mm，应及时更换。

23. C

【解析】C选项应为：计时3min后立即记录水量。

24. A

【解析】动态旋转式摩擦系数测试仪测试路面摩擦系数时同一测点测试3次，3次测试结果最大值与最小值的差值应不大于0.1，否则应重新选择测点进行测试。

25. A

【解析】连续式平整度仪测试平整度时，其测试指标是标准差。

26. C

【解析】土石路堤或填石路堤压实沉降差测试结果精确到 0.1mm。

27. D

【解析】用铺砂法测试路面表面构造深度，我国规程规定使用 0.15 ~ 0.3mm 的砂 $25cm^3$。

28. A

【解析】按照规定的方法选取路段测点横断面位置，同时测点应选在车道的轮迹带位置，且距路面边缘不得小于 1m。

29. B

【解析】使用手工铺砂法进行路面构造深度的测试时，同一处平行测试不少于 3 次。

30. B

【解析】横向力系数测试车的标准现场测试地面温度范围为 20℃ ±5℃，其他地面温度条件下测试的 SFC 值必须转换至标准温度下的等效 SFC 值，故 A、C、D 选项都错误。一般随着路面温度的升高，路面抗滑性能会减小，所以横向力系数也会减小。

31. B

【解析】环刀尽量打入到压实层的中部位置，否则可能造成测试结果的偏差。

32. B

【解析】计算每个测试位置 3 个测点摆值的平均值作为该测试位置的摆值，取整数。

33. D

【解析】温度对无核密度仪测试结果影响较小，但为防止仪器损伤，一般在 170℃ 以下的条件下使用。

34. D

【解析】无核密度仪上显示被测试材料表面的湿度值超过 10 时，数据作废，应重新选点测试。

35. C

【解析】3m 直尺测试平整度方法测试路表与 3m 直尺基准面的最大间隙，准确至 0.5mm。

36. D

【解析】土基现场 CBR 值测试可在贯入量达 7.5mm 时结束试验。

37. A

【解析】承载板测试土基回弹模量数据处理进行原点修正后，土基回弹模量变大。

38. D

【解析】D 选项错误，正确做法应为：每个测点测试 5 个值，以每个测点 5 个摆值的平均值作为该测点的摆值，每个测试位置 3 个测点摆值的平均值作为该测试位置的摆值，取整数。

39. D

【解析】当水泥混凝土碳化深度值极差大于 2.0mm 时，在每一测区分别测量碳化深度值。

40. A

【解析】新建沥青路面的渗水试验宜在沥青路面碾压成型后 12h 内完成。

41. D

【解析】热拌沥青混合料的施工温度测试包括拌和厂沥青混合料的出厂温度、施工现场摊铺温度、碾压时混合料的温度等。

42. D

【解析】每个波速标定路段钻芯取样位置应均匀分布，取样间距不宜超过5km。

43. A

【解析】一般用于填料粒径小于19mm的土基测试，能够取得较好的测试效果。

44. C

【解析】按照IRI值每段间距大于1.0的范围选择不少于4段不同平整度水平，且有足够加速或减速长度的路段。

45. C

【解析】沥青喷洒法测试施工材料用量方法使用的受样盘面积不小于1000cm^2。

46. D

【解析】沥青喷洒法测试施工材料用量当两个测试值之差超过平均值的10%时，需要重新试验。

47. D

【解析】落球仪测试土质路基模量方法不适用于最大粒径超过100mm的土质路基的模量测试。

48. C

【解析】落球仪测试土质路基模量时要求每个测区至少包含7个测点。

49. C

【解析】用钢板尺或量角器将芯样顶面圆周平均分成8等份，分别量测圆周上各等分点处透层油渗透的深度。

50. C

【解析】透层油渗透深度测试去掉渗透深度测试值中3个最小值，计算其他5个渗透深度测试值的算术平均值，作为单个测点的渗透深度结果。

51. C

【解析】激光式高速路面弯沉测定仪用于测试路面的最大弯沉。

52. C

【解析】雷达发射的电磁波在道路面层传播过程受环境条件的影响较大，并会逐渐衰减。

53. D

【解析】落锤式弯沉仪测值和激光式高速路面弯沉测定仪测值之间的相关性关系式，相关系数R应不小于0.90。

54. C

【解析】要求激光车辙仪有效测试宽度不小于3.5m，测点不少于13点。

55. C

【解析】高速公路、一级公路以及山岭重丘区二级和三级公路的路面在交工验收时，用横向力系数测试车测试抗滑性能，在 60km/h ± 1km/h 车速下测定。

56. B

【解析】国际平整度指数 IRI 是断面类平整度评价指标。

57. C

【解析】沥青面层及水泥混凝土路面板的厚度应用钻芯法测定。

58. D

【解析】在路面钻芯取样方法中，宜选择直径大于集料最大粒径 3 倍的钻头。

59. D

【解析】钻芯测试路面厚度方法中，对基层材料有可能损坏试件时，也可用直径为 150mm 的钻头，钻孔深度必须达到层厚。

60. A

【解析】中线偏位 Δ_{CL} 测量结果应准确至 1mm。

61. D

【解析】利用挖坑法测试测试层厚度时，将直尺平放横跨于坑的两边，用钢直尺在坑的中部位置垂直伸至坑底，测量坑底至直尺下缘的距离，即为测试层的厚度。

62. B

【解析】采用 3m 直尺测试水泥混凝土面层平整度时，以最大间隙作为指标。

63. D

【解析】核子密湿度仪测定压实度时，在周围 8m 之内不能存在其他核子仪和任何其他放射源。

64. C

【解析】采用落锤式弯沉仪进行脱空测试，当测点的线性回归截距值 b 大于 50μm 时，可判定为脱空。

65. C

【解析】采用 FWD 分别测试同一板块板中、板边中点和板角位置的弯沉，当板角弯沉/板中弯沉的比值大于 3 且板边中点弯沉/板中弯沉的比值大于 2 时，可判定为脱空。

66. D

【解析】牵引连续式平整度仪的速度应保持匀速且沿车道方向行驶，速度宜为 5km/h，最大不能超过 12km/h。

67. B

【解析】计算填满试坑所需砂的质量 $m_b = m_1 - m_4 - m_2$，其中，m_1 是灌砂前灌砂筒内砂的质量，m_4 为灌砂后储砂筒内剩余砂的质量，m_2 是灌砂筒下部圆锥体内砂的质量。

68. D

【解析】当贯入量为 2.5mm 时，标准压强 p_0 为 7MPa；当贯入量为 5.0mm 时，标准压强 p_0 为 10.5MPa。

69. D

【解析】层间黏结强度测试方法拉拔测试拉伸速率为 25kPa/s ± 15kPa/s。

70. D

【解析】层间黏结强度测试方法每个位置的3个测试值应不超过其平均值的20%，否则该位置的测试结果应舍弃。

71. C

【解析】进行摆式仪测试摆值温度修正时，修正公式为 $BPN_{20} = BPN_T + \Delta BPN$，其中，$BPN_{20}$是指换算成标准温度为20℃的摆值，$\Delta BPN$ 是指温度修正值，BPN_T是指路面温度 T 时测得的摆值。

72. B

【解析】采用单点弯沉测值进行脱空判定，当弯沉值大于0.2mm时，可判定为该处脱空。

73. D

【解析】我国《公路路基施工技术规范》(JTG/T 3610—2019)规定，填石路堤施工过程可采用沉降差法测定指标检测压实质量。

74. D

【解析】落锤式弯沉仪测定的是路面的动态总弯沉。

75. B

【解析】落锤式弯沉仪测试路面弯沉时，每个测点重复测试应不少于3次。

76. A

【解析】沥青路面渗水系数测试方法以3个测点渗水系数的平均值作为该测试位置的结果，准确至1mL/min。

77. C

【解析】非插入式温度计红外温度计法测试沥青混合料碾压过程中压实温度，需要直接对准测量的沥青混合料表面连续测试3次以上，直至后3次温度差值不大于1℃，读记最后一次测试温度。

78. C

【解析】$\rho_d = \rho_w/(1+0.01w)$，$\rho_w$为试坑材料的湿密度，$\rho_d$为试坑材料的干密度，$w$为试坑材料的含水率(%)；压实度 $K=\rho_d/\rho_c$，ρ_c为由击实等试验得到的最大干密度。

79. D

【解析】D选项错误，正确说法应为：可以采用500MHz空气耦合天线检测。

80. D

【解析】D选项错误，正确说法应为：将插入式温度计仔细插入路面混合料压实层一半深度处，摊铺现场测试在测试位置插入温度计的深度应在150mm以上。

二、判断题

1. √

2. ×

【解析】《公路路基路面现场测试规程》(JTG 3450—2019)删除了温度应不低于10℃要求。

3. ×

【解析】钻芯取样法测试路面厚度时，用钢直尺或游标卡尺量取芯样高度，作为路面检查层的厚度。

4. ×

【解析】核子密湿度仪测试压实度方法可采用散射和直接透射两种方式进行。其中，散射方式宜用于测试沥青混合料面层的压实密度或硬化混凝土等难以打孔材料的密度。直接透射方式宜用于测试厚度不大于 30cm 的土基、基层材料或非硬化水泥混凝土等可以打孔材料的密度及含水率。

5. ×

【解析】无核密度仪测试压实度方法适用于现场无核密度仪快速测试当日铺筑且未开放交通的沥青路面各层沥青混合料的密度，并计算压实度。测试结果不宜用于评定验收。

6. ×

【解析】横向力系数测试车的标准现场测试地面温度范围为 20℃ ±5℃，其他地面温度条件下测试的 SFC 值必须转换至标准温度下的等效 SFC 值。

7. √

8. ×

【解析】落锤式弯沉仪测试的是在动态荷载作用下产生的动态弯沉和弯沉盆。

9. √

10. √

11. ×

【解析】国际平整度指数 IRI 是以四分之一车在速度为 80km/h 时的累积竖向位移值。平整度指标 IRI 越小，则路面平整性越好。

12. √

13. √

14. ×

【解析】激光构造深度仪由于测试工作原理所限，该设备在具有槽状或坑状表面构造的水泥混凝土路面上使用受到限制。

15. √

16. √

17. ×

【解析】题目所说为深度尺测试路面错台方法，基准尺法测试路面错台时，将基准尺垂直跨越接缝并平放于错台高出的一侧，用塞尺或钢直尺量测接缝处基准尺下基准面与位置较低板块的高差，即为该处的错台高度 D，准确至 1mm。

18. √

19. ×

【解析】贝克曼梁法测路面弯沉，当沥青面层厚度大于 50mm 时，回弹弯沉值应根据沥青面层平均温度进行温度修正。

20. ×

【解析】当路面温度大于 20℃ 时，温度修正系数 K 小于 1。

21. ×

【解析】渗水系数是指在规定的初始水头压力下，单位时间内渗入路面规定面积的水的体积，以 mL/min 计。

22. ×

【解析】平整度指标 σ 值越大，则路面平整性越差。

23. √

24. √

25. √

26. √

27. ×

【解析】新橡胶片应先在干燥路面上测试 10 次后再用于测试。

28. √

29. ×

【解析】用摆式仪测试路面摩擦系数时，5 个摆值中最大值与最小值的差值不得大于 3。

30. ×

【解析】贝克曼梁法测试路面弯沉时，贝克曼梁测头置于轮隙中心前方 30 ~ 50mm 处测点上。

31. √

32. √

33. ×

【解析】使用渗水仪测试渗水系数的过程中，需要用密封材料对环状密封区域进行密封处理，注意不要使密封材料进入内圈；如果密封材料不小心进入内圈，必须用刮刀将其刮走。

34. √

35. ×

【解析】回弹法测试的水泥混凝土路面抗压强度，不能作为仲裁或工程验收的依据。

36. √

37. ×

【解析】此方法适用于现场测试基层或底基层、砂石路面及路基结构的压实度，但不适用于填石路堤等有大孔洞或大空隙的结构压实度测试。

38. ×

【解析】测量高速公路路面宽度时，准确至 0.001m。

39. √

40. √

41. √

42. ×

【解析】为了解路面基层含水率情况，钻芯取样时不能用水冷却（含水率会变化），应采用干钻孔。

43. ×

【解析】纵缝顺直度测试时，在待测试路段的直线段上，将尼龙线对齐 20m 长的纵缝两端并拉直，用钢直尺量测纵缝与尼龙线的最大间距，以 mm 计，准确至 1mm，即为该处纵缝顺直度。

44. ×

【解析】题目所说的为测试沥青路面损坏方法，测试水泥混凝土路面损坏时，计算测试路段损坏长度或面积，根据需要可计算破损率、断板率等指标。

45. √

46. ×

【解析】水泥混凝土路面的错台可以采用基准尺(3m 或 2m 直尺)、深度尺、水准仪或全站仪检测。

47. √

48. ×

【解析】当使用直接透射法测试时，需要用导板、钻杆等在测点表面打孔。

49. √

50. √

51. ×

【解析】坡度测量仪结构简单，使用方便，但因其有效测试长度较小，测试结果受坡面施工质量影响较大，使用时需注意选择合适的测试位置。

52. ×

【解析】环刀尽量打入到压实层的中部位置，否则可能造成测试结果的偏差。一般情况下，环刀在压实层上部位置时测得的密度值偏大，在压实层下部位置时测得密度值偏小。

53. ×

【解析】使用核子密湿度仪进行压实度检测时，需经对比试验检验，确认其可靠性。

54. √

55. √

56. √

57. √

58. ×

【解析】利用挖坑法进行检查层厚度测试时，测试结果以 mm 计，精确至 1mm。

59. ×

【解析】钻头的标准直径为 100mm。如芯样仅供测量厚度，不做其他试验时，对沥青面层与水泥混凝土板也可用直径 50mm 的钻头；对基层材料有可能损坏试件时，也可用直径 150mm 的钻头，但钻孔深度均必须达到层厚。

60. ×

【解析】用钢直尺或游标卡尺沿芯样圆周对称的十字方向量取表面至分界面的高度，共 4 处，计算其平均值，即为该层的厚度。

61. ×

【解析】取样位置离路面中心线的距离值为正(+),表示在中心线的右侧;为负(-)表示在中心线的左侧。

62. √

63. √

64. ×

【解析】将1个测区的16个测点的回弹值,去掉3个最大值及3个最小值,以其余10个回弹值计算测区平均回弹值。

65. ×

【解析】超声回弹法适用于密度为1.9~2.5g/cm^3,板厚大于100mm,龄期大于14d,强度已达到设计抗压强度80%以上的水泥混凝土。

66. √

67. √

68. ×

【解析】落球仪测试土质路基模量时,每个测点只能测试1次,在同一位置不能重复测试。

69. ×

【解析】激光式高速路面弯沉测定仪可以非常精确地测试路面弯沉,但也要温度修正。

70. √

71. √

72. √

73. ×

【解析】贯入量以两个百分表读数的平均值计,当两个百分表读数差值超过其平均值的30%时,应停止测试,并检查原因。

74. ×

【解析】当沥青面层厚度大于50mm时,回弹弯沉值应根据沥青面层平均温度进行温度修正。当沥青面层平均温度在(20±2)℃时,温度修正系数$K=1$。当沥青面层平均温度为其他温度时,应根据沥青面层厚度,求取不同基层沥青路面弯沉值温度修正系数。

75. √

76. √

77. ×

【解析】试验时,量砂只能一次性使用,不得重复使用。

78. √

79. √

80. √

三、多项选择题

1. BD

【解析】土基现场CBR值测试分别记录贯入量为0.5mm、1.0mm、1.5mm、2.0mm、

2.5mm、3.0mm、4.0mm、5.0mm、7.5mm、10.0mm 及 12.5mm 时的测力计和百分表读数。

2. AD

【解析】现场测试水泥混凝土路面强度可以采用回弹仪法、超声回弹法和取芯法。C 选项落球仪法为测试土质路基模量方法。

3. ABCD

【解析】选项全部正确。注意,砂的密度也会影响砂量。

4. ACD

【解析】A 选项应为:安置承载板前,撒干燥洁净的细砂填平土基凹处,但砂子不可覆盖全部土基表面避免形成夹层;C 选项应为:计算回弹模量时将回弹变形计算值代入公式;D 选项应为:当两台弯沉仪百分表读数之差超过平均值的 30% 时应重测。

5. AC

【解析】B 选项中,沥青路面压实度应采用现场钻芯法、核子密湿度仪法、无核密度仪法进行测试;D 选项中,填石路堤压实应采用沉降差法进行测试。

6. BD

【解析】承载板法测试土基回弹模量时,测试完总影响量后,应在试验点下取样,测试材料含水率。在紧靠试验点旁边的适当位置,用灌砂法或环刀法等测试土基的密度。

7. ABCD

【解析】平整度的测试方法有 3m 直尺法、连续式平整度仪法、车载式颠簸累积仪法、车载式激光平整度仪法和手推式断面仪法。

8. ABC

【解析】D 选项应为:在测试路段较短时,亦可用人力拖拉连续式平整度仪测试路面的平整度,但拖拉时应保持匀速前进。

9. ABC

【解析】D 选项是抗滑性能指标。

10. BCD

【解析】A 选项是平整度指标。

11. ABC

【解析】车载式激光构造深度仪适用于各类车载式激光构造深度仪在新、改建路面工程质量验收和无严重破损病害及没有积水、积雪、泥浆等正常行车条件下连续采集路面构造深度,但不适用于带有沟槽构造的水泥路面。

12. AD

【解析】贝克曼梁按长度分为 5.4m(3.6m + 1.8m)梁和 3.6m(2.4m + 1.2m)梁两种,杠杆比一般为 2:1。

13. BD

【解析】A 选项应为:连续式平整度仪的标准长度为 3m;C 选项应为:测试速度最大不得超过 12km/h。

14. ABCD

15. ABC

【解析】连续平整度仪自动采集位移数据时测试间距为100mm,每一计算区间的长度为100m并输出一次结果。

16. BD

【解析】A选项应为单后轴;C选项应为:轮胎气压应为0.7MPa ±0.05MPa。

17. ABC

【解析】土石路堤或填石路堤压实沉降差测试报告应包括:①测试路段信息(桩号范围及层位等);②石料等级、填料类型;③机械组合、碾压参数;④沉降差、孔隙率;⑤测试路段沉降差的平均值、标准差及代表值。

18. ACD

【解析】本题考查弯沉测试的主要方法。弯沉测试的主要方法有:贝克曼梁法、自动弯沉仪法、落锤式弯沉仪法以及激光式高速路面弯沉测定仪法。

19. ABC

【解析】手推式断面仪是用于连续采集和测量路面信息包括距离、断面坡度和国际平整度指数IRI的一种高精度仪器。

20. ABCD

【解析】仪器的放置时间、行驶距离以及温度、湿度等,都会影响手推式断面仪测试结果。

21. AB

【解析】灌砂法测定路基压实度前,应先标定灌砂筒下部圆锥体内砂的质量和量砂的松方密度。

22. BC

【解析】需要用到的仪具有振动压路机、水准仪、钢卷尺、铁锤、铁铲等。

23. ABC

【解析】当橡胶片使用后,端部在长度方向上磨耗超过1.6mm或边缘在宽度方向上磨耗超过3.2mm,或有油类污染,即应更换新橡胶片。D选项应为:橡胶片的有效使用期自出厂日期起算为12个月。

24. ABC

【解析】落球仪测试土质路基模量时,需要设定球冠的质量、曲率半径、模量、泊松比及其下落高度。

25. AC

【解析】B选项应为:测点应选在车道的轮迹带位置,且距路面边缘不得小于1m;D选项应为:量砂只能一次性使用,不得重复使用。

26. BC

【解析】弯沉法测试水泥混凝土路面脱空,可能用到的设备包括落锤式弯沉仪、贝克曼梁和加载车、钢卷尺等。

27. ABCD

【解析】沥青路面损坏除裂缝外(主要采用钢卷尺或钢直尺量测其长度与宽度)其他包括龟裂、块状裂缝、坑槽、沉陷、波浪拥包、松散、泛油、修补等病害,主要量测其面积。

28. ACD

【解析】B 选项应为：用大型灌砂筒测试时，宜将取出的材料全部烘干，称其质量。

29. ABCD

30. ACD

【解析】《公路路基路面现场测试规程》(JTG 3450—2019)手工铺砂法测试路面构造深度方法中，删除了 B 选项的做法。

31. AC

【解析】B 选项应为：测试轮胎标准气压为(3.5 ± 0.2)kg/cm^2；D 选项应为：测试系统的标准现场测试地面温度范围为(20 ± 5)℃，其他地面温度条件下测试的 SFC 值应转换至标准温度下的等效 SFC 值。

32. ABCD

33. BCD

【解析】A 选项中，断面仪法应用于测试路面平整度。

34. ABCD

【解析】落球仪测试土质路基模量方法适用于落球仪快速测试黏土、粉土、砂石土、砾石土土质路基的压缩模量和回弹模量。

35. BCD

【解析】《公路路基路面现场测试规程》(JTG 3450—2019)沥青路面渗水系数测试方法中，删除了 A 选项做法。

36. ACD

【解析】B 选项应为：贝克曼梁测试路基路面回弹弯沉方法测试的是路基路面的静态回弹弯沉，而非总弯沉。

37. ABCD

【解析】选项全部正确。

38. ABCD

【解析】沥青路面渗水系数测试所需的仪具与材料包括路面渗水仪、水筒及大漏斗、秒表、密封材料和其他。

39. ABC

【解析】D 选项应为：每车道可每隔 10 ~ 20m 设一测区。

40. AB

【解析】激光式高速路面弯沉测定仪测试结果需要进行温度修正和横坡修正。

41. ABC

【解析】检查测试系统各部分应符合测试要求，不应有明显的可视性破损。

42. ABC

【解析】数字式摆式仪的测量机构由高精度角度传感器、嵌入式摆值测量系统、温度传感器及算法软件等构成。

43. ABC

【解析】热拌沥青混合料出厂温度应在运料卡车上测试，每车测试一次。当运料卡车的侧面中部有专用的温度测试孔时，用插入式温度计直接插入测试孔内的混合料中测试；没有温度测试孔时，可在运料车的混合料堆上部侧面测试。

44. ABCD

45. ABCD

【解析】沥青喷洒法测试施工材料用量方法适用于测试沥青表面处置、封层、沥青贯入式、透层、黏层等采用喷洒法施工的沥青用量或撒布的碎石用量。

46. ABCD

47. CD

【解析】A 和 B 选项为沥青路面表观损坏具体记录方式。

48. AB

【解析】C 选项应为：单轮式横向力测试系统测试轮胎标准气压：$(3.5\pm0.2)\text{kg/cm}^2$；D 选项应为：横向力系数测试车的检测速度越快，检测结果越小。

49. ABCD

【解析】选项全部正确。

50. ABD

【解析】车载式颠簸累积仪平整度测试报告应包括：①测试路段信息（桩号、长度等）；②测试速度、颠簸累积值 VBI、国际平整度 IRI；③若进行相关性试验，还应报告相关性关系式及相关系数。

51. AC

【解析】B 选项应为：测试轮静态垂直标准荷载：$(2000\pm20)\text{N}$，测试轮胎标准气压：$(3.5\pm0.2)\text{kg/cm}^2$；D 选项应为：测试系统的标准现场测试地面温度范围为(20 ± 5)℃，其他地面温度条件下测试的 SFC 值应转换至标准温度下的等效 SFC 值。

52. AC

【解析】弯沉法测试水泥混凝土路面脱空方法适用于落锤式弯沉仪和贝克曼梁弯沉仪测试水泥混凝土路面板底脱空，为水泥混凝土路面的养护处治提供依据。

53. ABD

【解析】钻芯法适用于沥青面层、水泥混凝土路面板和能够取出完整芯样的基层的厚度测试。

54. BCD

【解析】A 选项说法错误，C 选项说法正确。

55. BCD

【解析】T 0911—2019 路基路面几何尺寸测试方法适用于测试路基路面的宽度、纵断面高程、横坡、中线偏位、边坡坡度、水泥混凝土路面相邻板高差和纵、横缝顺直度，以评价道路线形和几何尺寸。

56. ABC

【解析】D 选项应为：用钢直尺或游标卡尺沿芯样圆周对称的十字方向量取表面至分界面的高度，共 4 处，计算其平均值，即为测试层的厚度，以 mm 计，准确至 1mm。

57. ABC

【解析】D 选项应为：当填料的最大粒径等于或大于 63mm，但小于或等于 100mm，测试层厚度不超过 400mm 时，应用直径 250mm 及以上的灌砂筒测试。

58. AC

【解析】当采用落锤式弯沉仪进行脱空测试时，可采用截距值法和弯沉比值两种测试方法之一进行脱空判定。

59. ABC

【解析】D 选项应为：称量留在玻璃板上的砂或称量储砂筒内砂的质量，准确至 1g。玻璃板上的砂质量就是圆锥体内砂的质量(m_2)。

60. AC

【解析】自动弯沉仪测试路面弯沉方法适用于 Lacroix 型自动弯沉仪测试沥青路面的总弯沉，以评价其承载能力。不适用于有严重坑槽、车辙等病害，不具备正常通车条件路面的弯沉测试。

61. AC

【解析】当测试层表面不平整而操作时，未放置基板测试粗糙表面的耗砂量会使测定结果偏小；当开凿试坑时飞出的石子未捡回时，也会使测试结果偏小。

62. ACD

【解析】B 选项说法错误，C 选项说法正确。

63. ABCD

64. BCD

【解析】A 选项说法错误，B 选项说法正确。

65. BCD

【解析】当采用落锤式弯沉仪进行脱空测试时，对同一测点推荐施加 50kN、70kN、90kN 荷载进行测试。

66. BCD

【解析】A 选项应为：用水确定标定罐的容积，精确至 1mL。

67. BC

【解析】经纬仪用于中线平面偏位测试，短脉冲雷达测试路面厚度。

68. ABCD

【解析】层间黏结强度测试方法适用于测试和评价封层、黏层、透层及防水层(黏结层)与沥青混凝土层、水泥混凝土层、桥面板(结构层)等两种不同材料之间的层间黏结强度，也可以评价结构层-黏结层-结构层的黏结强度。

69. AC

【解析】B 选项应为：芯样直径为 100mm 或 150mm，芯样高度宜不小于 50mm；D 选项应为：用钢板尺或量角器将芯样顶面圆周平均分成 8 等份，分别量测圆周上各等分点处透层油渗透的深度。

70. CD

【解析】层间黏结强度测试方法采用实测的最大拉力和实测拉头直径(或环槽内径)计算拉拔强度，采用实测的最大扭矩和扭剪盘直径计算扭剪强度。

四、综合题

1.(1)BCD (2)C (3)ABCD (4)CD (5)B

【解析】(1)《公路路基路面现场测试规程》(JTG 3450—2019)新增了边坡坡度、水泥混凝土路面相邻板高差和纵、横缝顺直度测试方法。

(2)纵断面高程测试闭合差应达到三等水准测量要求。

(3)选项全部正确。

(4)路基边坡坡度测试方法有全站仪法和坡度测量仪法。

(5)相邻板高差测试结果准确至0.5mm。

2.(1)AC (2)ACD (3)D (4)ABCD (5)B

【解析】(1)当填料的最大粒径小于13.2mm,测试层厚度不超过150mm时,宜采用直径100mm的小型灌砂筒测试。

(2)B选项应为灌砂时,试坑上不放基板,计算填满试坑所用砂的质量需要。

(3)步骤⑥应在步骤①之前,步骤⑧应在步骤②之前。

(4)选项全部正确。

(5)压实度代表值 $K=\overline{K}-\frac{t_\alpha}{\sqrt{n}}S=96.3\%-0.518\times2.2\%=95.2\%$。

3.(1)D (2)ABCD (3)C (4)ABC (5)B

【解析】(1)挖坑灌砂法不适用于填石路堤等有大孔洞或大空隙的结构压实度测试。

(2)选项全部正确。

(3)标定灌砂设备下部圆锥体内砂的质量试验步骤正确顺序应为③④⑤②①。

(4)试验所使用的主要仪具与材料有灌砂设备、天平、量砂等。

(5)大规模施工检测中,可以用深度为15cm的标定罐标定的量砂松方密度测试不同厚度的压实层,但层厚不应超过30cm。

4.(1)ABC (2)ABC (3)B (4)ABCD (5)ACD

【解析】(1)D选项应为:回弹仪弹击超过2000次需进行保养,而不是由法定计量检定机构进行检定。

(2)D选项应为:回弹仪遭受严重撞击或其他损害后,应由法定计量检定机构进行检定。

(3)超声回弹法测试水泥混凝土路面的抗弯强度。

(4)选项全部正确。

(5)B选项应为:高度与直径之比应为1。

5.(1)AD (2)AB (3)A (4)CD (5)ABC

【解析】(1)环刀法适用于现场测试细粒土及龄期不超过2d的无机结合料稳定细粒土结构的密度,并计算施工压实度,以评价结构层的压实质量。

(2)环刀在压实层上部位置时测得的密度值偏大,在压实层下部位置时测得的密度值偏小。

(3)3m直尺、连续式平整度仪、车载式激光平整度仪、手推式断面仪为断面类测试设备,车载式颠簸累积仪为反应类测试设备。

(4)动力锥贯入仪测试路基路面CBR时,对于粒料基层,可每5次或10次锤击读数一次。对于比较软弱的结构层,可每1~2次锤击读数一次。

(5)A和B选项说法正确,D选项说法错误。

6.(1)ABCD　　(2)ABC　　(3)C　　(4)ABD　　(5)C

【解析】(1)选项全部正确。

(2)D选项应为:用深度尺在最大间隙位置测试直尺上顶面距地面的深度,该深度减去尺高即为测试点的最大间隙的高度。

(3)楔形塞尺的长度与高度之比不小于10,宽度不大于15mm,边部有高度标记,分度值不大于0.5mm。

(4)B选项说法正确,C选项说法错误。

(5)自动采集间距为10cm,人工采集间距为1.5m。

7.(1)CD　　(2)BCD　　(3)ABCD　　(4)C　　(5)BC

【解析】(1)当被测路面标称厚度为10~25cm时,通常选用频率不小于1.5GHz的雷达天线。

(2)三级公路沥青路面面层的设计总厚度为10cm,则面层厚度合格值允许偏差为$-15\%H$(H为面层总厚度),即大于或等于85mm的面层厚度都是合格值。

(3)选项全部正确。

(4)承载板中心与板中的距离偏差应不大于200mm。

(5)脱空测试应避开晴天正午前后温度较高及显著负温度梯度(夜晚或清晨)时段,宜选择在早晚板块上下表面温差较小时段,或者凉爽多云、阴天温差变化不大的天气进行测试。

8.(1)C　　(2)A　　(3)BC　　(4)AC　　(5)D

【解析】(1)第⑤步应在第②步之前,第②步应在第⑥步之前。

(2)每次加载至预定荷载(P)后,稳定1min,立即读记两台弯沉仪百分表数值,然后轻轻放开千斤顶油门卸载至0,待卸载稳定1min后,再次读数,每次卸载后百分表不再对零。

(3)回弹变形=(加载后读数平均值-卸载后读数平均值)×贝克曼梁杠杆比。

(4)承载板测定土基回弹模量试验中需要刚性承载板一块,板厚20mm,直径为30cm。

(5)土基回弹模量计算公式为$E_0=\frac{\pi D}{4}\cdot\frac{\sum p_i}{\sum L_i}\cdot(1-\mu_0^2)$,其中,$E_0$为土基回弹模量,$D$为承载板直径,$p_i$为承载板压力,$L_i$为相对于荷载$p_i$时的回弹变形,$\mu_0$为土的泊松比。将数据代入公式得出结果为40MPa。

9.(1)ABD　　(2)C　　(3)D　　(4)C　　(5)ACD

【解析】(1)选项C是路面厚度测试方法。

(2)环刀测试压实度计算两次平行试验结果的差值,若不大于$0.03g/cm^3$,取其算术平均值作为测试结果。

(3)平整度测试设备有断面类和反应类两类,3m直尺属于断面类测试设备,颠簸累积仪属于反应类测试设备。

(4)承载板测试土基回弹模量方法,当两台贝克曼梁百分表读数之差不超过平均值的

30%时,取平均值。

(5)B选项应为:贝克曼梁可以是单侧测试,也可以是双侧同时测试。

10.(1)D　(2)AC　(3)D　(4)CD　(5)ABCD

【解析】(1)第①步应在第④步之前,第④步应在第②步之前。

(2)用扫帚或毛刷子将测点附近的路面清扫干净,面积不少于30cm×30cm;同一处平行测试不少于3次,3个测点均位于轮迹带上,测点间距3~5m。

(3)若细砂没有摊铺好,表面留有浮动余砂,试验结果偏大;若用的砂过粗,试验结果偏小。

(4)铺砂法适用于测试沥青路面及无刻槽水泥混凝土路面表面构造深度,用以评定路面表面抗滑性能。

(5)选项全部正确。

11.(1)BCD　(2)D　(3)B　(4)D　(5)ABCD

【解析】(1)制动距离越长,抗滑性能越差。

(2)用摆式仪测试沥青路面的抗滑性能时,要进行温度修正的原因是高温时测得摆值偏小。

(3)高温条件下,用摆式仪测试的沥青面层摩擦系数比低温条件下测得的摩擦摆值小。

(4)第②步应在第①步之前,第①步应在第④步之前,第⑥步应在第⑦步之前。

(5)选项全部正确。

12.(1)D　(2)BC　(3)ABCD　(4)D　(5)ABC

【解析】(1)高速公路沥青混凝土路面横向力系数全线连续检测。

(2)横向力系数测定车自带水罐洒水,不需要洒水车洒水,所以A选项错误,D选项应为:更换后的新轮胎在正式测试前应试测约2km。

(3)以测试结果使用时所需的速度作为标准测试速度,其他测试速度条件下得到的SFC值应转换至标准速度下的等效SFC值。

(4)测得值=实测值+修正值。

(5)交工验收时高速公路沥青混凝土路面摩擦系数和构造深度都要求检测评定,所以A选项错误,横向力系数是按数理统计方法评定的检查项目,需计算代表值,所以B选项错误。系统测试要求控制在8~60℃的地面温度范围内,所以C选项错误。

第二部分
典型易错题剖析

考生在做练习题或者考试中,会经常遇到各种所谓的易错题。这些题目通常设置了一些"陷阱"或强干扰项,考生往往不注意而导致解答出错。

易错的原因各不相同:有的是考生没能准确记忆一些常规数据;有的是考生未及时熟悉标准规范修订变化导致的错误;有的是题目按逆向思维设置,而考生却按正向思维作答;有的是考生对概念的理解不够清晰明确,容易被偷换概念的选项所迷惑;有的是题目的非主流选项干扰了考生对主流选项的把握,考生一旦分析不到位,便容易选择非主流选项,造成考生作答不正确。下面摘选了一些典型易错题目并进行解析。

一、没能准确记忆一些常规数据

例题1:(单项选择题)粒料基层完工后应及时洒布透层油并铺筑封层,透层油透入深度应不小于(　　);无机结合料稳定材料基层透层油透入深度宜不小于(　　)。

A. 3mm;5mm　　B. 5mm;3mm　　C. 4mm;5mm　　D. 5mm;4mm

【错误答案】A

【答案解析】粒料基层完工后应及时洒布透层油并铺筑封层,透层油透入深度应不小于5mm;无机结合料稳定材料基层透层油透入深度宜不小于3mm。本题考查是否混淆两种类型基层洒布透层油后的透入深度,A选项为干扰项。因粒料基层无结合料,洒布透层油后透层油透入深度较深,而无机结合料稳定材料基层有结合料,洒布透层油后透层油透入深度较浅,故正确答案应为B选项。

例题2:(单项选择题)若采用76g锥做液限试验,查得纵坐标入土深度 h 为(　　)所对应横坐标的含水率即为该土样的液限;若采用100g锥做液限试验,查得纵坐标入土深度 h 为(　　)所对应横坐标的含水率即为该土样的液限。

A. 2mm;17mm　　B. 17mm;2mm　　C. 17mm;20mm　　D. 20mm;17mm

【错误答案】D

【答案解析】若采用76g锥做液限试验,查得纵坐标入土深度 h 为17mm所对应横坐标的含水率即为该土样的液限;若采用100g锥做液限试验,查得纵坐标入土深度 h 为20mm所对应横坐标的含水率即为该土样的液限。本题考查是否混淆采用两种质量锥体测定土样液限时对应的入土深度,D选项为干扰项。因100g锥重于76g锥,所以采用100g锥测定土样液限所对应的入土深度要深于76g锥,故正确答案应为C选项。

例题3:(单项选择题)贯入阻力为(　　)所对应时间为混凝土拌合物初凝时间;贯入阻

力为(　　)所对应时间为混凝土拌合物终凝时间。

A. 3.5MPa;28MPa　　B. 28MPa;3.5MPa

C. 5.5MPa;28MPa　　D. 28MPa;5.5MPa

【错误答案】B

【答案解析】贯入阻力为 3.5MPa 所对应时间为混凝土拌合物初凝时间;贯入阻力为 28MPa 所对应时间为混凝土拌合物终凝时间。本题考查是否混淆混凝土拌合物初凝和终凝时间对应的贯入阻力,B 选项为干扰项。因混凝土拌合物初凝时强度小于终凝时,所以初凝时对应的贯入阻力要小于终凝时,故正确答案应为 A 选项。

例题 4:(单项选择题)工程实践证明,当沥青的黏度在(　　)时,对应的温度适宜进行沥青混合料的拌和;而当沥青的黏度在(　　)时,对应的温度适宜进行沥青混合料的碾压成型。

A. 0.17Pa · s ±0.02Pa · s;0.28Pa · s ±0.03Pa · s

B. 0.17Pa · s ±0.03Pa · s;0.28Pa · s ±0.02Pa · s

C. 0.28Pa · s ±0.02Pa · s;0.17Pa · s ±0.03Pa · s

D. 0.28Pa · s ±0.03Pa · s;0.17Pa · s ±0.02Pa · s

【错误答案】C

【答案解析】工程实践证明,当沥青的黏度在 0.17Pa · s ±0.02Pa · s 时,对应的温度适宜进行沥青混合料的拌和;而当沥青的黏度在 0.28Pa · s ±0.03Pa · s 时,对应的温度适宜进行沥青混合料的碾压成型。本题考查是否混淆沥青混合料拌和与碾压成型对应的沥青黏度及误差,B、C、D 选项均为干扰项,B 选项是误差值干扰,C 选项是对应值和误差值干扰,D 选项是对应值干扰,故正确答案应为 A 选项。

二、新标准规范内容变化

例题 1:(单项选择题)按现行《公路工程质量检验评定标准　第一册　土建工程》,采用 3m 直尺检查沥青混凝土面层和沥青碎(砾)石面层平整度的频率为(　　)。

A. 每 100m 测 2 处 ×5 尺　　B. 每 100m 测 2 处 ×10 尺

C. 每 200m 测 2 处 ×5 尺　　D. 每 200m 测 2 处 ×10 尺

【错误答案】D

【答案解析】已废止的《公路工程质量检验评定标准　第一册　土建工程》(JTG F80/1—2004)规定,采用 3m 直尺检查沥青混凝土面层和沥青碎(砾)石面层平整度频率为每 200m 测 2 处 ×10 尺(D 选项)。而现行《公路工程质量检验评定标准　第一册　土建工程》(JTG F80/1—2017)规定,采用 3m 直尺检查沥青混凝土面层和沥青碎(砾)石面层平整度频率为每 200m 测 2 处 ×5 尺,故正确答案应为 C 选项。

例题 2:(多项选择题)按现行《公路技术状况评定标准》,路面技术状况指数 PQI 包括(　　)等分项指标。

A. 路面损坏状况指数 PCI　　B. 路面行驶质量指数 RQI

C. 路面跳车指数 PBI　　D. 路面磨耗指数 PWI

【错误答案】AB

【答案解析】已废止的《公路技术状况评定标准》(JTG H20—2007)规定,路面技术状况指数 PQI 只包括路面损坏状况指数 PCI、路面行驶质量指数 RQI、路面车辙深度指数 RDI、路面抗滑性能指数 SRI 和路面结构强度指数 PSSI 五项分项指标，则答案包括 AB 选项。而现行《公路技术状况评定标准》(JTG 5210—2018)规定，路面技术状况指数 PQI 包括路面损坏状况指数 PCI、路面行驶质量指数 RQI、路面车辙深度指数 RDI、路面跳车指数 PBI、路面磨耗指数 PWI、路面抗滑性能指数 SRI 和路面结构强度指数 PSSI 七项分项指标，故正确答案应为 ABCD 选项。

例题 3：(多项选择题)按现行《公路土工试验规程》，土的含水率试验方法有(　　)。

A. 烘干法　　B. 酒精燃烧法　　C. 比重法　　D. 环刀法

【错误答案】ABC

【答案解析】已废止的《公路土工试验规程》(JTG E40—2007)规定，土的含水率试验方法有 T 0103—1993 烘干法、T 0104—1993 酒精燃烧法和 T 0105—1993 比重法，答案为 ABC 选项。而现行《公路土工试验规程》(JTG 3430—2020)规定，土的含水率试验方法只有 T 0103—2019 烘干法和 T 0104—2019 酒精燃烧法，删除了 T 0105—1993 比重法，故正确答案应为 AB 选项。

例题 4：(单项选择题)按现行《公路土工试验规程》，土的承载比(CBR)试验中，如贯入量为 5.0mm 时的承载比大于贯入量为 2.5mm 时的承载比，则(　　)。

A. 取贯入量为 2.5mm 时的承载比作为该土样的承载比

B. 取贯入量为 5.0mm 时的承载比作为该土样的承载比

C. 试验应重做，如结果仍然如此，取贯入量为 5.0mm 时的试验结果作为该土样承载比

D. 试验结果作废

【错误答案】C

【答案解析】已废止的《公路土工试验规程》(JTG E40—2007)规定，土的承载比(CBR)试验中，如贯入量为 5.0mm 时的承载比大于贯入量为 2.5mm 时的承载比，则试验应重做，如结果仍然如此，取贯入量为 5.0mm 时的试验结果作为该土样承载比，答案为 C 选项。而现行《公路土工试验规程》(JTG 3430—2020)规定，土的承载比(CBR)试验分别计算贯入量为 2.5mm和 5.0mm 时的承载比(CBR)，取两者的较大值作为该土样承载比(CBR)，故正确答案应为 B 选项。

例题 5：(判断题)按现行《公路工程水泥及水泥混凝土试验规程》测定水泥终凝时间，到达终凝时需要在试件另外两个不同点测试，当结论相同时才能确定为达到终凝状态。

【错误答案】×

【答案解析】已废止的《公路工程水泥及水泥混凝土试验规程》(JTG E30—2005)规定，测定水泥终凝时间，达到终凝时应立即重复测一次，当两次结论相同时才能定为达到终凝状态，答案为“×”。而现行《公路工程水泥及水泥混凝土试验规程》(JTG 3420—2020)规定，本题表述无误，故正确答案应为“√”。

例题 6：(判断题)按现行《公路路基路面现场测试规程》测试二级公路路基路面宽度，测试结果应准确至 0.01m。

【错误答案】√

【答案解析】已废止的《公路路基路面现场测试规程》(JTG E60—2008)规定，测试路基路

面宽度,对高速公路及一级公路;准确至0.005m,对其他等级公路,准确至0.01m,答案为"√"。而现行《公路路基路面现场测试规程》(JTG 3450—2019)规定,所有公路路基路面宽度测试结果均应准确至0.001m,故正确答案应为"×"。

三、未按逆向思维答题

例题1:(单项选择题)以下属于路基工程分项工程的是(　　)。

A. 排水工程　　B. 墙背填土　　C. 垫层　　D. 防护支挡工程

【错误答案】C

【答案解析】路基工程的分项工程有几十项,全部记忆难度较大,可采用逆向思维记忆数量较少的路基工程分部工程:每1~3km路段路基土石方工程,排水工程,涵洞、通道,防护支挡工程,路面工程,每座小桥、人行天桥、渡槽,每处大型、组合挡土墙。路面工程的分部工程:每1~3km路段的路面工程;路面工程的分项工程:垫层、底基层、基层、面层、路缘石、路肩等。由此看来,本题难度明显减小,故正确答案应为B选项。

例题2:(多项选择题)以下不属于浆砌水沟的关键项目的是(　　)。

A. 砂浆强度　　B. 断面尺寸　　C. 沟底高程　　D. 轴线偏位

【错误答案】ABCD

【答案解析】浆砌水沟的实测项目包括:砂浆强度,轴线偏位,沟底高程,墙面直顺度,坡度,断面尺寸,铺砌厚度,基础垫层宽度、厚度共8项,其中,仅有砂浆强度是关键项目。因非关键项目较多不易记忆,可采用逆向思维记忆关键项目,则本题难度明显减小,故正确答案应为BCD选项。

例题3:(多项选择题)以下不属于级配碎石基层材料配合比设计指标的是(　　)。

A. 抗压强度　　B. CBR　　C. 抗压模量　　D. 剪切强度

【错误答案】BC

【答案解析】级配碎石基层材料配合比设计应根据合成级配进行混合料的CBR或模量试验,验证混合料性能,所以BC选项是级配碎石配合比设计指标。级配碎石无水泥、石灰等无机结合料,即没有侧限抗压强度;且一般用于保证边坡稳定性的填土才需要验算剪切强度,则AD选项不是级配碎石配合比设计指标。根据多选题至少有2个正确选项的规则,逆向思维也可确定正确答案应为AD选项。

四、偷换概念

例题1:(判断题)路基工作区是指汽车荷载对路面的应力与路基土自重应力之比大于0.1的应力分布深度范围。

【错误答案】√

【答案解析】路基工作区是指汽车荷载通过路面传递到路基的应力与路基土自重应力之比大于0.1的应力分布深度范围。本题如果只注意"之比大于0.1"而忽视"汽车荷载对路面的应力"则容易出错,故正确答案应为"×"。

例题2:(多项选择题)交工验收时工程质量评定等级包括(　　)。

A. 优　　B. 良　　C. 合格　　D. 不合格

【错误答案】ABCD

【答案解析】交工验收时工程质量评定等级包括优良、合格和不合格三个等级，优良是一个等级不是优等级和良等级。如果不注意则容易出错，所以 A 和 B 选项都是错误的，故正确答案应为 CD 选项。

例题 3：（单项选择题）水泥混凝土试件采用标准养护时，拆模前养护温度为（　　）℃。

A. 20 ±1　　B. 20 ±2　　C. 20 ±3　　D. 20 ±5

【错误答案】B

【答案解析】水泥混凝土试件采用标准养护时，拆模前养护温度为（20 ±5）℃，拆模后养护温度为（20 ±2）℃，拆模前后养护温度略有不同。如果没注意题干中“拆模前”则容易选择错误选项 B，故正确答案应为 D 选项。

例题 4：（单项选择题）采用毛细管黏度计测定黏稠石油沥青的（　　）。

A. 布氏旋转黏度　　B. 标准黏度　　C. 动力黏度　　D. 运动黏度

【错误答案】C

【答案解析】采用毛细管黏度计测定黏稠石油沥青的运动黏度，而用真空减压毛细管黏度计测定黏稠石油沥青的动力黏度。如果未注意题干中没有“真空减压”则容易选择错误选项 C，故正确答案应为 D 选项。

例题 5：（判断题）摆式仪测试路面摩擦系数，当空气温度为 20℃时，对测试结果不进行温度修正。

【错误答案】√

【答案解析】摆式仪测试路面摩擦系数，当路面温度为 20℃时，对测试结果不进行温度修正。如果未注意区分路面温度和空气温度，则容易出错，故正确答案应为“×”。

五、分析不到位

例题 1：（单项选择题）灌砂法测路基压实度试验，若所挖试坑为上小下大，则压实度结果（　　）。

A. 偏大　　B. 偏小　　C. 无影响　　D. 无法确定

【错误答案】A

【答案解析】灌砂法测路基压实度试验，在挖坑时试坑周壁应竖直，防止出现上大下小或上小下大情形，避免检测密度偏大或偏小。压实层上部材料压实度高，下部材料压实度低，试坑上大下小，挖出压实度高的材料多而压实度低的材料少，压实度偏大；试坑上小下大，挖出压实度高的材料少而压实度低的材料多，压实度偏小。如分析不到位，容易选择干扰项 A 选项而出错，故正确答案应为 B 选项。

例题 2：（单项选择题）对相同的水泥稳定碎石分别采用烘干法和酒精法进行含水率检测，得到的含水率分别为 4.8% 和 6.2%，则下列说法正确的是（　　）。

A. 以烘干法测值为准　　B. 以酒精法测值为准

C. 重新试验，查明原因　　D. 取两者平均值

【错误答案】A

【答案解析】根据《公路工程无机结合料稳定材料试验规程》(JTG E51—2009)的规定,对于无机结合料稳定材料含水率的测定,当酒精法与烘干法试验结果严重不相符时,应重做试验,查明原因,若仍不相符,则以烘干法试验结果为准。如分析不到位,忽略"应重做试验,查明原因",容易选择干扰项A选项而出错,故正确答案应为C选项。

例题3:(单项选择题)已知一组水泥混凝土标准抗折试件测得的破坏荷载分别是(单位:kN)41.25、39.75、48.00。计算该组试件的抗折强度为5.4MPa,可以认为该结果(　　)。

A. 正确,符合计算和数据处理要求

B. 不正确,有测定值超过误差要求,试验应无效

C. 不正确,试验结果应取3个测定值的算术平均值

D. 不正确,不应在除去超过误差要求的测定值之后取平均值

【错误答案】A(或B、C)

【答案解析】水泥混凝土抗折强度$f_f = FL/bh^2$,其中F为极限荷载、L为支座间距(450mm)、b和h为试件的宽和高(标准尺寸均为150mm)。已知破坏荷载计算3个试件的抗折强度分别为5.3MPa、5.5MPa和6.4MPa。抗折强度试验结果以3个试件测量值的算术平均值为测定值,3个试件测量值的最大值或最小值中如有一个与中间值之差超过中间值的15%,则把最大值和最小值舍去,以中间值作为试件的抗折强度;如有两个测量值与中间值的差值均超过15%,则该组试验结果无效。因只有最大值6.4MPa与中间值5.5MPa之差超过中间值5.5MPa的15%,最小值5.3MPa与中间值5.5MPa之差未超过中间值5.5MPa的15%,则应取中值5.5MPa为该组试件的抗折强度。而题干中的抗折强度5.4MPa是除去最大值6.4MPa后取中间值5.5MPa和最小值5.3MPa的平均值。如分析不到位,容易选择干扰项ABC选项而出错,故正确答案应为D选项。

例题4:(单项选择题)某试验人员测定沥青混合料的马歇尔稳定度和流值时未进行修正,测得的流值可能会(　　)。

A. 偏大　　B. 偏小　　C. 不能确定　　D. 不变

【错误答案】B

【答案解析】本题考查马歇尔试验荷载-变形曲线及结果修正方法。马歇尔试验荷载-变形曲线及结果不修正,流值从原点O量起;修正后,从修正原点O_1量起,流值变小,马歇尔稳定度不变,马歇尔模数变大。修正的原因是,由于在试验开始前上压头未与试件结合紧密,使得开始试验时的荷载尚未增加,而流值计已经出现较大的变形。这一部分变形实际上是使试件与压头密合过程中的变形,是不应该计算到流值之中的,因此需要进行原点修正,采用原点修正后的流值作为试验结果。如分析不到位,容易选择干扰项B选项而出错,故正确答案应为A选项。

例题5:(多项选择题)关于同一沥青混合料的沥青用量、油石比和有效沥青含量关系,以下说法正确的是(　　)。

A. 沥青用量一般小于油石比

B. 沥青用量一般大于有效沥青含量

C. 油石比可以通过沥青用量直接换算得到

D. 有效沥青含量可以通过沥青用量直接换算得到

【错误答案】ABCD

【答案解析】沥青用量可以采用沥青含量或油石比两种方式来表达，前者是指沥青占沥青混合料的百分数，后者指沥青与矿料质量比的百分数。在数值上，沥青含量小于油石比，所以A选项正确。有效沥青含量的定义为沥青混合料中总的沥青含量减去被集料吸收入内部孔隙的部分后，有效填充矿料间隙的沥青质量与沥青混合料总质量之比。可知沥青用量一般大于有效沥青含量，所以B选项正确。油石比可以通过沥青含量直接换算得到，如沥青用量为5.0%，则油石比 =5.0/(100 -5.0) =5.3%，所以C选项正确。D选项应为：有效沥青含量可以通过矿料合成毛体积相对密度、合成矿料的有效相对密度、沥青的相对密度、沥青含量等指标换算得到。如分析不到位，容易选择干扰项D选项而出错，故正确答案应为ABC选项。

第三部分
模拟试卷及参考答案

一、试验检测师模拟试卷

说明：

1. 本模拟试卷设置单选题30道、判断题30道、多选题20道、综合题5道，总计150分；模拟自测时间为150分钟。

2. 本模拟试卷仅供考生进行考前自测使用。

一、单项选择题(共30题，每题1分，共30分)

1. 下列属于按行政等级划分的公路名称的是(　　)。

A. 干线公路　　B. 支线公路　　C. 高速公路　　D. 县道

2. 下列不是沥青混凝土面层和沥青碎(砾)石面层关键实测项目的是(　　)。

A. 弯沉值　　B. 厚度　　C. 矿料级配　　D. 沥青含量

3. 路面平整度自动化检测指标应为国际平整度指数IRI，每(　　)应计算1个统计值。

A. 10m　　B. 20m　　C. 50m　　D. 100m

4. 在路面工程质量验收工作中，采用落锤式弯沉仪(FWD)检测弯沉值时，每一双车道评定路段(不超过1km)的检测点数不应少于(　　)个。

A. 20　　B. 30　　C. 40　　D. 50

5. 烘干法测定土的含水率试验中，两次平行测定结果为11.5%、12.0%，该土样的含水率试验结果为(　　)%。

A. 11.5　　B. 11.7　　C. 11.8　　D. 12.0

6. 土的液塑限试验适用于有机质含量不大于(　　)的土。

A. 3%　　B. 4%　　C. 5%　　D. 6%

7. 毛细管水上升高度试验步骤正确顺序为(　　)。

①将有机玻璃管放入装好的试验架上，固定管身，使其垂直。

②将盛水筒装满水，盖上盖子，拧上弹簧，接上塑料管，挂上挂绳。

③用水平尺控制盛水筒水面比有机玻璃管零点高出0.5~1.0cm，然后固定挂绳于挂钩上。

④接通塑料管和有机玻璃管底部的接口，然后开启排气小孔，使空气排出，直到孔内有水

流出时,拧紧螺母。

⑤取具有代表性的风干土样5kg左右,借漏斗分数次装入有机玻璃管中,并用捣棒不断振捣,使其密实度均匀。

⑥装好毛细管试验仪,将底座的垫圈和铜丝网垫好,然后与有机玻璃管拧紧,同时将管上排气孔和小孔全部拧上盖。

⑦从小孔有水排出时计起,经30min、60min,以后每隔数小时,根据管中土的颜色,测记该时的毛细管水上升高度,直至上升稳定为止。

A. ⑤⑥②①③④⑦　　B. ⑤⑥①②③④⑦

C. ⑥⑤②①③④⑦　　D. ⑥⑤①②③④⑦

8. 塑料土工合成材料在试验前应对试样进行状态调节,其环境温度及调节时间应为(　　)。

A. 20℃ ±2℃;4h　　B. 20℃ ±2℃;24h

C. 23℃ ±2℃;4h　　D. 23℃ ±2℃;24h

9. 土的回弹模量由(　　)个平行试验的平均值确定,每个平行试验结果与回弹模量均值相差应不超过(　　)。

A. 2;5%　　B. 2;10%　　C. 3;5%　　D. 3;10%

10. 同一种材料,一般堆积密度、表观密度和毛体积密度之间大小关系是(　　)。

A. 表观密度 > 毛体积密度 > 堆积密度　　B. 堆积密度 > 表观密度 > 毛体积密度

C. 表观密度 > 堆积密度 > 毛体积密度　　D. 堆积密度 > 毛体积密度 > 表观密度

11. 关于砂的细度模数,表述正确的选项是(　　)。

A. 细度模数适中的砂具有更好的级配

B. 可以通过改变砂的细度模数来改善集料的级配状况

C. 水泥混凝土和沥青混合料用砂具有相同级配时,相应砂的细度模数也相同

D. 当两种砂的细度模数相同时,二者具有相同的级配

12. 采用烘干法测定石灰含水率时,烘箱温度应为(　　)。

A. 105℃　　B. 105 ~ 110℃　　C. 110℃　　D. >110℃

13. 水泥稳定中粒料抗弯拉强度试件养护期间,质量损失不超过(　　)。

A. 1g　　B. 4g　　C. 10g　　D. 20g

14. 水泥稳定碎石目标配合比设计时,发现无侧限抗压强度的代表值低于设计要求,以下不能用于完善目标配合比设计的措施是(　　)。

A. 不调整级配,剔除无侧限抗压强度试验结果最小值后重新计算

B. 进一步优化级配设计

C. 必要时更换原材料

D. 调整集料破碎工艺

15. 水泥密度试验操作过程中,以下说法错误的是(　　)。

A. 保证无水煤油的初始温度

B. 水泥在装入李氏瓶前的温度尽可能与瓶内液体温度相一致

C. 水泥装入李氏瓶时,防止水泥黏附在无液体部分的瓶壁上或溅出瓶外

D. 排气泡时尽可能将气泡排除干净

16. 在水泥胶砂流动度试验中，以下应在 6min 内完成的是（　　）。

A. 从拌好的胶砂装模开始到测量扩散直径结束

B. 从圆模提起开始到测量扩散直径结束

C. 从胶砂拌和开始到测量扩散直径结束

D. 从跳桌跳动完毕到测量扩散直径结束

17. 根据《公路工程水泥及水泥混凝土试验规程》（JTG 3420—2020）进行水泥胶砂强度试验（ISO 法），水泥抗折强度以一组 3 个试件抗折强度测定值的平均值为试验结果。当 3 个强度值中有超出平均值（　　）的，应剔除后再平均，以平均值作为抗折强度试验结果。

A. ±5%　　B. ±10%　　C. ±12%　　D. ±15%

18. 已知一组水泥混凝土标准抗折试件测得的破坏荷载分别是（单位：kN）41.25、39.75、45.00。计算该组试件的抗折强度为 5.6MPa，可以认为该结果（　　）。

A. 正确，符合计算和数据处理要求

B. 不正确，有测定值超过误差要求，试验应无效

C. 不正确，试验结果应取 3 个测定值的算术平均值

D. 不正确，不应在除去超过误差要求的测定值之后取平均值

19. 进行粗集料磨光试验时，细砂磨光的步骤为（　　）。

①按粗砂磨光方法清理试件及磨光机。

②重复粗砂磨光步骤，调节溜砂量使流量为 3g/min ± 1g/min。

③准备好 280 号金刚砂细砂，按粗砂磨光方法装入专用储砂斗。

④卸下 C 标记橡胶轮，更换为 X 标记橡胶轮，按粗砂磨光的方法安装。

⑤将试件磨 2h 后停机作适当清洁，按粗砂磨光方法检查并拧紧道路轮螺母，然后再起动磨光机至 57600 转时自动停机。

⑥按粗砂磨光的步骤设定转数为 57600 转，开始磨光操作，控制金刚砂溜砂量为 3g/min ± 1g/min，水的流量达 60mL/min。

A. ④①③⑥②⑤　　B. ④③⑥②⑤①

C. ④①③⑥⑤②　　D. ④③②⑥⑤①

20. 木质纤维耐热性试验主要评价拌和楼热拌时纤维在拌和锅中承受高温的能力。根据《沥青路面用纤维》（JT/T 533—2020），以下表述不正确的是（　　）。

A. 在耐热性试验之前，纤维应在 105℃ ±5℃的烘箱中烘干，除去试样所含水分

B. 耐热性试验时，烘箱应预热至 210℃ ±5℃，放入试样后在 210℃ ±5℃加热 2h

C. 质量损失越大，说明样品的耐热性越差

D. 加热过程中若纤维出现燃烧现象，说明该样品的耐热性差

21. 沥青老化指数的计算需要用到（　　）指标。

A. 针入度　　B. 软化点　　C. 延度　　D. 动力黏度

22. 微表处配合比设计时，一般以（　　）相应的沥青用量作为最小沥青用量。

A. 黏附砂量　　B. 浸水 1h 湿轮磨耗试验的磨耗值

C. 浸水 6d 湿轮磨耗试验的磨耗值　　D. 轮迹宽度变化率

23. 一般情况下，当被测路面标称厚度小于 10cm 时，通常选用频率不小于(　　)的雷达天线。

A. 2GHz　　B. 1.5GHz　　C. 1GHz　　D. 500MHz

24. 颠簸累积值 VBI 单位为(　　)。

A. mm/m　　B. mm/km　　C. cm/km　　D. m/km

25. 有一集料母岩为岩浆岩，其二氧化硅含量为 60%，则该集料为(　　)。

A. 酸性　　B. 碱性　　C. 中性　　D. 无法判断

26. 挖坑灌砂法测定路基压实度时，以下关于标定灌砂设备下面锥体内砂质量的描述不正确的是(　　)。

A. 在储砂筒筒口高度上，向储砂筒内装砂至距筒顶距离为 15mm ± 5mm，称取装入筒内砂的质量，准确至 1g

B. 将开关打开，让砂自由流出，并使流出砂的体积与标定罐的容积相当，然后关上开关

C. 不晃动储砂筒，轻轻地将灌砂筒移至玻璃板上，将开关打开，让砂流出，直到筒内砂不再下流时，将开关关上，取走灌砂筒

D. 称量留在玻璃板上的砂或称量储砂筒内砂的质量，准确至 1g。玻璃板上的砂质量就是圆锥体内砂的质量。平行试验 2 次，取其平均值作为最终结果

27. 当需进行弯沉仪支点变形修正时，路面测点回弹弯沉值按(　　)计算。

A. $L_t = (L_1 - L_2) \times 2$　　B. $L_t = (L_1 - L_2) \times K$

C. $L_t = (L_1 - L_2) \times 2 + (L_3 - L_4) \times 6$　　D. $L_t = (L_1 - L_2) \times 2 - (L_3 - L_4) \times 6$

28. 当自动弯沉仪测试速度大于(　　)km/h 时，应进行相关性试验，并对弯沉值予以换算。

A. 3.5　　B. 5　　C. 12　　D. 30

29. 某组水泥混凝土试件进行抗压强度试验，极限破坏荷载约为 500 ~ 600kN，可选择(　　)量程的压力机。

A. 0 ~ 300kN　　B. 0 ~ 600kN　　C. 0 ~ 2000kN　　D. 0 ~ 5000kN

30. 根据《公路路基路面现场测试规程》(JTG 3450—2019)有关路面车辙测量的规定，在横断面图上确定车辙深度左车辙 R_{u1} 和右车辙 R_{u2}，应以(　　)作为断面车辙值。

A. 左车辙 R_{u1}　　B. 右车辙 R_{u2}

C. R_{u1} 和 R_{u2} 的算术平均值　　D. R_{u1} 和 R_{u2} 中的最大值

二、判断题(共 30 题，每题 1 分，共 30 分)

1. 分项工程中的所有实测项目均合格，可判定该分项工程合格。(　　)

2. 水泥混凝土面层断板率中包含断角率，应统计行车道与超车道面板，不计硬路肩板，不计入修复后的面板。(　　)

3. 在公路技术状况评定中，路基边坡坍塌为重度且影响交通安全时，该评定单元的 MQI 值应取 0。(　　)

4. 竣工验收前，应对混凝土路面强度和厚度进行复测。(　　)

5. 取原状土样试验时，必须保持土的原状结构和天然含水率，并使土样不受扰动。（　）

6. 液限和塑限联合测定试验须进行两次平行测定，取其算术平均值，以整数（%）表示。（　）

7. 密度计分析用的土样采用风干土，试样质量为30g，即悬液浓度为3%。（　）

8. 采用比重瓶法测定土的比重时选用100mL比重瓶，装入烘干土样的质量应为12g。（　）

9. 刺破强力是指土工合成材料受顶压荷载直至破裂时的最大顶压力，反映了土工合成材料抵抗各种法向静态应力的能力。（　）

10. 水泥混凝土用砂的筛分试验采用干筛法，不可采用水筛法；沥青混合料用砂的筛分试验采用水筛法，不可采用干筛法。（　）

11. 亚甲蓝试验用于评定天然砂、机制砂等细集料中小于0.075mm颗粒的含量，从而反应细集料的含泥量。（　）

12. 无机结合料稳定材料7d龄期无侧限抗压强度低于1MPa时，该无机结合料稳定材料只能用于中轻交通的基层或各交通等级的底基层。（　）

13. 半刚性基层材料配合比设计时，可采用重型击实或振动击实成型试件。（　）

14. 水泥、石灰综合稳定材料，当水泥用量占结合料总质量小于30%时，应按石灰稳定材料设计。（　）

15. 公路面层水泥混凝土的配合比设计应满足抗压强度、工作性、耐久性要求，同时兼顾经济性。（　）

16. 混凝土坍落度试验底板的平面尺寸应不小于1000mm×1000mm。（　）

17. 按现行规范要求，水泥混凝土拌合物含气量试验（混合式气压法）两次测量压力值的相对误差大于0.2%时需进行第三次试验。（　）

18. 石料的压碎值越大，集料抗压碎能力越差；石料的磨光值越高，表示其抗滑性越好；石料的磨耗值越高，表示其耐磨性越好。（　）

19. 沥青是温感性材料，延度、脆点和低温弯曲蠕变BBR试验都是评价沥青低温性能的试验方法。（　）

20. 沥青延度试验如发现沥青细丝浮于水面，则应在水中加入食盐，调整水的密度至与试样相近后，重新试验。（　）

21. 沥青混合料成型试件的密度测定方法包括表干法、蜡封法、体积法、水中重法，每种方法都有其适用范围，试验检测中应根据沥青混合料的吸水率、空隙率状态进行选用。（　）

22. 在进行真空减压毛细管法测定沥青动力黏度试验过程中，发现通过连续的一对标线间隔时间均低于60s，说明选择的真空减压毛细管黏度计量程过大。（　）

23. 无核密度仪测定压实度方法适用于公路现场快速测试当日铺筑且未开放交通的沥青路面各层沥青混合料的密度，并计算得到压实度。（　）

24. 横向力系数测试系统测试时，要求路面温度在10～50℃的范围内。（　）

25. 与承载板试验相比，落球仪测试土质路基模量方法测试的结果一般偏大，而且粒径越大的材料，其偏差程度往往也越高。（　）

26. 落锤式弯沉仪与贝克曼梁弯沉仪相关性试验，先进行落锤式弯沉仪测试再进行贝克曼梁测试。 （　　）

27. 新建沥青路面测试渗水系数时，为排出渗水仪底部空气，打开开关和排气孔，向量筒内注水至100mL，直至量筒内水位不再下降后停止注水。 （　　）

28. 基准尺法和深度尺法需计算接缝间的相对高程，将差值的绝对值作为错台高度 D，准确至1mm。 （　　）

29. 当板角与板中弯沉的比值 >2.0 且板边中点与板中弯沉的比值 >3.0 时，可判定水泥混凝土路面脱空。 （　　）

30. 热拌沥青混合料施工温度测试方法适用于测试温拌沥青混合料的施工温度。 （　　）

三、多项选择题（共20题，每题2分，共40分。下列各题的备选项中，至少有两个符合题意，选项全部正确得满分，选项部分正确按比例得分，出现错误选项该题不得分）

1. 水泥混凝土面层铺筑完成后，检测人员应检测（　　）等项目进行施工质量评定。

A. 弯沉　　B. 板厚度　　C. 平整度　　D. 弯拉强度

2.《交通运输部办公厅、财政部办公厅关于进一步加强农村公路技术状况检测评定工作的通知》（交办公路〔2021〕83号）中规定，三级公路路面技术状况指数 PQI 包含（　　）分项指标。

A. PCI　　B. RQI　　C. RDI　　D. SRI

3.《公路工程土工合成材料试验规程》（JTG E50—2006）恒水头法垂直渗透系数试验中，对试样要求描述正确的有（　　）。

A. 试样清洁，表面无污染

B. 试样无可见损坏或折痕，不得折叠

C. 试样平面放置，上面不得施加任何荷载

D. 试样数量不少于3块

4. 砂的相对密度试验测定最小孔隙比时用到的仪器设备有（　　）。

A. 量筒　　B. 长颈漏斗　　C. 振动仪　　D. 金属容器

5. 根据现行《公路土工试验规程》（JTG 3430—2020）中土的工程分类，特殊土包括（　　）。

A. 有机土　　B. 红黏土　　C. 软土　　D. 冻土

6. 根据《公路工程集料试验规程》（JTG E42—2005），进行矿粉密度试验时，以下做法正确的有（　　）。

A. 将矿粉试样加入比重瓶时采用减量称重法，防止矿粉沾在瓷皿、牛角匙、漏斗等器件上影响试验结果

B. 加矿粉以后比重瓶的终读数减去加矿粉以前比重瓶的初读数，比重瓶中这个体积的差为矿粉的实际体积

C. 矿粉密度试验时若选择的介质是蒸馏水，矿粉对水的相对密度等于矿粉的密度除以

试验温度时水的密度

D. 矿粉密度试验时若选择的介质是煤油，矿粉对水的相对密度等于矿粉的密度除以同温度时煤油的密度

7. 二灰稳定材料以配合比设计结果为依据，综合考虑施工过程气候条件，含水率可增加(　　)。

A. 0.5%　　B. 1.0%　　C. 1.5%　　D. 2.0%

8. 水泥稳定碎石混合料 7d 龄期设计强度应考虑(　　)进行确定。

A. 工程干湿条件　　B. 交通荷载等级

C. 路面结构层位　　D. 公路等级

9. 水泥标准稠度用水量测定装模时，应注意(　　)。

A. 浆体超过试模上端，用宽约 25mm 的直边刀轻轻拍打超出试模部分的浆体 5 次以消除浆体中的孔隙

B. 在试模上表面约 1/3 处，略倾斜于试模分别向外轻轻锯掉多余净浆

C. 从试模边沿轻抹顶部一次，使净浆表面光滑

D. 在锯掉多余的净浆和抹平的操作过程中，注意压实净浆

10. 下列针对混凝土成型正确的操作方式有(　　)。

A. 坍落度为 10mm，采用人工成型

B. 坍落度为 23mm，采用插入式捣棒成型

C. 坍落度为 80mm，采用标准振动台成型

D. 坍落度为 100mm，采用人工成型

11. 根据《公路工程水泥及水泥混凝土试验规程》(JTG 3420—2020)进行水泥混凝土棍度评定，可按插捣混凝土拌合物时的难易程度，分为“上”“中”“下”三级，下列描述正确的有(　　)。

A. “上”：插捣容易；“下”：很难插捣

B. “上”：很难插捣；“下”：插捣容易

C. “中”：插捣时稍有石子阻滞的感觉

D. “中”：插捣时有大量石子阻滞的感觉

12. 沥青薄膜加热试验与旋转薄膜加热试验不同之处在于(　　)。

A. 试样质量　　B. 旋转速度　　C. 加热时间　　D. 试验结果允许差

13. 下列关于沥青混合料冻融劈裂试验的表述，不正确的有(　　)。

A. 试验主要评价沥青混合料的低温性能

B. 试验采用马歇尔击实法成型的圆柱体试件，击实次数为双面各 50 次

C. 试验成型不少于 8 个试件，分成 2 组，每组不少于 4 个试件

D. 2 组试件，最终都在 60℃恒温水槽中保温不少于 2h，测定劈裂强度

14. 针对 AC-25 和 AC-13 沥青混合料(均采用 70 号 A 级沥青)的集料黏附性试验，以下说法错误的有(　　)。

A. 两种沥青混合料的集料既可以采用水煮法，也可以采用水浸法评价黏附性

B. 水煮法试验时，集料浸入沥青之前，应加热至沥青混合料的拌和温度

C. 水浸法试验时，集料与沥青拌和之前，应加热至沥青混合料的拌和温度以上5℃

D. 无论是水煮法还是水浸法，都要求两名以上经验丰富的试验人员分别操作，各制备一份试样分别测定，取平均等级作为试验结果

15. 根据《公路路基路面现场测试规程》(JTG 3450—2019)，下列关于土基现场CBR值试验表述正确的有(　　)。

A. 适用于在现场测试各种土基材料的现场CBR值

B. 试验时，用千斤顶连续加载，使贯入杆以1mm/min的速度压入土基

C. 试验贯入杆是直径75mm、长约200mm的金属圆柱体

D. 从压强-贯入度曲线上读取贯入量为2.5mm和5.0mm的荷载压强计算现场CBR值

16. 以下关于手工铺砂法测定路面构造深度的步骤描述，正确的有(　　)。

A. 试验前需要做量砂的准备，洁净的细砂晾干过筛，取0.15～0.50mm的砂置于适当的容器中备用

B. 用小铲向圆筒中缓缓注入准备好的量砂至高出量筒成尖顶状，手提圆筒上部，用钢尺轻轻叩打圆筒中部3次，并用刮尺边沿筒口一次刮平

C. 用钢板尺测量所构成圆的两个垂直方向的直径，取其平均值，准确至1mm

D. 同一处平行测试不少于2次，测点均位于轮迹带上，测点间距3～5m

17. 不同类型摩擦系数测试设备间相关性试验，按SFC值为(　　)的范围选择不同摩擦系数的路段。

A. 0～30　　B. 30～50　　C. 50～80　　D. 80～100

18. 下面属于沉降差法测试土石路堤压实程度试验步骤的有(　　)。

A. 路基碾压施工完成后，将振动压路机停放在测试路段前20m处，启动振动压路机，并调至强振挡位

B. 振动压路机以不大于4km/h的速度对测试路段进行碾压，往返一次为一遍

C. 碾压结束后用水准仪逐点测量固定物顶面高程h_{i1}、h_{i2}、…、h_{ij}，精确到0.1mm

D. 随机选取有代表性的区域，按照《公路土工试验规程》中灌水法测试材料干密度

19. 关于粗集料密度试验方法(网篮法)，说法正确的有(　　)。

A. 集料的表观相对密度的计算式为$\gamma_a = m_a/(m_a - m_w)$

B. 试验水温在15～25℃范围内，不同水温条件下测量粗集料密度需进行水温修正

C. 对粒径偏小(2.36～4.75mm)的集料，用毛巾擦拭时易造成颗粒损失，此时宜采用纯棉汗衫进行操作

D. 对于各种密度的试验结果的重复性精度，要求两次结果相差不超过0.01，吸水率不超过0.1%

20. 下列关于回弹法测试水泥混凝土强度试验，表述正确的有(　　)。

A. 布置测区，测区表面应清洁、干燥、平整，必要时可用砂轮清除表面的杂物和不平整处，磨光的表面不应有残留粉尘或碎屑

B. 将回弹仪的弹击杆顶住混凝土表面，轻压仪器，使按钮松开，弹击杆徐徐伸出，并使挂钩挂上弹击锤

C. 手持回弹仪对混凝土表面缓慢均匀施压,待弹击锤脱钩,冲击弹击杆后,弹击锤即带动指针向后移动到达一定位置,指针刻度线在刻度尺上的示值即为该点的回弹值

D. 应在有代表性的测区上测量碳化深度值,测点数不应少于构件测区数的30%,应取其平均值作为该构件每个测区的碳化深度值

四、综合题(共5道大题,每道大题10分,共50分。下列各题的备选项中,有一个或一个以上符合题意,选项全部正确得满分,选项部分正确按比例得分,出现错误选项该题不得分)

1. 某试验检测人员根据《公路土工试验规程》(JTG 3430—2020)开展土的击实试验。请根据击实试验相关要求完成下列题目。

(1)按照单位体积击实功差异,击实试验方法可分为(　　)。

A. 轻型击实　　B. 重型击实

C. 旋转压实　　D. 表面振动压实

(2)击实试验的试样准备,可以采用的方法有(　　)。

A. 干土法,土样可重复使用　　B. 干土法,土样不宜重复使用

C. 湿土法,土样可重复使用　　D. 湿土法,土样不宜重复使用

(3)关于击实曲线绘制的一般做法,描述正确的有(　　)。

A. 以干密度为纵坐标,含水率为横坐标

B. 以干密度为横坐标,含水率为纵坐标

C. 曲线不能绘出明显的峰值点时,可进行补点

D. 曲线不能绘出明显的峰值点时,可进行重做

(4)同一个土样品,在相同条件下,关于轻型和重型击实的干密度试验结果,表述正确的是(　　)。

A. 重型击实结果偏大　　B. 轻型击实结果偏大

C. 结果相同　　D. 无规律

(5)关于击实试验结果的确定,表述正确的有(　　)。

A. 根据击实曲线上峰值点位置可确定最大干密度、最佳含水率

B. 试样中含有大于40mm的颗粒时,无须对试验所得的最佳含水率进行校正

C. 试样中含有大于40mm的颗粒时,应对试验所得的最大干密度进行校正

D. 最大干密度计算结果应精确至0.01g/cm^3

2. 某试验室进行高速公路底基层用C-A-1水泥稳定碎石材料的组成设计,设计强度为4MPa,请依据上述条件完成下面题目。

(6)水泥稳定碎石材料组成设计包括以下(　　)内容。

A. 原材料检验　　B. 目标配合比设计

C. 生产配合比设计　　D. 施工参数确定

(7)预计该材料的无侧限抗压强度的变异系数为13%,则平行试验所需最少试件数量为

(　　)。

A. 6 个　　B. 9 个　　C. 13 个　　D. 15 个

(8)一组无侧限抗压强度试件测定值为 4.4MPa、4.8MPa、5.1MPa、5.3MPa、5.7MPa、4.9MPa、4.1MPa、5.6MPa、5.1MPa，平均值 5.0MPa，标准差为 0.52MPa。95% 保证率时，$Z_a = 1.645$；90% 保证率时，$Z_a = 1.282$。以下分析正确的有(　　)。

A. 该组试验结果有效

B. 该组强度代表值为 4.1MPa

C. 该组强度代表值为 5.1MPa

D. 该设计的混合料无侧限抗压强度符合设计要求

(9)关于试件采用振动压实和重击实成型，说法正确的是(　　)。

A. 振动压实测定的最佳含水率一般大于重型击实测定的最佳含水率

B. 振动压实测定的最大干密度一般大于重型击实测定的最大干密度

C. 振动压实测定的 CBR 值一般与重型击实测定的 CBR 值接近

D. 振动压实测定的无侧限抗压强度一般大于重型击实的无侧限抗压强度，说明振动成型设计的混合料强度更高

(10)下面属于目标配合比设计技术要求的内容有(　　)。

A. 选择适宜的结合料类型确定混合料配合比设计的技术标准

B. 确定最佳水泥剂量、目标级配曲线和合理的变化范围

C. 应分别进行不同成型时间条件下的混合料强度试验，绘制相应的延迟时间曲线，确定容许延时时间

D. 应对拌和设备进行调试和标定，确定合理的生产参数

3. 某机构试验室为项目工地做了一份 C40 水泥混凝土配合比，项目工地现场施工时采用机械振捣成型，集料是连续级配，级配良好，水采用饮用水，基准配合比为：$C_j = 423\text{kg}$，$W_j = 190\text{kg}$，$S_j = 565\text{kg}$，$G_j = 1215\text{kg}$，$W/C = 0.45$，砂的含水率为 4.5%，粗集料含水率为 1.2%，请完成下列题目。

(11)项目工地采用与机构试验室相同的配合比，但施工拌制的混凝土坍落度与机构试验室结果有明显差别，该项目工地应(　　)。

A. 要求机构试验室重新进行该水泥混凝土配合比设计并给出合理配合比

B. 自行增大砂率，重新拌制混凝土

C. 分析出现差别的原因，明确机构试验室配合比是在集料干燥条件下进行试验和计算得到的结果，而项目工地使用的集料含水率随时间和环境条件不断变化，与基准配合比有明显差异

D. 在现场进行混凝土拌和时，应按项目工地所测集料含水率进行材料用量的修正

(12)下列关于施工配合比的计算正确的有(　　)。

A. $C = C_j = 423\text{kg}$　　B. $S = 565 \times (1 + 4.5\%) = 590\text{kg}$

C. $W = W_j = 190\text{kg}$　　D. $G = 1215 \times (1 + 1.2\%) = 1230\text{kg}$

(13)若掺入减水率为 15% 的高效减水剂，并保持混凝土坍落度和强度不变，实测混凝土表观密度 $\rho = 2400\text{kg/m}^3$。掺减水剂后混凝土的配合比计算或描述正确的有(　　)。

A. 实际需水量为：$W = 190\text{kg} - 190\text{kg} \times 15\% = 162\text{kg}$

B. 水灰比为：$W/C = 0.45$

C. 实际水泥用量为：$C = 162\text{kg}/0.45 = 360\text{kg}$

D. 掺减水剂后减少了水泥用量

(14)以下关于试拌水泥混凝土的调整方案表述不正确的有(　　)。

A. 坍落度达到设计要求，且黏聚性和保水性亦良好，原有初步配合比无须调整

B. 坍落度不能满足设计要求，但黏聚性和保水性较好时，应保持原有的水和水泥的用量，在维持砂石总量不变的情况下，适当调整砂率

C. 当流动度能够达到设计要求，但黏聚性和保水性不好时，应在水灰比和砂石总量维持不变的条件下，改变用水量和砂率，直到符合设计要求为止

D. 如发现拌合物的坍落度不能满足要求，且黏聚性和保水性也不好，应保持原有水灰比不变的条件下，调整水和水泥用量

(15)设计混凝土采用较低的水灰比，可获得(　　)的混凝土

A. 较为密实　　B. 强度较低

C. 耐久性较好　　D. 节省费用

4. 某试验室需进行 AC-13 沥青混合料生产配合比检验，已知沥青为 70 号道路石油沥青，现取样在室内拌制沥青混合料，成型马歇尔试件，测定沥青混合料理论最大相对密度，同时计算空隙率等指标。目标配合比设计的结果：沥青的相对密度为 1.003；矿料合成毛体积相对密度为 2.735；最佳沥青用量 5.0%、油石比 5.2%；马歇尔试件毛体积相对密度为 2.472(毛体积密度为 2.465g/cm^3)，吸水率为 0.2%。按双面击实 75 次成型 4 个试件，经测定试件高度完全满足规定要求，采用蜡封法测定马歇尔试件毛体积相对密度分别为 2.459、2.473、2.475、2.484，平均值为 2.473，标准差为 0.010；含水率分别为 0.4%、0.2%、0.2%和 0.1%，平均值为 0.2%，标准差为 0.16%。25℃水的密度为 0.9971g/cm^3。一个马歇尔试件的体积按 515cm^3 计算，计算一个理论最大相对密度试样质量为 1500g。请完成下列题目。

(16)试验人员应从(　　)位置取代表性集料样品进行试验。

A. 料堆　　B. 拌和机的热料仓

C. 运料车的车斗　　D. 储料仓

(17)一个马歇尔试件和一个理论最大相对密度试样所需沥青的质量分别为(　　)。

A. 66.0g；78.0g　B. 63.5g；75.0g　C. 66.2g；78.0g　D. 63.7g；75.0g

(18)在进行最大理论密度试验时，由于试验人员疏忽导致拌制的热沥青混合料在拌和机保温 93min 后才开始冷却、分散，这导致空隙率、VMA 和 VFA 指标的变化趋势是(　　)。

A. 空隙率增大，VMA 和 VFA 降低

B. 空隙率降低，VMA 和 VFA 增大

C. 空隙率增大，VMA 不变，VFA 降低

D. 空隙率降低，VMA 不变，VFA 增大

(19)击实试验时发现第一个试件高度为 62.1mm，则以下操作正确的有(　　)。

A. 无须调整，继续进行马歇尔击实成型所有试件

B. 降低拌和温度 5～10℃，同时增加试样质量继续成型试件

C. 第一个试件应废弃,并重新进行击实试验

D. 适当增加试样质量,重新马歇尔击实成型试件,再次判断试件高度是否满足要求

(20)下面对马歇尔试件毛体积相对密度试验结果分析正确的是(　　)。

A. 采用的试验方法正确,且毛体积相对密度误差符合要求,数据有效

B. 采用的试验方法正确,但毛体积相对密度误差不符合要求,数据无效

C. 采用的试验方法不正确,且毛体积相对密度误差不符合要求,数据无效

D. 毛体积相对密度误差符合要求,但采用的试验方法不正确,数据无效

5. 某试验检测机构受高速公路工程项目委托,根据《公路工程集料试验规程》(JTG E42—2005)进行粗集料的压碎值和磨光值试验,委托样品为 4.75 ~ 19mm 的粗集料。请完成下面题目。

(21)关于粗集料的压碎值和磨光值试验,试验检测人员的下列操作正确的有(　　)。

A. 压碎值和磨光值试验时,均采用风干试样试验

B. 压碎值试验采用未洗的风干试样,磨光值试验用试样需经水洗后置于温度为 105℃ ±5℃的烘箱中烘干,冷却至室温

C. 压碎值试验和磨光值试验均选用 9.5 ~ 13.2mm 的粗集料

D. 压碎值试验所用的试样是将粗集料过筛后,未剔除针片状颗粒的试样;磨光值试验所用的试样是将粗集料过筛并剔除针片状颗粒后的试样

(22)粗集料磨光值试验时,试验检测人员的下列操作正确的有(　　)。

A. 试件的加速磨光过程在室温 20℃ ±5℃的房间内进行

B. 磨光值测定时,在试验前 2h 和试验过程中应控制室温为 20℃ ±2℃

C. 橡胶片用油类浸润后使用

D. 摆式仪使用尺寸为 6.35mm ×25.4mm ×76.2mm 的橡胶片

(23)粗集料磨光值试验时,试验检测人员需对摆式仪的橡胶片进行预磨处理,以下做法正确的是(　　)。

A. 采用未磨光试块,在干燥条件下摆动 10 次,然后在湿润条件下摆动 10 次

B. 采用未磨光试块,在干燥条件下摆动 10 次,然后在湿润条件下摆动 20 次

C. 采用磨光后试块,在干燥条件下摆动 10 次,然后在湿润条件下摆动 10 次

D. 采用磨光后试块,在干燥条件下摆动 10 次,然后在湿润条件下摆动 20 次

(24)下列属于沥青路面表面层用粗集料的力学性能指标的有(　　)。

A. 压碎值　　B. 磨光值　　C. 坚固性　　D. 磨耗值

(25)粗集料压碎值试验时,试验检测人员下列操作正确的(　　)。

A. 压力机在 10min 内压力达到 400kN,然后迅速卸荷

B. 压力机在 10min 内压力达到 400kN,稳压 5s,然后卸荷

C. 用 2.36mm 标准筛筛分经压碎的全部试样,分多次筛分,筛到在 1min 内无明显筛出物止

D. 用 1.7mm 标准筛筛分经压碎的全部试样,分多次筛分,筛到在 1min 内无明显筛出物止

模拟试卷参考答案及解析

一、单项选择题

1. D

【解析】公路按行政等级可分为国道、省道、县道、乡道和村道。

2. A

【解析】弯沉值不是沥青混凝土面层和沥青碎(砾)石面层关键实测项目。

3. A

【解析】路面平整度自动化检测指标应为国际平整度指数 IRI,每 10m 应计算 1 个统计值。

4. C

【解析】每一双车道评定路段(不超过 1km)测量检查点数:落锤式弯沉仪(FWD)为 40,自动弯沉仪或贝克曼梁为 80。

5. C

【解析】烘干法测定土的含水率试验应进行两次平行测定,取其算术平均值,准确至 0.1%,该土样含水率 = (11.5% + 12.0%)/2 = 11.8%。

6. C

【解析】土的液塑限试验适用于粒径不大于 0.5mm、有机质含量不大于试样总质量 5% 的土。

7. D

【解析】步骤⑥应在步骤⑤前,步骤①应在步骤②前。

8. C

【解析】塑料土工合成材料在温度 23℃ ±2℃ 的环境下,进行状态调节,时间不少于 4h。

9. C

【解析】土的回弹模量由 3 个平行试验的平均值确定,每个平行试验结果与平均值回弹模量相差应不超过 5%,否则应重做试验。

10. A

【解析】表观密度 > 毛体积密度 > 堆积密度。

11. B

【解析】只有 B 选项正确。

12. A

【解析】采用烘干法测定石灰含水率时,烘箱温度应为 105℃。

13. C

【解析】水泥稳定中粒料抗弯拉强度试件养护期间,质量损失不超过 10g。

14. A

【解析】A 选项并没有完善目标配合比设计。

15. A

【解析】水泥密度试验操作过程中,要保证水泥样品的烘干温度及烘干时间,并在干燥器内冷却至室温。

16. C

【解析】流动度试验,从胶砂拌和开始到测量扩散直径结束,须在 6min 内完成。

17. B

【解析】当 3 个强度值中有超过平均值 ±10% 的值时,应剔除后再平均,以平均值作为抗折强度试验结果。

18. A

【解析】计算 3 个试件的抗折强度分别为 5.3MPa、5.5MPa 和 6.0MPa,因 6.0MPa 没有超过中值 5.5MPa 的 15%,所以应取 3 个试件测量值的算数平均值 5.6MPa 为该组试件的抗折强度。

19. D

【解析】步骤②应在步骤⑥之前。

20. B

【解析】B 选项应为:放入试样后在 210℃ ±5℃ 加热 1h。

21. D

【解析】沥青老化指数的计算公式为 $C = \lg\lg(\eta_2 \times 10^3) - \lg\lg(\eta_1 \times 10^3)$,式中,$\eta_1$ 为沥青薄膜加热前 60℃ 动力黏度,η_2 为沥青薄膜加热后 60℃ 动力黏度。

22. B

【解析】微表处配合比设计时,一般以浸水 1h 湿轮磨耗试验的磨耗值相应沥青用量作为最小沥青用量。

23. A

【解析】一般情况下,当被测路面标称厚度小于 10cm 时,通常选用频率不小于 2GHz 的雷达天线。

24. C

【解析】颠簸累积值 VBI 单位为 cm/km。

25. C

【解析】二氧化硅含量在 52% 和 65% 之间的是中性集料。

26. D

【解析】D 选项应为:平行试验 3 次,取其平均值作为最终结果。

27. C

【解析】当需进行弯沉仪支点变形修正时,路面测点回弹弯沉值按 $L_t = (L_1 - L_2) \times 2 + (L_3 - L_4) \times 6$ 计算。

28. A

【解析】当自动弯沉仪测试速度大于 3.5km/h 时,应进行相关性试验,并对弯沉值予以换算。

29. C

【解析】进行水泥混凝土抗压强度试验时，其破坏荷载宜在压力机全量程的20%～80%之间，否则可能引起较大的误差，只有C选项压力机量程符合要求。

30. D

【解析】在横断面图上确定车辙深度 R_{u1} 和 R_{u2}，精确至1mm，以其中最大值作为断面的最大车辙深度。

二、判断题

1. ×

【解析】检验记录完整、实测项目合格、外观质量满足要求的分项工程质量评定为合格。

2. √

3. √

4. ×

【解析】竣工验收前，应对混凝土路面强度和相邻板高差进行复测。

5. √

6. ×

【解析】液限和塑限联合测定试验须进行两次平行测定，取其算术平均值，保留至小数点后一位。

7. √

8. ×

【解析】100mL比重瓶，装入烘干土样的质量应为15g；50mL比重瓶，装入烘干土样的质量为12g。

9. ×

【解析】刺破强力是指土工合成材料受顶刺荷载直至破裂时的最大顶刺压力，反映了土工合成材料抵抗小面积集中荷载破坏的能力。

10. ×

【解析】水泥混凝土用砂的筛分试验可采用干筛法，如果需要也可采用水筛法。

11. ×

【解析】亚甲蓝试验可确定细集料中是否存在膨胀性黏土矿物并测定其含量，评定集料的洁净程度，以亚甲蓝值MBV表示。

12. ×

【解析】石灰粉煤灰稳定材料7d龄期无侧限抗压强度≥0.9MPa即可用于高速和一级公路中轻交通的基层，二级及二级以下公路各交通等级的基层。

13. √

14. √

15. ×

【解析】公路面层水泥混凝土的配合比设计应满足力学性能（弯拉强度）、工作性（和易性）、耐久性与经济性要求。

16. √

17. ×

【解析】按现行规范要求,水泥混凝土拌合物含气量试验(混合式气压法)测定两次含气量差值不大于0.5%,取算数平均值作为含气量结果,若大于0.5%则重新试验。

18. ×

【解析】石料的磨耗值越高,表示其耐磨性越差。

19. √

20. ×

【解析】沥青延度试验如发现沥青细丝浮于水面,则应在水中加入酒精,调整水的密度至与试样相近后,重新试验。

21. √

22. √

23. √

24. ×

【解析】横向力系数测试系统测试时,要求路面温度在8~60℃的范围内。

25. √

26. ×

【解析】落锤式弯沉仪与贝克曼梁弯沉仪相关性试验,先进行贝克曼梁测试再进行落锤式弯沉仪测试。

27. ×

【解析】将开关及排气孔关闭,向量筒中注水超过100mL刻度,然后打开开关和排气孔,使量筒中的水下流排出渗水仪底部内的空气,当水自排气孔顺畅排出时,关闭开关和排气孔,并再次向量筒中注水至100mL刻度。

28. ×

【解析】基准尺法和深度尺法测试结果直接作为错台高度 D,准确至1mm。

29. ×

【解析】当板角与板中弯沉的比值 >3.0 且板边中点与板中弯沉的比值 >2.0 时,可判定水泥混凝土路面脱空。

30. √

三、多项选择题

1. BCD

【解析】水泥混凝土面层实测项目不包括弯沉。

2. AB

【解析】低等级农村公路路面技术状况指数PQI包括两个分项指标,分别为路面损坏状况指数PCI和路面行驶质量指数RQI。

3. ABC

【解析】D选项应为:试样数量不少于5块。

4. CD

【解析】测定最小孔隙比时用到的仪器设备有电动最小孔隙比仪或金属容器、振动仪、击锤等。

5. BCD

【解析】根据《公路土工试验规程》(JTG 3430—2020)中土的工程分类,特殊土包括黄土、膨胀土、红黏土、盐渍土、冻土和软土。

6. ABC

【解析】D 选项应为:矿粉密度试验时若选择的介质是煤油,矿粉对水的相对密度也是等于矿粉的密度除以同温度时水的密度。

7. BCD

【解析】二灰稳定材料以配合比设计结果为依据,综合考虑施工过程气候条件,含水率可增加1% ~2%。

8. BCD

【解析】水泥稳定碎石混合料7d 龄期设计强度应考虑路面结构层位、公路等级和交通荷载等级进行确定。

9. ABC

【解析】D 选项应为:在锯掉多余的净浆和抹平的操作过程中,注意不要压实净浆。

10. BCD

【解析】坍落度 <25mm,采用插入式振捣棒成型,A 选项错误。

11. AC

【解析】棍度:按插捣混凝土拌合物时难易程度评定,分"上""中""下"三级。"上"表示插捣容易;"中"表示插捣时稍有石子阻滞的感觉;"下"表示很难插捣。

12. ABC

【解析】沥青薄膜加热试验与旋转薄膜加热试验结果允许差相同。

13. AD

【解析】A 选项应为:沥青混合料冻融劈裂试验测定沥青混合料在受到水损害前后劈裂破坏的强度比,主要评价沥青混合料的水稳定性能。D 选项应为:2 组试件,最终都在25℃ ±0.5℃恒温水槽中保温不少于2h,测定劈裂强度。

14. ABD

【解析】A 选项应为:AC-25 沥青混合料用水煮法评价黏附性,AC-13 沥青混合料用水浸法评价黏附性;C 选项正确则 B 选项错误;D 选项应为:两名以上经验丰富的试验人员分别评定同一份试样,取平均等级作为试验结果。

15. ABD

【解析】C 选项应为:试验贯入杆是直径50mm、长约200mm 的金属圆柱体。

16. BC

【解析】A 选项应为:量砂粒径为0.15 ~0.30mm;D 选项应为:同一处平行测试不少于3 次。

17. AB

【解析】不同类型摩擦系数测试设备间相关性试验,按 SFC 值为0 ~30、30 ~50、50 ~

70、70~100 的范围选择不同摩擦系数的路段。

18. ABCD

【解析】选项全部正确。

19. ABC

【解析】D 选项应为:对于各种密度的试验结果的重复性精度,要求两次结果相差不超过0.02,吸水率不超过0.2%。

20. ABCD

【解析】选项全部正确。

四、综合题

1.(1)AB (2)BD (3)ACD (4)A (5)ACD

【解析】(1)土的击实试验方法可分为轻型击实和重型击实。

(2)土的击实试验方法可采用干土法或湿土法准备试样,不论是干土法还是湿土法,土样都不重复使用。

(3)A 选项正确则 B 选项错误。

(4)击实功越大,土的最大干密度也越大,而土的最佳含水率则越小。

(5)C 选项正确则 B 选项错误。

2.(6)ABCD (7)B (8)ABD (9)B (10)AB

【解析】(6)选项全部正确。

(7)不论稳定细粒土、中粒土或粗粒土,当变异系数 $C_v<10\%$ 时,可为 6 个试件;$C_v=10\%\sim15\%$ 时,可为 9 个试件;$C_v>15\%$ 时,应为 13 个试件。

(8)高速公路和一级公路应取保证率 95%,$Z_a=1.645$,变异系数 C_v = 标准差/平均值 = 0.52/5.0 = 10.4%,强度代表值 = 5.0 ×(1 − 1.645 × 0.104)= 4.1MPa≥设计强度 4MPa。

(9)一般来说,振动压实试验测定的最佳含水率小于击实试验测定的最佳含水率,最大干密度大于击实试验测定的最大干密度。

(10)目标配合比设计:选择级配范围;确定结合料类型及掺配比例;验证混合料相关的设计及施工技术指标三方面工作内容。C 和 D 选项为生产配合比设计与技术要求。

3.(11)CD (12)ABD (13)BCD (14)BCD (15)AC

【解析】(11)C 选项和 D 选项正确,则 A 选项和 B 选项错误。

(12)C 选项应为:$W=190-(565\times4.5\%+1215\times1.2\%)=150\text{kg}$

(13)A 选项应为:$W=190\times(1-15\%)-(565\times4.5\%+1215\times1.2\%)=122\text{kg}$

(14)B 选项应为:保持原有水灰比不变的条件下,调整水和水泥用量;C 选项应为:在维持砂石总量不变的情况下,适当调整砂率;D 选项应为:应在水灰比和砂石总量维持不变的条件下,改变用水量和砂率,直到符合设计要求为止。

(15)B 选项应为:强度较高;D 选项应为:增加费用。

4.(16)B (17)B (18)C (19)CD (20)C

【解析】(16)代表性集料样品从沥青拌和楼热料仓取样。

(17)一个马歇尔试件的沥青质量 = 2.473 × 0.9971 × 515 × 5.0% = 63.5g,一个理论最大

相对密度试样需要沥青质量 = 1500 × 5.0% = 75g。

(18)保温时间过长，沥青从混合料中析出，沥青混合料空隙率增大，沥青饱和度 VFA 减小，矿料间隙率 VMA 不受沥青析出影响，保持不变。

(19)标准马歇尔试件高度要求为 63.5 mm ± 1.3mm，第一个试件高度小于高度下限要求，试件应作废，并适当增加试样质量重新制件。

(20)因本沥青混合料吸水率为 0.2% < 2%，则马歇尔试件毛体积相对密度试验应采用表干法。毛体积相对密度重复性试验的允许误差为 0.020，而本题 4 个试件毛体积相对密度重复性试验误差为 0.025，不符合要求，数据无效。

5.(21)BCD　(22)AB　(23)B　(24)ABD　(25)BC

【解析】(21)B 选项正确则 A 选项错误。

(22)C 选项应为：橡胶片不得被油类污染。D 选项应为：橡胶片尺寸为 6.35mm × 25.4mm × 31.75mm。

(23)摆式仪在使用新橡胶片时应预磨使之达到稳定状态，预磨的方法是用新橡胶片在干燥的试块上(不用磨光后的试件)摆动 10 次，然后在湿润的试块上摆动 20 次。

(24)C 选项坚固性不是粗集料的力学性能指标。

(25)B 选项正确则 A 选项错误，C 选项正确则 D 选项错误。

二、助理试验检测师模拟试卷

说明:

1. 本模拟试卷设置单选题30道、判断题30道、多选题20道、综合题5道,总计150分;模拟自测时间为150分钟。

2. 本模拟试卷仅供考生进行考前自测使用。

一、单项选择题(共30题,每题1分,共30分)

1. 以下不属于柔性基层材料的是(　　)。

A. 级配碎石　　B. 工业矿渣稳定碎石

C. 沥青稳定碎石　　D. 级配砾石

2. 车辙应按长度(m)计算,检测结果应用影响宽度(　　)换算成损坏面积。

A. 0.1m　　B. 0.2m　　C. 0.3m　　D. 0.4m

3. 根据《公路工程质量检验评定标准　第一册　土建工程》(JTG F80/1—2017),公路工程质量检验评定应按照分项工程、分部工程、单位工程(　　)进行。

A. 单独　　B. 逐级　　C. 合并　　D. 选择

4. 公路工程质量检验评定工作中,对结构安全、耐久性和主要使用功能起决定性作用的检查项目称之为(　　)项目。

A. 一般　　B. 可选　　C. 关键　　D. 实测

5. 烘干法测定土的含水率,对含有机质超过5%的土或含石膏的土,应将烘干温度控制在60~70℃的范围内,烘干时间不宜少于(　　)。

A. 8h　　B. 12h　　C. 15h　　D. 24h

6. 在土的烧失量试验中,应重复灼烧称重,前后两次质量相差小于(　　)mg即为恒重。

A. 0.3　　B. 0.5　　C. 1.0　　D. 1.5

7. 现行《公路土工试验规程》规定粗粒土和巨粒土最大干密度试验(表面振动压实仪法)采用(　　)。

A. 干土法　　B. 湿土法

C. 干土法或湿土法　　D. 干土法和湿土法

8. 根据《公路工程土工合成材料试验规程》(JTG E50—2006)中直剪摩擦特性试验要求,直剪仪有接触面积不变和接触面积递减两种。若选用接触面积递减直剪仪,材料是土工织物,则以下表述正确的是(　　)。

A. 试样接触面积为变值,每次计算均使用最大剪切力除以最大剪切力出现时相对应的

实际接触面积值

B. 试样接触面积为恒值，每次计算均使用最大剪切力除以剪切盒理论面积值

C. 试样接触面积为恒值，每次计算均使用最大剪切力除以剪切盒理论面积值的50%

D. 试样接触面积为变值，每次计算均使用最大剪切力除以最大剪切力出现时相对应的实际接触面积值的80%

9. 水泥密度试验，李氏瓶第一次和第二次读数时，恒温水槽温度差不得大于(　　)。

A. 0.1℃　　B. 0.2℃　　C. 0.3℃　　D. 0.5℃

10. 粗集料毛体积密度是指在规定条件下单位毛体积质量。其中，毛体积不包括(　　)。

A. 矿质实体体积　　B. 闭口孔隙体积

C. 开口孔隙体积　　D. 颗粒间空隙体积

11. 对天然砂进行筛分试验，计算得到平行试验的细度模数分别是3.2和3.6，则最终的试验结果为(　　)。

A. 3.2　　B. 3.4　　C. 3.6　　D. 重新进行试验

12. 无机结合料稳定材料基层施工完成后，应进行钻芯取样检验其完整性，以便对基层施工质量进行控制。对于中、粗粒式水泥稳定基层，钻取芯样应在(　　)龄期进行。

A. 3d　　B. 7d　　C. 10 ~ 14d　　D. 14 ~ 20d

13. 无机结合料稳定材料弯拉强度试验步骤包括：①将试件安放在试架上，荷载方向与试件成型时的压力方向一致，上下压块应位于试件三分点位置。②试件取出后，用湿毛巾覆盖并及时进行试验，在试件中部量出其宽度和高度。③根据试验材料的类型和工程经验，选择合适量程的测力计和试验机。球形支座涂上机油，使球形支座能够灵活转动，并安放在上压块上。在上下压块的左右两个半圆形压头上涂上机油。④在梁跨中安放位移传感器，均匀、连续加载直至试件破坏。⑤安放球形支座。⑥在试件侧面标出三分点位置。

则正确的试验步骤顺序是(　　)。

A. ③②⑥⑤①④　　B. ⑥③②⑤①④

C. ③②⑥①⑤④　　D. ⑥③②①⑤④

14. 测定水泥稳定碎石含水率试验时，取2000g试样经粉碎后放入铝盒中，将盛有试样的铝盒放在盒盖上，然后一起放入烘箱中，启动烘箱加热至试样完全烘干，按此方法测定的含水率与实际值相比(　　)。

A. 偏大　　B. 相同　　C. 偏小　　D. 不确定

15. 水泥胶砂流动度的单位是(　　)。

A. mm　　B. s　　C. mm/s　　D. s/mm

16. 配制水泥混凝土时，应尽量采用(　　)的砂。

A. 空隙率大、总表面积大　　B. 空隙率大、总表面积小

C. 空隙率小、总表面积大　　D. 空隙率小、总表面积小

17. 当坍落度大于(　　)时，水泥混凝土试件用人工成型。

A. 25mm　　B. 50mm　　C. 70mm　　D. 90mm

18. 一组三个标准水泥混凝土弯拉强度试件，试验时有两个试件均出现断裂面位于加荷点外侧，测得的弯拉强度值分别是5.14MPa、5.39MPa、6.82MPa，则该组试验结果是(　　)。

A. 5.14MPa　　B. 5.26MPa　　C. 5.39MPa　　D. 结果无效

19. 随着海拔的增加,同一沥青样品闪点的实测值(不进行大气压修正)(　　)。

A. 呈增加趋势　　B. 呈降低趋势

C. 无明显变化　　D. 变化趋势不确定

20. 在改性沥青弹性恢复试验中,将试样以 50mm/min 的速率拉伸,至伸长量达到 10cm 时停止,关于停止拉伸后至剪断试样之间的时间间隔表述正确的是(　　)。

A. 立即剪断,以免产生拉伸应力松弛　　B. 立即剪断,以免试验温度出现波动

C. 间隔 10s,以便试件拉伸变形均匀　　D. 间隔 5min,以便试件拉伸变形均匀

21. 沥青混合料谢伦堡沥青析漏试验供检验(　　)沥青用量使用。

A. 最大　　B. 最小　　C. 中值　　D. 最佳

22. 在进行 90 号 A 级沥青的针入度指数仲裁试验时,可采用(　　)的温度条件。

A. 10℃、15℃、20℃、25℃、30℃　　B. 15℃、25℃、30℃、35℃

C. 5℃、15℃、25℃、30℃　　D. 25℃、30℃、35℃

23. 当测试层表面的粗糙度较大而未放置基板时,挖坑灌砂法测试压实度结果(　　)。

A. 变大　　B. 变小　　C. 不变　　D. 无法确定

24. 环刀法中用人工取土器测试路基压实度时,应取代表性试样不少于(　　)用于测定含水率。

A. 50g　　B. 100g　　C. 150g　　D. 200g

25. 车载式激光平整度仪测试速度范围为(　　)km/h。

A. 30 ~ 80　　B. 30 ~ 100　　C. 50 ~ 80　　D. 50 ~ 100

26. 利用当地材料进行现场 CBR 和 DCP 相关性试验时,为了建立现场 CBR 值与 DCP 测试的贯入度 D_d 或动贯入阻力 Q_d 之间的相关性关系式,测点数宜不少于(　　)个。

A. 7　　B. 9　　C. 11　　D. 15

27. 贝克曼梁测试路基路面回弹弯沉方法进行支点变形修正,当在同一结构层上测定时,可在不同位置测定(　　)次,求取平均值,以后每次测定时以此作为修正值。

A. 3　　B. 5　　C. 7　　D. 9

28.《公路路基路面现场测试规程》(JTG 3450—2019)中描述了(　　)种路面车辙形式。

A. 3　　B. 5　　C. 7　　D. 9

29. 数字式摆式仪测试路面摩擦系数方法要求摆滑动长度为(　　)mm。

A. 76　　B. 125　　C. 126　　D. 127

30. 采用截距值判定板底脱空时,应测试(　　)弯沉,并对同一测点施加 3 级荷载进行测试。

A. 板中　　B. 板边　　C. 板角　　D. 板边和板角

二、判断题(共 30 题,每题 1 分,共 30 分)

1. 根据《公路工程质量检验评定标准 第一册 土建工程》(JTG F80/1—2017),路基路面工程项目一般以 3km 或每标段划分为一个单位工程。(　　)

2. 外观质量检查前,可以对结构混凝土的表面进行涂饰。(　　)

3.《交通运输部办公厅、财政部办公厅关于进一步加强农村公路技术状况检测评定工作的通知》(交办公路〔2021〕83 号)中规定,四级及以下公路路面技术状况的评定只有路面损坏一项指标。 (　　)

4. 现场测试土密度试验时,当土中含有粗颗粒时不宜采用环刀法。 (　　)

5. 土的回弹模量是指土体在侧限条件受压时竖向有效压力与竖向应变的比值。 (　　)

6. 当土的重型击实试验采用大筒时,应分三层且填装试料每层击数为 98 次。 (　　)

7. 土工合成材料拉拔摩擦特性试验时,试验结束的条件是水平荷载必须出现峰值。 (　　)

8. 亚甲蓝法比砂当量法能够更加准确地评价砂样中黏土存在的情况。 (　　)

9. 采用雷氏夹法测定水泥安定性,当两个试件煮后增加距离(C-A)的平均值大于 5.0mm 时,则认为该水泥安定性不合格。 (　　)

10. 细集料压碎指标试验中,筛下通过率越低,表明细集料的抗压碎能力越好。 (　　)

11. 集料的磨耗损失越小,抗磨耗性能越差。 (　　)

12. 测定无机结合料稳定材料的含水率时,如果试样中含有石膏,则试样应在不超过 80℃ 的温度下烘干,并可能需要更长的烘干时间。 (　　)

13. EDTA 滴定法测定水泥剂量时会有龄期效应,随着龄期增加测得的水泥剂量值会下降。 (　　)

14. 水泥稳定碎石击实试验中,加入水泥拌和后 1h 内应完成试验,否则试样废弃。 (　　)

15. 水泥试验用水应为洁净的饮用水,有争议时应以蒸馏水为准。 (　　)

16. 水泥初凝时间测定,达到初凝时需要在试体另外两个不同点测试,结论相同时才能确定达到初凝状态。 (　　)

17. 当混凝土拌合物的坍落度大于 220mm 时,应测定坍落扩展度值。 (　　)

18. 粗集料最大粒径的增加,对水泥混凝土抗压强度的影响要比抗折强度更大。 (　　)

19. 根据《沥青路面用纤维》(JT/T 533—2020),木质纤维吸油率试验时可采用硅油作为溶剂浸泡纤维。 (　　)

20. 沥青溶解度试验采用溶剂为三氯乙烯,该试验适合检测道路石油沥青或液体石油沥青、乳化沥青的残留物,不适合检测聚合物改性沥青。 (　　)

21. 恩格拉黏度计可以测定乳化沥青的黏度,试验结果采用恩格拉度指标,其单位为 s。 (　　)

22. 沥青混合料冻融劈裂试验结果不能用于评价低温性能优劣。 (　　)

23. 短脉冲雷达测试系统的工作温度要求为 0 ~ 40℃。 (　　)

24. 用连续式平整度仪检测有车辙路面的平整度时,应取车道中心线作为测点位置。 (　　)

25. 新建沥青路面面层的渗水系数应在路面成型后立即测定。 (　　)

26. 自动弯沉仪与贝克曼梁弯沉测值的相关性试验,先进行自动弯沉仪测试,再进行贝克曼梁测试。 (　　)

27. 回弹仪法测试水泥混凝土强度方法适用于快速测试水泥混凝土路面的抗压强度,但测

试结果不能作为混凝土路面的强度评定、仲裁试验或工程验收使用。（　）

28. 单轮式横向力系数测试系统测试路面摩擦系数方法的标准测试速度范围规定为50km/h ±4km/h。（　）

29. 非插入式温度计法主要用于施工过程中的控制，不作为仲裁试验使用。（　）

30. 无结合料材料透层油渗透深度测试时要求将芯样晾干，使其能分辨出芯样侧立面透层油的下渗情况。（　）

三、多项选择题（共20题，每题2分，共40分。下列各题的备选项中，至少有两个符合题意，选项全部正确得满分，选项部分正确按比例得分，出现错误选项该题不得分）

1. 下列为地下排水设施的是（　）。

A. 暗沟　B. 渗沟　C. 渗井　D. 检查井与疏通井

2. 根据《公路工程质量检验评定标准　第一册　土建工程》（JTG F80/1—2017），下列属于质量保证资料内容的有（　）。

A. 混凝土试验报告　B. 隐蔽工程施工记录

C. 施工组织设计　D. 地基处理记录

3. 土的固结试验可以测定土的（　）。

A. 压缩系数　B. 回弹指数　C. 抗剪强度　D. 单位沉降量

4. 有关砂的相对密度试验，下列说法正确的有（　）。

A. 适用于最大颗粒直径小于5mm，且粒径2～5mm范围内的试样质量不大于试样总质量15%的砂土

B. 砂土的最小与最大干密度，均须进行两次平行测定，取其算术平均值，其平行差值不得超过0.03g/cm^3，否则应重做试验

C. 报告内容应有砂类土的描述和砂的相对密度D_r值

D. 振动锤击法是测定砂的最大干密度的标准方法

5. 以下属于土工合成材料力学性能指标的有（　）。

A. 延伸率　B. 渗透系数

C. 梯形撕破强力　D. 单位面积质量

6. 关于粗集料坚固性试验，描述正确的有（　）。

A. 溶液的体积不小于试样总体积的5倍

B. 在网篮浸入溶液时应上下提降25次，以排除试样中的气泡，然后静置于该容器中

C. 从第二次试验开始，在硫酸钠中浸泡的时间及烘烤时间均控制在4h

D. 完成10次循环后，将试样在清水中冲洗掉硫酸钠

7. 关于消石灰的未消化残渣含量试验，以下表述正确的有（　）。

A. 取试样破碎并全部通过16.0mm方孔筛，然后用2.36mm方孔筛过筛，取2.36mm筛上试样混合均匀备用

B. 称取已制备好的试样倒入装有清水的筛筒中，盖上盖，按要求静置消化

C. 将残渣移入搪瓷盘(或蒸发皿)内,在105℃烘箱中烘干至恒量,冷却至室温后直接称量质量,计算未消化残渣含量

D. 未消化残渣含量越高,相应的消石灰无效成分含量越高,质量越差

8. 简易法测定生石灰有效氧化钙和氧化镁含量时,需要配制1mol/L的盐酸标准溶液,以下关于盐酸标准溶液的配制和标定表述正确的有(　　)。

A. 称取已在180℃烘箱内烘干2h的碳酸钠,置于三角瓶中,加适量蒸馏水使其完全溶解

B. 加入甲基橙指示剂,记录滴定管中待标定的盐酸标准溶液初始体积 V_1,用待标定的盐酸标准溶液滴定,至碳酸钠溶液由黄色变为橙红色

C. 将溶液加热至微沸,并保持微沸3min,然后放在冷水中冷却至室温,如此时橙红色变为黄色,再用盐酸标准溶液滴定,至溶液出现稳定橙红色时为止

D. 记录滴定管中盐酸标准溶液体积 V_2,计算初始体积 V_1 与 V_2 的差值即为盐酸标准溶液的消耗量

9. 当用坍落度仪法进行水泥混凝土拌合物稠度试验时,通过观察评价水泥混凝土的保水性与黏聚性,下列说法正确的有(　　)。

A. 混凝土拌合物的保水性不良时,应调整水灰比

B. 观察整个试验过程中水分从拌合物中析出的程度,评价保水性

C. 若坍落筒提起后无水分自底部析出,表示此混凝土拌合物的保水性良好

D. 用捣棒在已坍落的混凝土锥体侧面轻轻敲打,锥体突然倒塌,部分崩裂或发生石子离析,表示黏聚性不好

10. 下列对于水泥胶砂强度试验试件养护的描述不正确的有(　　)。

A. 胶砂强度试件脱模后,需在水中养护

B. 试件在水中养护时,试件之间应保持一定间隔,养护池中可养护不同类水泥试件

C. 带模养护时间应严格控制在20～24h之内

D. 水泥胶砂强度测定对应的龄期,应从水泥加水搅拌开始算起

11. 混凝土拌合物含气量计算,需要测定(　　)。

A. 集料含气量值　　B. 含气量标定值

C. 量钵容积标定值　　D. 仪器测定含气量值

12. 以下属于改性乳化沥青需要检验的技术参数有(　　)。

A. 破乳速度　　B. 筛上剩余量

C. 蒸发残留物溶解度　　D. 蒸发残留物针入度

13. 影响软化点的因素有(　　)。

A. 水浴温度　　B. 水浴时间　　C. 试样质量　　D. 试验升温速度

14. 标准飞散试验是沥青玛琋脂碎石混合料SMA的一个重要评价指标,下列相关表述正确的有(　　)。

A. 用于评价沥青用量或黏结性不足等,在交通荷载作用下路面表面集料脱落的程度

B. 可以确定SMA的最小沥青用量

C. 采用马歇尔击实成型试件,在60℃恒温水槽中养护20h

D. 养护后的试件在洛杉矶试验机中旋转 300 转,取出后称取试件的残留质量

15. 几何数据测试系统测试几何线形方法适用于连续采集(　　),以评价道路几何线形。

A. 路面横坡　　B. 路面纵坡

C. 边坡坡度　　D. 路线曲率半径

16. 下列属于受样盘法测试沥青喷洒施工材料用量的步骤有(　　)。

A. 洒布车喷洒前,用地磅准确称量洒布车及材料总质量

B. 沥青洒布车按正常施工速度和洒布方法喷洒沥青

C. 用钢卷尺测量受样盘开口面积

D. 洒布车喷洒后,用地磅再次准确称量洒布车及材料总质量

17. 落球仪测试土质路基模量方法适用于快速测试黏土、粉土等土质路基的(　　)。

A. 反应模量　　B. 压缩模量　　C. 回弹模量　　D. 动态模量

18. 以下设备用于测定路基路面结构强度的仪器有(　　)。

A. 自动弯沉仪　　B. 落锤弯沉仪　　C. 贝克曼梁　　D. 核子密度仪

19. 激光构造深度仪测值与手工铺砂法构造深度值相关性试验,选择构造深度分别在(　　)范围,长度分别为 100m 的试验路段。

A. 0 ~ 0.3m　　B. 0.3 ~ 0.5m

C. 0.5 ~ 0.8m　　D. 0.8 ~ 1.2m

20. 在沥青混合料碾压过程中,测试压实温度可以采用(　　)。

A. 插入式温度计法　　B. 红外温度计法

C. 红外摄像仪法　　D. 接触式温度计法

四、综合题(共 5 道大题,每道大题 10 分,共 50 分。下列各题的备选项中,有一个或一个以上符合题意,选项全部正确得满分,选项部分正确按比例得分,出现错误选项该题不得分)

1. 针对土的击实和 CBR 试验,根据《公路土工试验规程》(JTG 3430—2020)回答下列问题。

(1)关于土工击实试验曲线的绘制,以下描述正确的有(　　)。

A. 有峰值

B. 与饱和曲线有交叉点

C. 与饱和曲线无交叉点

D. 曲线不能绘出明显的峰值点,则应进行补点或重做

(2)下表是一组 3 个试件测得的 CBR 值,则该组试件的 CBR 结果为(　　)。

试件编号	干密度(g/cm^3)	$CBR_{2.5}$(%)	$CBR_{5.0}$(%)
1	1.66	15.5	14.5
2	1.68	16.5	16.0
3	1.71	17.5	15.5

A. 15.3%　　B. 16.0%　　C. 16.3%　　D. 16.5%

(3)如果 CBR 试验的贯入曲线(p-l 曲线)开始段是凹曲线,且与纵坐标交点为正值,应进行原点修正,修正后(　　)。

A. 贯入量 2.5mm 的 p 值比测读的 p 值大

B. 贯入量 2.5mm 的 p 值比测读的 p 值小

C. 贯入量 2.5mm 的 p 值不变

D. 贯入量 2.5mm 的 p 值与测读的 p 值相比,可能大,也可能小

(4)关于 CBR 试验泡水测膨胀量,以下说法正确的有(　　)。

A. 泡水期间,槽内水面应保持在试筒顶面以上约 25mm

B. 试件泡水时间 1 昼夜

C. 试件泡水时间 4 昼夜

D. 若延长试件泡水时间,对膨胀量测值影响不大

(5)关于土击实试验,以下说法正确的有(　　)。

A. 含水率需要进行两次平行试验

B. 轻型击实试验的锤重为 2.5kg

C. 颗粒粒径为 40mm 的土应采用内径为 152mm 的试筒

D. 干密度计算结果保留小数点后两位

2. 某工程需要在料仓取粗、细集料进行原材料试验,该原材料用于 AC-20 混合料。请回答下列问题。

(6)以下集料取样过程中,操作方法正确的有(　　)。

A. 先铲除堆角处无代表性的部分集料

B. 在料堆的顶部、中部和底部分别取大致相同的若干份试样,组成一组试样

C. 将集料在平板上拌和均匀摊平,采用四分法将试样以对角方式大致分成两份,重复以上过程,直至缩分成所需的质量,且不得有富余

D. 也可以采用分料器进行试样缩分

(7)0 ~ 2.36mm 机制砂无须检测的试验参数有(　　)。

A. 集料密度　　B. 亚甲蓝

C. 含泥量　　D. 细度模数

(8)当采用网篮法测定 10 ~ 20mm 档粗集料毛体积相对密度时,缩分后试样应满足(　　)。

A. 两份,每份不少于 1kg　　B. 两份,每份不少于 1.5kg

C. 一份,每份不少于 2kg　　D. 一份,每份不少于 3kg

(9)关于集料强度的试验方法,以下表述正确的有(　　)。

A. 集料压碎值试验所用代表样品的尺寸应为 9.5 ~ 13.2mm

B. 压碎值为加载试验结束后,通过 2.36mm 筛孔的细料质量除以加载试验前试样质量,以百分比表示

C. 洛杉矶磨耗值试验所用代表样品的质量为 5000g

D. 洛杉矶磨耗值为试验后 1.7mm 筛下洗净干燥试样质量除以试验前试样质量,以百分比表示

(10)10～20mm 档粗集料针片状试验记录:试样 1 号试验用的集料总质量为 1005g,针片状颗粒的质量为 121g;试样 2 号试验用的集料总质量为 1002g,针片状颗粒质量为 159g。根据此试验实测数据,以下正确的结论是(　　)。

A. 该集料针片状颗粒含量可评定为合格

B. 该集料针片状颗粒含量可评定为不合格

C. 应追加测定一次,取三次结果的平均值为测定值

D. 应废弃试验数据,重新进行试验

3. 某一级公路路面基层施工,根据《公路工程质量检验评定标准　第一册　土建工程》的要求,需要进行无机结合料稳定材料强度验收评定。某路段设计强度为 4.0MPa,测定 1 组试件的平均强度为 5.0MPa,变异系数 C_v 为 13%,本组试验有效。请结合试验内容完成下面题目(已知:保证率为 99%、97.5%、95% 和 90% 时,Z_α 分别为 2.33、1.96、1.645 和 1.282)。

(11)本组试件数可能为(　　)。

A. 3　　B. 6　　C. 9　　D. 13

(12)无侧限抗压强度试验的试件尺寸有(　　)。

A. 75mm × 75mm　　B. 100mm × 100mm

C. 150mm × 150mm　　D. 200mm × 200mm

(13)下面描述中,符合试验要求的有(　　)。

A. 在规定条件下保湿养护 6d,浸水 1d

B. 在规定条件下保湿养护 7d

C. 测量试件含水率

D. 试验结果保留一位小数

(14)该工程的保证率系数 Z_α =(　　)。

A. 2.33　　B. 1.96　　C. 1.645　　D. 1.282

(15)以下关于试验结果分析中,表述正确的有(　　)。

A. 强度满足设计要求

B. 强度不满足设计要求

C. 缺少条件,无法判断强度是否满足设计要求

D. 该路段基层对应的分项工程评定为不合格

4. 某工地试验室取 50 号道路石油沥青样品,进行针入度(25℃)、软化点、延度(15℃)和黏附性试验。预估沥青软化点为 52℃,软化点实测值为 51.1℃、50.3℃。对于针入度试验,现场只有一根标准针,且受试验条件限制,盛样皿无法与恒温水槽水连接形成水路循环,依序测定的针入度值为 48.1(0.1mm)、46.8(0.1mm)和 45.2(0.1mm)。延度试验时发现沥青细丝浮于水面,相应的测定值分别为 61cm、65cm 和 67cm。取 5 颗粒径为 13.2～19mm 实际工程集料,水煮法测定黏附性试验,两名试验人员评定的黏附性等级依次为 4、4、3、4、5 和 4、3、4、4、5。请完成下列题目。

(16)以下关于热沥青试样制备、灌模操作的表述正确的有(　　)。

A. 将装有试样的盛样器带盖加热融化,融化温度可采用 135℃

B. 融化试样时宜采用烘箱加热,不得直接采用电炉或燃气炉明火加热

C. 为了降低沥青老化影响,宜一次加热后一次性将各试验所需的试样灌模,不得超过 2 次以上反复加热

D. 为了保证试样的均匀性,在灌模时应反复搅动沥青试样

(17)以下关于针入度试验结果表述正确的有(　　)。

A. 试验结果有效,针入度结果为 47(0.1mm)

B. 试验结果异常,可能是每次试验后没有将标准针取下用蘸有三氯乙烯溶剂的棉花或布揩净,导致后续测定值偏小

C. 试验结果异常,可能是每测定一次针入度后没有将盛有盛样皿的玻璃皿放入恒温水槽,导致试样温度升高了

D. 每次试验后应将盛有盛样皿的平底玻璃皿放入恒温水槽,使平底玻璃皿中水温保持试验温度

(18)以下关于软化点试验结果描述正确的是(　　)。

A. 试验结果无效　　B. 试验结果有效,为 50.5℃

C. 试验结果有效,为 51℃　　D. 试验结果有效,为 51.0℃

(19)以下关于延度试验结果的描述不正确的有(　　)。

A. 试验结果无效,应重新制作,在水中加入食盐重新试验

B. 试验结果无效,应重新制作,在水中加入酒精重新试验

C. 试验结果无效,应重新制作,在水中加入煤油重新试验

D. 试验结果有效,为 64cm

(20)以下关于黏附性试验结果表述不正确的有(　　)。

A. 试验结果无效　　B. 试验结果有效,为 3 级

C. 试验结果有效,为 4 级　　D. 试验结果有效,为 5 级

5. 某一级公路沥青路面工程开展交工质量验收工作,试验人员用摆式仪测定路面摩擦系数,摩擦系数的温度修正值如下表,请完成下列题目。

温度(℃)	0	5	10	15	20	25	30	35	40
温度修正值 ΔBPN	-6	-4	-3	-1	0	+2	+3	+5	+7

(21)根据《公路工程质量检验评定标准　第一册　土建工程》(JTG F80/1—2017),摆式仪测定摩擦系数的最小检测频率为(　　)。

A. 每 100m 1 处　B. 每 200m 1 处　C. 每 500m 1 处　D. 每 1000m 1 处

(22)根据《公路路基路面现场测试规程》(JTG 3450—2019),每一处测试位置应布设(　　)个测点。

A. 1　　B. 2　　C. 3　　D. 5

(23)关于校核滑动长度的描述,正确的有(　　)。

A. 提起举升柄使摆向左侧移动,然后放下举升柄使橡胶片长边下缘轻轻触地,紧靠橡胶片摆放滑动长度量尺,使量尺左端对准橡胶片触地下缘

B. 提起举升柄使摆向右侧移动,然后放下举升柄使橡胶片下缘轻轻触地,检查橡胶片下缘是否与滑动长度量尺的右端齐平

C. 左右两次橡胶片长边边缘应以刚刚接触路面为准,不可借摆的力量向前滑动

D. 校核滑动长度应符合 124mm ±1mm 的要求

(24)关于摆式仪测定沥青路面摩擦系数试验步骤的描述,正确的有(　　)。

A. 将摆式仪置于路面测点上,并使摆的摆动方向与行车方向一致

B. 在测点处用温度计测试干燥路表温度并记录,准确至 1℃

C. 若指针不指零,通过转动松紧调节螺母进行调整,重复测试直至指针指零,调零允许误差为 1℃

D. 用喷水壶浇洒测点处路面,使之处于湿润状态,按下右侧悬臂上的释放开关,使摆在路面滑过,当摆杆回落时,用手接住摆杆并读数

(25)某处所有测点的摆值均值为 45,记录的路面温度为 25℃,当地天气预报温度 30℃,该点修正到 20℃的摆值结果为(　　)。

A. 45　　B. 46　　C. 47　　D. 48

模拟试卷参考答案及解析

一、单项选择题

1. B

【解析】工业矿渣稳定碎石属于半刚性基层材料。

2. D

【解析】车辙应按长度(m)计算,检测结果应用影响宽度 0.4m 换算成损坏面积。

3. B

【解析】公路工程质量检验评定应按分项工程,分部工程,单位工程,合同段和建设项目逐级进行。

4. C

【解析】关键项目是分项工程中对结构安全、耐久性和主要使用功能起决定性作用的检查项目。

5. D

【解析】烘干法测定土的含水率,对含有机质超过 5% 的土或含石膏的土,应将烘干温度控制在 60~70℃的范围内,烘干时间不宜少于 24h。

6. B

【解析】在土的烧失量试验中,应重复灼烧称重,前后两次质量相差小于 0.5mg 即为恒重。

7. A

【解析】现行《公路土工试验规程》规定粗粒土和巨粒土最大干密度试验(表面振动压实仪法)采用干土法。

8. A

【解析】A 选项正确则 B、C、D 选项错误。

9. D

【解析】水泥密度试验,李氏瓶第一次和第二次读数时,恒温水槽的温度差不得大于0.5℃。

10. D

【解析】毛体积是集料自身实体体积、闭口孔隙体积和开口孔隙体积之和。

11. D

【解析】进行两次平行试验,以试验结果的算术平均值作为测定值。如两次试验所得的细度模数之差大于0.2,应重新进行试验。

12. B

【解析】用于基层的水泥稳定中、粗粒材料,钻取芯样应在7d龄期进行。

13. C

【解析】步骤③在步骤⑥之前,步骤①在步骤⑤之前。

14. C

【解析】烘干法不能除去已与水泥发生水化作用的水,这样得出的含水率往往偏小。

15. A

【解析】水泥胶砂流动度的单位是mm。

16. D

【解析】砂的总表面积大,则需较多水泥浆填充和包裹集料,使起润滑作用的水泥浆减少,新拌混凝土的流动性减小。砂的空隙率大,不能保证在粗集料之间有足够的砂浆层,也会降低新拌混凝土的流动性,并会严重影响黏聚性和保水性,容易造成离析、流浆等现象。

17. D

【解析】当坍落度大于90mm时,水泥混凝土试件用人工成型。

18. D

【解析】水泥混凝土弯拉强度试验如有两个试件均出现断裂面位于加荷点外侧,则该组结果无效。

19. B

【解析】随着海拔的增加(气压降低),同一沥青样品闪点的实测值呈降低趋势。

20. A

【解析】在改性沥青弹性恢复试验中,注意在停止拉伸后至剪断试样之间不得有时间间歇,以免使拉伸应力松弛。

21. A

【解析】沥青混合料谢伦堡沥青析漏试验供检验最大沥青用量使用。

22. A

【解析】测定针入度指数PI时,用于仲裁试验的温度条件应为5个。

23. B

【解析】当测试层表面的粗糙度较大而未放置基板时,挖坑灌砂法测试压实度结果变小。

24. B

【解析】环刀法中用人工取土器测试路基压实度时，自环刀中取具有代表性的试样(不少于100g)测试其含水率。

25. B

【解析】车载式激光平整度仪测试速度范围为30~100km/h。

26. D

【解析】为了建立现场CBR值与DCP测试的贯入度D_d或动贯入阻力Q_d之间的相关性关系式，测点数宜不少于15个。

27. B

【解析】当在同一结构层上测定时，可在不同位置测定5次，求取平均值，以后每次测定时以此作为修正值。

28. C

【解析】描述了7种路面车辙形式。

29. C

【解析】数字式摆式仪测试路面摩擦系数方法要求摆滑动长度为126mm。

30. C

【解析】采用截距值判定板底脱空时，应测试板角弯沉，并对同一测点施加3级荷载进行测试。

二、判断题

1. ×

【解析】路基路面工程项目一般以10km或每标段划分为一个单位工程。

2. ×

【解析】外观质量检查前，不可以对结构混凝土的表面进行涂饰。

3. √

4. √

5. ×

【解析】土的回弹模量是指土体在荷载作用下，产生的竖向应力与其相应的回弹应变之比；土的压缩模量才是指土体在侧限条件下受压时，竖向有效压力与竖向应变的比值。

6. √

7. ×

【解析】如果水平荷载出现峰值，或试验进行至获得稳定值，拉拔摩擦特性试验均可结束。

8. √

9. ×

【解析】采用雷氏夹法测定水泥安定性，当两个试件煮后增加距离($C-A$)的平均值大于5.0mm时，应用同一样品立即重做一次试验，以复检结果为准。

10. √

11. ×

【解析】集料的磨耗损失越小,抗磨耗性能越好。

12. √

13. √

14. √

15. √

16. ×

【解析】当达到初凝时应立即重复测一次,当两次结论相同时才能定为达到初凝状态。

17. ×

【解析】当混凝土拌合物的坍落度大于160mm时,应测定坍落扩展度值。

18. ×

【解析】粗集料最大粒径的增加,对水泥混凝土抗折强度的影响要比抗压强度更大一些。

19. ×

【解析】木质纤维吸油率试验时,应采用煤油作为溶剂浸泡纤维。

20. ×

【解析】沥青溶解度试验适用于测定道路石油沥青、聚合物改性沥青、液体石油沥青或乳化沥青蒸发后残留物的溶解度。

21. ×

【解析】恩格拉度指标无量纲。

22. √

23. ×

【解析】《公路路基路面现场测试规程》(JTG 3450—2019)删除了短脉冲雷达测试系统的工作温度要求。

24. ×

【解析】用连续式平整度仪检测有车辙路面的平整度时,应取车辙中间位置作为测试位置。

25. √

26. √

27. √

28. ×

【解析】《公路路基路面现场测试规程》(JTG 3450—2019)不再规定单轮式横向力系数测试系统测试路面摩擦系数方法的标准测试速度。

29. √

30. ×

【解析】有结合料材料透层油渗透深度测试时要求将芯样晾干,使其能分辨出芯样侧立面透层油的下渗情况。

三、多项选择题

1. ABCD

【解析】选项全部正确。

2. ABD

【解析】C 选项不是质量保证资料。

3. ABD

【解析】土的固结试验目的是测定土的单位沉降量、压缩系数、压缩模量、压缩指数、回弹指数、固结系数,以及原状土的先期固结压力等。

4. ABCD

【解析】选项全部正确。

5. AC

【解析】B 选项渗透系数为水力学性能指标;D 选项单位面积质量为物理性能指标。

6. ABC

【解析】D 选项应为:完成 5 次循环后,将试样在清水中冲洗掉硫酸钠。

7. BD

【解析】A 选项应为:将 4000g 试样破碎并全部通过 16mm 方孔筛,其中通过 2.36mm 方孔筛的试样量不大于 30%,混合均匀备用;C 选项应为:将残渣移入搪瓷盘(或蒸发皿)内,在 105℃烘箱中烘干至恒量,冷却至室温后用 2.36mm 方孔筛筛分,计算未消化残渣含量。

8. ABCD

【解析】选项全部正确。

9. BCD

【解析】A 选项应为:混凝土拌合物的保水性不良时,应保持水灰比不变,改变用水量(也可能不变)和砂率。

10. BC

【解析】B 选项应为:每个养护池中只能养护同类水泥试件;C 选项应为:对于 24h 龄期的,应在破型试验前 20min 内脱模;对于 24h 以上龄期的,应在成型后 20 ~ 24h 内脱模。

11. AD

【解析】混凝土拌合物含气量计算,需要集料含气量值和仪器测定含气量值。

12. ABCD

【解析】改性乳化沥青需要检验的技术参数有破乳速度,粒子电荷,筛上剩余量,黏度,蒸发残留物含量、针入度、软化点、延度、溶解度,与矿料的黏附性,储存稳定性。

13. ABD

【解析】影响软化点的因素为水浴温度、水浴时间、试验升温速度、试验方法等。

14. ABD

【解析】C 选项应为:对标准飞散试验,在 20℃ ±0.5℃恒温水槽中养护 20h;对浸水飞散试验,先在 60℃ ±0.5℃恒温水槽中养护 48h,然后取出后在室温中放置 24h。

15. ABD

【解析】几何数据测试系统测试几何线形方法适用于连续采集路面横坡、纵坡以及路线曲率半径(平曲线半径、竖曲线半径),以评价道路几何线形。

16. BC

【解析】A 和 D 选项为地磅法测试沥青喷洒施工材料用量的步骤。

17. BC

【解析】落球仪测试土质路基模量方法适用于快速测试黏土、粉土等土质路基的压缩模量和回弹模量。

18. ABC

【解析】D 选项核子密度仪是用于测定压实度的仪器。

19. AD

【解析】激光构造深度仪测值与手工铺砂法构造深度值相关性试验，选择构造深度分别在 0 ~ 0.3m、0.3 ~ 0.55m、0.55 ~ 0.8m、0.8 ~ 1.2m，范围长度分别为 100m 的试验路段。

20. ABC

【解析】在沥青混合料碾压过程中，测试压实温度可以采用插入式温度计法、红外温度计法和红外摄像仪法。

四、综合题

1.(1) ACD (2) D (3) A (4) AC (5) ABCD

【解析】(1) 击实曲线必然位于饱和曲线左下侧，两曲线不会有交叉。

(2) 本题 3 个试件的 $CBR_{2.5}$ 值都大于 $CBR_{5.0}$ 值，且 3 个 $CBR_{2.5}$ 值的变异系数(1%)小于 12%，则取 3 个 $CBR_{2.5}$ 值的平均值作为该组试件 CBR 结果。

(3) 原点修正后，贯入量变小，单位压力 p 变大，CBR 值变大。

(4) C 选项正确则 B 选项错误，D 选项应为：若延长试件泡水时间，对膨胀量测值有较大影响。

(5) 选项全部正确。

2.(6) ABD (7) CD (8) A (9) ABC (10) C

【解析】(6) C 选项应为：将集料在平板上拌和均匀摊平，采用四分法将试样以对角方式大致分成两份，重复以上过程，直至缩分成比所需的材料用量稍多一些的数量待用。

(7) C 和 D 选项为天然砂需检测的试验参数。

(8) AC-20 沥青混合料公称最大粒径为 19mm，所以每份试样最小质量为 1kg。

(9) D 选项应为：洛杉矶磨耗值为试验前试样质量减去试验后 1.7mm 筛上洗净干燥试样质量除以试验前试样质量，以百分比表示。

(10) 本题两次测定结果分别为 12.0% 和 15.9%，平均值为 14.0%，两次测定结果之差(3.9%)大于平均值的 20%(2.8%)。

3.(11) C (12) BC (13) ACD (14) C (15) BD

【解析】(11) 不论稳定细粒土、中粒土或粗粒土，当变异系数 $C_v < 10\%$，可为 6 个试件；当 $C_v = 10\% \sim 15\%$ 时，可为 9 个试件；$C_v > 15\%$ 时，应为 13 个试件。

(12) 细粒土，试模的直径 × 高 = 50mm × 50mm；中粒土，试模的直径 × 高 = 100mm × 100mm；粗粒土，试模的直径 × 高 = 150mm × 150mm。

(13) A、B 选项互相矛盾，对无机结合料稳定材料无侧限抗压强度试验，标准养护龄期 7d，最后一天浸于水中，故选项 A 正确。

(14)高速公路、一级公路保证率取95%，$Z_{\alpha}=1.645$，其他公路保证率取90%，$Z_{\alpha}=1.282$。

(15)本组试件强度代表值 = 平均值 − 1.645 × S = 5.0 − 1.645 × (0.13 × 5.0) = 3.9MPa，小于设计强度4.0MPa，其中标准差 S = 变异系数 × 平均值。

4.(16)BC　(17)BD　(18)B　(19)ACD　(20)ABD

【解析】(16)A选项应为：融化(烘箱加热)温度宜为软化点以上90℃，本沥青样品预估软化点为52℃，则融化温度应为140℃以上而不是135℃(通常加热温度)；D选项应为：为避免混进气泡，在沥青灌模时不得反复搅动沥青。

(17)当针入度在0~49(0.1mm)范围内时，3次平行试验结果最大值与最小值差值的允许误差是2(0.1mm)，本沥青样品针入度小于49(0.1mm)，3次平行试验结果最大值与最小值差值为2.9(0.1mm)，所以试验结果异常，A选项错误；如果是试样温度升高，针入度试验结果会变大(题目中是依序减小)，所以C选项错误。

(18)当软化点小于80℃时，重复性试验的允许误差为1℃，本沥青样品软化点小于80℃，2次平行试验结果相差0.8℃，所以试验结果有效，取其平均值50.5℃(准确至0.5℃)。

(19)因延度试验时发现沥青细丝浮于水面，应在水中加入酒精后重做试验。

(20)两名试验人员的评定等级分别为(4+4+3+4+5)/5=4级和(4+3+4+4+5)/5=4级，取平均等级4级作为试验结果。

5.(21)B　(22)C　(23)ABC　(24)AD　(25)C

【解析】(21)摆式仪检测频率为每200m测1处。

(22)每个测试位置布设3个测点。

(23)D选项应为：校核滑动长度应符合126mm±1mm的要求。

(24)B选项应为：在测点处用温度计测记潮湿路表温度，准确1℃。C选项应为：调零允许误差为±1。

(25)当路面温度为T(℃)时测得的摆值BPN_T应换算成标准温度20℃的摆值BPN_{20}，$BPN_{20}=BPN_T+\Delta BPN=45+2=47$。